LE CATACOMBE CRISTIANE DI ROMA

Storia, immagini, epigrafia

LE CATACOMBE CRISTIANE DI ROMA

Storia, immagini, epigrafia

Vincenzo Fiocchi Nicolai
Fabrizio Bisconti
Danilo Mazzoleni

SCHNELL + STEINER

INTRODUZIONE ... 6

I. ORIGINE E SVILUPPO DELLE CATACOMBE ROMANE ... 9

1. IL TERMINE "CATACOMBA" ... 9
2. STORIA DELLE RICERCHE ... 9
3. ORIGINE DELLE CATACOMBE ... 13
4. LO SVILUPPO DEI CIMITERI SOTTERRANEI NELLA SECONDA METÀ DEL III SECOLO ... 29
5. IL POTENZIAMENTO DELLE CATACOMBE DURANTE IL REGNO DI COSTANTINO E I PONTIFICATI DI GIULIO (337–352) E LIBERIO (352–366) ... 44
6. L'ETÀ DAMASIANA E IL CULTO DEI SANTI ... 58
7. ULTIMA FREQUENTAZIONE E ABBANDONO DELLE CATACOMBE ... 70

II. LA DECORAZIONE DELLE CATACOMBE ROMANE ... 91

1. L'ATMOSFERA ... 91
2. I CONTESTI ... 106
3. I TEMI ... 126
4. LE RICERCHE ... 164

III. LA PRODUZIONE EPIGRAFICA NELLE CATACOMBE ROMANE ... 181

1. LE ISCRIZIONI CRISTIANE NELLE CATACOMBE ... 181
2. LE ORIGINI DELL'EPIGRAFIA CRISTIANA. L'EVOLUZIONE DEI FORMULARI ... 183
3. L'ONOMASTICA DEI CRISTIANI ... 192
4. LA SOCIETÀ CRISTIANA E LE ISCRIZIONI FUNERARIE ... 198
5. GLI ESPONENTI DEL CLERO ... 204
6. LE TRASFORMAZIONI DELLA LINGUA ... 207
7. GLI AFFETTI E I SENTIMENTI ... 208
8. LA FEDE E LA RELIGIOSITÀ ... 211
9. IL CULTO DEI MARTIRI ATTRAVERSO LE ISCRIZIONI ... 216

BIBLIOGRAFIA ... 232
PROVENIENZA DELLE ILLUSTRAZIONI ... 254

Catacombe di San Callisto

INTRODUZIONE

In occasione del memorabile Giubileo del 2000 la Pontificia Commissione di Archeologia Sacra, in collaborazione con la Casa Editrice Schnell & Steiner, volle pubblicare questo testo, la cui prima edizione è datata 1998, per offrire a pellegrini e visitatori un punto di riferimento qualificato al fine di scoprire e comprendere in profondità la ricchezza e la bellezza, di arte e di fede, insita nelle catacombe cristiane di Roma, testimonianza straordinaria e singolare della primitiva comunità cristiana che si sviluppa nella capitale dell'Impero, per diffondersi poi in gran parte del mondo allora conosciuto.

Esaurita la terza edizione, pubblicata nel 2009, ci è sembrato quanto mai opportuno ripubblicare il testo per offrirlo così a quanti giungeranno a Roma in occasione del Giubileo del 2025 e vorranno visitare le catacombe cristiane, portando poi con sé un ricordo, una memoria che li aiuti ad arricchire le loro conoscenze e a dare consistenza storica, archeologica ed iconografica alle suggestioni vissute durante le visite.

Abbiamo, così, accolto anche l'invito del Santo Padre, rivolto alla Pontificia Commissione durante l'Udienza del 17 maggio 2024, in cui si precisa la nostra missione, soprattutto nel contesto giubilare: "In questo grande evento le catacombe cristiane saranno naturalmente una delle méte più significative... Cari fratelli e sorelle, voi siete, in nome della Santa Sede e di tutta la Chiesa, custodi del patrimonio di fede e di arte delle catacombe cristiane d'Italia, come ribadisce la Costituzione Apostolica Praedicate Evangelium (Art. 245). Vi ringrazio per il vostro servizio e vi esorto a portarlo avanti sempre con competenza e passione. È un servizio alla memoria e al futuro; un servizio alle radici e all'evangelizzazione. Perché il messaggio delle catacombe parla a tutti, ai pellegrini e anche ai visitatori lontani da un'esperienza di fede".

Questa nuova edizione presenta inevitabilmente cambiamenti, correzioni, aggiornamenti. Purtroppo il Prof. Fabrizio Bisconti, prematuramente scomparso, non ha potuto rivedere il suo prezioso contributo sulla decorazione delle catacombe cristiane. Il testo, pertanto, è stato rivisto e aggiornato dalla consorte, Dott.ssa Lorenza de Maria, a cui rivolgo il più sentito ringraziamento.

Sono, quindi, veramente grato anche ai proff. Vincenzo Fiocchi Nicolai e Danilo Mazzoleni per aver voluto rivedere i rispettivi contributi, dedicati all'origine e sviluppo delle catacombe romane e alla produzione epigrafica delle catacombe, aggiornandoli e arricchendoli di nuovi dati, emersi negli ultimi anni di ricerche.

Un grazie più che doveroso va, infine, ai Dott. Albrecht e Felix Weiland, Responsabili della Casa Editrice, che hanno accolto ben volentieri la proposta di una nuova edizione del volume.

In esso è stata completamente rivista e aggiornata la bibliografia, come pure si è provveduto a inserire nel testo, ove necessario, immagini di migliore qualità, dovuta, talvolta, anche ai restauri effettuati negli ultimi anni.

Ci auguriamo che questa nuova edizione dell'opera, così rivista e aggiornata, possa risultare utile, oltre che a studenti e studiosi di archeologia e antichità cristiane, anche ai pellegrini più attenti e interessati al patrimonio storico e archeologico delle catacombe, attraverso il quale giunge fino a noi il "messaggio delle catacombe", quanto mai valido anche per l'oggi, perché continua ad annunciare quella speranza, scaturita dalla resurrezione di Cristo, che, come recita il tema stesso del Giubileo, ci mette tutti in cammino e ci fa essere tutti "pellegrini di speranza".

Mons. Pasquale Iacobone
Presidente
Pontificia Commissione di Archeologia Sacra

I. ORIGINE E SVILUPPO DELLE CATACOMBE ROMANE

Vincenzo Fiocchi Nicolai

1. IL TERMINE "CATACOMBA"

Con la parola "catacomba", la comune terminologia archeologica intende un cimitero sotterraneo cristiano di grande estensione, caratterizzato da fitta e articolata concatenazione di gallerie e cubicoli intensamente utilizzati a sepoltura. L'uso del termine, ad indicare tali monumenti antichi, è attestato per la prima volta a Monteleone Sabino, l'antica *Trebula Mutuesca*, nel X secolo, in riferimento al locale cimitero ipogeo[1]. Già nel IX secolo, tuttavia, la parola si trova impiegata a Napoli, con senso derivato, per indicare l'ambiente sepolcrale in cui era stato traslato il corpo di uno degli antichi vescovi della città[2].

Il termine traeva origine dal toponimo romano "*catacumbas*" con il quale, nel IV secolo, si designava un luogo situato al III miglio della via Appia, caratterizzato dalla presenza di avvallamenti e ampie cavità arenarie ("*catacumbas*", dal greco κατὰ κύμβας = "presso le cavità")[3]. In quell'area, a partire dal III secolo, venne scavato uno dei più importanti ed estesi cimiteri sotterranei della città: quello di S. Sebastiano, chiamato, nelle fonti antiche, appunto, "*cymiterium catacumbas*"[4]. La notorietà che assunse quell'area funeraria durante il primo medioevo e la circostanza che dopo l'abbandono delle catacombe, avvenuto per lo più proprio in quell'epoca, essa risultasse una delle poche ancora accessibili e regolarmente visitata, spiegano il passaggio del nome (almeno dall'altomedioevo) dal monumento dell'Appia agli altri che presentavano le medesime caratteristiche.

La denominazione antica dei cimiteri sotterranei paleocristiani di Roma era tuttavia diversa: i visitatori delle catacombe dell'antichità, come S. Girolamo o il poeta spagnolo Prudenzio, ci attestano che, tra la metà del IV secolo e gli inizi del V, esse erano designate semplicemente come *cryptae* (Hier., *In Ezech.*, XII, (*PL*, 25, col. 375); Prud., *Perist.*, XI, v. 154 (*CSEL*, 61, p. 417)). Il termine ricorre anche in alcune epigrafi restituite dai cimiteri sotterranei, dove indica in effetti gallerie o ambienti ipogei adibiti ad uso funerario[5].

2. STORIA DELLE RICERCHE

Come si diceva, nei secoli dell'altomedioevo, la quasi totalità delle catacombe romane fu abbandonata. La traslazione dei corpi dei martiri che vi erano stati sepolti nelle chiese situate dentro la città ne decretò per lo più la cessazione di ogni frequentazione[6]. Solo quattro o cinque catacombe (delle oltre sessanta che l'archeologia ci avrebbe poi restituito)[7] restavano ancora accessibili durante i secoli del medioevo. Si trattava di aree collegate con quelle basiliche suburbane nelle quali i corpi dei santi titolari mai erano stati rimossi e portati dentro la città: S. Sebastiano, S. Lorenzo, S. Pancrazio, S. Agnese, S. Valentino[8]. Di queste catacombe, tuttavia, solo una parte molto ridotta restava praticabile. Settori di altri cimiteri sotterranei dovevano essere raggiungibili occasionalmente attraverso frane o smottamenti del terreno, o per il tramite di pozzi che si aprivano accidentalmente nelle vigne

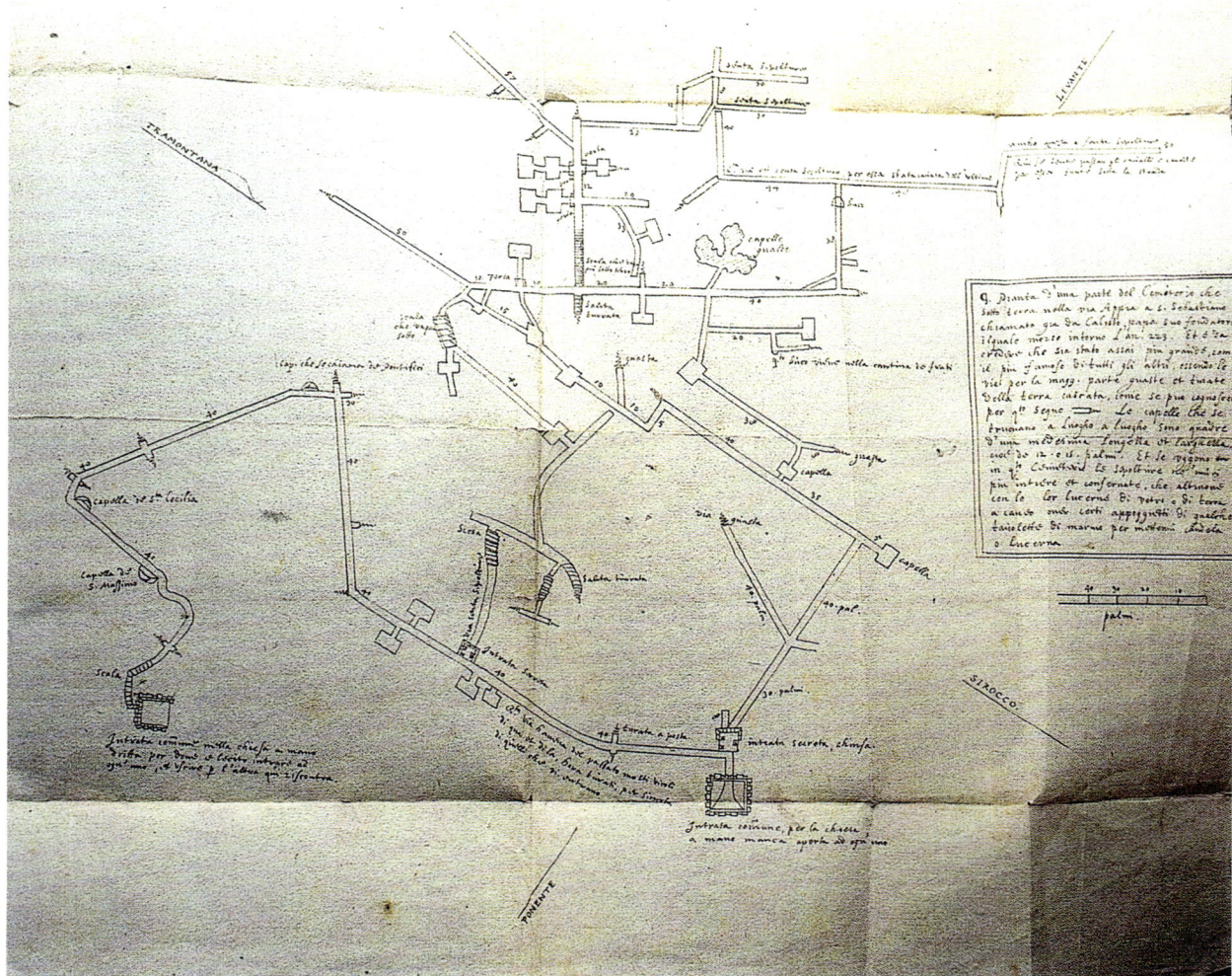

Fig. 1 Copia della pianta della catacomba di S. Sebastiano eseguita da Filippo De Winghe alla fine del XVI secolo

del suburbio. Attraverso questi ingressi di fortuna penetrarono nel "labirinto" delle catacombe i primi visitatori del Rinascimento, la cui presenza nei sotterranei, a partire dalla prima metà del '400, è provata da numerose firme tracciate a carbone, in minio o graffite in diversi ambienti[9].

Assidui visitatori di alcune catacombe romane furono, nella seconda metà del secolo XV, i membri della famosa Accademia Romana degli Antiquari di Pomponio Leto, che molto movimentarono il panorama culturale della Roma dell'epoca; il gruppo, a quanto risulta, era spinto a questa frequentazione da semplice curiosità e amore per le cose antiche[10].

Il primo a guardare ai cimiteri sotterranei con attenzione di studioso fu, alla metà del '500, l'agostiniano Onofrio Panvinio, il quale, sulla base di una pionieristica ricognizione delle fonti storiche e topografiche antiche, poté recuperare, nell'ambito di uno studio dedicato ai riti funerari dei primi cristiani, il nome e l'ubicazione (di massima) di 43 cimiteri urbani[11].

Onofrio Panvinio fu il capostipite di quel gruppo di studiosi che nella seconda metà del '500 si rivolse alle catacombe con nuovo interesse. I tempi, d'altro canto, erano maturi per una valorizzazione di questi antichi monumenti. Il movimento della Controriforma guardava con interesse alle testimonianze materiali del primo cristianesimo, capaci, attraverso una interpretazione "mirata", di confermare i dogmi della Chiesa cattolica romana[12]. L' Oratorio Romano di S. Filippo Neri ne promuoveva gli studi e la frequentazione, sia per trarre da esse alimento per un rinnovamento spirituale, sia per recuperarvi fonti utili per una ricostruzione più attendibile della storia della Chiesa delle origini[13]. In tale temperie religiosa e culturale, la scoperta occasionale di una nuova catacomba intatta (quella oggi denominata "Anonima di Via Anapo") – la prima che veniva alla luce dall'antichità –, effettuata sulla via Salaria il 31 maggio 1578, contribuì in modo decisivo a far assurgere alla ribalta del mondo degli eruditi gli antichi cimiteri sotterranei cristiani[14]. Il rinvenimento catalizzò l'attenzione – oltre che delle gerarchie ecclesiastiche del tempo, interessate al nuovo monumento soprattutto per fini apologetici – anche dei primi studiosi di antichità cristiane attivi a Roma in quel periodo. Il domenicano spagnolo Alfonso Ciacconio e i fiamminghi Filippo De Winghe e Giovanni L'Heureux esplorarono la nuova catacomba e ne descrissero pitture, sculture ed iscrizioni con il proposito "laico" di illustrarle e commentarle[15]. Soprattutto il Ciacconio e il De Winghe si spinsero all'esplorazione anche di altri cimiteri sotterranei (fig. 1). Il romano Pompeo Ugonio, in quel medesimo periodo, nel quadro di un trattato dedicato alle chiese stazionali, si premurò di descrivere anche alcune catacombe allora visibili, valorizzando le fonti letterarie che ne illustravano la storia[16]. A questo gruppo di studiosi si affiancò, sul finire del Cinquecento, il maltese Antonio Bosio (1575-1629), colui che doveva gettare le fondamenta dell'archeologia cristiana. Il Bosio fu il primo a concepire l'idea di una illustrazione completa della Roma sotterranea cristiana. Il suo metodo di indagine si basò sulla raccolta sistematica delle fonti storico-topografiche, ulteriormente approfondita rispetto ai primi tentativi del Panvinio, e su una attenta analisi dei monumenti (che si avvalse in casi eccezionali anche dello scavo archeologico); attraverso questo apparato documentario il "Colombo" delle catacombe romane (come lo ebbe a definire Giuseppe Marchi) poté recuperare ed illustrare, in una quarantina di anni di attività, una trentina di nuovi cimiteri sotterranei[17]. Il metodo "comparativo", che associava all'analisi delle fonti quella monumentale e topografica, fu elemento di grande novità, destinato a spianare la strada, sul piano metodologico, agli studi scientifici futuri.

La novità dell'approccio del Bosio non fu tuttavia seguita da coloro che si occuparono, subito dopo di lui, delle catacombe romane. Dalla metà del Seicento, per due secoli, i cimiteri sotterranei di Roma furono studiati con mero interesse antiquario, relativamente ai materiali iconografici e alla suppellettile che essi conservavano (Bartoli, Bottari, Buonarroti e altri), ovvero per l'apporto che sembravano conferire – nel dibattito vivacissimo tra Cattolici e Protestanti – alle idee religiose dei primi (e dunque con evidenti forzature esegetiche)[18]. Soprattutto, in quei secoli, i cimiteri sotterranei furono fatti oggetto di un vero sistematico saccheggio da parte di un gruppo di operai specializzati (i c.d. "corpisantari"), che, spesso su incarico ufficiale delle più alte gerarchie ecclesiastiche, si dedicarono ad estrarre dai cimiteri presunti corpi di martiri (fig. 2)[19]. Gravissima fu la dispersione dei dati provocata da tali deleterie ricerche, regolate (ma di fatto istituzionalizzate) da un decreto pontificio dell'anno 1668[20]. L'opera dei vari Fabretti, Boldetti, Marangoni, "Custodi delle Ss. Reliquie e dei Cimiteri", inquadrabile in questo contesto cronologico e culturale, ci permette di recuperare solo alcune informazioni su tali indagini[21].

Alla metà dell'800 l'archeologia delle catacombe uscì finalmente dal buio che l'aveva avvolta dopo la morte del Bosio. Il gesuita P. Giuseppe Marchi si riaccostò allo studio dei cimiteri sotterranei con rinnovata attenzione per l'analisi monumentale e la contestualizzazione storica[22]. Nel 1851 fu istituita da parte di Pio IX la Commissione di Archeologia Sacra, incaricata della tutela e della esplorazione scientifica delle catacombe[23]. Giovanni Battista de Rossi (1822-1894), il fondatore della moderna scienza dell'archeologia cristiana, riprese in quegli anni la ricerca sulla via tracciata dal Bosio: pose a fondamento dei suoi studi l'attenta analisi strutturale correlata a quella delle fonti, da lui vagliate in modo più capillare e con nuovo senso critico. L'adozione sistematica dello scavo archeolo-

Fig. 2 Scritta a carbone menzionante la "cava dei corpi santi" in un cubicolo della catacomba di Marco, Marcelliano e Damaso

gico quale strumento di indagine fruttò al de Rossi la scoperta di numerosi e importanti nuovi settori delle catacombe. Il rinvenimento di un numero veramente considerevole di sepolcri di martiri e di vescovi di Roma lo portò ad identificare molte necropoli sotterranee (quelle in cui le fonti ricordavano la presenza di queste tombe particolari) e di far luce così sulla intricata topografia storica del suburbio romano. Le conoscenze a tutto campo delle problematiche storiche, letterarie, agiografiche, epigrafiche, storico-artistiche consentirono allo studioso romano una illustrazione quanto mai completa ed esauriente dei monumenti trattati. Il rigore critico e la novità del suo metodo di indagine, il taglio e la tensione storica che lo sostanziarono, costituiscono ancora oggi eredità fondamentale per chi si accosta allo studio delle catacombe[24].

Le scoperte straordinarie del de Rossi suscitarono in effetti un fermento notevolissimo di interessi: tra la fine dell'800 e i primi decenni di questo secolo furono attivi nelle catacombe romane soprattutto i suoi tre allievi Mariano Armellini, Orazio Marucchi ed Enrico Stevenson; ad essi si devono molti importanti studi e, tra l'altro, le prime opere di sintesi complessive sui cimiteri sotterranei[25]. Il tedesco Joseph Wilpert integrò felicemente l'attività scientifica di questo gruppo di archeologi, dedicandosi prevalentemente allo studio della produzione storico-artistica delle catacombe[26]. Negli anni '20 e '30 l'incipiente espansione edilizia di Roma nell'area dell'antico suburbio provocò numerose nuove scoperte: esse furono illustrate scientificamente da Enrico Josi, autore di molti importanti contributi sulla Roma sotterranea[27]. Allo svizzero Paul Styger si deve, in quel medesimo periodo, una revisione critica generale della genesi e dello sviluppo topografico delle catacombe romane, sulla base di una più accurata attenzione alle evidenze strutturali[28]. Negli anni del dopoguerra e negli ultimi decenni i cimiteri sotterranei di Roma sono stati oggetto di studi sempre più attenti al dato materiale e condotti con moderni criteri di indagine: i lavori di Antonio Ferrua, Umberto Maria Fasola, Louis Reekmans, Paul-Albert Février, Francesco Tolotti, Pasquale Testini, Hugo Brandenburg, Aldo Nestori e di un'ultima generazione di studiosi hanno notevolmente ampliato le nostre conoscenze sull'argomento[29].

3. ORIGINE DELLE CATACOMBE

All'epoca delle prime scoperte moderne del XVI-XVII secolo, cominciò a diffondersi la curiosa credenza che le catacombe avessero avuto funzione di luoghi di abitazione o di rifugio dei primi cristiani al tempo delle persecuzioni. Tale leggenda era alimentata, tra l'altro, dalla deformata interpretazione di alcune fonti antiche, come i passi del *Liber Pontificalis* romano che alludevano al soggiorno di alcuni pontefici "nei cimiteri" (da intendersi evidentemente nel significato più esteso del termine, comprendente le fabbriche esistenti nel sopratterra) (*LP*, I, pp. 161, 207, 227, 305-306) o le notizie relative all'uccisione, nell'area della catacomba di S. Callisto, durante la persecuzione di Valeriano, il 6 agosto del 258, del papa Sisto II con i suoi diaconi "*in cimiterio*" (Cypr., *Epist.* 80 (*CSEL*, 3/2, p. 840))[30]. In realtà, come è noto, le catacombe furono esclusivamente aree funerarie adibite alla sepoltura e al culto funerario dei membri delle prime comunità.

La revisione critica degli ultimi decenni consente di collocare cronologicamente il sorgere dei più antichi cimiteri sotterranei cristiani di Roma nei primi anni del III secolo[31]. In effetti, fu in questo frangente cronologico, come attestano con chiarezza (e con significativa concordanza) le fonti e la documentazione archeologica, che le comunità cristiane di Roma e di altri centri del mondo antico sentirono l'esigenza di disporre per la prima volta di spazi funerari collettivi ed esclusivi, a fronte di una prassi che, come si sa, nei primi due secoli dall'avvento del cristianesimo, aveva visto la sepoltura dei *fratres* confondersi con quella dei non cristiani nelle comuni necropoli dei suburbi delle città[32].

In Africa, a Cartagine, Tertulliano (*Scap.*, 3, 1 (*CSEL*, 76, p. 11)) ricorda la presenza, intorno al 203, di "*areae sepulturarum nostrarum*", la cui proprietà da parte della comunità cristiana era fortemente osteggiata dalla plebe pagana; la protesta del popolo: "*areae non sint, areae eorum non fuerunt*" fa pensare che l'istituzione di quei cimiteri comunitari non rimontasse ad epoca molto più antica[33]. Ancora Tertulliano, nell'*Apologeticum*, scritto intorno all'anno 197, fa menzione dell'esistenza di una "cassa comune", creata in seno alla comunità, con i contributi mensili spontanei dei confratelli, per garantire anche ai più poveri una conveniente sepoltura (Tert., *Apol.*, 39, 5-6 (*CSEL*, 69, p. 92)).

Ad Alessandria l'esistenza di cimiteri collettivi è attestata nei primi decenni del III secolo da un passo di Origene (*Hom. in Jer.*, IV, 3, 16 (*SCh*, 232, pp. 264-265)).

Anche a Roma, più o meno negli stessi anni, troviamo la prima menzione di un'area comunitaria: il cimitero di S. Callisto, al cui funzionamento il papa Zefirino (198-217) aveva preposto il noto diacono e futuro papa Callisto (Ps. Hipp., *Philosoph.*, IX, 12, 14 (*GCS*, 26, p. 248)). Per la prima volta, in questo documento, è attestato a Roma il termine greco τὸ κοιμητήριον ad indicare l'area funeraria comunitaria cristiana: il significato letterale della parola, "dormitorio", esprime bene il concetto che i cristiani avevano della morte: quello di un riposo temporaneo in attesa della resurrezione (Ioh. Chrys., *Coemet.*, 1 (*PG*, 49, pp. 393-394)).

Pochi anni più tardi, verso la metà del III secolo, a Cartagine, le *Sententiae Episcoporum* (30 (ed. Von Soden 1909, pp. 257, 262-263)) e gli *Acta Cypriani* (5 (ed. Saxer 1984, p. 191)) attestano la presenza di altre aree cimiteriali cristiane, che prendevano nome da quello dai fondatori o da toponimi[34]; a Roma, la biografia di papa Fabiano (236-250), contenuta nel Catalogo Liberiano, biografia probabilmente risalente alla metà del III secolo, ricorda i *cymeteria* esistenti in quel tempo nella città, oggetto della cura del papa (*LP*, I, p. 5)[35]; anche in Spagna, tra il 250 ed il 257, almeno la comunità di Merida disponeva di aree funerarie cristiane proprie (Cypr., *Epist.*, 67 (*CSEL*, 3, p. 740))[36]. All'epoca della persecuzione di Valeriano, molte altre località del mondo antico si deve credere fossero dotate di cimiteri cristiani riservati, dove avevano trovato sepoltura i martiri caduti durante le persecuzioni: questi spazi funerari erano frequentati per motivi devozionali dai fedeli e di essi ci parlano, senza possibilità di equivoci, i rescritti di Valeriano e Gallieno, che ricordano, appunto, "i luoghi dei cosiddetti cimiteri", prima preclusi ai cristiani per le riunioni e a loro requisiti, e poi restituiti dall'autorità imperiale direttamente ai vescovi (Euseb., *H.E.*, VII,11,13 (*GCS*, 9/2, pp. 657-658, 666))[37].

Una delle motivazioni che aveva spinto i fedeli del cristianesimo, tra gli ultimi anni del II secolo e gli inizi del III secolo, a fornirsi di aree cimiteriali riservate fu senz'altro quella di garantire anche ai più poveri una conveniente sepoltura[38]. Tertulliano, in un famoso passo dell'*Apologeticum* (39, 5-6 (*CSEL*, 69, p. 92)), ricorda la "cassa comune", alimentata dalla generosità dei *fratres* (i "*deposita pietatis*"), che serviva, tra le altre cose, "*egenis humandis*" ("alla sepoltura dei bisognosi"). La sollecitudine dei cristiani nell'assicurare una sepoltura anche ai più poveri della comunità era sottolineata, già nella prima metà del II secolo, da Aristide di Atene (*Apol.*, 15, 6 (ed. Alpigiano 1988, pp. 118-119)); agli inizi di quel secolo, anche la lettera ai Romani di Ignazio di Antiochia sembra accennare alla preoccupazione dei fedeli di farsi carico della sepoltura dei *fratres* (almeno dei martiri) (4, 1 (*SCh* 10, pp. 130-131))[39]; cosa peraltro ribadita, alla metà del III secolo, da una lettera del clero di Roma, a quello di Cartagine, scritta durante la persecuzione di Decio (*Epist.*, 8, 3 (*CSEL*, 3, p. 488))[40]. Agli inizi del IV secolo, il retore cristiano Lattanzio considerava in effetti il più grande dovere del cristiano in campo caritativo quello di garantire una sepoltura ai poveri e ai pellegrini (*Divin. Inst.*, VI, 12, 25 (*CSEL*, 19, p. 529)). E ancora negli anni '60 del IV secolo, l'imperatore Giuliano poteva costatare come proprio la "sollecitudine per i seppellimenti dei defunti" avesse costituito una delle carte vincenti dell'affermazione del cristianesimo (*Epist.*, 84 (ed. Bidez 1924, p. 144)).

La crescita numerica della comunità agli inizi del III secolo (Ps. Hipp., *Philosoph.*, XI,12, 23-24 (*GCS*, 26, p. 250); Tert., *Apol.*, 37, 4 (*CSEL*, 69, p. 88)) dovette richiedere spazi idonei all'espletamento del servizio della sepoltura. Una maggiore capacità economica e organizzativa, assicurata tra l'altro dalla sempre maggiore conversione dell'élite, poteva ormai consentire la realizzazione e la gestione delle aree funerarie[41].

Anche il passaggio, alla fine del II secolo, da un governo collegiale della comunità, all'episcopato monarchico, può aver agevolato la creazione di un coordinamento centrale del servizio della sepoltura[42]. A Roma, è verosimile che la nascita dei cimiteri comunitari, alla fine del II secolo, rispondesse pure alla volontà da parte della Chiesa, ormai dotata di un governo monoepiscopale, di favorire il compattamento della comunità, assai frammentata sotto il profilo liturgico, disciplinare e dottrinale[43].

D'altra parte, quel "senso intenso della comunità religiosa"[44], quella profonda consapevolezza di appartenere ad un gruppo particolare, compatto e solidale (Arist., *Apol.*, 15, 5-7 (ed. Alpigiano 1988, pp. 116-121));

Tert., *Apol.*, 39, 1-2 (*CSEL*, 69, p. 91)), dovettero suggerire fortemente l'opportunità di disporre di spazi funerari ove l'unità del gruppo potesse mantenersi e concretarsi anche nel riposo della morte[45]. La possibilità di svolgere riti funerari in parte particolari (preghiera per i defunti, messa funebre: *Acta Johannis*, 72 (*CChr, Ser. Apocryph.*, 2, pp. 553-555); *Mart. Polycarpi*, 18, 2-3 (*SChr*, 10 bis, pp. 230-232); Tert., *Anim.*, 51 (*CSEL*, 20, p. 383); *Didascalia Apostolorum (Versio Syriaca)*, 26 (ed. Vööbus 1979, II, pp. 243-244); Cypr., *Epist.*, 1, 2 (*CSEL*, 3/2, pp. 466-467)) poteva altresì rendere opportuna la scelta[46].

A Roma, nei primi anni del III secolo, le più antiche aree funerarie comunitarie restituite dall'archeologia sono, come è noto, appunto, le catacombe. Cimiteri *sub divo* ("all'aperto cielo"), al di sopra delle prime regioni delle catacombe, dovevano sicuramente esistere, ma la loro documentazione materiale risulta quanto mai lacunosa[47]. Le scoperte effettuate al di sopra dell' "Area I" della catacomba di S. Callisto (il più antico settore di questo cimitero sotterraneo, quello cui fa riferimento il citato passo dello Pseudo Ippolito) hanno rivelato l'esistenza di un ampio spazio recintato, occupato da tombe terragne in muratura e da sepolcri a sviluppo verticale, addossati ai muri perimetrali; nel recinto si aprivano le scale di accesso alle regioni sotterranee[48]. Analoghi spazi funerari "chiusi" è probabile esistessero anche al di sopra di altri antichi nuclei delle catacombe, a definire, tra l'altro, i limiti della proprietà in cui erano scavate le regioni sotterranee.

Ma in effetti sono i cimiteri ipogei quelli che ci forniscono la documentazione di gran lunga più ampia sulle aree funerarie cristiane di Roma nei primi decenni del III secolo. La prassi di creare ambienti ipogei da adibire ad uso cimiteriale non fu certo invenzione delle prime comunità cristiane di Roma: essa era ben diffusa, come è noto, in varie civiltà e culture del mondo antico, specialmente laddove la natura del sottosuolo consenta una agevole escavazione e una "tenuta" affidabile delle strutture sotterranee. Per restare nell'ambito geografico romano o laziale, sepolcri ipogei più o meno ampi furono creati dagli Etruschi, dai Sabini e dagli stessi Romani (fig. 3)[49]. In questa area geografica la sepoltura sotterranea era straordinariamente facilitata dall'ottimo tufo locale, facile a lavorarsi e piuttosto affidabile staticamente.

Dal II secolo d.C. l'incremento demografico e il diffondersi preponderante del rito dell'inumazione dovettero comportare una sempre maggiore richiesta di spazi nel suburbio da adibire ad uso funerario e una conseguente, inevitabile lievitazione dei costi dei terreni[50]. Già Cicerone ricordava come le aree più ricercate, poste in vicinanza della città o in luoghi particolarmente favorevoli, fossero oltremodo costose e oggetto di frequenti speculazioni (Cic., *Att.*, XII, 21, 33; vedi pure *Tusc.*, 1, 7)[51]. Il fenomeno doveva essersi accentuato durante l'età imperiale[52]. Per far fronte a questa nuova situazione, già alcune famiglie ed associazioni funerarie romane, tra la fine del I secolo e gli inizi del II, avevano nuovamente fatto ricorso alla sepoltura sotterranea, scavando piccoli ipogei al di sotto dei mausolei di superficie, singole tombe a camera, brevi gallerie (fig. 3). Lo sfruttamento del sottosuolo attraverso una razionale e intensiva utilizzazione degli ambienti forniva la possibilità di incrementare notevolmente lo spazio per le inumazioni. Numerosi esempi di ipogei funerari pagani sono attestati nel suburbio: sulle vie Portuense, Trionfale, Flaminia, Latina, Appia, ecc. (fig. 3)[53]. La loro caratteristica è la limitata estensione, evidentemente da riconnettere alla committenza famigliare; essi risultano inoltre non di rado interamente rivestiti di affreschi (figg. 108-109), così da escludere che nei propositi dei fondatori ci fosse quello di ampliare successivamente l'area funeraria[54].

Anche la comunità cristiana di Roma, quando, alla fine del II secolo, per le motivazioni sopra ricordate, avvertì la necessità di creare estese aree cimiteriali collettive, ricorse con naturalezza alla "scelta" ipogea, quella che garantiva la maggiore economicità all'impresa[55]. La novità di una committenza numericamente rilevante e suscettibile di incrementi continui determinò le soluzioni strutturali originali, caratteristiche dei cimiteri sotterranei comunitari cristiani (le catacombe), quelle che fecero di questi monumenti - sin dal loro primo apparire - qualcosa di particolare ed esclusivo delle comunità cristiane[56].

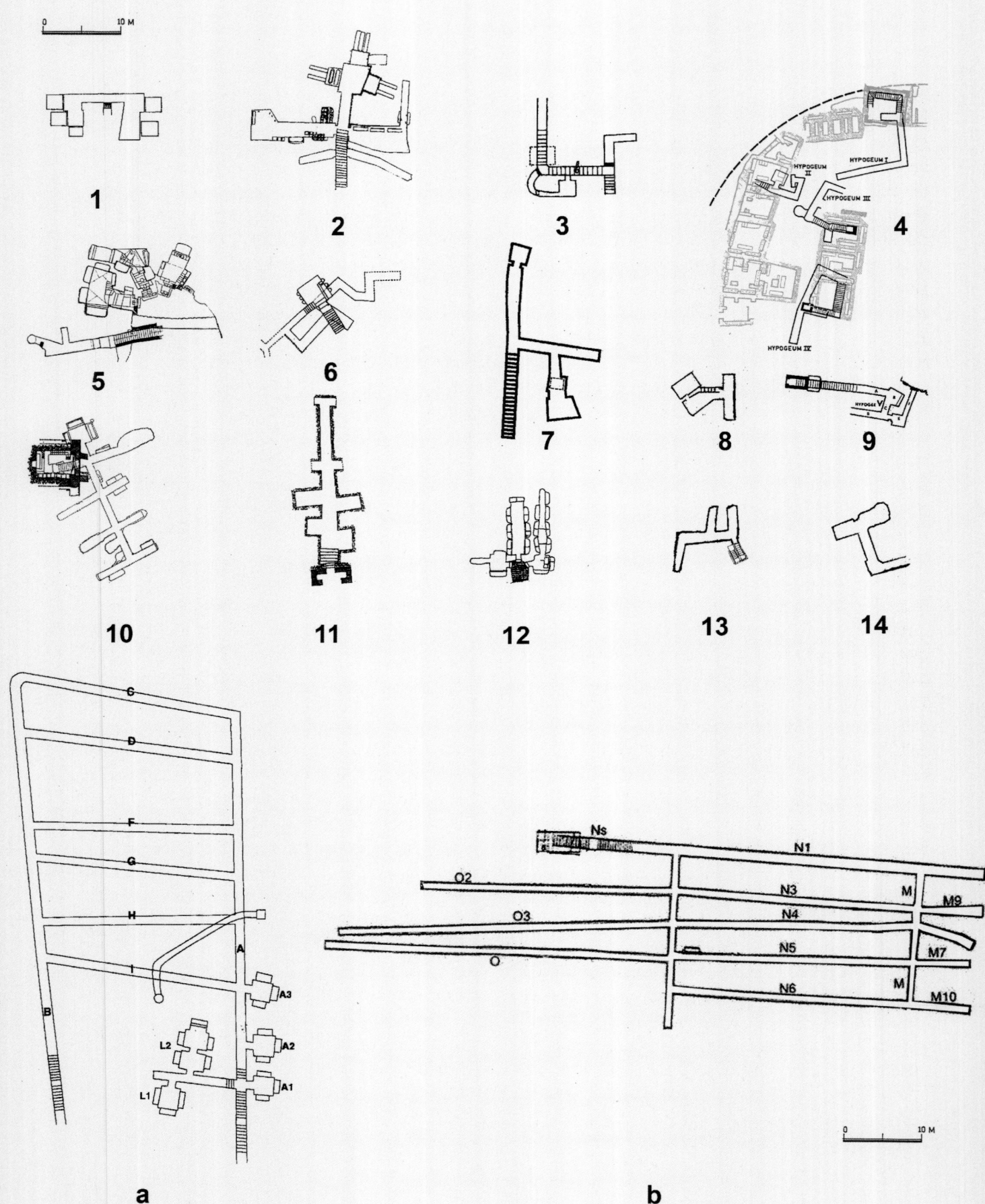

Già nelle più antiche regioni delle catacombe, in effetti, si possono rilevare caratteristiche del tutto innovative rispetto alle coeve aree ipogee non cristiane: l'estensione estremamente più vasta degli ambienti (costituiti da serie di gallerie concatenate e disposte generalmente secondo uno schema regolare), pianificazione di impianto finalizzata a prevedere, sin dall'inizio, la possibilità di successivi ampliamenti (contro gli schemi "chiusi" degli ipogei pagani)[57]; l'utilizzazione assolutamente intensiva e razionale degli spazi. Tali particolarità strutturali "connotanti" sono presenti in molte delle più antiche regioni cimiteriali comunitarie collocabili cronologicamente tra la fine II secolo e la metà del III.

Nella c.d. "Area I" di S. Callisto (fig. 4), quella alla cui gestione era stato preposto, come si è visto, tra la fine del II secolo e i primi anni del III, l'omonimo diacono e futuro papa[58], un terreno di superficie di m. 75 × 30 (250 piedi × 100), delimitato da un recinto, fu occupato nel sottosuolo entro gli anni '30 del III secolo da un sistema di gallerie disposte "a graticola", costituito da due ambulacri principali paralleli (A–B), serviti da scale proprie, situati ai confini dell'area e raccordati da una serie di gallerie secondarie ortogonali, poste a distanze grossomodo regolari (C–D, F–I)[59]. Tutto l'impianto fu evidentemente programmato sin dall'inizio, prevedendo i successivi prolungamenti delle due gallerie matrici e l'apertura delle trasversali. Tombe a loculo disposte su *pilae* verticali occuparono tutto lo spazio a disposizione sulle pareti (fig. 5). Settori di tufo furono lasciati privi di sepolture sul fondo delle gallerie da prolungare e nei punti in cui era prevista l'apertura delle diramazioni. È evidente la volontà dei fondatori di realizzare in questo modo un cimitero collettivo di vaste dimensioni, dal carattere fortemente ugualitario, capace di ospitare, intorno all'anno 230, circa 1.200 tombe e suscettibile di continui ampliamenti. Intorno al 235, cinque cubicoli

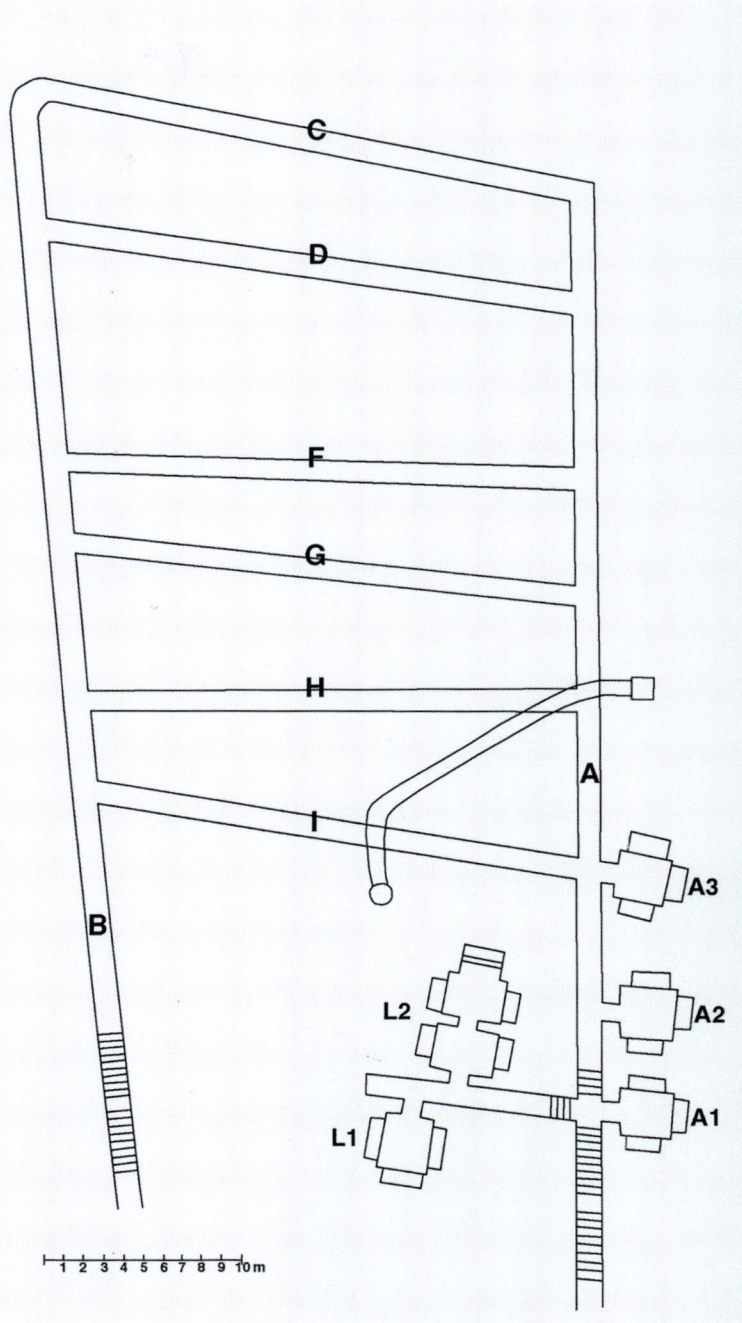

Fig. 3 Planimetrie alla medesima scala dei nuclei originari delle catacombe di S. Callisto (Area I) (a) e Novaziano (b) e degli ipogei famigliari di Ampliato (1), Roma Vecchia (2), della S. Croce (3), di Lucina (4, 7, 9), di S. Sebastiano (5), della Torretta (6, 8, 13, 14), della villa di Massenzio (10), dei Flavi (11), di Anzio (12)

Fig. 4 Planimetria dell'Area I della catacomba di S. Callisto (anni 230–240)

Fig. 5 Galleria dell'Area I della catacomba di S. Callisto

Fig. 6 Ricostruzione della Cripta dei Papi nella catacomba di S. Callisto

furono aperti lungo una delle due arterie principali e nella prima delle diramazioni (A1–A3, L1–L2): essi costituirono i primi spazi "privilegiati", dotati di sepolcri più monumentali (le cosiddette tombe "a mensa")[60] e anche di una ricca decorazione pittorica (fig. 17) (uno di essi – la c.d. "cripta dei papi" (L2) – ospitò entro la fine del III secolo le tombe di ben nove vescovi di Roma) (fig. 6)[61].

Al periodo in cui fu realizzata l'"Area I" si deve assegnare la fondazione di un altro cimitero cristiano comunitario: quello di Calepodio sulla via *Aurelia Vetus*, che accolse nel 222 la tomba di papa Callisto (fig. 7)[62].

Anche qui un'area sotterranea discretamente ampia si caratterizza per una serie multipla di gallerie, disposte per lo più "a pettine" lungo due arterie parallele (A15, A19), diramanti da una matrice in asse con la scala di ingresso (A1). Come nell'"Area I", semplici loculi occuparono razionalmente lo spazio a disposizione.

Sulla via Salaria, a Priscilla, una vasta area per inumazioni collettive (la più vasta dell'epoca) fu ricavata in una cava di pozzolana abbandonata costituita da decine di gallerie molto larghe, dal caratteristico profilo stondato e dall'andamento planimetrico irregolare (fig. 8, A)[63]. L'area, ben databile per gli elementi di ar-

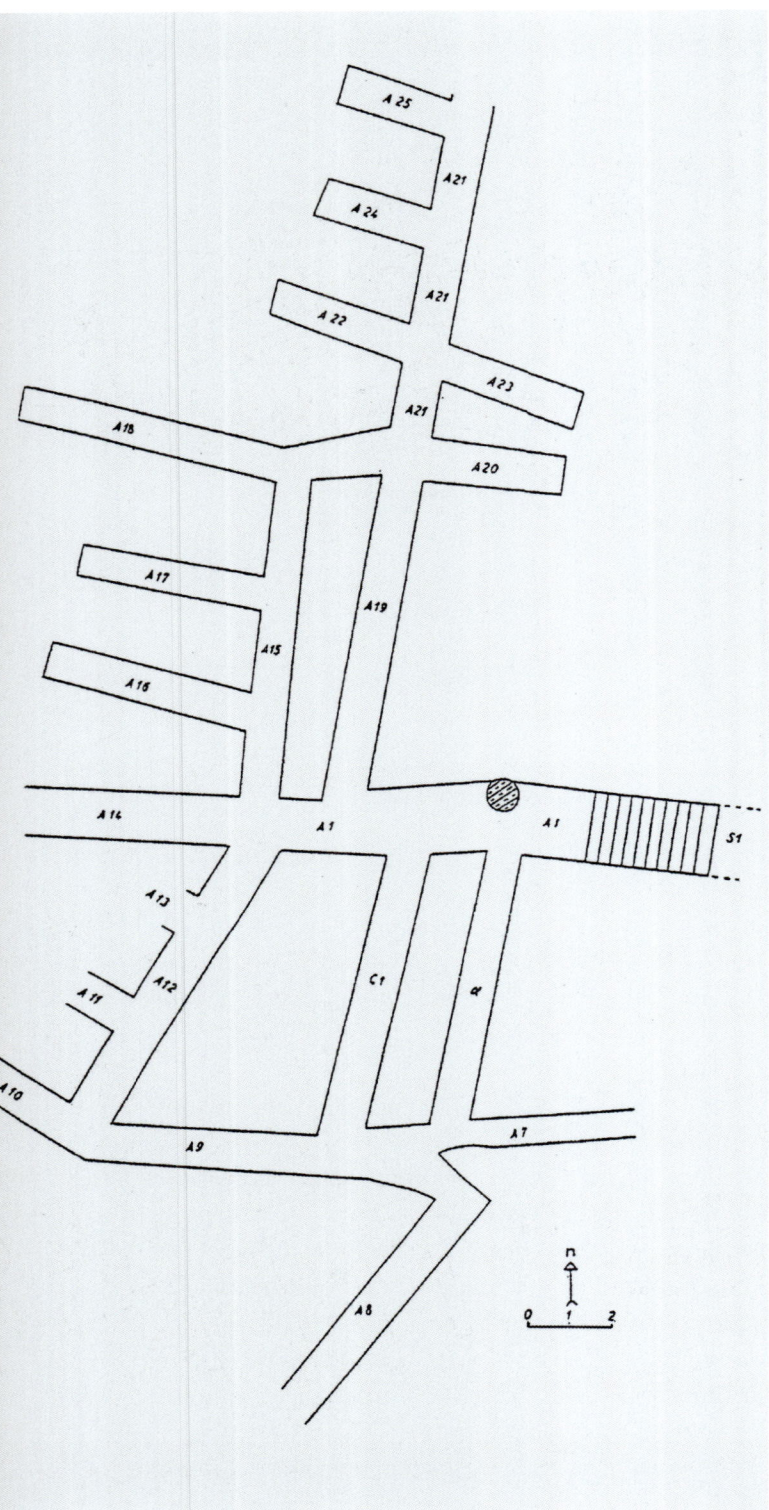

Fig. 7 Planimetria della catacomba di Calepodio nella sua fase iniziale

redo (epigrafi, bolli laterizi, pitture) nei primi decenni del III secolo, ospitò circa un migliaio di tombe a loculo (figg. 15, 87) e alcuni sepolcri più monumentali costituiti da nicchioni in muratura contenenti sarcofagi marmorei, sistemati per lo più lungo una galleria (a1) alla quale introduceva la scala di accesso (S6–S7)[64].

Anche nella catacomba di Domitilla, due tra le regioni più antiche – quelle del Buon Pastore e quella chiamata Flavi Aureli "A" – presentano i caratteri strutturali finora evidenziati (figg. 9–10): gallerie ortogonali piuttosto estese (su cui si aprono pochi cubicoli) servite da una scala e intensivamente occupati da loculi e tombe "a mensa"[65].

Nel cimitero di Pretestato, sulla via Appia, sempre nei primi decenni del III secolo, una lunga e larga galleria, in asse con la scala d'accesso, diede origine ad una serie di diramazioni ortogonali, disposte "a pettine", e ad un paio di cubicoli, di cui uno – quello c. d. della "Coronatio" – probabilmente del fondatore dell'area (regione della "Scala Maggiore") (fig. 11, G); questa, verso la metà del III secolo, fu ampliata con altri ambulacri fino a contenere circa 900 sepolcri; contemporaneamente, accanto a questo settore, venne realizzata un'altra grande regione comunitaria (la c. d. regione della "Scala Minore"), dall'impianto simile, capace di ulteriori 300 tombe (fig. 11, F)[66].

Ancora un esempio di area collettiva di grande estensione ci viene, intorno alla metà del III secolo, dal sistema di gallerie "a spina di pesce" che ospitò sulla via Tiburtina la tomba del martire Novaziano, probabilmente lo scismatico morto nella persecuzione di Valeriano del 257-258 (fig. 12)[67]. L'area risulta perfettamente datata da ben cinque iscrizioni funerarie *in situ*, riferibili agli anni 266 e 270 (*ICUR*, VII, 20335-20339) (figg. 12–13). Tutte le tombe, salvo forse quella del martire (in origine – è possibile – una tomba "a mensa"), risultano del semplice tipo a loculo[68].

Dagli esempi riportati si evidenzia chiaramente la novità strutturale dei cimiteri sotterranei cristiani comunitari: la grande estensione, la programmazione degli impianti, lo sfruttamento intensivo e razionale dello spazio funerario. Le sepolture si caratterizzano per una marcata uniformità tipologica, che si manifesta

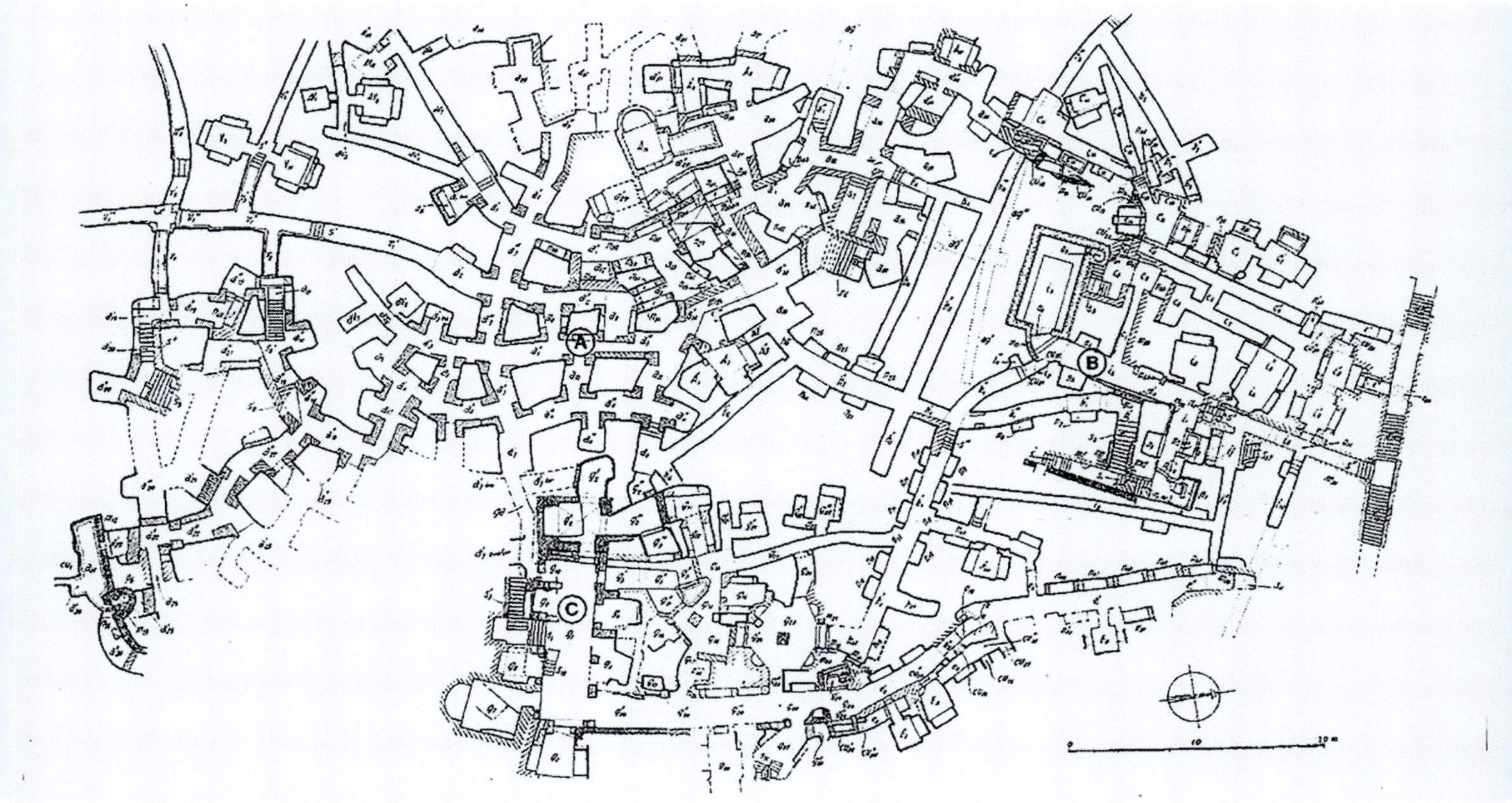

Fig. 8 Pianta del primo piano della catacomba di Priscilla

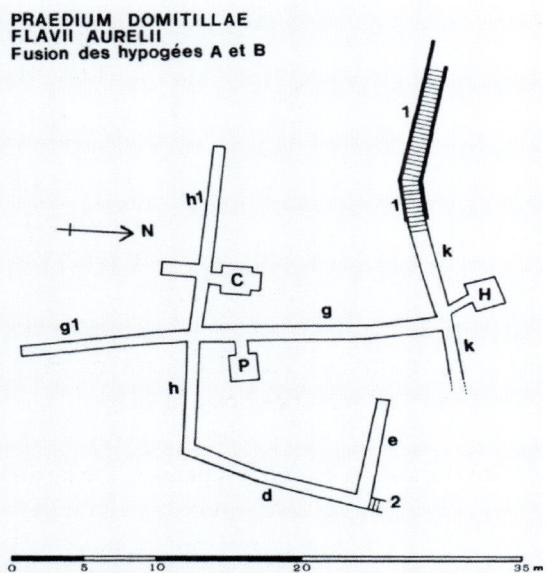

Fig. 9 Pianta dell'ipogeo dei Flavi Aureli "A" nella catacomba di Domitilla

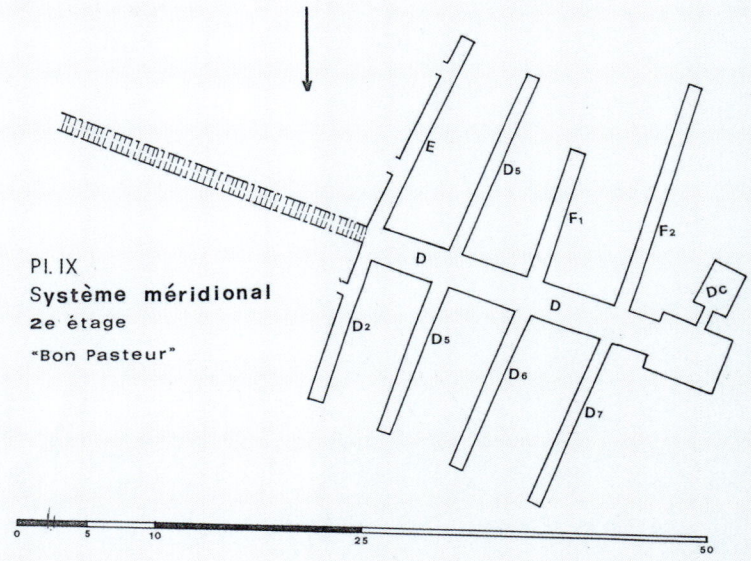

Fig. 10 Planimetria della regione del Buon Pastore nella catacomba di Domitilla

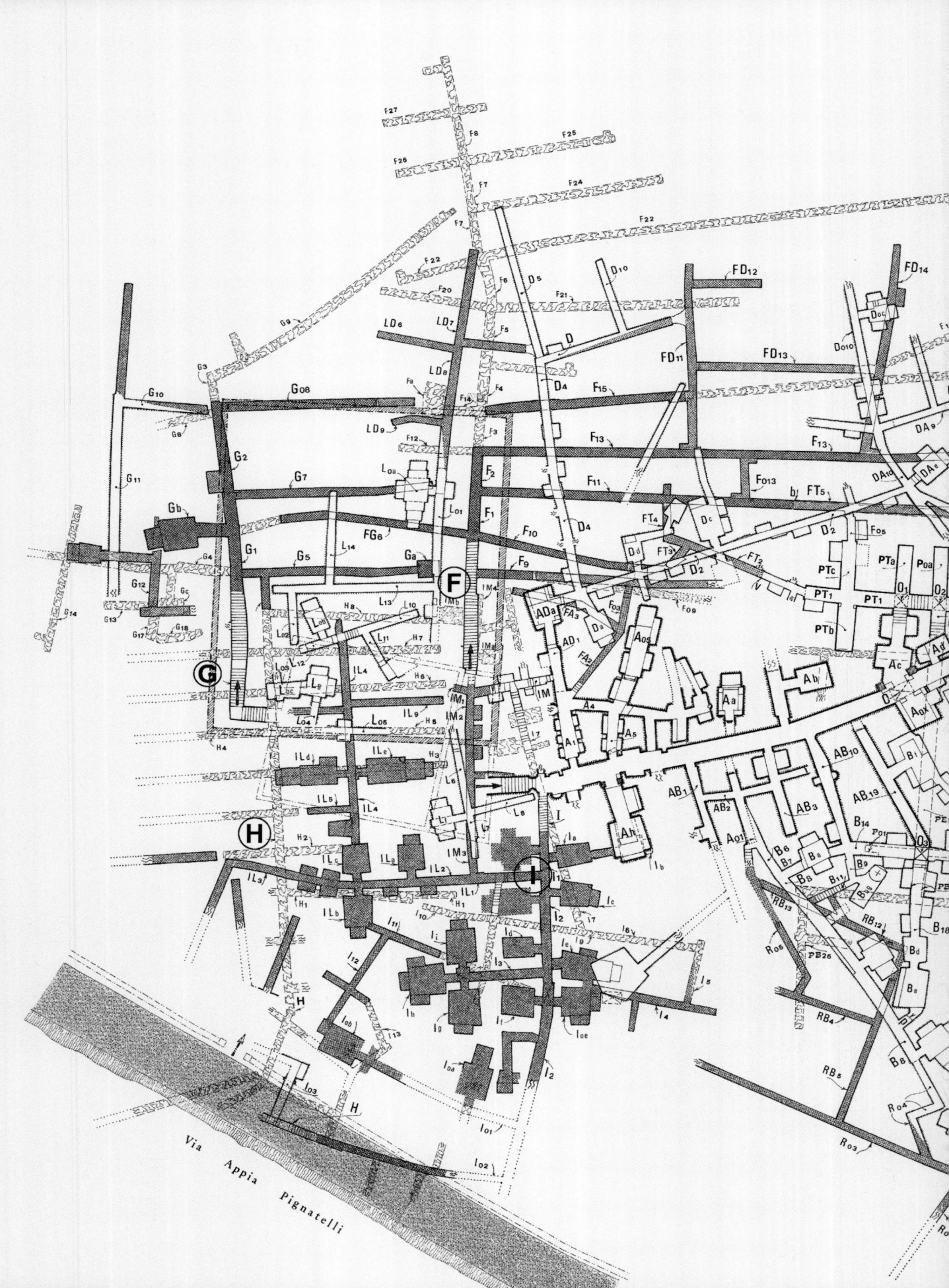

Fig. 11 Pianta della catacomba di Pretestato

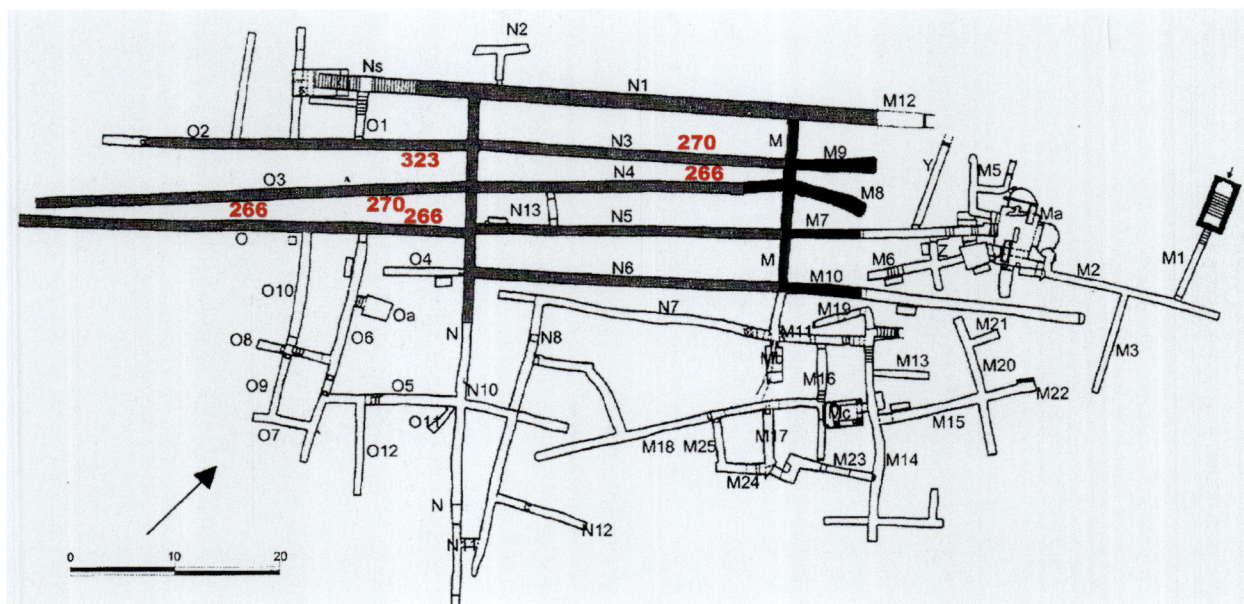

Fig. 12 Pianta della catacomba di Novaziano

nell'adozione sistematica della tomba a loculo. Questi si mostrano generalmente molto grandi, chiusi con lastre di marmo o con laterizi, ben allineati sulle pareti e intervallati da ampi diaframmi di tufo (figg. 5, 14-15)[69]. Sepolcri più monumentali (nicchie per sarcofagi, tombe "a mensa")[70] o spazi più esclusivi (cubicoli), talvolta decorati, risultano poco diffusi. Tale uniformità delle sepolture sembra essere in linea – come è stato rilevato[71] – con l'ideologia ugualitaria della nuova religione[72]. L'aspirazione ad una celebrazione ostentata della propria individualità, a quell'"autorappresentazione" attraverso il monumento funerario, peculiari, come si sa, del mondo romano, paiono deliberatamente marginalizzati in favore di una strategia funeraria che tendeva piuttosto a rimarcare l'adesione dei *fratres* al gruppo religioso.

L'epigrafia di questi primi nuclei funerari, d'altra parte, si conforma al carattere largamente indifferenziato delle tombe: gli epitaffi, di norma incisi sulle lapidi o dipinti in minio sui laterizi che chiudevano i loculi (ovvero sulla malta che più raramente li rivestiva esternamente) (figg. 13, 15-16, 170, 173-174) registrano

Fig. 13 Iscrizione *in situ* di Calpurnia Dionisia dell'anno 266 nella catacomba di Novaziano

Fig. 14 Galleria della regione primitiva della catacomba di Novaziano

il solo nome dei defunti, raramente accompagnato da quello del dedicante, dall'augurio di pace e da un semplice apparato figurativo; si omettono tutti quegli elementi biografici retrospettivi che caratterizzano l'epigrafia non cristiana contemporanea[73]. Una scelta che pare consapevole, finalizzata a collocare il fedele in una dimensione escatologica unificante, "metafamiliare"[74], secondo i dettami più genuini di quella "risocializzazione" messa in atto dal cristianesimo[75].

Tuttavia, benché rari, in queste prime aree comunitarie sono anche documentati, come si è visto, sepolcri più monumentali (nicchie per sarcofagi, tombe

Fig. 15 Galleria della regione dell'arenario della catacomba di Priscilla

"a mensa") e spazi esclusivi (cubicoli), talvolta decorati, appannaggio evidente di una committenza di estrazione più elevata (figg. 6, 17, 138)[76].

Aree sepolcrali riferibili ad una utenza particolarmente abbiente sono attestate anche in prossimità di alcuni cimiteri collettivi. Si tratta di ipogei famigliari di limitata estensione, spesso riccamente decorati e interessati da tombe più monumentali[77]. È il caso degli ipogei degli *Acilii* e del Criptoportico sorti in prossimità della regione dell'arenario di Priscilla (figg. 8, B-C; 18); dell'insieme dei cubicoli più antichi che trovarono posto nella c.d. "Spelunca Magna" di Pretestato (fig. 11, A), accanto alle due regioni ad utilizzazione intensiva della "Scala Maggiore" e della "Scala Minore"[78].

È verosimile che alcuni di questi ipogei e sepolcri più monumentali, connessi con le aree sotterranee ad utilizzazione intensiva e appannaggio di fedeli di condizione evidentemente più agiata, siano da ricollegare agli stessi fondatori delle aree funerarie. Il caso della catacomba di Priscilla sembrerebbe indicativo: la fondatrice del cimitero – quella da cui questo prendeva nome[79] – era con ogni probabilità un membro della famiglia degli *Acilii Glabriones*, la cui area funeraria è da individuare, appunto, nella zona dell'omonimo ipogeo più esclusivo[80].

D'altro canto, la denominazione di molte delle più antiche aree cimiteriali comunitarie romane (così come – si badi – quelle contemporanee di Cartagine)[81], quale ci è attestata dalle fonti sin dalla prima metà del

Fig. 16 Iscrizioni della regione dell'arenario della catacomba di Priscilla

IV secolo, sembra rinviare con evidenza all'intervento di privati nella fondazione dei cimiteri comunitari. Solo il cimitero di Callisto risultava, sin dalle origini, come si è visto, direttamente gestito dalla gerarchia ecclesiastica[82]. I nomi tramandati dalle fonti letterarie ed epigrafiche per questi primi insediamenti funerari (Domitilla, Priscilla, Pretestato, Bassilla, Trasone, ecc.) difficilmente trovano altra spiegazione da quella che li ricollega alla fondazione da parte di un privato[83]. Un membro della comunità avrà concesso un terreno di sua proprietà (o fornito i mezzi finanziari per acquistarlo) per l'escavazione dell'area funeraria collettiva; in essa, poi, avrà collocato pure la sua sepoltura e quella dei membri della sua famiglia. I fondatori in alcuni casi appartenevano alle ricche famiglie di rango senatorio, come sembrano attestare i casi degli *Acilii Glabriones* e dei *Flavii*, alle origini delle catacombe di Priscilla e Domitilla[84]. Si tratta di quei *clarissimi viri* e di quelle *clarissimae feminae* di recente conversione, di cui, in quel tempo, ci parlano le fonti[85]. Grazie anche alle loro elargizioni la comunità poteva garantirsi un adeguato sostentamento economico[86]. Anche le aree cimiteriali cartaginesi coeve di Tertullo, di Fausto, di Macrobio Candidiano tradiscono, del resto, come si accennava, con la loro denominazione, un'origine legata all'evergetismo privato[87].

La gestione di almeno alcuni di questi cimiteri riservati doveva, di fatto, essere coordinata dall'autorità ecclesiastica: lo indica il passo dello Ps. Ippolito relativo alla fondazione del cimitero di S. Callisto; quello

Fig. 18 Il cosiddetto Criptoportico della catacomba di Priscilla

del Catalogo Liberiano concernente gli interventi di papa Fabiano nei *coemeteria*; e soprattutto, più in generale, il già menzionato decreto di Gallieno che restituiva direttamente ai vescovi delle varie località del mondo antico i cimiteri confiscati durante la persecuzione di Valeriano (257-258)[88].

Il possesso dell'area funeraria legata ad una fondazione privata doveva essere garantito dalle più elementari norme del diritto funerario romano[89]; il vescovo è probabile rispondesse di fronte allo Stato delle proprietà collettive, che la comunità poteva possedere in forza di una sua verosimile assimilazione ai *collegia religionis causa*[90].

Oltre che negli spazi funerari collettivi ed esclusivi della comunità, in ogni caso, i singoli fedeli potevano sempre scegliere di essere sepolti nei sepolcri famigliari o individuali delle grandi necropoli pagane suburbane. A Roma lo provano le sepolture dei fedeli frammiste a quelle dei non cristiani nella necropoli vaticana, nonché gli ipogei di carattere famigliare rinvenuti in vari settori del suburbio[91]. Questi ultimi, come è ovvio, si modellarono strutturalmente su quelli pagani, rivelando dimensioni ridotte e, talvolta, anche una ricca decorazione pittorica. Uno dei più importanti di questi sepolcri ipogei – quello degli Aureli al Viale Manzoni, assegnabile al periodo 230-250 circa – risulta costituito da due camere funerarie costruite in superficie entro un recinto, e da un settore sotterraneo, consistente anch'esso di due grandi ambienti (e di un piccolo vestibolo) che ospitano un numero limitato di tombe (fig. 20)[92]. Il monumento è noto per la sua importante decorazione pittorica che lo riveste interamente (fig. 82, 104, 130, 141, 152); essa, accanto a temi di carattere probabilmente cristiano, registra scene tratte dalla mitologia pagana (fig. 141) e altre di significato più incerto[93].

4. LO SVILUPPO DEI CIMITERI SOTTERRANEI NELLA SECONDA METÀ DEL III SECOLO

Il numero e l'estensione dei cimiteri comunitari assegnabili alla prima metà del III secolo costituiscono una testimonianza evidente della consistenza che aveva raggiunto la comunità cristiana di Roma intorno al 250. Anche le fonti confermano, in quegli anni, i progressi numerici e organizzativi compiuti dal cristianesimo nella città. Una famosa lettera di papa Cornelio (251-253), scritta al vescovo di Antiochia Fabio, ri-

Fig. 17 Il cubicolo A2 dei Sacramenti nell'Area I della catacomba di S. Callisto

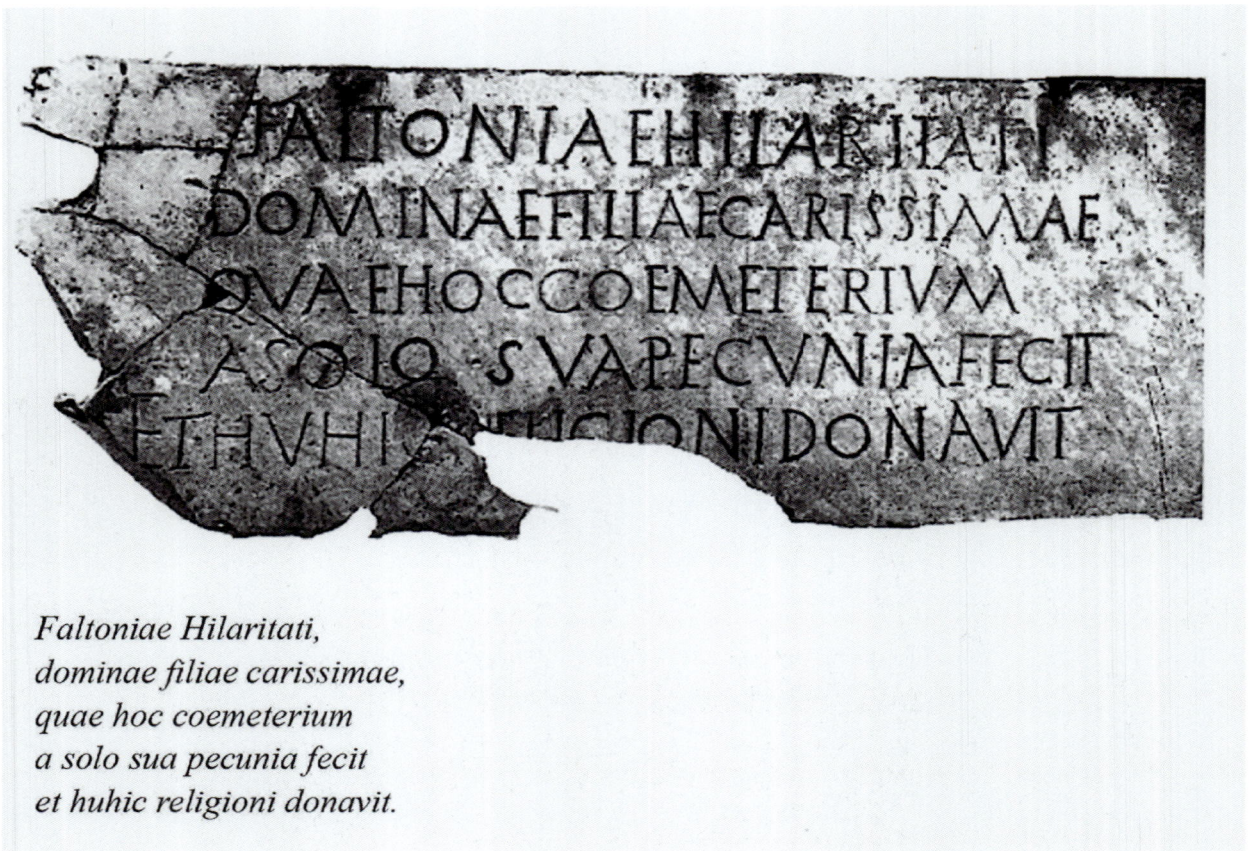

Fig. 19 Iscrizione del territorio di Velletri (Lazio) menzionante la fondazione di un cimitero cristiano da parte di una *Faltonia Hilaritas*

corda come la Chiesa di Roma disponesse ormai di un clero articolato, costituito da 46 presbiteri, 7 diaconi, 7 suddiaconi, 42 accoliti, 52 esorcisti, vari lettori e custodi dei luoghi di culto; la stessa lettera menziona la presenza di più di 1500 tra vedovi e poveri la cui sussistenza era garantita dalla carità collettiva (Euseb., *H.E.*, VI, 43, 11 (*GCS*, 9/2, p. 618)). L'Harnack, agli inizi del '900, ne ha dedotto un po' arditamente come la comunità potesse contare in quell'epoca circa 30.000 membri[94]. Roma, d'altro canto, già dall'epoca di papa Fabiano (236–250), come attesta il Catalogo Liberiano (*LP*, I, p. 4), disponeva di una suddivisione territoriale in sette regioni ecclesiastiche (parallela a quella civile augustea), funzionale ad una più efficace e capillare capacità di intervento assistenziale nei quartieri cittadini; il papa ne aveva affidato la giurisdizione ai sette diaconi[95].

L'epoca della "piccola pace della Chiesa" – il periodo cioè compreso tra l'ultima persecuzione generale del III secolo, quella di Valeriano (257–258), e la persecuzione di Diocleziano (303–304) – fu determinante per l'ulteriore potenziamento numerico e organizzativo delle comunità. Il cristianesimo penetrò capillarmente nei più diversificati strati sociali; esso venne ad integrarsi sempre più profondamente nelle strutture dirigenziali dell'impero e nella cultura del mondo romano[96].

Le aree cimiteriali del suburbio registrano in questo periodo un notevole incremento. Le regioni della prima metà del secolo aumentarono la loro estensione; altre aree si aggiunsero in vicinanza di quelle già esistenti; nuove catacombe sorsero in vari luoghi del territorio extraurbano. La denominazione di al-

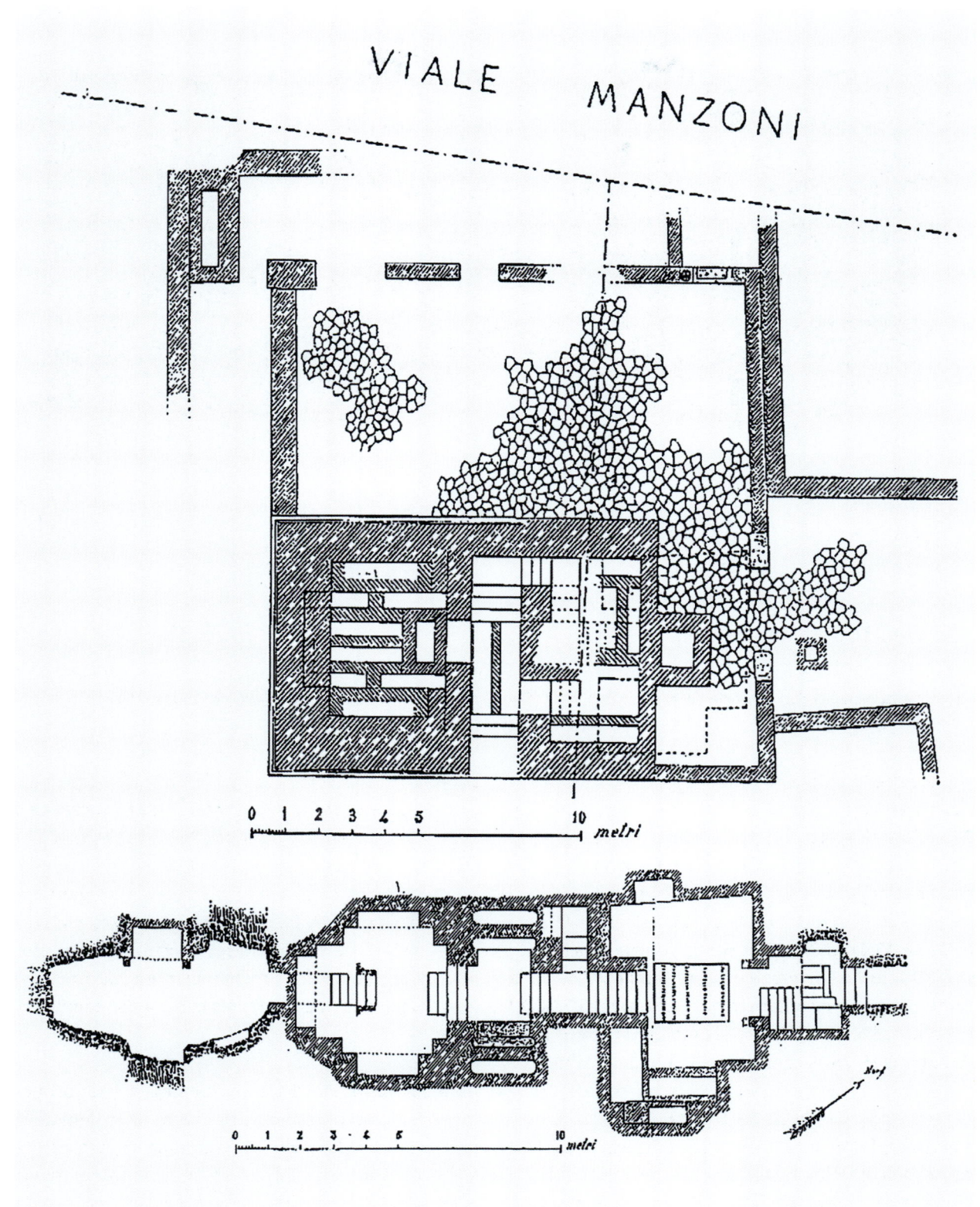

Fig. 20 Il monumento funerario degli Aureli al viale Manzoni: planimetrie delle camere superiori e degli ambienti ipogei

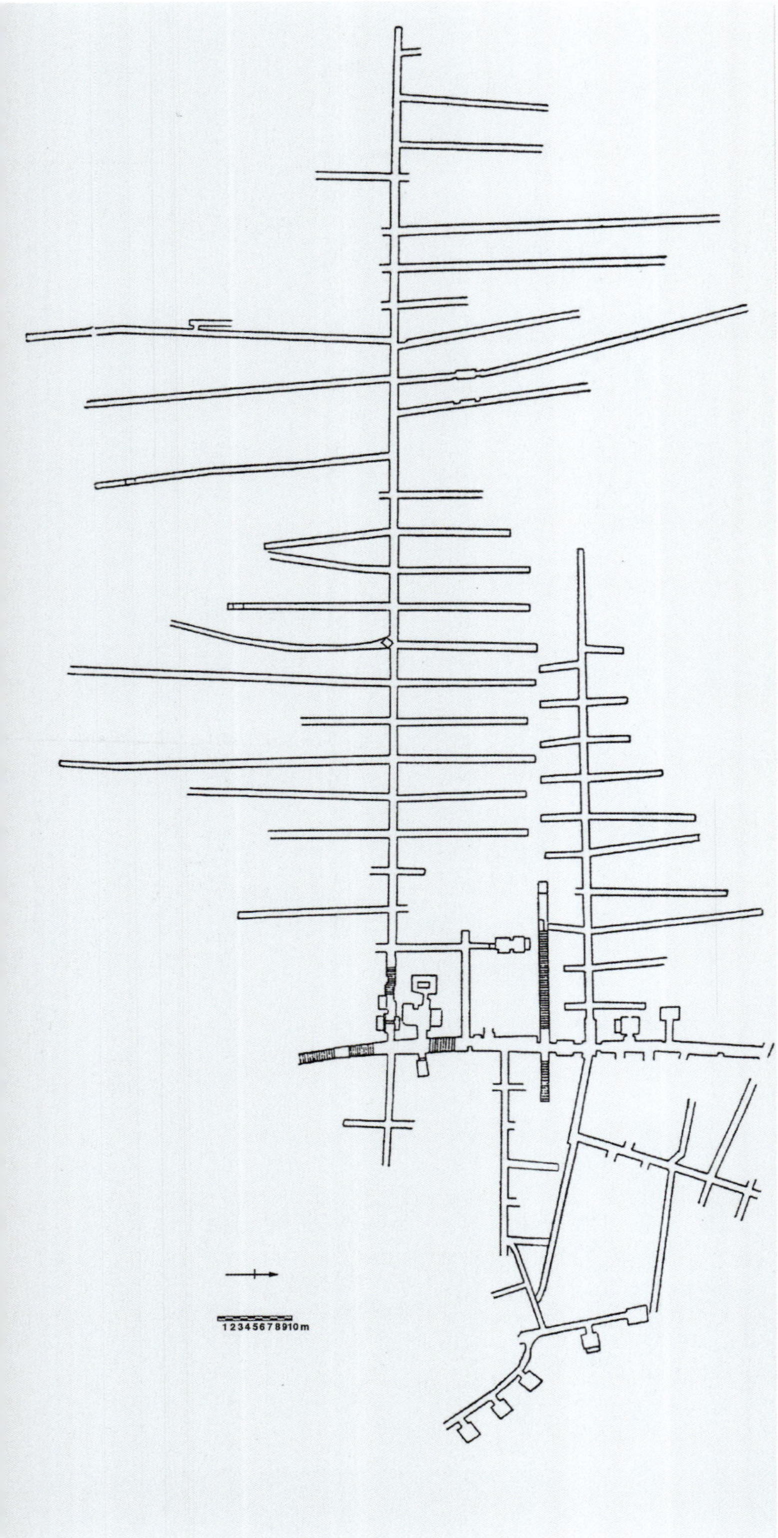

Fig. 21 Planimetria del piano inferiore della catacomba di Priscilla

Fig. 22 La galleria principale del piano inferiore della catacomba di Priscilla

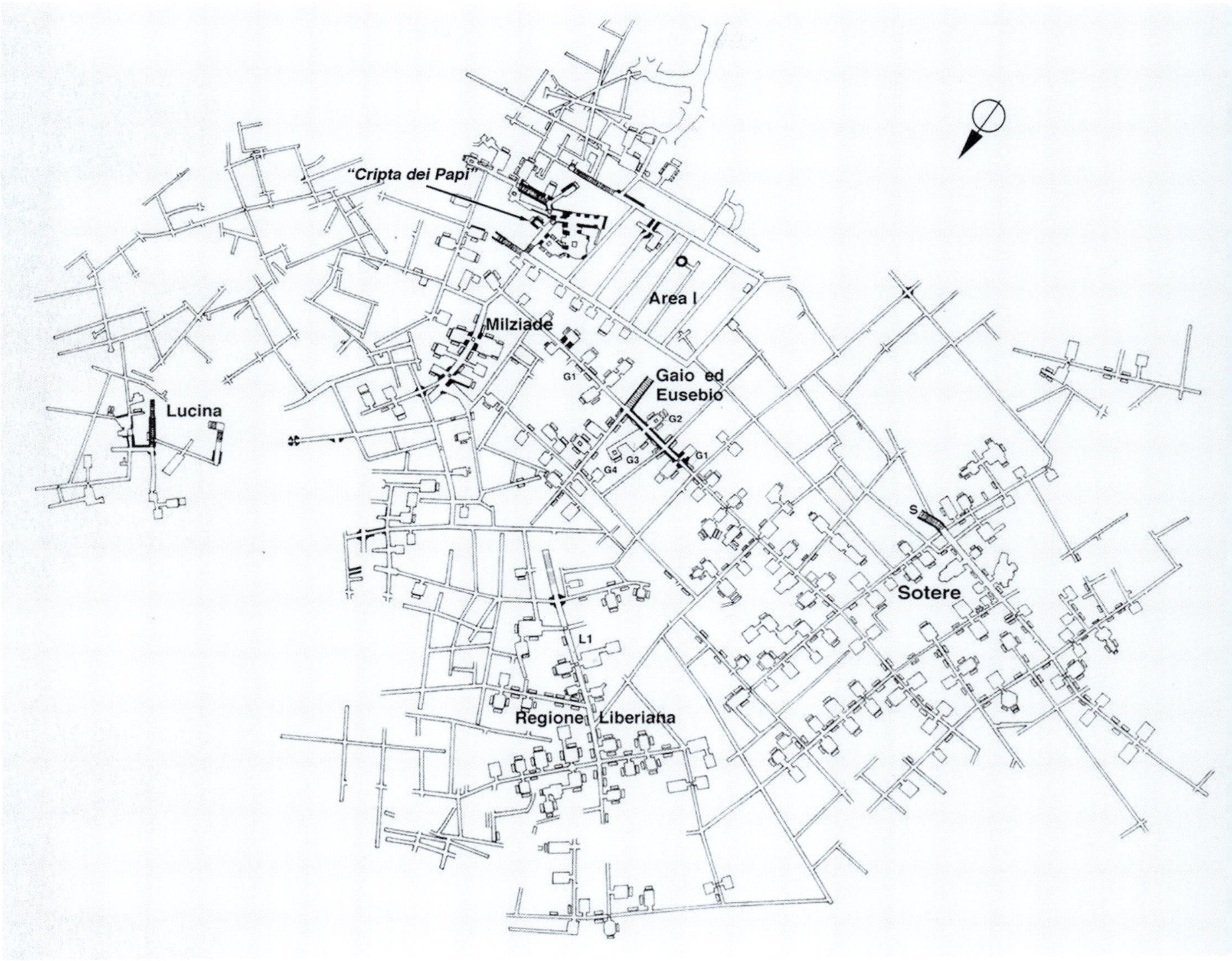

I. ORIGINE E SVILUPPO DELLE CATACOMBE ROMANE

Fig. 23 Pianta della catacomba di S. Callisto

Fig. 24 Iscrizione "ostriana" del *Coemeterium Maius*

cuni dei cimiteri creati in questo periodo, generica ("*Coemeterium Maius*"), legata ad un semplice toponimo ("*catacumbas*") o connessa esclusivamente col santo che vi era deposto ("*Agnetis*", "*Laurenti*", "*Gorgoni*")[97], potrebbe far ipotizzare una fondazione di origine collettiva, finanziata dalla comunità e coordinata dalla gerarchia ecclesiastica, non strettamente legata cioè all'evergetismo privato[98]. Un'area funeraria di fondazione vescovile fu quella chiamata di Novella sulla via Salaria, realizzata, come sappiamo dal *Liber Pontificalis*, da papa Marcello (308–309) (mettendo a frutto evidentemente la donazione di un privato: Novella) e probabilmente corrispondente al grande piano inferiore della catacomba di Priscilla (*LP*, I, p. 164) (fig. 21)[99]. Il cimitero di S. Callisto mantenne la sua vocazione in gran parte ecclesiastica (*LP*, I, p. 141), come attestano le sepolture dei papi Gaio (283–296), Eusebio (309 o 310) e Milziade (311–314), collocate in una nuova regione aggiunta nei pressi dell'"Area I" (fig. 23, G2-G3)[100]. Per poter realizzare in essa un cubicolo famigliare, il diacono Severo dovette chiedere il permesso a papa Marcellino (296–304) (fig. 184)[101].

Le nuove regioni sotterranee si mostrano generalmente in quest'epoca caratterizzate dalla medesima utilizzazione intensiva, dalla stessa regolarità e programmazione d'impianto delle aree della prima metà del secolo.

Ancora intorno al 250, una nuova catacomba fondata sulla via Nomentana – il Cimitero Maggiore – risultò costituita da due regioni contigue, con gallerie disposte "a graticola", accessibili da due scale indipendenti e generate da due arterie matrici allineate con gli ingressi (fig. 39, A-B); l'area fu occupata da semplici sepolture a loculo; solo in una fase successiva, intorno agli anni 270–280, ospitò anche alcuni cubicoli, di cui uno decorato con pitture (fig. 33)[102]. La produzione epigrafica della catacomba, in questa fase, si impone per le splendide iscrizioni "ostriane", prodotto certamente di un'officina lapidaria specializzata (fig. 24)[103].

Caratteri strutturali ed epigrafici simili presenta il vicino e più o meno coevo nucleo primitivo della catacomba di S. Agnese (la c.d. "Regio I") (fig. 25, A), almeno per quanto è possibile dedurre nella zona non sconvolta dalla posteriore inserzione della basilica *ad corpus* costruita sulla tomba della martire[104]. Esso è costituito da una serie di lunghe gallerie, disposte a maglie ortogonali, occupate da tombe a loculo o "a mensa", sulle quali si aprono anche alcuni cubicoli (fig. 26)[105]. L'epigrafia "ostriana" connota anche questa regione (fig. 26), rivelando la presenza di una bottega di artefici al servizio dei cimiteri di tale settore della via Nomentana.

Alcune nuove catacombe risultano originate da ipogei famigliari di breve estensione (forse dei fondatori), poi ampliati a costituire il cimitero comunitario. È il caso delle catacombe di Panfilo, dei Giordani, dell'Anonimo di Via Anapo, di S. Tecla, forse di S. Ermete, S. Sebastiano[106].

Durante la seconda metà del III secolo e nei primi anni del IV sembrano particolarmente diffusi gli impianti planimetrici c.d. "a spina di pesce" per sepolture comuni. Una scala dà accesso, direttamente, o attraverso una trasversale, ad una lunga galleria (la "matrice" del sistema), sulla quale si aprono, ortogonalmente e affrontate, serie di diramazioni; queste sono distanziate solo pochi metri, così da occupare tutto lo spazio a disposizione. Lo schema trova applicazioni imponenti e spettacolari nel cimitero di Pretestato (fig. 11, H, E), nel piano superiore e inferiore della catacomba di Panfilo sulla via *Salaria Vetus* (figg. 27–28) e soprattutto in quello corrispondente della catacomba di Priscilla, che può risalire, nel suo impianto iniziale, ai primi anni del IV secolo (fig. 21)[107]. Qui ben 23 diramazioni affrontate si aprono su una delle due gallerie principali lunga 150 metri (fig. 22).

Impianti "a spina di pesce" connotano pure la "Regione X" della catacomba dei Ss. Pietro e Marcellino (fig. 29), quella c.d. "dello scalone del 1897" nel cimitero di Domitilla, la catacomba anonima della Villa Pamphilj sulla via *Aurelia Vetus*[108] (fig. 30). Queste aree, notevolmente estese e capaci di migliaia di tombe, si configurano come ampi spazi funerari destinati a sepolture in genere modeste e indifferenziate. Solo nel caso della "Regione X" dei Ss. Pietro e Marcellino, quattro cubicoli situati nella periferia dell'area, tre dei quali decorati con pitture, tradiscono una committenza più elevata[109]. In quella medesima catacomba,

Fig. 25 Planimetria del complesso monumentale di S. Agnese sulla via Nomentana

Fig. 26 Cubicolo della *Regio I* della catacomba di S. Agnese

caratteristiche di aree collettive destinate a sepolture comuni presentano anche altre due regioni risalenti alla seconda metà del III secolo (le regioni "B" e "Z"); una quarta (la "Regione Y", con la sua appendice meridionale "I") mostra invece una fitta concentrazione di cubicoli, spesso finemente decorati, che fanno ritenere questa area della catacomba utilizzata da gruppi di condizione più agiata e socialmente elevata (figg. 31, 143)[110]. Tra "aree povere" e "aree ricche"[111] la catacomba *ad duas lauros*, secondo i calcoli di Guyon, ospitava, nella seconda metà del III secolo, 11.000 tombe; aggiungendo ad esse quelle che dovevano trovarsi nell'area funeraria di superficie, si può pensare che l'intero cimitero servisse ad una popolazione di circa 9.000 anime (fig. 31)[112].

Una committenza elevata – in parte ecclesiastica[113] – si deve considerare anche quella che utilizzò in S. Callisto la c. d. "Regione di Gaio ed Eusebio", sorta tra la fine del III secolo e i primi anni del IV a ridosso dell'"Area I" e caratterizzata da una serie di cubicoli monumentali ed arcosoli (di cui alcuni affrescati) aperti lungo l'arteria principale (G1) e nelle sue diramazioni più antiche (fig. 23)[114]; medesime caratteristiche presenta pure, sempre a S. Callisto, la c.d. "Regione di Milziade" (fig. 23), così come, nella catacomba di Domitilla, l'area che si impiantò alla fine del III secolo al piano superiore della regione del Buon Pastore, e, nel cimitero di Pretestato, alcuni settori originati dalla "Spelunca Magna", ove, in un cubicolo, trovarono posto le tombe di vari membri dell'aristocrazia senatoria[115].

Nei cimiteri di Via Anapo e dei Giordani, sulla *Salaria Nova*, nuclei più esclusivi e di sviluppo limitato, dotati di cubicoli, convivevano con altri ad inumazioni più intensive, ricavati in arenari preesistenti[116].

La presenza di sepolture monumentali (arcosoli, nicchioni) e di spazi riservati (cubicoli) si fa in effetti più rilevante in quest'epoca. I cubicoli, in particolare, mostrano un'evoluzione verso forme sempre più monumentali. Negli esempi più antichi (così come nelle aree della prima metà del secolo) essi risultano di modeste dimensioni, coperti a tetto piano e interessati semplicemente da loculi o tombe "a mensa" (figg. 6, 17)[117]; negli ultimi decenni del III secolo e nei primi anni del IV, le camere assumono proporzioni più ampie, non di rado sono coperte con volte a botte, rischiarate da grandi lucernari, e accolgono sulle pareti tombe ad arcosolio (fig. 32)[118]. Nella "Regio I" di S. Agnese sono notevoli alcuni cubicoli, cui immettono veri e propri "*drómoi*", nelle cui pareti risultano scavati arcosoli sovrapposti a calotta absidata o ad arco ribassato, tombe "a mensa", loculi a terminazione superiore arcuata (fig. 26)[119]. Una stanza con simili caratteristiche ricorre pure nel più antico settore del vicino *Coemeterium Maius* (fig. 33)[120]; questo è pure interessato, negli sviluppi della fine del III secolo-inizi IV, da alcuni notevolissimi vani di grande sviluppo verticale, nobilitati dalla presenza di banchi, sedili, nicchie e membrature architettoniche varie, intagliati nella roccia (fig. 32)[121]. La vicinanza

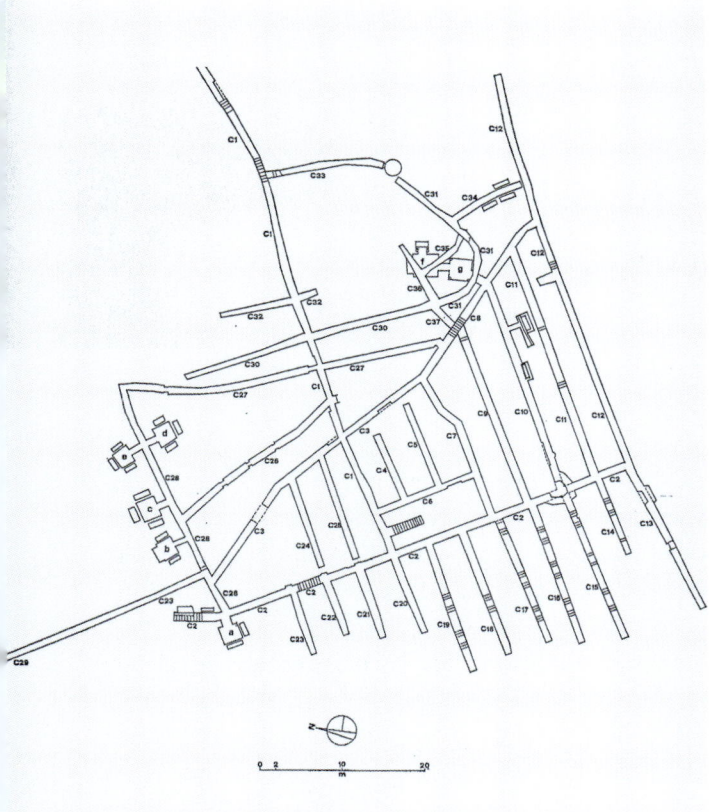

Fig. 27 Pianta del piano inferiore della catacomba di Panfilo

Fig. 28 Galleria del piano inferiore della catacomba di Panfilo

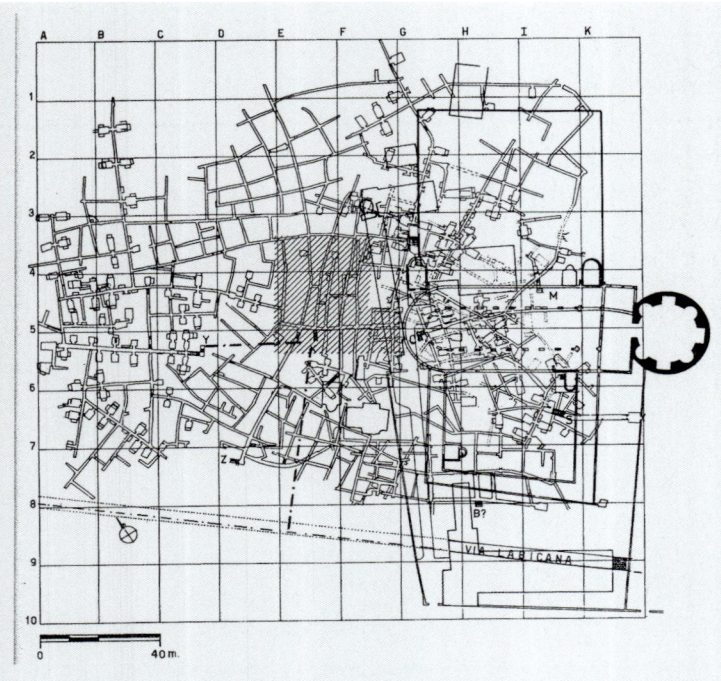

Fig. 29 Planimetria della catacomba dei Ss. Pietro e Marcellino con evidenziata in tratteggio la Regione X

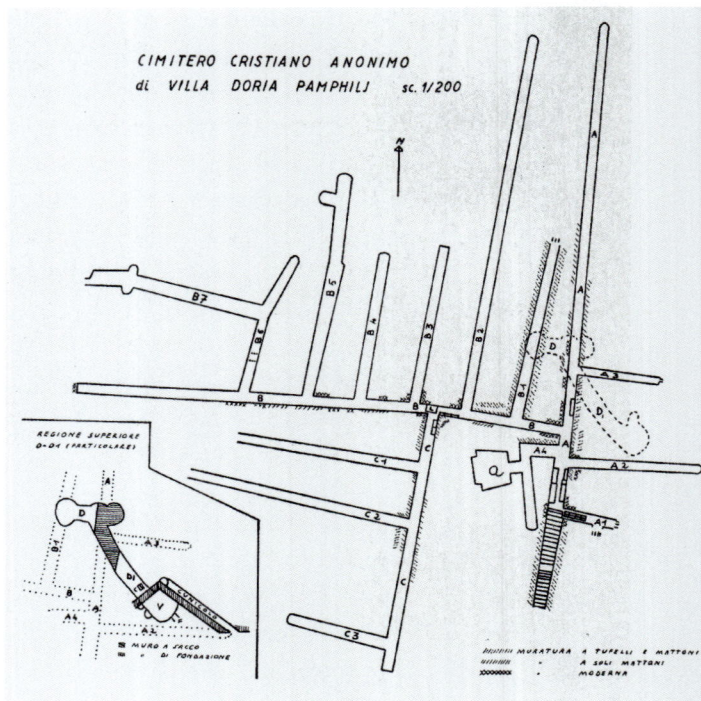

Fig. 30 Pianta della catacomba anonima della Villa Doria-Pamphilj

strutturale tra il Cimitero Maggiore e quello attiguo di S. Agnese, peraltro già rilevata (e confermata in modo eclatante dalla medesima produzione degli epitaffi "ostriani"), costituisce un elemento di prova dell'esistenza di maestranze fossorie specializzate, operanti in un medesimo contesto territoriale.

L'epigrafia rivela nella seconda metà del III secolo un progresso verso la elaborazione di formulari più specificamente cristiani[122]; il repertorio delle pitture che ornano arcosoli e cubicoli si arricchisce di nuove tematiche[123].

Il culto rivolto alle tombe dei martiri e dei vescovi non pare tradursi ancora in questo periodo in interventi monumentali significativi. Le sepolture dei papi – ben nove – che dal 236 fino al 283 occuparono la "cripta" omonima dell'"Area I" di S. Callisto erano costituite da semplici loculi e tombe "a mensa" (figg. 6, 34)[124]. Il

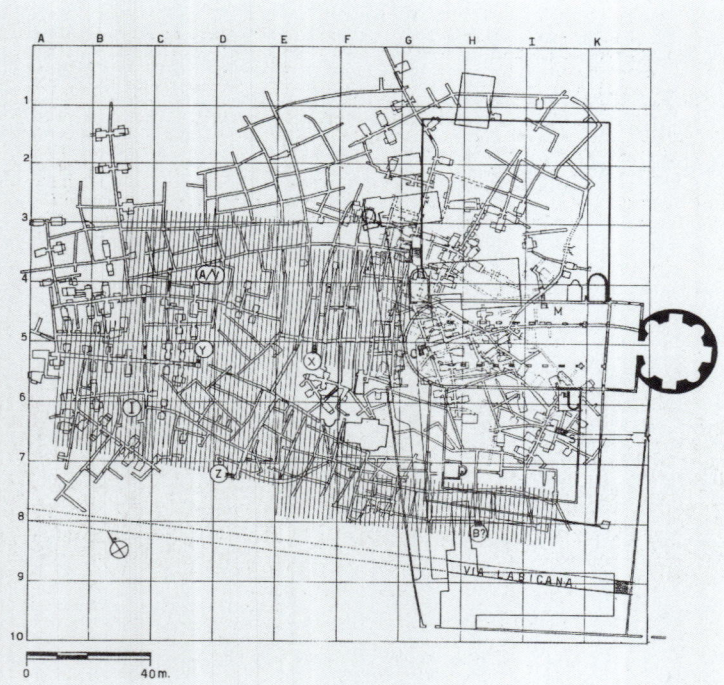

Fig. 31 Planimetria della catacomba dei Ss. Pietro e Marcellino con evidenziate a tratteggio le regioni precostantiniane

Fig. 32 Cubicolo con banchi e cattedra del *Coemeterium Maius*

Fig. 33 Il cubicolo del Docente nel *Coemeterium Maius*   Fig. 34 La Cripta dei Papi nell'"Area I" della catacomba di S. Callisto

Fig. 36 Il cubicolo di papa Gaio nella catacomba di S. Callisto

Fig. 35 La tomba di papa Cornelio nella regione di Lucina della catacomba di S. Callisto

sepolcro di papa Cornelio, morto esule a *Centumcellae* nel 253 e poi traslato nelle vicine "Cripte di Lucina", fu pur esso un sepolcro "a mensa", collocata sotto un lucernario, su una parete prossima all'ingresso di una sorta di cubicolo doppio dotato di vestibolo (fig. 35)[125].

Anche la tomba del vescovo Gaio (283-296) – la prima a non trovare posto nella "cripta" ormai completa dell'"Area I" –, nell'attigua regione creata negli anni finali del III secolo (fig. 23, G3)[126], era costituita da un semplice loculo, anche se di dimensioni parti-colarmente ampie e situato in una posizione dominante sulla parete di fondo di un monumentale cubicolo intonacato di bianco e rischiarato da un grande lucernario (fig. 36)[127]. Della conformazione originaria del sepolcro di papa Eusebio (309 o 310), in una camera scavata di fronte a quella di Gaio (fig. 23, G2), non sappiamo molto a causa delle modificazioni che esso subì in epoca posteriore; doveva forse essere una tomba "a mensa" ubicata nella parete ovest della stanza[128].

Fig. 37 Le tombe a loculo dei martiri Pietro e Marcellino nella catacomba omonima

Le trasformazioni subite dai sepolcri dei martiri a seguito dello sviluppo del loro culto, a partire soprattutto dalla metà del IV secolo, solo in casi eccezionali ci permette di apprezzarne la struttura originaria. Semplici loculi sistemati in gallerie o cubicoli ospitarono le tombe di S. Callisto († 222), Gennaro, Calocero e Partenio, Marcellino e Pietro (fig. 37) (quattro martiri – questi – della persecuzione dioclezianea), rispettivamente nelle catacombe di Calepodio, Pretestato, S. Callisto e *ad duas lauros*[129]. Forse una tomba "a mensa" accolse le spoglie dello

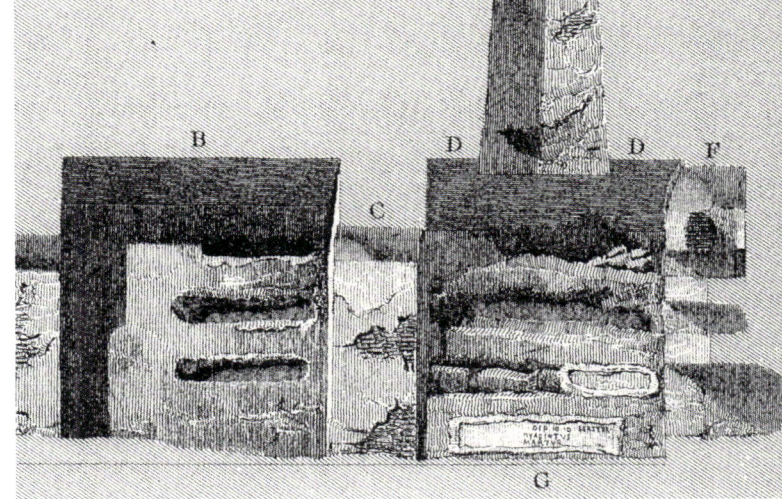

Fig. 38 Sezione dell'ambiente della catacomba di S. Ermete contenente le tombe dei martiri Proto e Giacinto

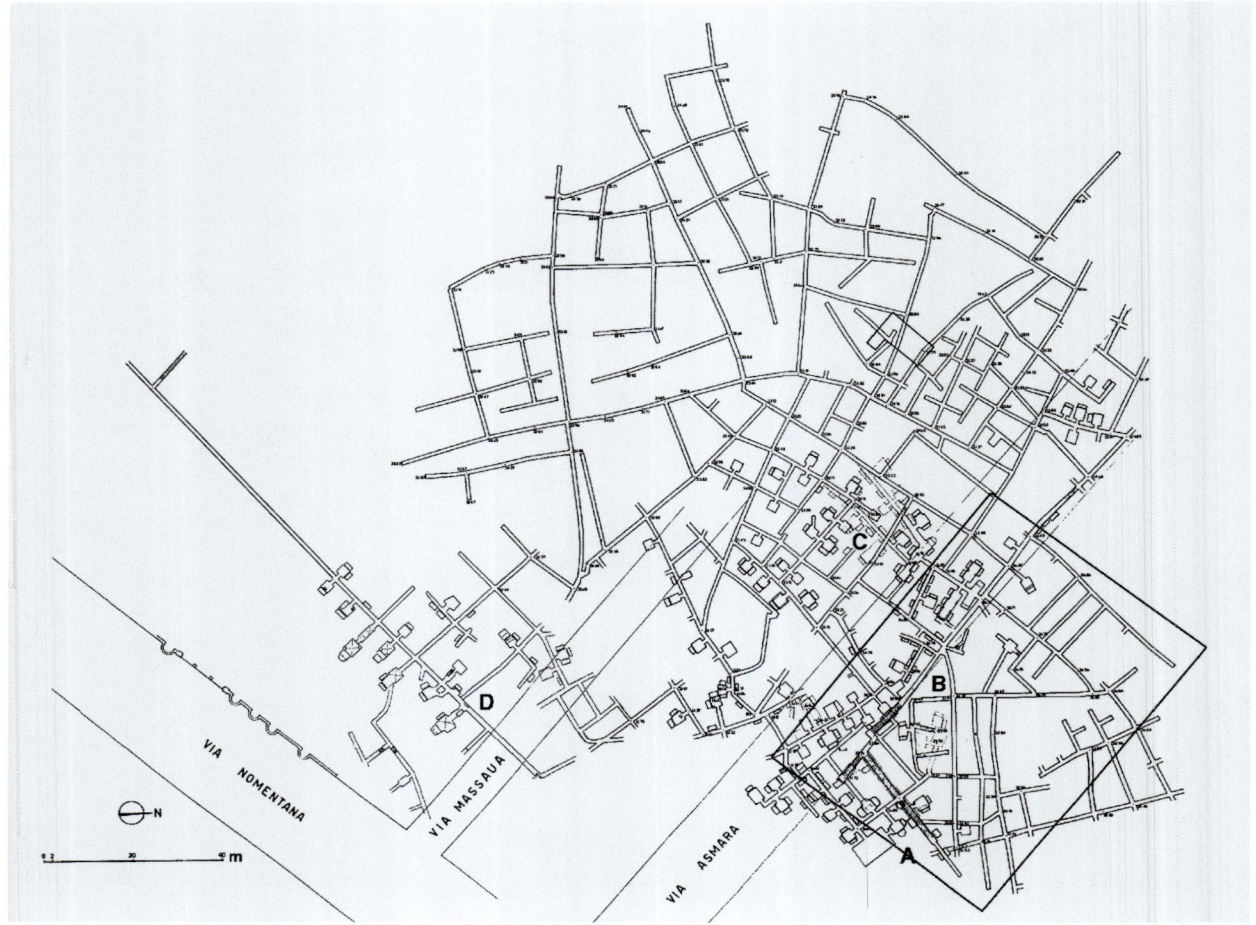

Fig. 39 Planimetria del *Coemeterium Maius*

scismatico Novaziano († 258), in una galleria della catacomba omonima[130]. Nell'unico caso in cui l'indagine archeologica ha permesso di recuperare una sepoltura di martire intatta – quella di S. Giacinto nella catacomba di Bassilla, sulla via *Salaria Vetus* – si è costatato come essa fosse costituita da una semplice, piccola nicchia scavata nel tufo (quella che ospitava le ossa bruciate del martire), alla quale si era voluto dare dignità di loculo, chiudendola con una grande lastra marmorea rettangolare dotata di epitaffio, nel quale erano registrati il nome, la qualifica di martire e la data di deposizione di Giacinto; la tomba si trovava nella parte inferiore di una delle pareti di una corta galleria (figg. 38, G e 194)[131].

5. IL POTENZIAMENTO DELLE CATACOMBE DURANTE IL REGNO DI COSTANTINO E I PONTIFICATI DI GIULIO (337–352) E LIBERIO (352–366)

La pace religiosa del 313 segnò, come è noto, una tappa decisiva nella storia del cristianesimo. Questo, con Costantino, poté disporre per la prima volta di una protezione del tutto eccezionale nella persona stessa dell'imperatore. Tutta una serie di provvedimenti legislativi e di elargizioni materiali promosse dal sovrano consentirono alla Chiesa di usufruire di mezzi idonei all'espletamento della sua missione[132]. Le conseguenze della "svolta" furono enormi sulla conquista da parte della nuova religione di masse sempre più numerose

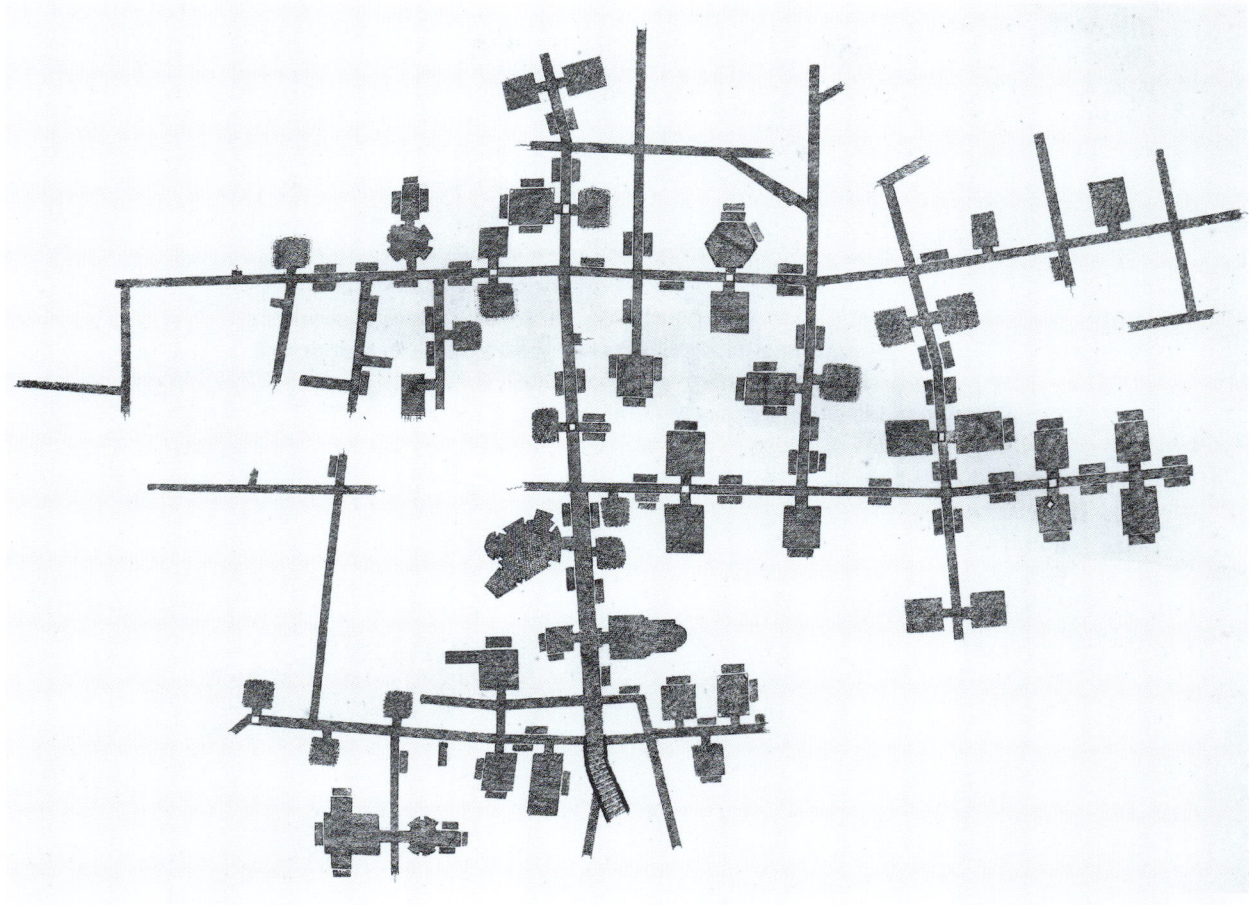

Fig. 40 Pianta di un settore della cosiddetta regione di Sotere nella catacomba di S. Callisto

di fedeli[133]. Anche nel campo delle catacombe l'età costantiniana segnò una svolta importante. I cimiteri sotterranei accrebbero notevolmente in quel tempo le loro dimensioni, in linea con i ritmi sempre crescenti delle conversioni favorite dalla pace religiosa[134].

Ampliamenti notevoli, entro il primo quarto del IV secolo, registrano la catacomba di Priscilla (nei settori periferici della regione dell'arenario, nel piano inferiore e in altre aree)[135], quella di via Anapo (settore orientale)[136] e dei Ss. Pietro e Marcellino. Qui, a nord e a sud delle regioni precostantiniane "X" e "Y", fu scavata un'ampia area di gallerie dotate di numerosi cubicoli, nei quali è rappresentata gran parte della notevolissima produzione pittorica della catacomba (fig. 31)[137].

Nuove ampie regioni per inumazioni generalmente "povere" e indifferenziate (a semplici loculi), caratterizzate da impianti planimetrici "a spina di pesce", a fitta serie di gallerie, capaci di migliaia di sepolture, furono creati, nella piena età costantiniana, negli sviluppi al piano inferiore della regione "dello scalone del 1897" nella catacomba di Domitilla e nel livello più basso della catacomba di S. Ermete[138]. Un esteso reticolo di gallerie, a maglie larghe, imperniate su due lunghe matrici parallele, costituì in quel tempo il piano inferiore del *coemeterium Iordanorum*[139]. Nella catacomba di S. Agnese due vaste regioni formate da gallerie ortogonali, diramanti da arterie matrici in asse con le scale di ingresso, e dotate di pochi cubicoli, furono realizzate alle spalle del luogo in cui si trovava

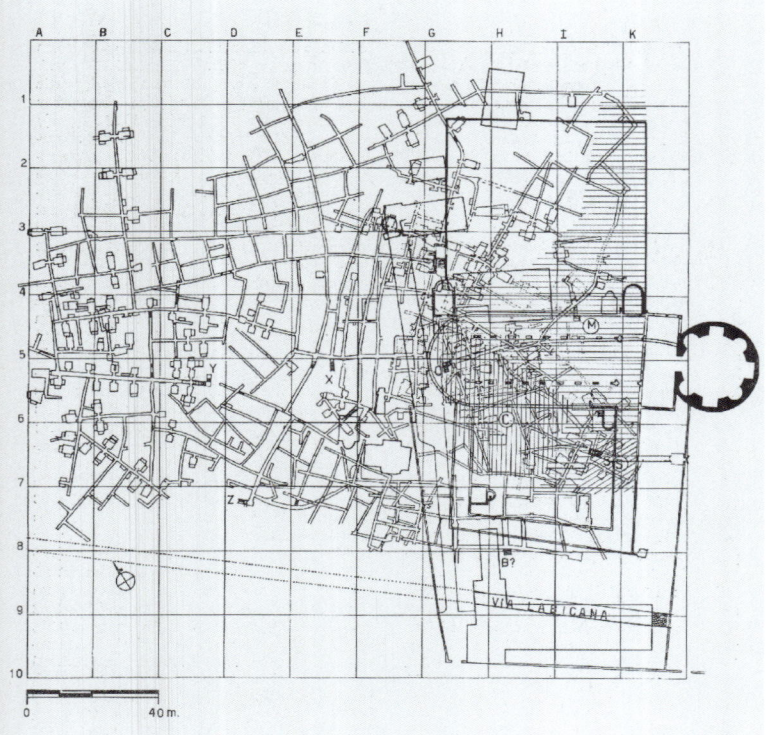

Fig. 41 Pianta della catacomba dei Ss. Pietro e Marcellino con evidenziate a tratteggio le regioni posteriori al 325

il sepolcro della martire (fig. 25, B-C)[140]. I settori più periferici delle due aree risultano sistematicamente adibiti a sepolcri comuni in semplici loculi.

Spazi riservati ad una committenza elitaria si scorgono invece in quell'epoca nei primi sviluppi della regione di Gaio ed Eusebio, nel complesso callistiano, e nel Cimitero Maggiore, dove, ad ovest della rete cimiteriale più antica, fu creata, ad un livello leggermente superiore, una regione costituita da una serie di gallerie a maglie ortogonali dotata di una fitta serie di cubicoli ed arcosoli, non di rado decorati (fig. 39, C)[141]. Il carattere monumentale di questo settore contrasta con le zone più periferiche della catacomba (frutto di uno sviluppo anche successivo) interessate esclusivamente da semplici gallerie[142].

Negli anni '30 e '40 del IV secolo e in quelli del pontificato di Liberio (352-366) lo sviluppo delle catacombe continuò in maniera rilevante. Rispetto all'epoca precedente le nuove regioni sembrano denunciare in genere una più marcata presenza di aree a connotazione monumentale, che si manifesta essenzialmente e soprattutto nella adozione sempre più diffusa dei cubicoli famigliari o destinati a gruppi particolari di defunti, la cui architettura assume forme vieppiù grandiose ed elaborate (figg. 42-49). La conformazione degli stessi impianti planimetrici talvolta sembra farsi funzionale alla collocazione delle stanze: le maglie del reticolo delle gallerie si allargano al fine di permettere l'apertura sistematica dei cubicoli (Sotere; Regione Liberiana) (figg. 23, 40). La monumentalità e la decorazione dei cubicoli rinvia in molti casi ad una committenza abbiente, da ricollegare, almeno in parte, ai ceti più ricchi della società romana, la cui conversione crescente, in quel periodo, ci è testimoniata dalle fonti letterarie[143]. D'altra parte, settori altrettanto ampi sviluppatisi in quel periodo mostrano caratteri che rinviano ad una committenza di livello più modesto (rete di gallerie occupate da semplici loculi) (fig. 50), rivelando la compresenza in medesimi complessi funerari di aree specializzate ad utilizzazione differenziata (fig. 39)[144].

Le basiliche costantiniane costruite nel frattempo nel suburbio dedicate agli apostoli Pietro e Paolo e ad alcuni dei più importanti martiri di Roma – esse stesse spazi funerari capaci di accogliere migliaia di sepolture[145] – divengono poli di attrazione delle necropoli sotterranee. Sotto e a ridosso della basilica dei Ss. Pietro e Marcellino, sulla Labicana, vennero scavate tre nuove regioni, di cui due accessibili direttamente dalla chiesa, la terza da uno dei bracci della struttura porticata che fiancheggiava a sud l'edificio (fig. 41, M, S, C)[146]. Specialmente l'area che si sviluppa sotto la basilica mostra la presenza di un numero notevole di cubicoli dall'aspetto monumentale[147]. Caratteri più o meno simili presenta la "Regione X" nell'espansione coeva al piano inferiore e nei settori più periferici. In totale, durante il secondo quarto del IV secolo, stando ai calcoli di J. Guyon, la catacomba *ad duas lauros* si accrebbe di circa 8.000 tombe[148]. A tale numero si deve aggiungere quello delle migliaia di sepolture contenute nella basilica, nelle strutture del portico,

Fig. 42 Piante e disegni di alcuni cubicoli "architettonici" della regione cosiddetta di Sotere nella catacomba di S. Callisto

Fig. 43 Il cosiddetto "Pantheon" della regione cosiddetta di Sotere nella catacomba di S. Callisto

Fig. 44 Cubicolo "architettonico" della regione cosiddetta di Sotere nella catacomba di S. Callisto

Fig. 45 Cubicolo con nicchioni della catacomba di Marco, Marcelliano e Damaso

nei mausolei collegati all'edificio, tutte riferibili, per la maggior parte, al medesimo orizzonte cronologico (fig. 41)[149]. In pochi anni l'area della fabbrica costantiniana accolse le sepolture di un numero veramente considerevole di fedeli.

Anche la *Basilica Apostolorum* (S. Sebastiano) sulla via Appia e quella di S. Agnese sulla Nomentana costituirono il fulcro di nuove aree sotterranee. Nella prima, regioni "a grappolo" furono create su diversi livelli a partire da scale d'accesso collocate all'esterno dell'edificio, presso la facciata e il fianco nord; la rete di gallerie del secondo piano, dotata di numerosi cubicoli, era raggiungibile direttamente dalla chiesa attraverso almeno tre scale (fig. 51)[150]. Le nuove regioni furono utilizzate a partire soprattutto dagli anni '40 del IV secolo, epoca alla quale si può anche attribuire la creazione dei primi mausolei famigliari addossati all'edificio[151]. Sulla Nomentana, la costruzione della circiforme dedicata a S. Agnese comportò la creazione, a partire dal quarto decennio del IV secolo, di una nuova vasta regione, la c.d. "Regio IV" (fig. 25, D). Essa ebbe il suo ingresso subito a nord del quadriportico della chiesa e si sviluppò, con gallerie destinate per lo più a sepolture comuni, in parte proprio sotto quella struttura[152].

La vicinanza delle basiliche dedicate ai martiri doveva attirare in queste aree i defunti di ogni rango e classe sociale[153].

All'epoca dei pontificati dei papi Giulio (337-352) e Liberio (352-366), l'area del comprensorio callistiano si accrebbe di vaste e importanti regioni sotterranee. L'ulteriore sviluppo verso ovest della galleria matrice della regione di Gaio ed Eusebio (fig. 23, G1) costituì il cardine di un esteso e regolarissimo "quartiere" per sepolture nobili (la c.d. "Regione di Sotere") (fig. 23);

esso fu organizzato secondo un reticolo di ambulacri ortogonali, sui quali si aprirono arcosoli e cubicoli monumentali, di norma affrontati (fig. 40). La regione, nei decenni della seconda metà del IV secolo, venne anche dotata di una seconda scala d'accesso, che ne facilitava la frequentazione. Le dimensioni dei cubicoli risultano in alcuni casi veramente eccezionali; rischiarati da grandi lucernari, assumono forme architettoniche spesso articolate e spettacolari, che imitano quelle dei monumentali mausolei di superficie (figg. 42-44)[154].

Verso il 330 una nuova catacomba fu creata a poco più di un centinaio di metri a nord della regione di Sotere, in un'area probabilmente interessata, nel sopratterra, dal cimitero che aveva ospitato le tombe dei martiri Marco e Marcelliano. Un buon numero di iscrizioni rivelano l'utilizzazione dell'area da parte di membri della gerarchia ecclesiastica (presbiteri, lettori, accoliti, esorcisti), di funzionari dell'amministrazione pubblica, di artigiani e commercianti[155]. La committenza in gran parte elevata – probabilmente da ricollegare anche alla presenza in superficie del santuario martiriale – può spiegare i connotati fortemente monumentali dell'area, caratterizzata nel suo settore più prossimo alla scala di ingresso da un numero considerevole di cubicoli (figg. 45, 49), spesso

Fig. 46 Cubicolo con mensa e colonna angolare nella catacomba di S. Ippolito

Fig. 47 Cubicoli con mensole e cattedra nel *Coemeterium Maius*

Fig. 48 Cubicolo con cattedra e tomba a *kline* nel *Coemeterium Maius*

Fig. 49 Cubicolo con arcosolio chiuso da transenna e mensa cilindrica nella catacomba di Marco, Marcelliano e Damaso

Fig. 50 Galleria con oggetti di corredo "esposti" della catacomba di Commodilla

riccamente decorati con rivestimenti parietali in *opus sectile* e con mosaico, e ospitanti un notevole numero di sarcofagi istoriati[156]. Tale carattere elitario, l'area conservò anche nelle sue prime espansioni, pur esse interessate dalla presenza di molti cubicoli di grandi dimensioni e dalle piante talvolta elaborate; solo poche gallerie del settore più periferico sembrano essere state destinate ad ospitare sepolture comuni[157].

La "vocazione" ecclesiastica del cimitero di S. Callisto si mantenne anche nella "Regione Liberiana", creata, appunto, all'epoca dell'episcopato di Liberio, in prossimità della regione di Sotere (fig. 23). Le numerose iscrizioni datate rinvenute ci assicurano sulla cronologia dell'area; alcune di esse attestano la sua utilizzazione da parte di membri del clero: presbiteri, diaconi, lettori[158]. Il livello non comune degli utenti di questa regione è confermato dai suoi caratteri monumentali: cubicoli e arcosoli si aprono con regolarità lungo l'arteria matrice dell'area (situata in asse con la scala di ingresso) (L1) e nella rete di gallerie tra-

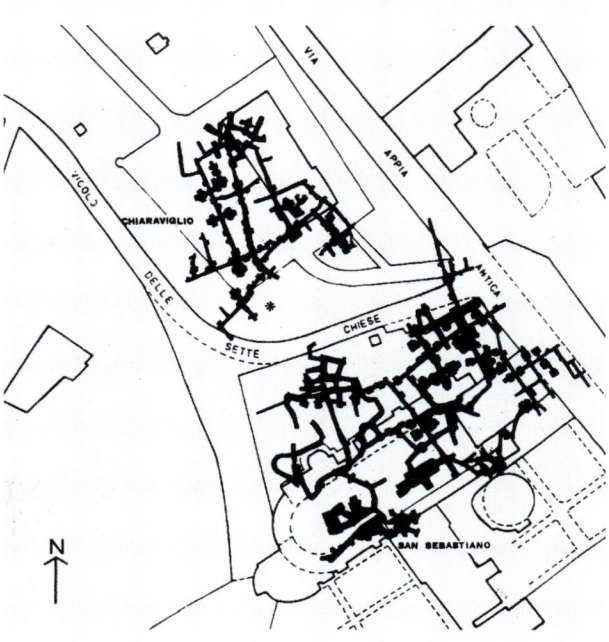

Fig. 51 Le regioni catacombali sotto e intorno la *Basilica Apostolorum*

Fig. 52 Arcosolio con prospetto architettonico nella regione cosiddetta di Sotere della catacomba di S. Callisto

sversali da questa originate. Le camere, come nella vicina regione di Sotere e nella catacomba attigua dei Ss. Marco e Marcelliano, si presentano talvolta di dimensioni grandiose, riccamente decorate con marmi e pitture. Tale area per inumazioni privilegiate si distingue nettamente da un'altra contigua, situata più ad est, caratterizzata dalla presenza di gallerie occupate da semplici loculi (fig. 23)[159].

Connotati di notevole monumentalità presentano, nei decenni a cavallo del IV secolo, anche altre regioni delle catacombe romane, come, per esempio, un settore del piano superiore della catacomba di Panfilo, uno del cimitero di S. Ippolito (fig. 46), la regione "I" della catacomba di Pretestato (fig. 11)[160]. Anche la c.d. "Regione delle cattedre" nel Cimitero Maggiore (fig. 39, D), la cui origine può forse collocarsi negli anni subito precedenti la metà del IV secolo, presenta, nella lunghissima galleria che ne costituisce l'asse portante, una serie di notevoli cubicoli, di cui le caratteristiche

Fig. 53 Mensa in muratura con piatto in "sigillata africana" nella catacomba di Pretestato

Fig. 54 Loculo con lucerna e recipiente vitreo nel *Coemeterium Maius*

Fig. 55 Lastra funeraria con immagine di un fossore dalla catacomba di Marco, Marcelliano e Damaso

Fig. 56 Affresco con immagine di un fossore al lavoro nella catacomba dei Ss. Pietro e Marcellino

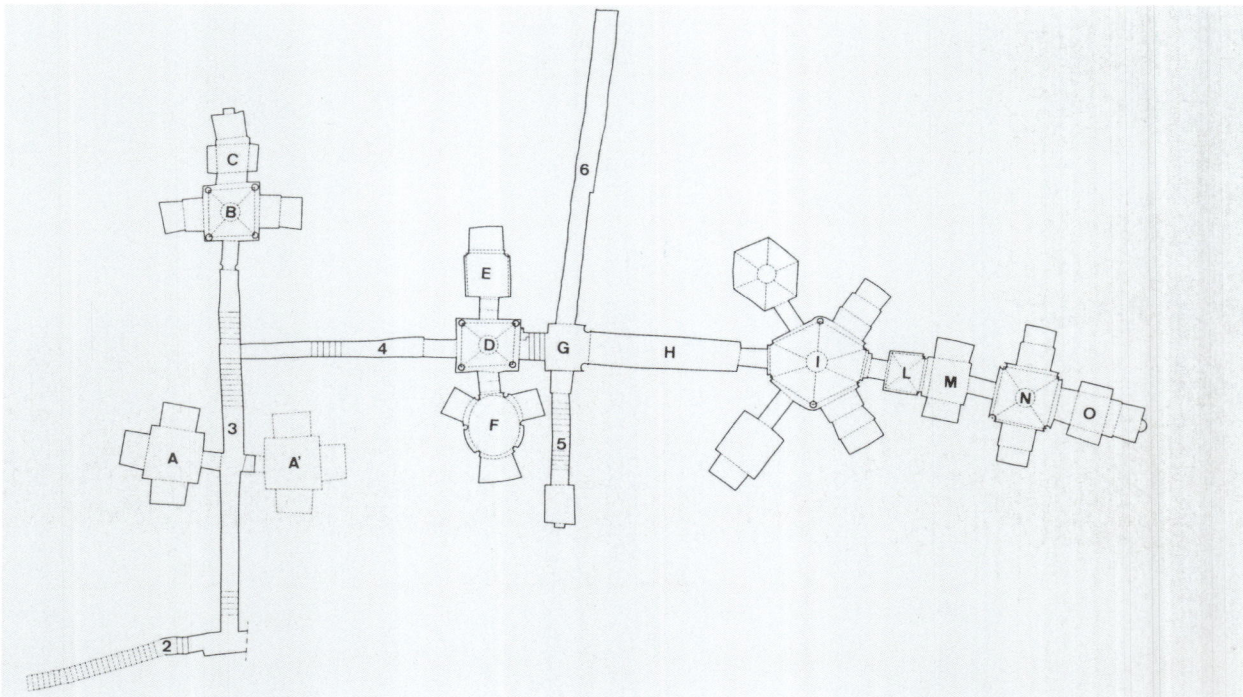

Fig. 57 Planimetria della catacomba di via Dino Compagni

Fig. 58 Cubicolo della catacomba di via Dino Compagni

Fig. 59 La c. d. "Venere" dell'ipogeo di Vibia

principali risultano la grandiosità delle forme sepolcrali (nicchioni, arcosoli "a tribuna"), la presenza di decorazioni architettoniche ottenute intagliando la roccia, soprattutto quella di numerose cattedre funerarie scolpite nel tufo (figg. 47-48)[161].

In effetti, in questo periodo, i cubicoli aumentarono notevolmente il loro numero e la loro monumentalità. Essi si caratterizzano – lo si è detto – per forme spesso grandiose ed elaborate nella pianta (poligonali, cruciformi, circolari, rettangolari, absidati, ecc.), e per un'architettura più complessa, che prevede, talvolta, la presenza di colonne, pilastri, architravi, cornici, mensole, archi, nicchie o altri partiti architettonici, ottenuti "in negativo" intagliando la roccia (figg. 42-47, 49); le camere non di rado sono rischiarate da ampi lucernari e decorate con affreschi, rivestimenti marmorei, mosaici (figg. 42, 150, 154)[162]. È evidente, come si diceva, la volontà di riprodurre sottoterra in questi ambienti le forme dei mausolei che in quel periodo cominciavano ad affollare le necropoli di superficie, spesso in relazione e stretta contiguità con le grandi basiliche martiriali[163]. Verso la metà del IV secolo si fanno anche frequenti cubicoli ricoperti di semplice intonaco bianco[164].

Nelle zone ad utilizzazione intensiva ed indifferenziata, i loculi risultano di norma di dimensioni più contenute e sistemati sulle pareti in maniera maggiormente serrata, così da occupare in maniera completa (in relazione alle accresciute esigenze di spazi) le superfici a disposizione (fig. 50)[165]. Gli arcosoli assumono forme più monumentali; le loro nicchie possono conformarsi a calotta absidata (fig. 42); i prospetti arricchirsi di elementi architettonici (fig. 52); non di rado anche le nicchie arcuate vengono utilizzate a sepoltura, chiudendone l'imbocco con muretti verticali o transenne (fig. 49)[166]. Nicchioni funerari di aspetto monumentale furono aperti in gallerie e cubicoli (figg. 42-45 e tav. II).

Soprattutto nei cubicoli, a partire dall'età costantiniana, vengono sempre più frequentemente collocate strutture funzionali al rito del *refrigerium* (il pasto funebre): banchi, sedili, cattedre (simboleggianti forse la presenza invisibile dei defunti durante i conviti) (figg. 32, 47-48, 103), pozzi, soprattutto mense, costituite di norma da blocchi cilindrici (o parallelepipedi) in muratura, sostenenti piatti marmorei o di ceramica (figg. 46, 49, 53); in essi dovevano essere collocate le offerte alimentari per i defunti o i cibi consumati dai partecipanti al rito (figg. 131-132)[167]; alcuni ambienti dotati di banchi, privi di sepolture e riccamente decorati con rivestimenti marmorei, potevano forse essere adibiti a sale per banchetti di uso collettivo (fig. 100)[168]. La presenza di queste strutture conferma la diffusione della pratica dei banchetti negli usi funerari dei cristiani, a partire soprattutto dalla tarda età costantiniana, quale ci è attestata dalle fonti letterarie (fig. 175)[169].

In particolare nelle zone delle catacombe interessate dalla presenza di semplici tombe a loculo, comincia a diffondersi sempre di più, dal IV secolo inoltrato, la moda di collocare piccoli oggetti sulle tombe, fissandoli nella malta che ne sigillava la chiusura (figg. 50, 54, 88-97, 99, 160-161). La varietà delle presenze (lucerne, oggetti di corredo personale – armille, bracciali, anelli, collane, ecc.–, giocattoli, monete, contenitori vitrei o in ceramica, semplici lastrine di marmo, paste vitree, ecc.) impone un'interpretazione diversificata di questo corredo "esposto"; che in parte certamente doveva individualizzare e connotare le tombe più anonime, in parte forse decorarle in modo elementare, ma che, specialmente nel caso dei recipienti vitrei o in ceramica, deve essere messo in relazione con il rito del *refrigerium* e con le relative libagioni e offerte alimentari ai defunti (figg. 54, 90, 94)[170]. In ogni caso è evidente come l'originalità del fenomeno (si direbbe l'"emersione" del corredo tombale dall'interno all'esterno) sia strettamente da ricollegare alla particolare possibilità conservativa che offriva il contenitore monumentale, cioè l'ambiente ipogeo[171].

L'imponente opera di scavo delle catacombe, quella relativa alla realizzazione delle sepolture e alla tumulazione delle salme erano frutto, come nell'epoca precedente, del lavoro dei "fossori", operai specializzati, assimilati, dal IV secolo, ai membri della gerarchia ecclesiastica; essi, dall'età costantiniana, risultano sempre più rappresentati nelle testimonianze iconografiche e nelle iscrizioni (figg. 55-56, 140)[172].

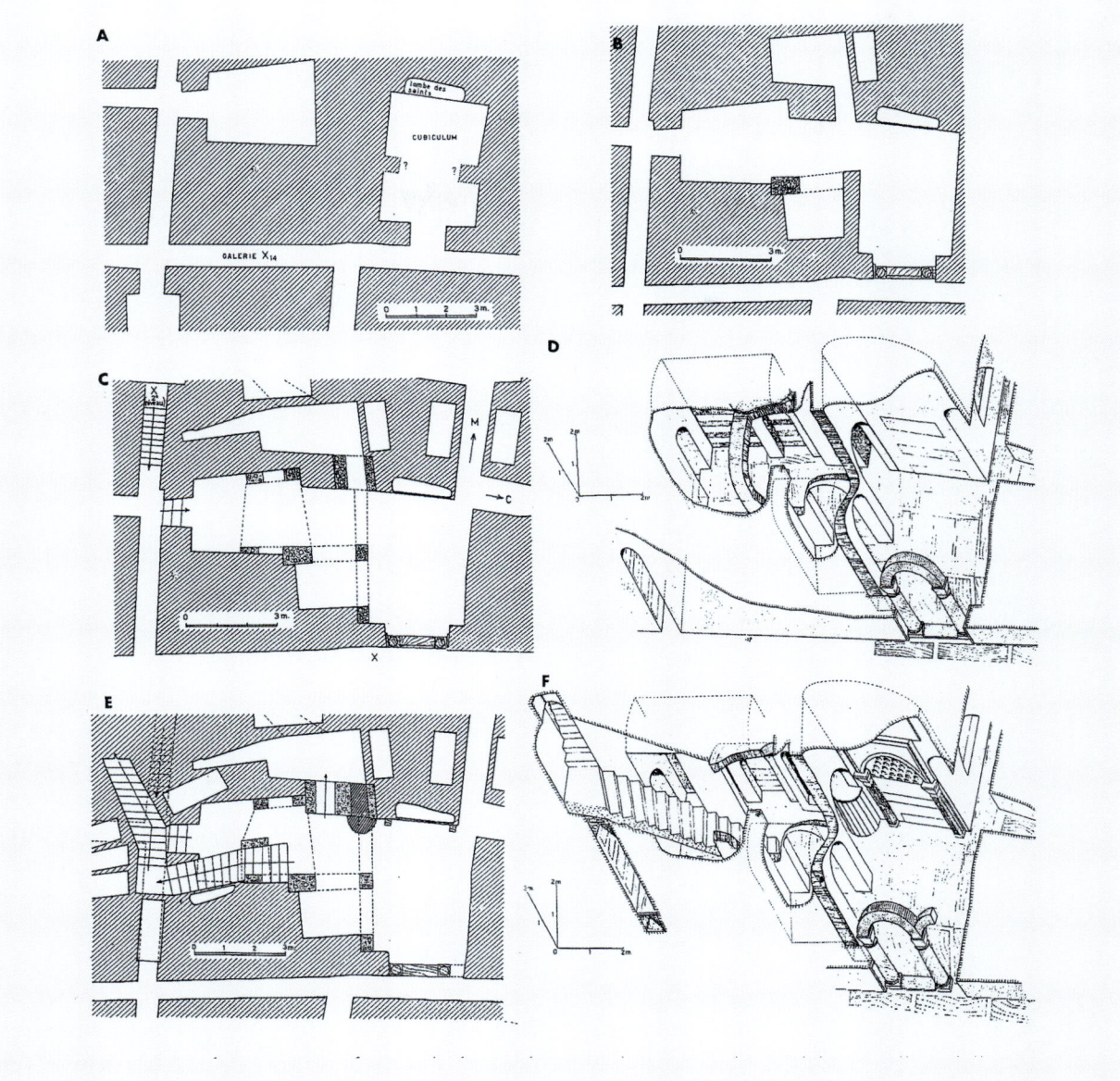

Fig. 60 Piante e ricostruzioni assonometriche della cripta dei Ss. Pietro e Marcellino nella catacomba omonima nelle varie fasi di sviluppo

Per tutto il IV secolo continuò la consuetudine, da parte di alcune famiglie, di dotarsi di sepolcri ipogei al di fuori delle aree comunitarie (ipogei "di diritto privato"). Questi sepolcri famigliari si caratterizzano normalmente per la limitata estensione, per la scarsità delle sepolture, per l'eleganza dell'architettura, per la ricchezza e l'originalità della decorazione pittorica[173]. Il più celebre degli ipogei di diritto privato, quello di via Dino Compagni, sulla via Latina, assegnabile all'incirca agli anni 320-370, risulta costituito da un numero molto limitato di gallerie, che danno accesso ad una serie di camere funerarie dalle piante talvolta elaborate, dotate di coperture a volta a crociera o a padiglione e di elementi architettonici costituiti da colonne, cornici, mensole, timpani, archi, ecc. (figg. 57-58)[174]. Quasi tutti gli ambienti risultano ornati di affreschi di notevole qualità (figg. 58, 110, 114, 119-121, 123, 140)[175]. Questi, accanto a temi biblici formulati con iconografie talvolta inconsuete, rappresentano scene del tutto nuove, in qualche caso anche tratte dal repertorio mitologico pagano (figg. 114, 123). Tali rappresentazioni testimoniano la presenza nell'ipogeo, accanto a gruppi famigliari totalmente cristiani, di nuclei non ancora convertiti alla nuova religione.

Un fenomeno che risulta attestato anche in altre aree private (per esempio nell'ipogeo di Vibia, sulla via Appia, che ospita, oltre a sepolture di cristiani, quelle di alcuni adepti del culto di Mitra e Sabazio) (fig. 59)[176] e che trova giustificazione proprio nel carattere famigliare di queste aree. La committenza particolarmente facoltosa e svincolata da condizionamenti spiega, d'altro canto, la qualità e l'originalità delle decorazioni, riscontrabili anche in altri ipogei funerari privati, come quelli di Trebio Giusto, dei Cacciatori, di Villa Cellere[177].

Le tombe dei martiri, nella prima metà del IV secolo, sembrano oggetto di una cura monumentale ancora discreta. Solo il sepolcro di S. Lorenzo (uno dei santi più venerati della città), già sotto il regno di Costantino, fu interessato da una serie di interventi strutturali importanti, mirati ad abbellirne l'aspetto e a facilitarne la frequentazione da parte dei devoti. "*Gradus ascensionis et descensionis*" ("scale di discesa e di risalita") furono create, come testimonia il *Liber Pontificalis* (I, pp. 181-182), all'inizio e alla fine del percorso sotterraneo che conduceva alla tomba del martire, allo scopo di rendere più scorrevole e razionale il cammino dei fedeli; il sepolcro stesso venne recintato con plutei, decorato con marmi, illuminato da lampade e candelabri, enfatizzato da una struttura absidata (*ibid.*, pp. 181-182)[178]. Altrove, prima degli interventi radicali e sistematici di Damaso[179], le tombe dei martiri o dei vescovi vennero fatte oggetto di lavori più modesti. Presso i sepolcri dei papi Callisto e Cornelio, dei martiri Felicissimo ed Agapito furono costruite semplici mense (fig. 35)[180]; nella catacomba dei Ss. Pietro e Marcellino, il cubicolo che ospitava le tombe dei due santi venne dotato di un ingresso ad arco, retto da colonne, e allargato mediante un collegamento con alcuni vani attigui, al fine di creare ulteriore spazio per la frequentazione e le sepolture dei fedeli (fig. 60, C-D)[181]. Un vano *retro sanctos* per sepolture privilegiate fu realizzato alle spalle della "cripta dei papi" a S. Callisto[182]. La tomba di S. Agnese venne recintata da una serie di plutei, donati da papa Liberio, di cui uno rappresentante a rilievo la figura della giovane martire (*LP*, I, p. 208)[183].

6. L'ETÀ DAMASIANA E IL CULTO DEI SANTI

Con gli anni '60 del IV secolo, l'epoca d'oro dell'escavazione delle catacombe sembra volgere al termine. Il pontificato di Damaso (366-384), in effetti, nel campo dei cimiteri sotterranei, si caratterizza soprattutto, come è noto, per gli interventi monumentali del papa sulle tombe dei martiri, finalizzati a favorirne il culto e la devozione.

La volontà di ricucire in fretta le lacerazioni prodotte in seno alla comunità dalla sua tormentata elezione dovette suggerire a Damaso una ricomposizione dell'unità sotto il patrocinio altamente significante degli antichi testimoni della fede[184]. Le oltre sessanta iscrizioni metriche che il papa compose per i martiri della città, e che fece apporre presso le loro tombe, esaltavano le gesta di quegli eroi e assumevano così un evidente valore catechetico, di supporto alla missione pastorale; le lastre marmoree "firmate" dal papa (ed i contestuali interventi strutturali sui sepolcri) costituivano, d'altra parte, una manifesta ufficializzazione del culto dei santi da parte della Chiesa di Roma, con la conseguente rivendicazione ad essa del controllo e della gestione della devozione popolare[185]. I riflessi di questa politica damasiana in favore del culto dei martiri si fanno evidenti anche nello sviluppo del santorale romano, quale ci è testimoniato dalle fonti agiografiche: dai 46 martiri e vescovi la cui festa era ricordata nella tarda età costantiniana dalla *Depositio Martyrum* e dalla *Depositio Episcoporum*, si passa, nei primi decenni del V secolo, alle oltre 150 celebrazioni annotate dal Martirologio Geronimiano[186]. La promozione del culto dei santi comportò pure, nella seconda metà del IV secolo, un incremento del fenomeno del pellegrinaggio e delle visite devozionali. Lo attestano, oltre ai monumenti[187], varie testimonianze letterarie, tra le quali particolarmente significativa quella di S. Girolamo, impegnato da giovane, la domenica, a Roma, intorno agli anni '60, in un "tour" sistematico di visita ai sepolcri degli apostoli e dei martiri ("*solebam* [...], *diebus Dominicis, sepulcra apostolorum et martyrum circuire*") (*In Ezech.*, XII, 40 (*PL*, 25, c. 375))[188].

Fig. 61 Ricostruzione delle sistemazioni architettoniche damasiane della "Cripta dei Papi" (n. 1), delle tombe dei Ss. Felice ed Adautto (n. 2), di Nereo ed Achilleo (n. 3), di Gennaro (n. 4), di Urbano (?) (n. 5), di Pietro e Marcellino (n. 6)

A livello monumentale, l'opera di Damaso si manifesta soprattutto, come si diceva, negli interventi di ristrutturazione dei sepolcri venerati e degli ambienti che li contenevano. I carmi commemorativi composti dal papa, incisi su grandi lastre di marmo in splendide lettere capitali dal suo calligrafo e amico Furio Dionisio Filocalo (figg. 33-34, 195), furono sistemate – stando a quanto possiamo ricavare dai contesti meglio conservati (presso i sepolcri dei papi Sisto II e Cornelio a S. Callisto; dei martiri Gennaro e Felicissimo ed Agapito in Pretestato; di Pietro e Marcellino nell'omonima catacomba) – in prospetti architettonici schiacciati sulle pareti in cui si aprivano i sepolcri (fig. 61)[189]. Tali prospetti risultano spesso delimitati da colonne o pilastrini, che sorreggono archi ed architravi; all'interno, essi comprendono, talvolta, oltre alle lastre epigrafiche, anche transenne traforate che proteggevano e consentivano di intravvedere le tombe venerate[190]. Le restanti pareti degli ambienti vennero rivestite da lastre marmoree, o da semplice intonaco bianco, così da evidenziare, nell'ambito del cimitero, questi spazi del tutto particolari; la luminosità dei rivestimenti marmorei (che talvolta interessavano anche i pavimenti) doveva essere accresciuta dal chiarore che penetrava nelle cripte dai lucernari istallati od ampliati nell'occasione[191]. Mense quadrate o circolari vennero sistemate accanto alle tombe per accogliere lumi

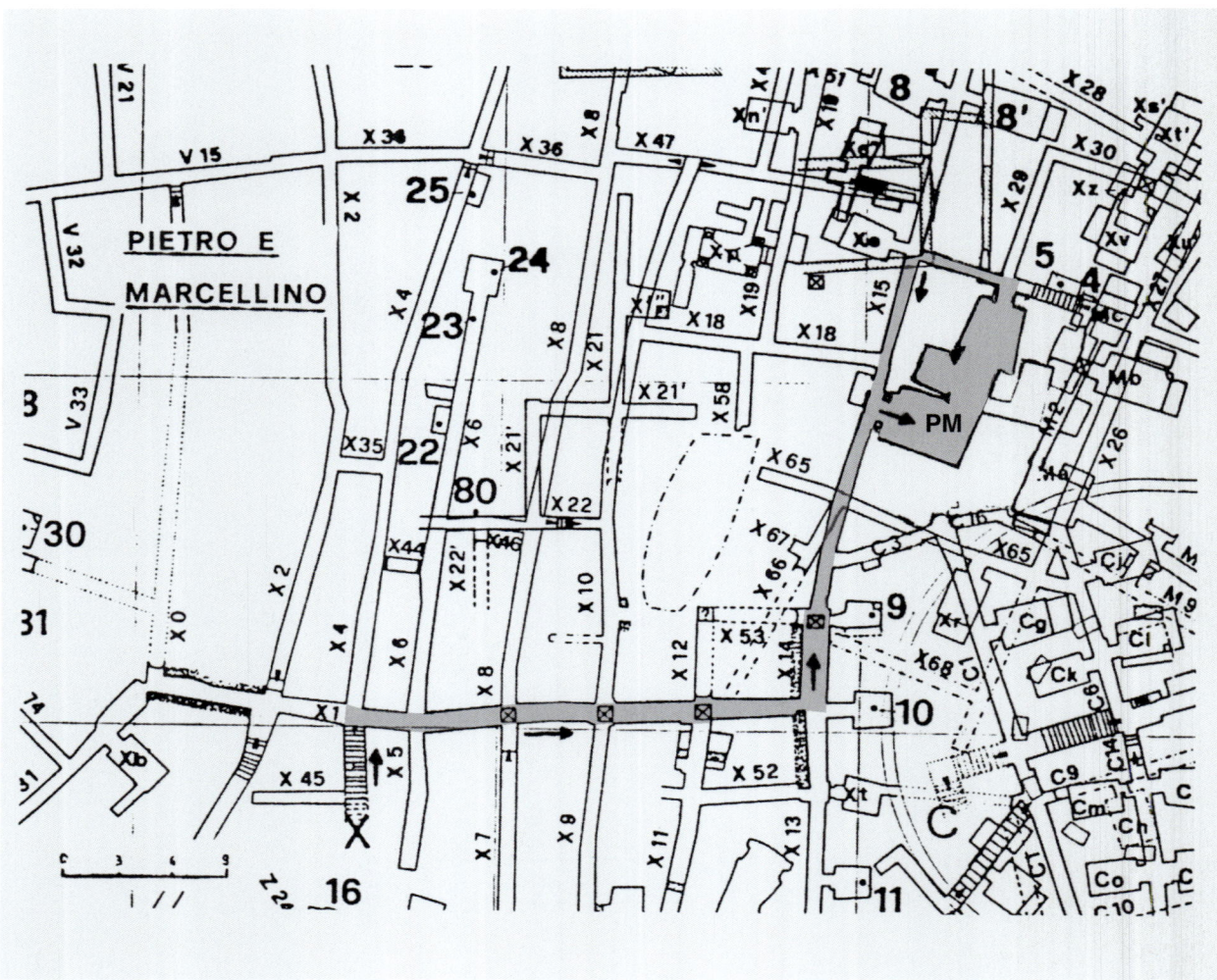

Fig. 62 L'*iter* damasiano di visita alle tombe dei Ss. Pietro e Marcellino nella catacomba omonima

o le offerte dei devoti (figg. 35, 37, 60 E-F; 61, 6)[192]; una mensa-altare, sorretta da quattro pilastrini, fu collocata nella cripta papale del cimitero di Callisto (figg. 34, 61, 1)[193]; una recinzione coperta da un ciborio (con colonnine recanti la raffigurazione a rilievo del martirio) venne istallata, a quanto pare, sopra le tombe dei Ss. Nereo ed Achilleo nella catacomba di Domitilla (figg. 61, 3; 126)[194]. Decorazioni pittoriche o a mosaico non sembrano in realtà troppo frequenti nelle sistemazioni damasiane[195]; solo sopra il sepolcro dei martiri Felice ed Adautto, nella catacomba di Commodilla, all'intervento del pontefice si deve una pittura che rappresentava i due santi (fig. 61, 2)[196].

Per agevolare la frequentazione devozionale, in qualche caso, gli ambienti che ospitavano le tombe venerate vennero allargati. Se l'attribuzione a Damaso di vere basiliche ipogee *ad corpus* – come quelle che sorgeranno nel VI secolo all'interno delle catacombe[197] – resta dubbia[198], le trasformazioni attestate in relazione alle tombe di Nereo ed Achilleo e di S. Ermete denunciano la creazione di spazi, se non ancora "basilicali", tuttavia di dimensioni non irrilevanti[199]. In alcuni casi anche i

Fig. 63 Galleria intonacata dell'*iter* damasiano di visita alle tombe dei Ss. Pietro e Marcellino

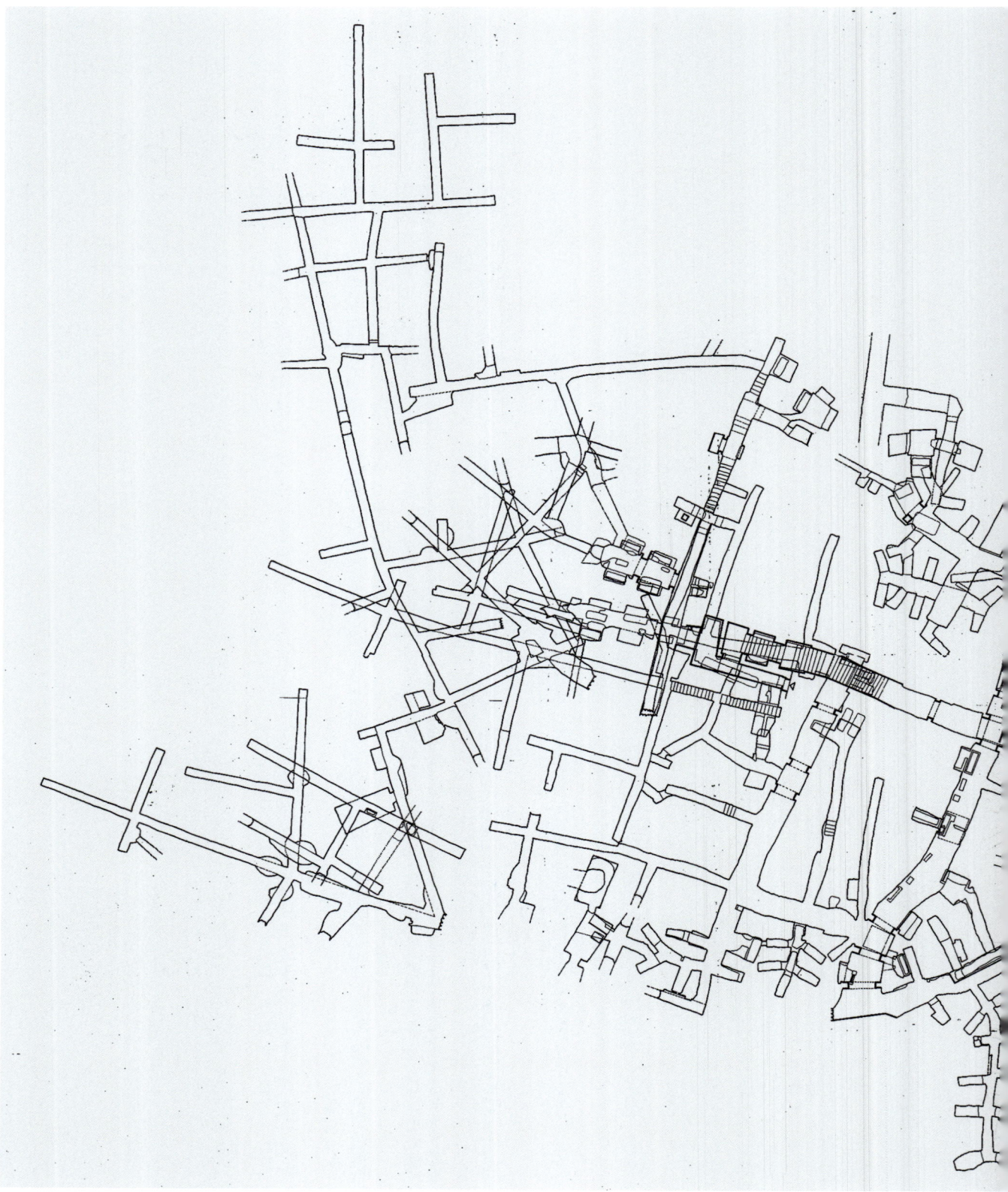

Fig. 64 Pianta della catacomba di Commodilla

I. ORIGINE E SVILUPPO DELLE CATACOMBE ROMANE 63

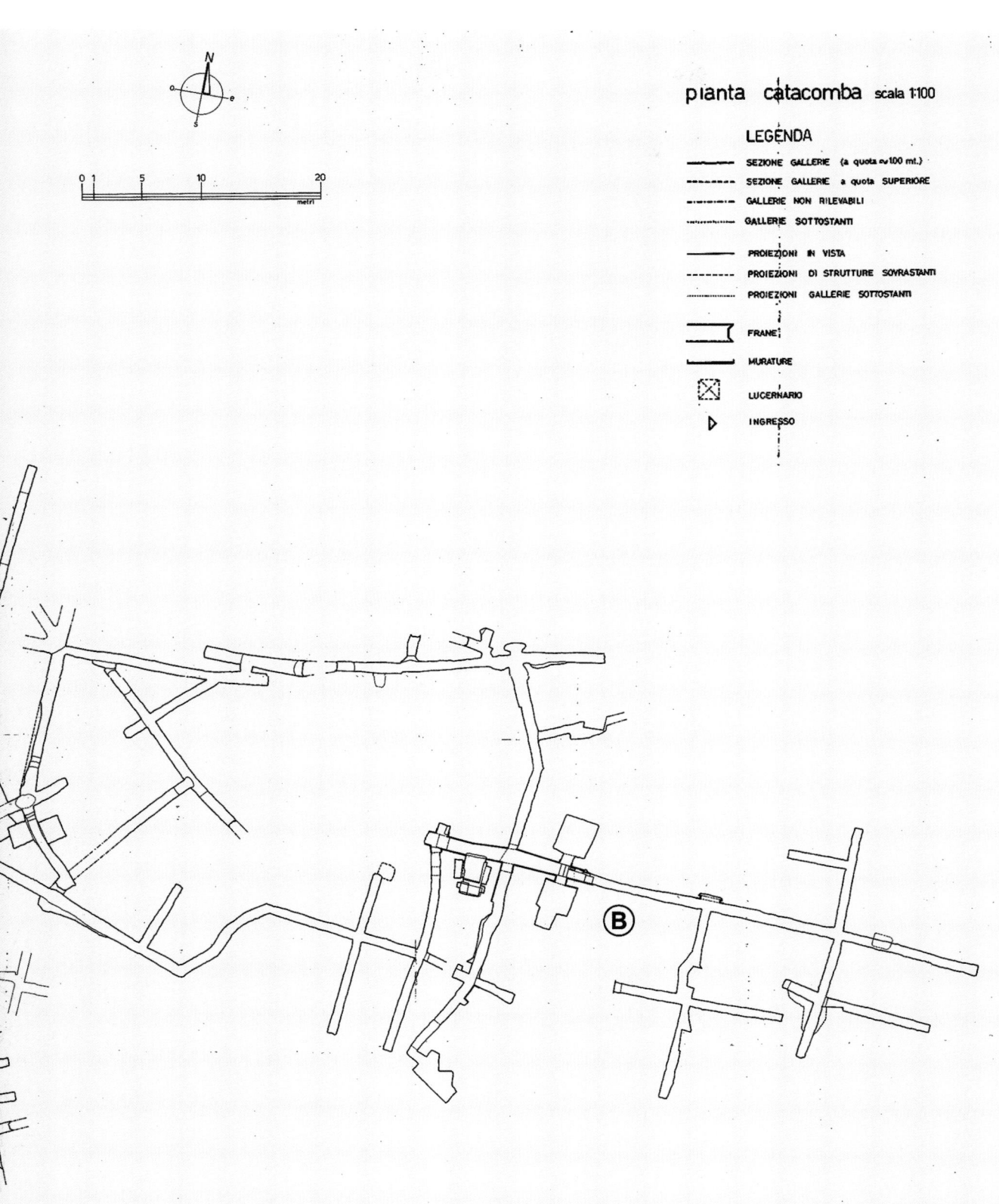

percorsi sotterranei che conducevano ai santuari furono potenziati dall'intervento papale: nuove scale si realizzarono, in aggiunta a quelle già esistenti, per creare itinerari di visita che portavano rapidamente e direttamente i devoti sulle tombe (figg. 60, F; 62-63); con le scale già in essere davano vita a quei *gradus ascensionis et descensionis*[200] che consentivano un comodo percorso "a senso unico", ed evitavano rallentamenti a quel "viavai" di persone che, come ricorderà agli inizi del V secolo il poeta Prudenzio, a proposito della frequentazione del sepolcro del martire Ippolito della Tiburtina (*Perist.*, XI (*CSEL*, 61, p. 418)), affollava i santuari più venerati della città[201]. Serie di lucernari e di strutture murarie addossate alle pareti delle gallerie, talvolta rivestite di intonaco bianco (fig. 63), enfatizzavano questi *itinera* sotterranei, suggerendo il cammino ai visitatori e creando una suggestiva scenografia di luce e di ombre, capace di colpire fortemente i contemporanei, come assicurano le testimonianze di Girolamo e, ancora, di Prudenzio (Hier., *In Ezech.*, XII, 40 (*PL*, 25, c. 375); Prud., *Perist.*, XI, 159-168 (*CSEL*, 61, pp. 417-418))[202].

Nel realizzare questo vasto potenziamento dei santuari martiriali delle catacombe, Damaso fu coadiuvato talvolta, come attestano le iscrizioni, da presbiteri del suo "*entourage*", i quali dovevano probabilmente (come nel caso delle coeve costruzioni delle chiese parrocchiali urbane)[203] contribuire anche finanziariamente alle imprese. Un analogo intervento evergetico, ricollegabile però alla ricca aristocrazia laica romana, che proprio in quel tempo le fonti ricordano sempre più impegnata nel costruire edifici di culto o nell'accrescere con lasciti ed oblazioni il patrimonio della Chiesa[204], è pure verosimile: alcune tombe monumentali situate in vicinanza delle sepolture martiriali e progettate contestualmente alle ristrutturazioni damasiane, è probabile si debbano riferire proprio a quegli evergeti - ecclesiastici e laici - che avevano partecipato finanziariamente alle imprese; ad essi la generosità della donazione poteva assicurare per lo meno una tomba "privilegiata", situata in vicinanza delle spoglie del santo[205].

La promozione del culto martiriale da parte di Damaso contribuì in effetti ad accrescere il fenomeno delle sepolture *ad sanctos* che, già manifestatosi in forme discrete nei decenni precedenti[206], assunse, proprio a partire dall'età damasiana, dimensioni sempre più rilevanti. La credenza che la vicinanza del sepolcro di un martire comportasse per i defunti - grazie all'intercessione del martire - un qualche beneficio ai fini della ricompensa eterna (oltre che proteggere le tombe dai demoni) ingenerò spesso, come è noto, una vera gara tra i fedeli per ottenere gli spazi privilegiati in vicinanza di un sepolcro venerato[207]. Il ruolo della preghiera, come sottolinea Agostino (*Cur. Mort.*, 4-5, 18 (*CSEL*, 41, pp. 629-631, 658-659)), che il defunto riceveva nelle orazioni che lo raccomandavano al martire, doveva costituire un elemento decisivo nella scelta di una sepoltura *ad sanctos*[208].

Lo sviluppo di alcuni cimiteri sotterranei in età damasiana, proprio laddove il culto dei martiri locali era stato "lanciato" dal papa, può essere letto in effetti anche nell'ottica di questa ricerca di spazi funerari privilegiati. Nella catacomba di Domitilla, in vicinanza delle tombe dei Ss. Nereo ed Achilleo, oggetto, per l'appunto, delle cure di Damaso[209], si crearono, al piano inferiore, tre nuove regioni, accessibili da altrettante grandi scale[210]; una serie di gallerie, interessata da cubicoli monumentali, si attestò pure alle spalle del santuario damasiano[211]; caratteri monumentali ebbero pure alcuni settori delle nuove regioni vicine, dove si aprono frequenti cubicoli ed arcosoli, non di rado decorati.

Nella catacomba di Commodilla, presso la via Ostiense, una sorta di "*inventio*" delle tombe dei martiri locali, Felice ed Adautto, ad opera di Damaso[212], e il conseguente sviluppo del loro culto, portò l'area funeraria di modesta estensione già esistente sul posto ad assumere le dimensioni di un ampio cimitero (fig. 64). Le numerose iscrizioni datate permettono di assegnare agli anni del pontificato di Damaso e al periodo successivo (fino al primo decennio del V secolo) quasi tutto lo sviluppo dell'area cimiteriale intorno al nucleo più antico[213]. L'importanza del culto dei martiri eponimi nell'ambito della catacomba è rivelata dai numerosi monumenti iconografici che li rappresentano e dalla stessa intitolazione dell'area ai loro nomi[214]. Il cimitero, al di là di alcuni spazi privilegiati *retro sanctos*[215] e di alcuni rari cubicoli (tra

Fig. 65 Ambiente con decorazione ad *opus sectile* retrostante il cubicolo di papa Gaio nella catacomba di S. Callisto

cui quello di *Leo, officialis annonae*, riccamente affrescato) (tav. I), presenta un'occupazione funeraria che tradisce un'utenza di livello generalmente modesto[216].

Anche la più periferica delle regioni di S. Sebastiano, quella situata a nord della basilica e nota come catacomba dell'ex-vigna Chiaraviglio, fu creata a partire dall'età damasiana in relazione al "lancio" del culto del martire Eutichio, la cui tomba, situata in quell'area, era stata oggetto di una vera "invenzione" da parte del papa[217]. Tale settore sembra costituire a tutt'oggi, grazie alle recenti ricerche, uno degli esempi più tardi di regioni catacombali comunitarie. Le numerose iscrizioni datate *in situ* ed alcuni affreschi testimoniano infatti una sua utilizzazione fino al primo decennio del V secolo[218]. La regione presenta un'intensa utilizzazione funeraria ed un discreto numero di cubicoli ed arcosoli, anche decorati.

Allo sviluppo del culto di un gruppo di martiri (probabilmente i c. d. "Martiri Greci" ricordati dalle fonti storico-topografiche) sepolti in un cimitero della via Ardeatina (la c.d. "catacomba anonima della via Ardeatina"), situato a pochi metri dalla nuova basilica circiforme rinvenuta nel 1991 e identificata con la *Basilica Marci*[219], si deve l'incremento di questa area sotterranea (una vera appendice della chiesa attigua), che le iscrizioni datate, l'architettura elaborata dei cubicoli e la decorazione pittorica fanno attribuire ad un'epoca compresa, all'incirca, tra il 370 e il primo decennio del V secolo[220].

La promozione del culto martiriale in età damasiana comportò anche, sempre più frequentemente, la cre-

I. ORIGINE E SVILUPPO DELLE CATACOMBE ROMANE

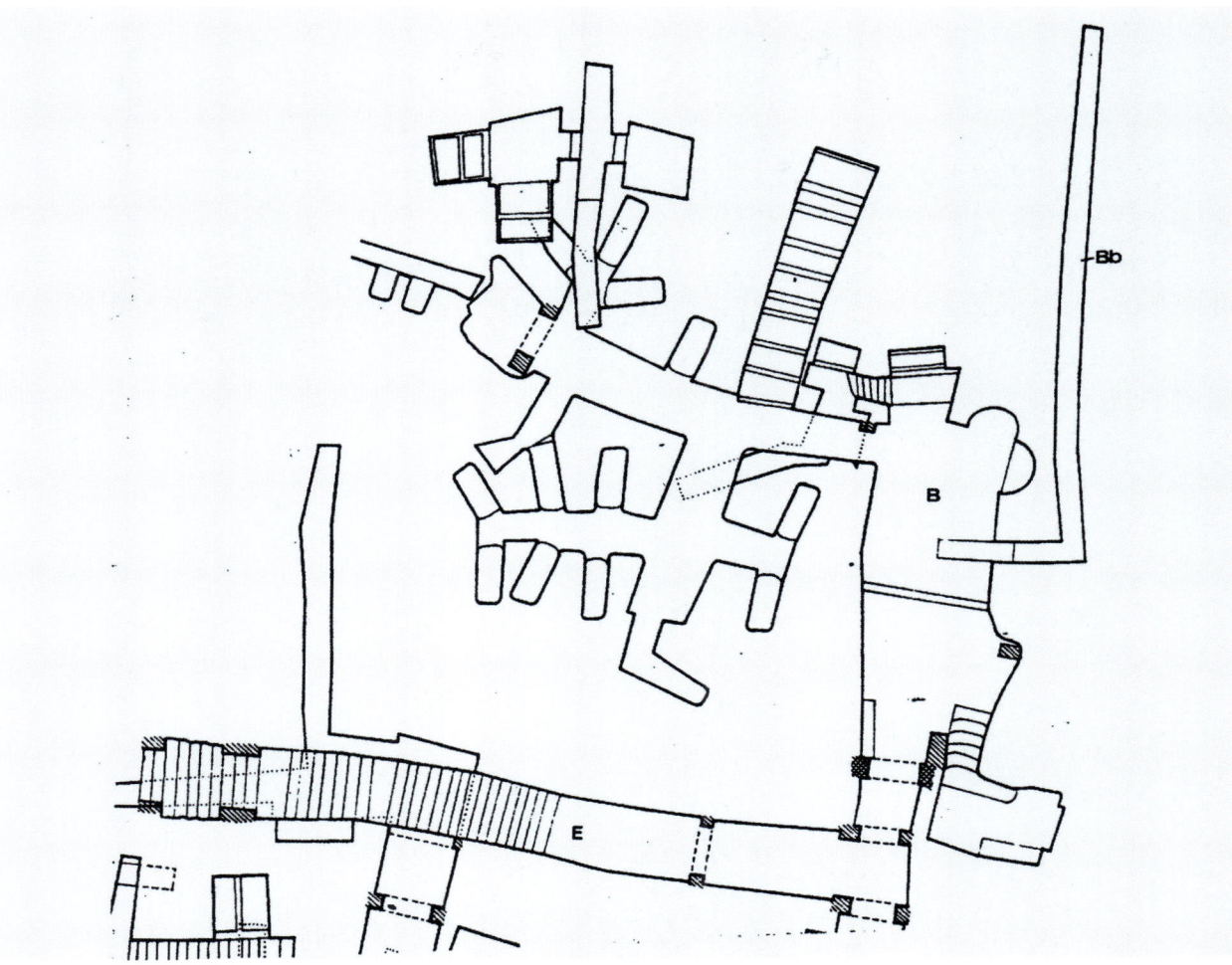

Fig. 67 Pianta della basilica ipogea dei Ss. Felice ed Adautto nella catacomba di Commodilla

azione di piccole aree *retro sanctos*, situate in prossimità e a ridosso dei sepolcri venerati[221]. Esempi di tali settori privilegiati, costituiti da gallerie e cubicoli inseriti spesso "a forza" nella già esistente rete degli ambulacri, sono attestati, tra l'altro, a ridosso della cripta dei papi e dei sepolcri di Cornelio e Gaio in S. Callisto (fig. 65), degli ambienti che ospitavano le tombe dei Ss. Felice ed Adautto a Commodilla (fig. 67), di S. Callisto a Calepodio, di S. Alessandro nel cimitero dei Giordani, di S. Gennaro a Pretestato e nei piccoli e singolari "sub-ipogei" creati nella regione centrale della catacomba dei Ss. Marco, Marcelliano e Damaso[222].

Questi *retro sanctos*, come mostra in modo eclatante l'esempio del cubicolo creato alle spalle della tomba di papa Gaio in S. Callisto, splendidamente decorato con marmi e mosaici (fig. 65)[223], o come attestano, nel cimitero di Priscilla, le tombe ad arcosolio, altrettanto straordinariamente ornate con rivestimenti musivi e ad *opus sectile*, che riempirono le due gallerie "ad elle" dell'ipogeo degli Acili, sottostanti la basilica che conteneva i sepolcri dei martiri Felice, Filippo e di papa Silvestro (fig. 8, B)[224], rivelano, con la loro monumentalità, l'utilizzazione da parte di individui di condizione notevolmente agiata. Ma il privilegio di essere sepolti presso i santi ("*quod multi cupiunt et rari accipiunt*") (ICUR I, 3127), era ottenuto anche da fedeli di livello più modesto, come rivela in maniera suggestiva la "galleria intatta" innestata a forza sotto la scala che portava ai sepolcri di Felice ed Adautto nella catacomba di Commodilla (fig. 67, A); essa era occupata da

Fig. 66 Tomba a pozzo nella catacomba di Commodilla

Fig. 68 Basilica dei Ss. Nereo e Achilleo nella catacomba di Domitilla

semplici loculi individualizzati dal corredo "esposto" e da qualche epitaffio[225]. Carattere "povero", nella stessa catacomba, avevano le tombe inserite in singolari dispositivi funerari per deposizioni multiple, costituiti da profondi pozzi scavati nel pavimento delle gallerie e occupati in maniera intensiva con loculi alle pareti e tombe a cappuccina sovrapposte nel vano dei pozzi (fig. 66)[226]. Pur di beneficiare della vicinanza di una tomba venerata, i fedeli erano disposti a rinunciare ad un sepolcro individuale e a condannare all'anonimato la propria sepoltura.

Al di là delle ampie aree sopra ricordate e di questi più limitati spazi *retro sanctos*, le catacombe, dopo gli anni '60-'70 del IV secolo, non sembrano, in effetti, come si diceva, aver registrato un incremento pari a quello che caratterizza i decenni precedenti[227]. Settori utilizzati in questo periodo sono certamente attestati in vari cimiteri (per esempio a S. Pancrazio, a S. Ippolito, nelle catacombe dei Ss. Pietro e Marcellino, di Gordiano ed Epimaco, di Aproniano, Pretestato, S. Callisto, Marco e Marcelliano, ecc.); l'estensione attraverso nuove aree risulta tuttavia contenuta[228]. Nella catacomba di Domitilla, agli ultimi decenni del IV secolo si possono far risalire alcune regioni dall'aspetto monumentale, con cubicoli dall'elaborata architettura e talvolta affrescati (regione detta dei "Fornai") (figg. 101-102), ed altre costituite da semplici e povere gallerie utilizzate esclusivamente per sepolture a loculo[229]. Sulla via Appia, un cimitero ipogeo di epoca molto tarda ebbe sviluppo assai ridotto e si collocò a ridosso delle propaggini meridionali della catacomba di S. Callisto[230].

Certamente, in questo periodo, gran parte delle sepolture comunitarie dovevano trovar posto nelle grandi basiliche funerarie costruite nel sopratterra a partire dall'età costantiniana (e negli spazi attigui) (S. Pietro, S. Paolo, S. Sebastiano (*Basilica Apostolorum*), Ss. Pietro e Marcellino, S. Agnese, S. Lorenzo, la *Basilca Marci* della via Ardeatina, le basiliche di papa Giulio delle vie Flaminia (S. Valentino), Aurelia (S. Callisto) e Portuense (S. Felice?), la chiesa di Felice II (355-358) sull'Aurelia) (figg. 25, 31, 51)[231]. Le indicazioni delle epigrafi datate lo attestano in molti casi con evidenza, così come alcuni recenti scavi[232].

D'altra parte Damaso aveva dotato la comunità di un'altra basilica funeraria sulla via Ardeatina, nella quale egli stesso era stato sepolto (*LP*, I, p. 212); alla fine del suo pontificato, l'intervento diretto dei tre imperatori Valentiniano II, Teodosio ed Arcadio aveva dato avvio alla costruzione di una grandiosissima basilica a cinque navate (m. 120 × 63), con transetto e atrio, sopra la tomba di S. Paolo sull'Ostiense, in sostituzione del primo modesto edificio costantiniano[233]. Essa offriva un nuovo spazio per la sepoltura di migliaia di persone (circa 6.500 tombe – si è calcolato – potevano essere ospitate solo sotto i piani pavimentali)[234]. Papa Siricio (384-399) fu forse autore della chiesa semipogea a tre navate di Domitilla (figg. 68-69) e di quella sotterranea edificata sulla tomba del martire Silano nel cimitero di Felicita sulla *Salaria Nova*[235]. Una basilica a tre navate esisteva pure nei primi anni del V secolo sopra la catacomba di S. Ippolito sulla Tiburtina, stando alla testimonianza esplicita di Prudenzio (*Perist.*, XI, 215-226 (*CSEL*, 61, p. 419))[236]; un'altra chiesa sorgeva

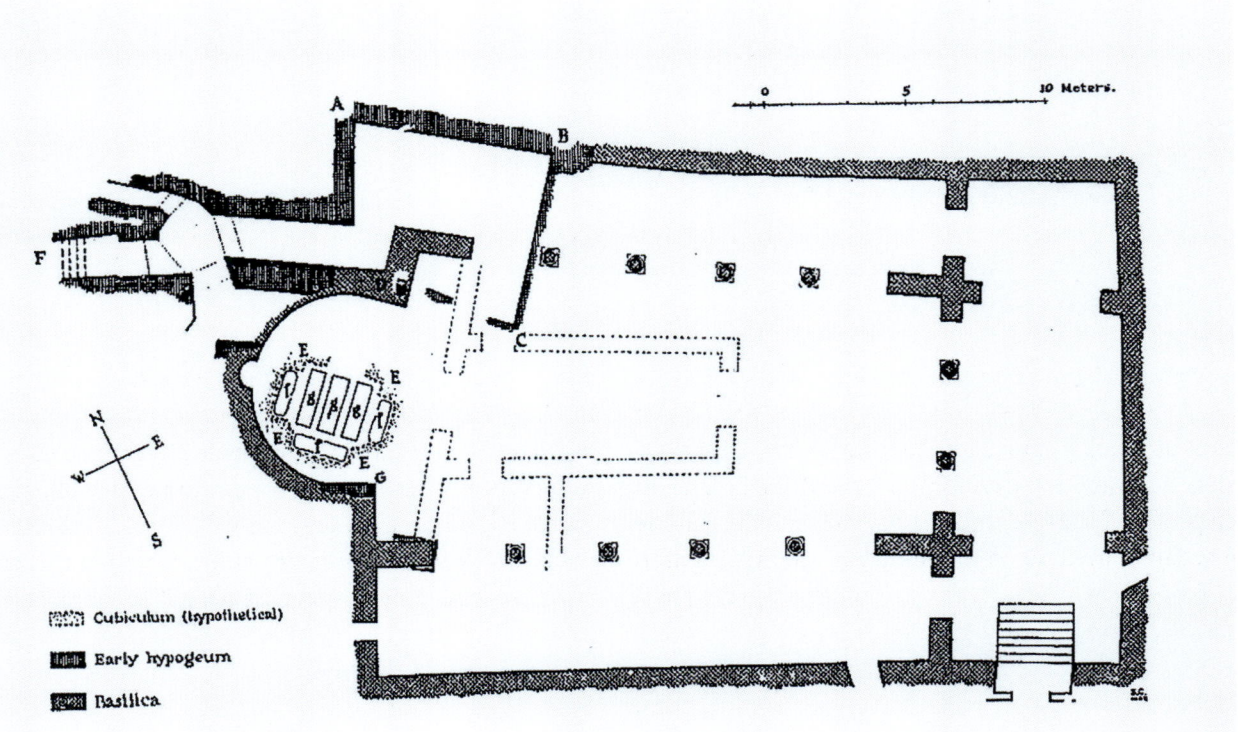

Fig. 69 Pianta della basilica dei Ss. Nereo e Achilleo nella catacomba di Domitilla

nel sopratterra del cimitero di S. Felicita sulla via *Salaria Nova* (*LP*, I, pp. 227-228)[237].

In effetti, la scelta di essere sepolti all'interno di queste chiese e nelle aree circostanti dovette provocare, lentamente, l'abbandono dell'uso di inumare nelle catacombe[238]. Le celebrazioni eucaristiche che si svolgeva negli edifici, la protezione fornita dalla loro sacralità, il ricordo pubblico garantito ai defunti dalla frequentazione dei fedeli, specialmente nell'occasione delle feste dei santi titolari, possono aver giocato un ruolo determinante nella scelta[239]. D'altra parte, le chiese contenevano all'interno le tombe degli apostoli e dei martiri o vi sorgevano nei pressi; e sappiamo quale valore gli antichi annettevano alla presenza del corpo di un santo nella scelta del luogo di sepoltura[240]. Tale presenza assicurava protezione; le preghiere che i devoti rivolgevano ai martiri presso le loro tombe erano di grandissimo giovamento anche ai defunti sepolti nei pressi, come ricordava S. Agostino[241]. Le catacombe non potevano più rispondere adeguatamente a queste nuove esigenze in materia di scelta dei luoghi di inumazione: il loro declino fu inevitabile[242].

Nelle catacombe, in effetti, le iscrizioni datate rinvenute non sembrano attestare – ad eccezione degli spazi particolari e limitatissimi interessati dalle sepolture dei martiri – una continuità di utilizzazione oltre i primi decenni del V secolo (l'ultima iscrizione datata *in situ* riferibile ad una sepoltura ordinaria in un cimitero ipogeo è documentata a S. Pancrazio nel 454: *ICUR*, II, 4277)[243]. La simultaneità, nella cessazione dell'uso di inumare nelle catacombe, appare così significativa che è difficile non ipotizzare sia stata in qualche modo voluta e coordinata a livello centrale[244].

7. ULTIMA FREQUENTAZIONE E ABBANDONO DELLE CATACOMBE

Nel corso del V e del VI secolo i cimiteri sotterranei furono in effetti frequentati quasi esclusivamente a scopo devozionale, nelle limitatissime zone interessate dalla presenza delle tombe dei martiri (i santuari sotterranei). I percorsi di visita già attivati nel IV secolo che portavano alle tombe venerate, furono restaurati e potenziati con strutture che rendevano più sicuro il cammino. Nuovi *itinera ad sanctos* (*ICUR*, II, 4753) si crearono in altre catacombe; essi insistevano su gallerie le cui pareti erano rinforzate da murature, talvolta rivestite di intonaco; gli ambulacri erano spesso rischiarati da lucernari, che, sistemati in punti strategici, suggerivano, con una sorta di "effetto-luce", il cammino ai devoti; le strutture murarie non di rado sbarrarono l'accesso alle altre gallerie circostanti, ormai inutilizzate, creando così veri "percorsi obbligati" che facilitavano il cammino[245]. Esempi di questi percorsi sotterranei sono ben documentati presso la tomba del martire Alessandro nel cimitero dei Giordani (fig. 70), in vicinanza del santuario dei "Quattro Coronati" nella catacomba dei Ss. Pietro e Marcellino, presso le tombe dei martiri del cimitero di Generosa sulla Portuense e nell'area attigua al sepolcro di S. Ippolito sulla Tiburtina[246].

A partire dalla prima metà del VI secolo, la prassi di far coincidere l'altare della celebrazione eucaristica con la tomba del martire, già evidenziatasi sporadicamente nel corso del IV secolo, portò alla creazione, nell'ambito degli ambienti cimiteriali sotterranei, di vere basiliche *ad corpus*[247]. Come mostrano gli esempi realizzati da papa Giovanni I (523-526) presso le tombe dei Ss. Felice ed Adautto nella catacomba di Commodilla (figg. 67, 71), da Vigilio (537-555) presso il sepolcro di Ippolito sulla Tiburtina (figg. 72-73), da Onorio I (625-638) sulle tombe di Pietro e Marcellino sulla Labicana (*LP*, I, pp. 276, 324; *ICUR*, VII, 19937) (figg. 74-75), tali ambienti cultuali ebbero di norma dimensioni abbastanza modeste e conformazione irregolare, prodotto della faticosa trasformazione dei vani ipogei preesistenti; essi risultavano totalmente sotterranei e accessibili da ampi scaloni che conducevano direttamente negli ambienti o in prossimità di essi[248]. La loro illuminazione era assicurata per lo più da grandi lucernari. Maggiori dimensioni e regolarità presentano le basiliche *ad corpus* sorte sulle tombe di un gruppo di martiri anonimi della via Ardeatina (prima metà del VI secolo) (figg. 76-77)[249], sul sepolcro di S. Ermete nell'omonima catacomba (probabilmente opera di Pelagio II (579-590): *LP*, I, p. 309) (fig. 78)[250] e su quelli di Nereo

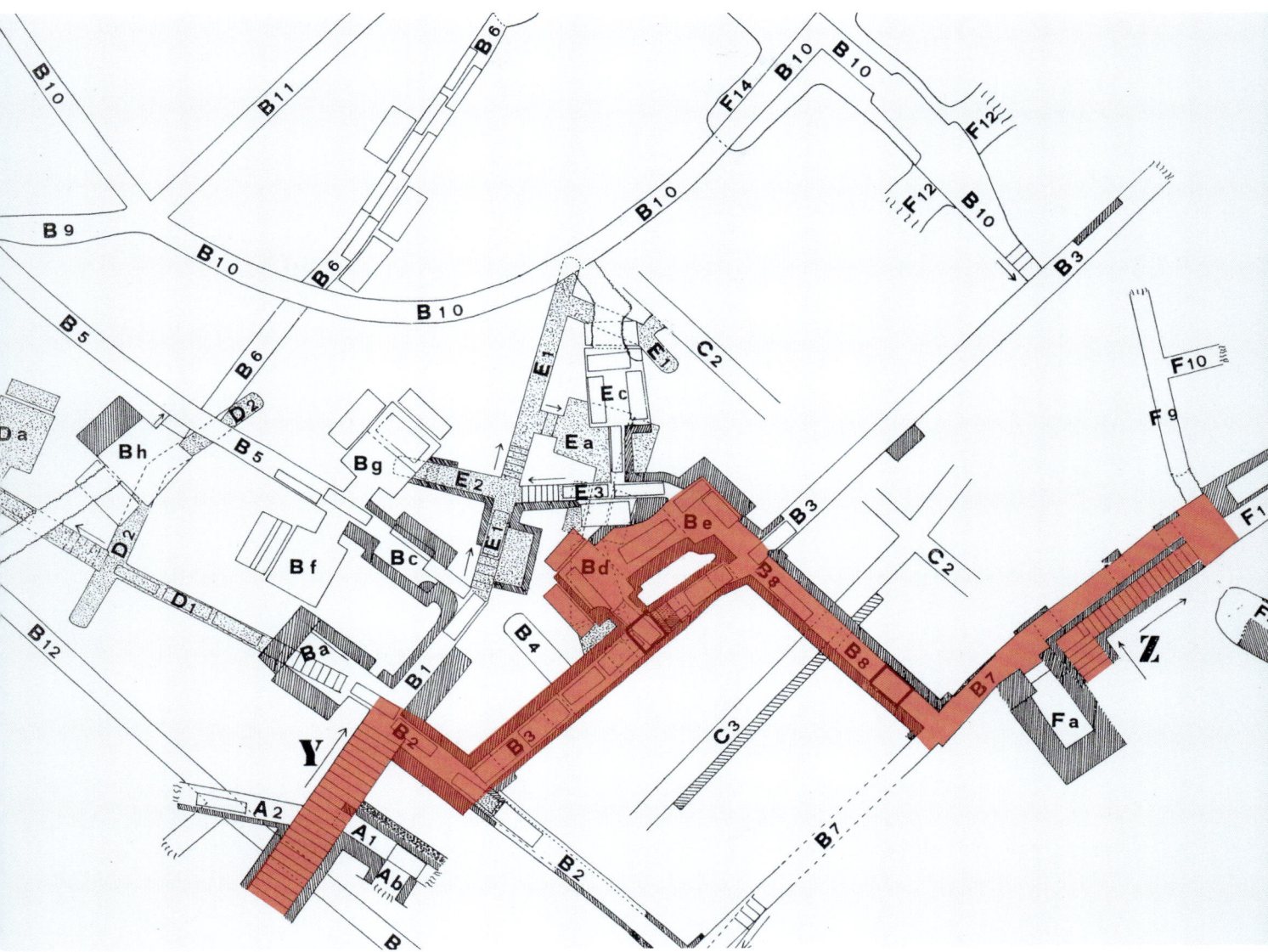

Fig. 70 Il percorso di visita dei pellegrini alla tomba del martire Alessandro nel cimitero dei Giordani

ed Achilleo a Domitilla (figg. 68-69), edificio, secondo alcuni studiosi, assegnabile, all'epoca di Giovanni I (523-526) (*LP*, I, p. 276: *"refecit cymiterium beatorum martyrum Nerei et Achillei"*) o agli inizi del VII secolo[251]. In questi casi, gli edifici si configurano come vere e regolari basiliche, accessibili attraverso profondi scaloni che immettevano in vestiboli di ingresso o sorta di endonarteci. Le coperture dovevano fuoriuscire dal piano di campagna, facendo assumere alle costruzioni una caratteristica conformazione semipogea.

Queste basiliche "catacombali" ricevettero, di norma, a quanto risulta, decorazioni piuttosto sobrie. Solo l'ambiente realizzato per le tombe dei Ss. Felice ed Adautto venne decorato con una serie di pitture, e con alcuni mosaici, che interessarono le pareti e le absidi che ne definivano la parte terminale (fig. 71)[252]. Negli edifici, l'altare coincideva, di regola, con i sepolcri dei martiri: poteva consistere nello stesso blocco di roccia, appositamente ritagliato, che li conteneva (figg. 74-77), ovvero in una struttura costruita ad essi sovrapposta o

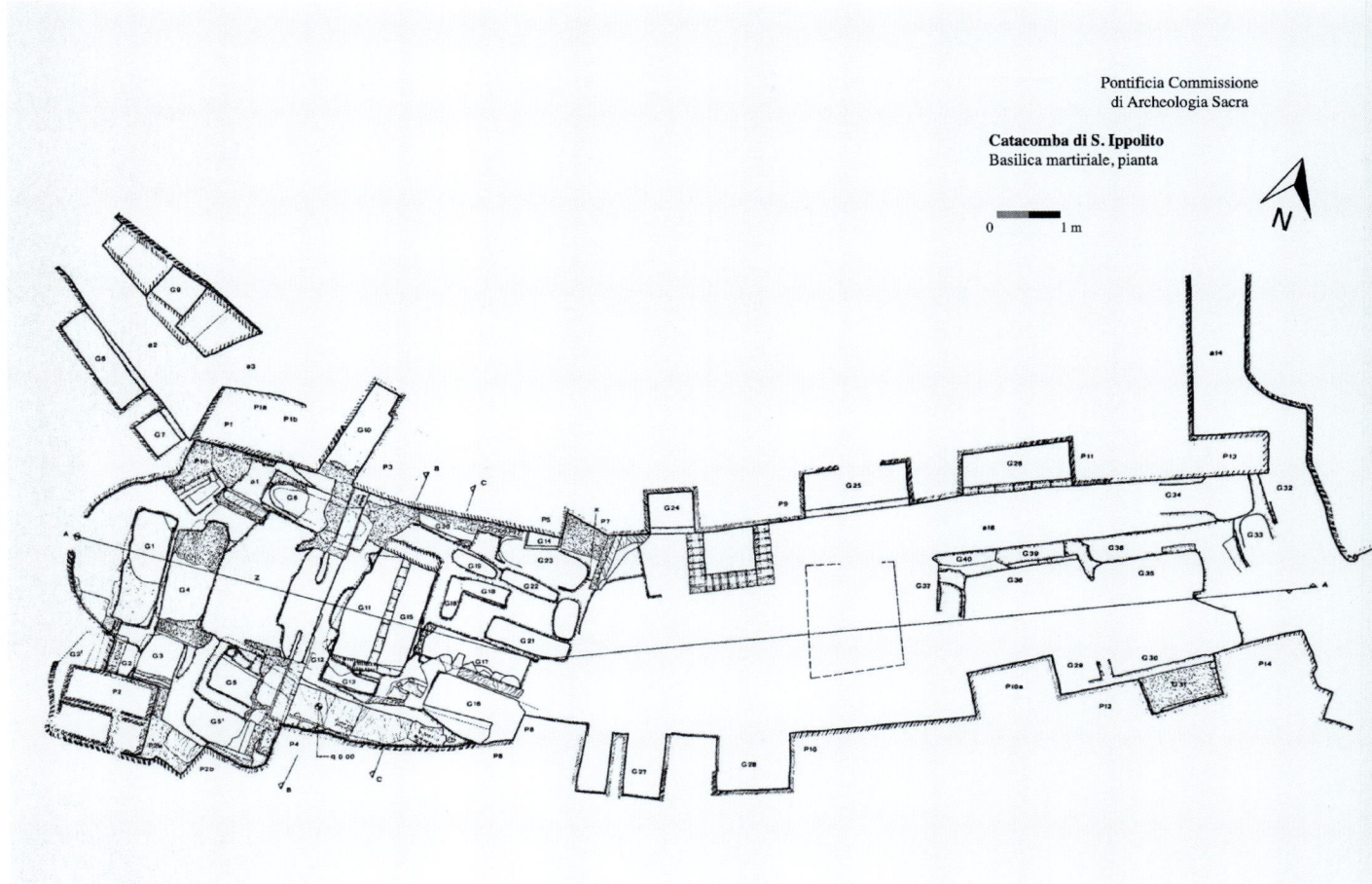

Fig. 72 Pianta della basilica ipogea di S. Ippolito nella catacomba omonima

situata in prossimità. Cibori ed elementi di recinzione conferivano alle chiese aspetto e partizione interna simili a quelli degli edifici regolarmente costruiti in superficie.

La realizzazione di queste basiliche martiriali sotterranee fu curata, a quanto sappiamo dalle fonti, dai pontefici. Il contributo di un evergete laico potrebbe essere supposto nel caso della basilichetta dei Ss. Felice ed Adautto: il privilegio che la vedova Turtura ottenne di essere sepolta nell'ambiente subito dopo la sua costruzione e soprattutto quello di aver potuto immortalare la sua immagine, accanto a quella della Vergine e dei santi eponimi, nel grandioso pannello che occupa parte di una delle pareti lunghe della basilica (fig. 127), potrebbero giustificarsi con una qualche partecipazione della pia donna all'impresa[253].

La serie delle basiliche *ad corpus* realizzate sulle tombe dei martiri ospitate nelle catacombe fu completata, tra la fine del VI secolo e i primi decenni del VII, dai pontefici Pelagio II (579-590) e Onorio I (625-638) con la costruzione delle splendide chiese di S. Lorenzo sulla via Tiburtina (fig. 80), di S. Pancrazio sulla via Aurelia e di S. Agnese sulla Nomentana (fig. 79)[254]. Tali edifici si configurano come regolari basiliche dalla elaborata architettura, ma dalle dimensioni contenute[255].

Fig. 71 Basilica ipogea dei Ss. Felice ed Adautto nella catacomba di Commodilla.

Fig. 73 Basilica ipogea di S. Ippolito nella catacomba omonima

Nei casi delle chiese della Tiburtina e della Nomentana, la loro peculiarità consiste nell'essere state costruite in parte all'interno delle colline che avevano ospitato gli ambienti funerari nei quali si trovavano i sepolcri di Lorenzo ed Agnese. Le costruzioni si articolavano in effetti su due piani sovrapposti: quello inferiore (ipogeo), a tre navate con endonartece, che conteneva le tombe dei due santi; quello superiore (all'aperto cielo, sopra il piano di campagna) consistente nel giro "ad u" dei matronei, accessibili dalla sommità della collina. Al piano inferiore si perveniva, nel caso di S. Agnese, per il tramite di un lungo scalone proveniente dalla superficie; a S. Lorenzo da un ingresso in piano su uno dei lati lunghi della chiesa, l'unico a risultare non addossato alla roccia.

Talora i santuari martiriali delle catacombe furono oggetto di interventi di più modesta entità, consistenti in semplici decorazioni pittoriche, apposte negli ambienti – non modificati – che accoglievano le sepolture venerate; esse raffigurano spesso i martiri eponimi o altri santi, ad essi collegati nel culto (fig. 81)[256]. Nel cubicolo che ospitava i resti del martire Panfilo, nel ci-

Fig. 74 Basilica ipogea dei Ss. Pietro e Marcellino nella catacomba omonima

mitero omonimo della via *Salaria Vetus*, fu sistemato un piccolo altare a blocco, funzionale alle celebrazioni liturgiche che vi si svolgevano (fig. 200)[257]; un'analoga struttura marmorea, si trovava nell'ambiente che accoglieva le tombe dei Ss. Proto e Giacinto nella catacomba di S. Ermete[258]; nella catacomba dei Ss. Marcellino e Pietro, il vano in cui si veneravano probabilmente i Quaranta Martiri di Sebaste, a seguito della collocazione di loro reliquie, venne decorato con importanti affreschi che li rappresentavano accanto ai due eponimi del cimitero[259].

L'intensa frequentazione devozionale di questi santuari sotterranei è testimoniata in alcuni casi dalle centinaia di graffiti tracciati dai visitatori sulle pareti delle basiliche ipogee e negli ambienti più modesti che contenevano le spoglie venerate (figg. 198, 201), ovvero negli *itinera ad sanctos* che ad essi conducevano[260].

L'utilizzazione funeraria delle catacombe durante il V e il VI secolo continuò, come si è accennato, solo a livello sporadico, esclusivamente nelle zone interessate dalla presenza delle tombe venerate: lo provano le iscrizioni sepolcrali datate rinvenute nelle basiliche

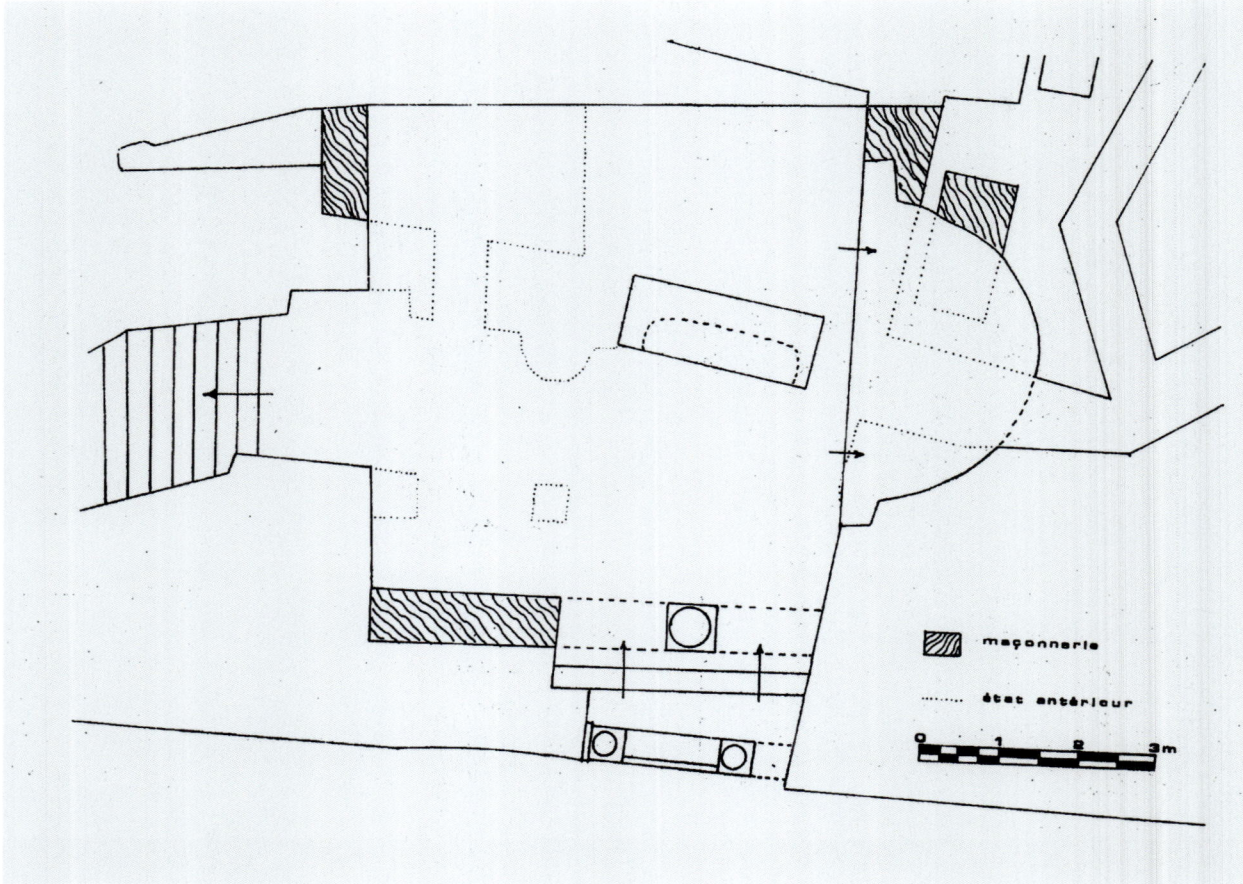

Fig. 75 Pianta della basilica ipogea dei Ss. Pietro e Marcellino nella catacomba omonima

sotterranee (e negli ambienti attigui) dei Ss. Felice ed Adautto, dei Ss. Pietro e Marcellino, di S. Ippolito, di S. Felicita, nell'Anonima della via Ardeatina, nonché quelle ritrovate *in situ* nella cripta di S. Sebastiano sull'Appia, in prossimità della tomba di S. Alessandro nella catacomba dei Giordani e in altri luoghi[261]. In vicinanza della basilica ipogea dei Ss. Felice ed Adautto, è la decorazione pittorica di un loculo "a forno", inserito in un momento successivo sulla parete di una antica galleria, a far assegnare alla seconda metà del VII secolo questa sepoltura[262]. In tutti questi casi la vicinanza delle tombe venerate consente di attribuire a tali sepolture il carattere di sepolcri privilegiati *ad sanctos*.

I luoghi di sepoltura ordinari, del resto, come si è visto, da tempo si erano definitivamente spostati nelle aree di superficie[263]. Dalla metà del VI secolo, in relazione ai dissesti causati dalle vicende della guerra greco-gotica (536-553) e ad un evidente cambio di mentalità, si cominciò anche a seppellire all'interno della città, contravvenendo ad una prassi consolidata da secoli[264].

I danni provocati ai santuari sotterranei dalla guerra greco-gotica furono riparati con una certa sistematicità dai papi Vigilio (537-555) e Giovanni III (561-574), come documentano alcune iscrizioni e la testimonianza del *Liber Pontificalis*[265]. Ma le incursioni dei Longobardi della metà dell'VIII secolo e quelle dei Saraceni dell'846 dovettero inferire un colpo mortale all'ultima frequentazione delle catacombe. La tremenda devastazione di Astolfo dell'anno 756, in particolare, come ricorda una lettera del pontefice Paolo I, aveva ridotto alcuni san-

Fig. 76 Basilica ipogea anonima della via Ardeatina attribuita ai c. d. Martiri Greci

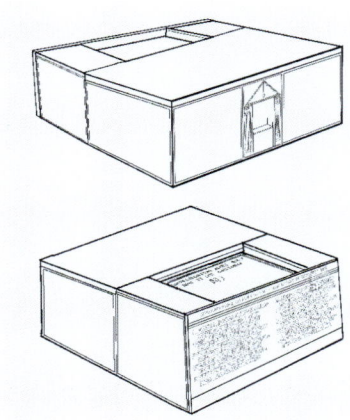

Fig. 77 Pianta della basilica ipogea anonima della via Ardeatina attribuita ai c. d. Martiri Greci e ricostruzione dell'altare contenente le tombe dei santi

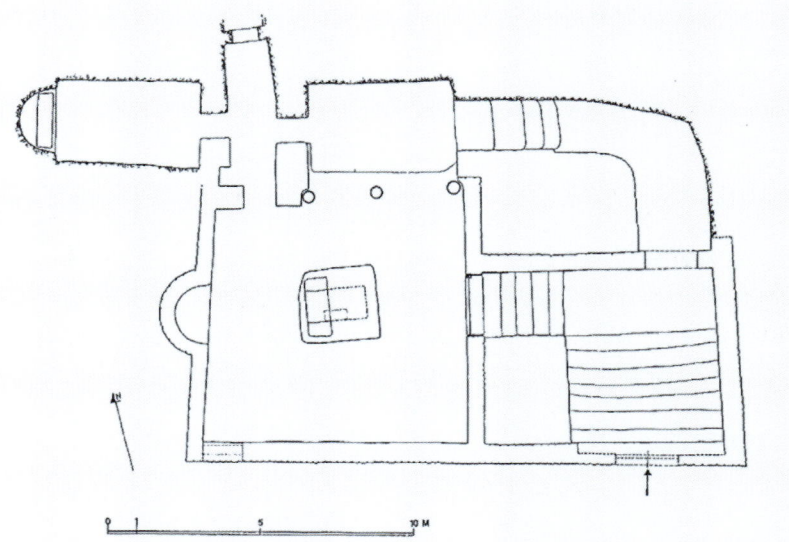

Fig. 78 Basilica ipogea di S. Ermete nella catacomba omonima

Fig. 79 Basilica onoriana di S. Agnese

Fig. 80 Basilica pelagiana di S. Lorenzo f.l.m.

tuari sotterranei a stalle per il ricovero di animali[266]. Ai gravissimi danni provocati da questi ultimi saccheggi posero ancora rimedio gli interventi dei papi Adriano I (772-795) e Leone III (795-816); soprattutto Adriano fu impegnato in questo lavoro di ripristino[267].

Ma già alla metà del VII secolo, l'impossibilità di una manutenzione efficace dei santuari aveva suggerito, sporadicamente, un provvedimento più radicale per salvare i corpi venerati: quello di trasportarli entro la città, nelle chiese urbane. Se queste traslazioni ebbero ancora carattere episodico durante i pontificati di Teodoro (642-649) e Leone II (682-683) (e soprattutto furono mirate ai santuari più lontani e meno protetti), divennero sistematiche sotto Paolo I (756-767) e i papi della prima metà del IX secolo (Pasquale I (817-824) Sergio II (844-847) e Leone IV (847-855))[268].

Fig. 81 Pitture raffiguranti i Ss. Pollione, Pietro e Marcellino in un affresco della catacomba di Ponziano

Privati dell'oggetto primario della loro frequentazione, i santuari delle catacombe caddero nell'oblio. Solo alcuni di essi sopravvissero ancora per qualche tempo alla traslazione dei corpi dei loro martiri, come mostrano i documenti archeologici ed è attestato da alcune fonti letterarie[269]. Restarono accessibili per tutto il medioevo unicamente quei settori delle catacombe connesse con alcune basiliche martiriali che conservavano ancora gelosamente al loro posto le spoglie dei martiri eponimi (S. Sebastiano, S. Lorenzo, S. Pancrazio, S. Valentino, forse S. Ermete)[270]. Per il resto, l'abbandono e l'oblio fino alla "rinascita" con i primi studi antiquari della fine del '500[271].

---

1   Fiocchi Nicolai-Ricciardi 2003, p. 83.
2   *Gesta Episcoporum*, p. 404.
3   Cfr. Valentini-Zucchetti 1940, p. 280; Luiselli 1986, pp. 852-854.
4   Valentini-Zucchetti 1942, pp. 19, 62.
5   *ILCV*, 2128, 2149, 2152-2154, 3334; Nestori 1971, p. 270; Giuliani-Tommasi 1999, pp. 150-152; vedi pure *LP*, I, p. 161.
6   *Infra*, p. 82.
7   Reekmans 1984, p. 244.
8   Cfr. De Rossi 1864-1877, I, pp. 9-10; Armellini 1880, p. 9; Ghilardi 2003, pp. 17-41.
9   Per un campionario di tali firme: De Rossi 1864-1877, I, pp. 2-8; II, pp. 5-7, 70-71, 83; Cecalupo 2020, pp. 17-18.
10 Vedi De Rossi 1864-1877, I, pp. 3-8; Lumbroso 1889, pp. 215-239; De Rossi 1891, pp. 81-94; Ferretto 1942, pp. 74-80; Cecalupo 2020, pp. 18-20.
11 Panvinio 1568, pp. 18-22; sull'opera del Panvinio: De Rossi 1864-1877, I, pp. 9-10; Fremiotti 1926, pp. 28-41; Ferretto 1942, pp. 91-99; Ferrary 1996; Cecalupo 2020, pp. 24-25 (ivi bibl.).
12 Fiocchi Nicolai 1991, pp. 3-4 (ivi bibl.); Deichmann 1993, pp. 28-29; Frend 1996, pp. 12 ss.; Fiocchi Nicolai 2000b, pp. 105-130; Ghilardi 2006.
13 Cecchelli 1929, pp. 105-112; Idem 1938; Fiocchi Nicolai 2000b, pp. 105-130; Cecalupo 2020, pp. 20-32.
14 Cfr. Fiocchi Nicolai 1991, pp. 3-4; Ghilardi 2020, pp. 23-30.
15 L'Heureux 1856, pp. 2-4; cfr. Fiocchi Nicolai 1991, p. 4; Idem, 2000b, pp. 105-130. Sulle figure dei tre studiosi, essenzialmente: De Rossi 1864-1877, I, pp. 14-19; Ferretto 1942, pp. 115-125; Recio Veganzones 1968; Idem 1974, pp. 295-297; Brandenburg 1983, cc. 319-320; Schuddeboom 1996; Cecalupo 2020, pp. 32-35 (ivi ulteriore bibl.). Sul ruolo dell'antiquaria nella nascita dell'archeologia cristiana, Cantino Wataghin 2024, pp. 5-9.
16 Ugonio 1588; cfr. De Rossi 1864-1877, I, pp. 15, 19-20; Ferretto 1942, pp. 120-124; Josi 1954, cc. 715-716; Fiocchi Nicolai 2000b, pp. 105-130; Cecalupo 2020, pp. 301-302 (ivi bibl.).
17 Bosio 1632; sull'opera del Bosio, soprattutto De Rossi 1864-1877, I, pp. 26-46; Valeri 1900; Ferretto 1942, pp. 132-161; Ferrua 1949, cc. 1943-1944; Testini 1966, pp. 19-21; Parise 1971, pp. 257-259; Spigno 1975, pp. 281-311; Idem 1976, pp. 277-301; Wataghin Cantino 1980, pp. 10-11; Brandenburg 1983, cc. 319-320; Deichmann 1993, pp. 28-29; Finocchiaro 1995, pp. 189-193; Fiocchi Nicolai 2000b, pp. 105-130. Fondamentale su Bosio è ora Cecalupo 2020, con aggiornamento bibliografico. Il ritratto attribuito a Bosio pubblicato nella fig. 2 della prima edizione del presente libro non può in realtà essere quello del maltese: *ibid.*, pp. 46-47, 107-109.
18 Cfr. De Rossi 1864-1877, I, pp. 46-51; Testini 1966, pp. 21-22; Brandenburg 1983, cc. 321-322; Deichmann 1993, pp. 29-31.
19 Ferretto 1942, pp. 201-268; Testini 1966, pp. 21-26; De Rossi-Ferrua 1944; Ghilardi 2008; Ghilardi 2019, pp. 307-342; Ghilardi 2020.
20 De Rossi-Ferrua 1944, pp. XVIII-XIX.
21 Cfr. de Rossi 1864-1877, I, pp. 51-56; Ferretto 1942, pp. 167-173, 201-222; Testini 1966, pp. 22-24; Parise 1969, pp. 247-249; Brandenburg 1983, cc. 321-322; Mazzoleni 2006; Heid-Dennert 2012, pp. 201-203; 465-469, 862-863; Ghilardi 2019, pp. 175-210. Comunque importante, per le numerose notizie su contesti monumentali oggi perduti, soprattutto Boldetti 1720.

22 Marchi 1844; sull'attività dello studioso: Ferretto 1942, pp. 312-318; Testini 1966, pp. 25-26; Deichmann 1993, p. 32; Heid-Dennert 2012, pp. 863-865; Piussi 2012.
23 Ferrua 1968, pp. 251-278.
24 Sull'opera multiforme del De Rossi si veda Deichmann 1993, pp. 32-34; Baruffa 1994; Giovanni Battista De Rossi 1994; Fiocchi Nicolai 1998b, pp. 205-222 e i recenti Giuliani *et alii* 2022; Cantino Wataghin 2024, pp. 11-12; Spera 2024a. Fondamentali per gli studi sulle catacombe sono soprattutto le decine di contributi pubblicati dal De Rossi nel *Bullettino di Archeologia Cristiana* 1864-1894 e i volumi De Rossi 1864-1877.
25 Armellini 1893; Marucchi 1933; per l'attività dei tre studiosi, si veda Ferretto 1942, pp. 349-357; Testini 1966, pp. 30-32; Fiocchi Nicolai 1998c, pp. 7-13; Heid-Dennert 2012, pp. 92-94, 881-885, 1192-1193.
26 Wilpert 1903; Idem 1916; Idem 1929-1936; sullo studioso: Ferretto 1942, pp. 362-365; Testini 1966, pp. 34-35; Brandenburg 1983, c. 325; Deichmann 1993, p. 39; Bisconti 1998, p. 33; Heid-Dennert 2012, pp. 1323-1325; Heid-Cesarini 2009; Carletti-Fiocchi Nicolai 2010, pp. 327-329.
27 Sull'attività di E. Josi: Fasola 1975-1976, pp. 3-9; Fiocchi Nicolai 2023a, pp. 16-17.
28 Styger 1933; Idem 1935; cfr. Testini 1966, p. 33; Fasola-Testini 1978, p. 138; Pergola-Barbini 1997, p. 43; Heid-Dennert 2012, pp. 1210-1213; Heid 2008; Carletti-Fiocchi Nicolai 2010, pp. 330-331.
29 Sulle più recenti acquisizioni, Brandenburg 2006, cc. 484-490; Fiocchi Nicolai c.s.
30 Vedi Brandenburg 1984, pp. 11-12.
31 In sintesi: Fiocchi Nicolai-Guyon 2006.
32 Sul tema, in sintesi: Brandenburg 1994, pp. 206-232; Fiocchi Nicolai 2001, pp. 15-17. Diversa l'opinione di É. Rébillard, che ritiene che cimiteri cristiani comunitari siano attestati in epoca molto più tarda: Rébillard 1993, pp. 975-1001; Idem 1996, pp. 175-189; Idem 1997, pp. 741-763; Idem 2003, pp. 11-23 e passim (ma vedi, per una lucida critica alle posizioni di questo studioso, Duval 2000, pp. 425-457; Guyon 2005, pp. 235-254; É. Rébillard sembra aver sfumato le sue posizioni, almeno per quanto attiene al caso di Roma, in Rébillard 2009, p. 224; vedi pure Fiocchi Nicolai 2018, pp. 99-137).
33 Brandenburg 1984, p. 47; Duval 2000, pp. 448-452.
34 Saxer 1980, pp. 93-96; Rébillard 1996, pp. 180-183; Duval 2000, pp. 450-455; Rébillard 2003, pp. 21-23.
35 Fiocchi Nicolai 2013, p. 215.
36 Duval 2000, pp. 454-455; Rébillard 2003, pp. 40-41; Fiocchi Nicolai 2013, p. 216.
37 Ferrua 1958, pp. 276, 279; Rébillard 1993, pp. 981-983; Idem 2003, p. 16; Brandenburg 1994, p. 210; Fiocchi Nicolai 2016, p. 620.
38 Stessa probabile motivazione si può ipotizzare per la genesi delle catacombe ebraiche di Roma: Williams 1994, pp. 165-182.
39 Heid 2011, pp. 714, 718-719.
40 Saxer 1980, p. 88.
41 Mazzarino 1973, pp. 454-469; Idem 1974, pp. 57-73; Mazza 1989, pp. 206-216; Simonetti 2000, p. 15; Fiocchi Nicolai 2001, pp. 15-16.
42 Cfr. Rébillard 1997, pp. 743-744; Carletti 2001, pp. 97-102; Idem 2008, pp. 27-30; sull'istituzione dell'episcopato monarchico si veda in sintesi Simonetti 1989, pp. 115-136; Idem 1994, pp. 296-299; Idem 2000, pp. 10-12; Idem 2006, pp. 36-37; Prinzivalli 2010, pp. 84-89.
43 Cfr. Carletti 2008, pp. 27-30; sulle divisioni della comunità romana in quell'epoca: Simonetti 1994, pp. 296-299; Idem 2000, pp. 9-10; Idem 2006, pp. 32-37; Prinzivalli 2010, pp. 93-97.
44 Cfr. Meeks 1992, pp. 294-295, 301.
45 La volontà di disporre di luoghi di sepoltura separati da quelli dei pagani sembra emergere dalle testimonianze di Tertulliano, *Idol.*, 14 (*CSEL*, 20, p. 46), e, più tardi, di Cipriano, *Epist.*, 67, 6 (*CSEL*, 3/ 2, p. 740); cfr. Saxer 1984, p. 93; Brandenburg 1994, pp. 222-223. Optato di Milevi, intorno alla metà del IV secolo, sottolineava come fosse la volontà di *in unum quiescere* quella che spingeva i fedeli dell'Africa a seppellirsi all'interno delle chiese funerarie: *Parm.* VI, 7, 2 (*SCh*, 413, pp. 186-187).
46 Sui riti più antichi che accompagnavano la morte di un cristiano, in sintesi: Rush 1941; Ntedika 1971; Saxer 1980; Kotila 1992; Rébillard 2003.
47 Cfr. Février 1960, pp. 9-10; Fasola-Fiocchi Nicolai 1989, p. 1170, note 80-81, con bibl.
48 Fasola 1986, pp. 175-182; Spera 1999, pp. 111-113.
49 Toynbee 1993 [1971], pp. 9-16, 86-88, 110-111, 162-215; Steingräber 1981, pp. 28-30 e passim; Brandenburg 1984, pp. 12-30; Reekmans 1986a, pp. 11-37; Von Hesberg 1994, pp. 100-112; Idem 2003, pp. 364-377; Idem 2006, pp. 49-63.
50 Cfr. Brandenburg 1984, pp. 43-49; Reekmans 1986, pp. 35-36; Pergola 1986, pp. 339-344.
51 Purcell 1987, pp. 32-34.
52 Coarelli 1986, p. 54; Purcell 1987, pp. 32-34.
53 Se ne veda una presentazione in Brandenburg 1984, pp. 19-28; Cianfriglia-Filippini 1985, pp. 217-234.
54 Brandenburg 1984, pp. 19-28; Cianfriglia-Filippini 1985, pp. 217-241; Reekmans 1986, pp. 11-37; Fiocchi Nicolai *et alii* 2000, pp. 55-59. Dimensioni più ampie connotano alcuni ipogei dell'Oriente ellenistico-romano, come, per esempio, quelli di Palmira ed Alessandria, per i quali si

veda, da ultima, Bonifazi 2012, pp. 38-44, 51-52 e Fiocchi Nicolai 2018, p. 120, nota 60.

55 Cfr. Brandenburg 1984, pp. 43-49; Reekmans 1986, pp. 35-36; Pergola 1986, pp. 339-344.

56 Deichmann 1993 [1983], p. 53; Brandenburg 1984, pp. 43-49; Idem 1994, pp. 225-226; sul carattere identitario delle catacombe vedi da ultimo Fiocchi Nicolai 2018, pp. 99-137, anche in relazione ai lavori di Bodel 2008, pp. 177-242 e Borg 2013, oltre che di Rébillard 2016, pp. 103-118, circa l'ipotetica utilizzazione delle catacombe anche da parte di non cristiani.

57 Pergola 1979, pp. 332-335; Pergola-Barbini 1997, pp. 60-62.

58 *Supra*, p. 14.

59 Da ultimi, Fiocchi Nicolai-Guyon 2006a, pp. 121-161.

60 Si tratta di tombe a cassa scavate nelle pareti, a circa un metro dal suolo, precedute da un parapetto, chiuse da una lastra orizzontale (la mensa) e coronate da una nicchia quadrilunga (De Rossi 1864-1877, III, pp. 418-419; Reekmans 1964, p. 63; Pergola 1983, pp. 216-217; Nuzzo 2000, pp. 173-174).

61 Fiocchi Nicolai-Guyon 2006a, pp. 133-143. Per una lettura totalmente "negazionistica" della documentazione archeologica prodotta da G. B. de Rossi sulla cripta dei papi, fondata su tesi preconcette e totalmente ignara dei dati monumentali, di recente, Denzey Lewis 2018, pp. 91-108, con le osservazioni critiche di Fiocchi Nicolai 2018, pp. 125-128 (anche in traduzione inglese in https://www.academia.edu/43201653/On_Fr_Umberto_M_Fasola_Scholar_of_Ancient_Christian_Cemeteries_the_Origins_of_the_Catacombs_and_their_typological_characteristics_Translation_of_the_paper_Padre_Umberto_M_Fasola_studioso_degli_antichi_cimiteri_cristiani_in_RACr_94_2018_pp_99_137) e di Spera 2024, pp. 502-504.

62 Nestori 1971, pp. 169-278; Granelli 2006, pp. 237-256.

63 Tolotti 1970, pp. 63-106, 171-189; Giuliani 2013, pp. 12-17.

64 Spera 2003, pp. 455-468.

65 Pergola 1975, pp. 77-93; Idem 1979, pp. 332-333; Idem 1983, pp. 101-207, 214-245; Fiocchi Nicolai 2018, pp. 115-116, nota 54.

66 Spera 2004, pp. 33-63; Spera 2006, pp. 185-214.

67 Fasola-Testini 1978, pp. 109, 191-194; Rocco 2006, pp. 215-236.

68 Rocco 2008, pp. 323-341.

69 Nuzzo 2000, pp. 179-180, 199.

70 *Ibid.*, pp. 187, 189.

71 Carletti 1988, pp. 134-135; Idem 1997, pp. 145-148.

72 Brown 1974, pp. 51-52; Meeks 1992, pp. 294-295, 301.

73 Monachino 1968, p. 62; Carletti 1988, pp. 128-131; Petrucci 1995, pp. 35-37; Carletti 1997, p. 148; Idem 2008, pp. 30-39; da ultimo, per l'Area I di S. Callisto, Benoci 2023.

74 Brown 1983, p. 45; Carletti 2007, p. 62; Idem 2008, pp. 30-34.

75 Meeks 1992, pp. 294-295, 301. "Tra noi non ci sono né servi né padroni; non esiste altro motivo se ci chiamiamo fratelli, se non perchè ci consideriamo tutti uguali": Lact., *Divin. Inst.*, V., 15 (*CSEL*, 19, p. 529).

76 Nuzzo 2000, p. 199. D'altra parte, anche nell'epigrafia, alcuni testi seguono i formulari più tradizionali dell'epigrafia sepolcrale: Carletti 2008, p. 31. Nella regione della "Scala Maggiore" a Pretestato, il cubicolo della "Coronatio", riccamente affrescato, può, come si è visto, riferirsi forse ai committenti dell'area: *supra*, p. 20.

77 Février 1960, pp. 11-12.

78 Tolotti 1970, pp. 135-170; 213-236; Spera 2004, pp. 65-67.

79 Valentini-Zucchetti 1942, pp. 13-14, 20.

80 De Rossi 1888-1889, pp. 15-30, 35-57, 115-120; Tolotti 1970, pp. 165-170; Fiocchi Nicolai 2000, p. 346, nota 25.

81 *Supra*, p. 14 e Duval 2000, pp. 450-451.

82 *Supra*, pp. 13-14; cfr. Février 1960, pp. 6, 11-13; Brown 1983, p. 45; Fiocchi Nicolai 2013, pp. 213-214.

83 Valentini-Zucchetti 1942, pp. 12-28; cfr. Fasola 1983, p. 668; Duval 2000, pp. 451-452.

84 Cfr. De Rossi 1888-1889, pp. 103-133; Tolotti 1970, pp. 165-170; Pergola 1978, pp. 407-423; Saxer 1983, p. 1012; Saxer 1983a, pp. 2904-2905; Fiocchi Nicolai 2000, p. 346, nota 25. L'estrazione aristocratica dei fondatori dei cimiteri romani è un *topos* della più tarda letteratura agiografica: Bovini 1948, p. 79; Pietri 1981, p. 443, nota 59.

85 Mazzarino 1973, pp. 452-469, 478-490; Idem 1974, pp. 65-73; Sordi 1984, pp. 83-85; Schöllgen 1984, pp. 223-224; Dal Covolo 1989, pp. 30-31, 44-48, 74-75; Mazza 1989, pp. 206-216; Meeks 1992, p. 308; Fiocchi Nicolai 2001, p. 15; Mazza 2006, pp. 15-24.

86 Mazzarino 1973, pp. 463-469; Mazza 1989, pp. 211-212; Idem 2006, pp. 15-24. Del resto, il meccanismo che portava un ricco evergete a fornire le risorse economiche per realizzare un cimitero collettivo trova speculare riscontro, nel IV secolo, nel sistema di fondazione delle chiese titolari urbane (le parrocchie), sul quale siamo informati da precisi dati letterari: Fiocchi Nicolai 2001, pp. 93-98. Un'iscrizione della prima metà del IV secolo, rinvenuta nel cimitero cristiano di una *mansio* della via Appia, nel territorio di Velletri, fornisce un importante supporto alla ricostruzione di questa prassi istitutiva delle aree funerarie; vi si ricorda infatti la donazione di un'area cimiteriale ("*hoc coemeterium*") da parte di un

esponente della nobile *gens* senatoria *Faltonia* (*Faltonia Hilaritas*) ai correligionari ("*huic religioni*") membri della comunità (*ILCV*, 3681A; cfr. Fiocchi Nicolai 2001a, pp. 150-152) (fig. 19); un'altra epigrafe restituita da una località rurale del territorio di Modica in Sicilia, datata all'anno 396, attesta la fondazione di un cimitero da parte di un ecclesiastico del luogo: Rizzone 2009, pp. 52-54.

87 Duval 2000, pp. 450-451 e *supra*, p. 14.
88 *Supra*, p. 14. Sul ruolo svolto dai vescovi e dalle altre autorità ecclesiastiche, anche nei secoli successivi, nella creazione e nella gestione degli spazi sepolcrali dei cristiani si veda Fiocchi Nicolai 2013, pp. 213-234.
89 De Visscher 1951, pp. 39-54; Sordi 1965, pp. 468-470.
90 Mazzarino 1974, pp. 70-71; Sordi 1965, pp. 470-473; Caron 1989, pp. 228-230; Pietri 1995, p. 170.
91 Ghetti-Ferrua-Josi-Kirschbaum 1951, pp. 38-42; Kirschbaum 1957, pp. 28-38; Février 1960, p. 11; Reekmans 1986a, pp. 15-16, 21-22, 25-28; Fiocchi Nicolai *et alii* 2000, pp. 55-59.
92 Bendinelli 1922.
93 Bisconti 1985, pp. 889-903; Bisconti (ed.) 2011.
94 Von Harnack 1924, p. 806.
95 Pietri 1976, pp. 134-136; Spera 2013, pp. 163-186.
96 Daniélou-Marrou 1970, pp. 269-273; Brown 1974, pp. 54-67; Pietri 1995, pp. 171-172; Simonetti 2000, p. 19.
97 Valentini-Zucchetti 1942, pp. 17, 19, 23, 25; *ICUR*, VIII, 21590.
98 Fiocchi Nicolai 2000, p. 35; cfr. Pietri 1976, p. 565, per considerazioni analoghe, in rapporto alla fondazione delle più tarde chiese titolari urbane.
99 Février 1959, p. 23; cfr. Fiocchi Nicolai 2000, pp. 353-354; Idem 2013, p. 217; e *infra*, p. 34.
100 *Infra*, pp. 31-32.
101 *ICUR*, IV, 10183; Fiocchi Nicolai 2013, p. 215.
102 Fasola 1954-1955, pp. 80-82; Idem 1956, pp. 140-143; Fasola-Testini 1978, pp. 110-112; Fasola *ibid.*, pp. 195-196.
103 Carletti 1997, p. 186; Idem 2008, p. 38.
104 *Infra*, p. 73-74.
105 Armellini 1880, pp. 78-147; Fasola-Testini 1978, pp. 121-122, nota 26.
106 Cfr. Styger 1933, pp. 32-33; Prandi 1949-1951, pp. 139-152; Fasola 1972, pp. 276-277; Fiocchi Nicolai 1991, pp. 8-9; Granelli 2007, p. 325; Vella 2010, pp. 22-24; Vella 2024. Analoga origine ebbero probabilmente, nella prima metà del III secolo, la catacomba di Calepodio e la regione di Lucina in S. Callisto: Reekmans 1960, pp. 189-190.
107 Josi 1924, pp. 54-86; Idem 1926, pp. 51-106; Styger 1933, pp. 228-244; Tolotti 1970, pp. 322-340; Spera 2004, pp. 109-112, 136-146; Granelli 2007, pp. 321-338; Giuliani 2013, pp. 24-25.
108 Nestori 1959, pp. 5-47; Pergola 1985-1986, pp. 52-60; Guyon 1987, pp. 62-66, 94-96.
109 Guyon 1987, pp. 64-65; Deckers-Seeliger-Mietke 1987, nn. 10-12.
110 Guyon 1987, pp. 71-89, 94-96, 192; Deckers-Seeliger-Mietke 1987, nn. 54 ss.
111 In generale, su queste regioni delle catacombe dall'utenza differenziata, Février 1983, pp. 34-35 e le osservazioni di Nuzzo 2000, pp. 199-204.
112 Guyon 1987, p. 101.
113 *Supra*, pp. 13-14, 17-19, 34.
114 Reekmans 1988.
115 De Rossi (M. S.) 1864-1877, II, pp. 62-67; Pergola 1975, pp. 70-71, 76, 90; Fasola-Testini 1978, pp. 113-114, 154-155; Reekmans 1988, pp. 6, 20; Spera 1999, pp. 128, 408; Eadem 2006, pp. 112-132; Giuliani *et alii* 2009, pp. 125-127, 159-234.
116 Fasola 1972, pp. 275-276, 293, 296-297; Fasola-Testini 1978, pp. 122-123; Fiocchi Nicolai 1991, pp. 7-12, 17-19.
117 Styger 1925-1926, pp. 120-145; Reekmans 1964, pp. 53-54, 56, 70; Guyon 1987, pp. 64-65, 136; Nuzzo 2000, p. 199.
118 Guyon 1987, pp. 66, 141-142; Nuzzo 2000, pp. 183-185; cfr. *supra*, pp. 34, 36-37, per gli esempi attestati nelle regioni di Gaio ed Eusebio in S. Callisto, nel piano superiore della regione del Buon Pastore in Domitilla, nei nuclei più antichi delle catacombe dei Giordani e di Via Anapo.
119 Armellini 1880, pp. 100-110, 112-116.
120 Fasola 1954-1955, pp. 80-81.
121 Marchi 1844, tavv. 17, 19, 25, 28, 35-37; Fasola 1956, pp. 140-143; Testini 1966, pp. 137-138; Fasola-Testini 1978, pp. 195-196.
122 Carletti 1988, p. 129; Idem 1997, pp. 149-150; Idem 2008, pp. 38-41.
123 Bisconti 1998, pp. 49-51; Idem 1998a, p. 95 ss.
124 Fiocchi Nicolai-Guyon 2006a, pp. 133-144.
125 Reekmans 1964, pp. 109-166; Nuzzo 2000, pp. 195-196.
126 *Supra*, p. 34.
127 Reekmans 1988, pp. 39-77, 208-212; Nuzzo 2000, pp. 197-198.
128 Reekmans 1988, pp. 143-148, 212-218; Nuzzo 2000, p. 196.
129 Nestori 1971, pp. 197-200; Tolotti 1977, pp. 58-71; Reekmans 1988, pp. 218-223; Guyon 1987, pp. 104-121; Nuzzo 2000, pp. 196-198; Spera 2004, pp. 192-199; Giuliani 2015, pp. 26-27.
130 Rocco 2008, pp. 323-341.
131 Marchi 1844, pp. 263-268; *ICUR*, X, 26662.

132 In sintesi: Marcone 2002, pp. 84-85, 89-92, 97-99, 154-160; Barnes 2011, pp. 84-89, 131-140.
133 MacMullen 1989, pp. 51-67; Pietri 1995, pp. 189-225; Marcone 2002, pp. 65-178; Barnes 2011, pp. 85-89, 131-142.
134 Da ultima sul tema Nuzzo 2016, pp. 711-716.
135 Tolotti 1970, pp. 190-212, 283-304, 340.
136 Fiocchi Nicolai 1991, pp. 18-19.
137 Guyon 1987, pp. 78-80, 135-203; Deckers-Seeliger-Mietke 1987, nn. 28 ss., 65 ss.
138 Styger 1933, p. 246, fig. 90; Pergola 1985-1986, pp. 56-57.
139 Fasola 1972, pp. 276-277, 297.
140 Armellini 1880, pp. 189 ss.; Frutaz 1976, tav. f.t.
141 De Rossi 1864-1877, III, pp. 49-77; Fasola 1956, pp. 143-147; Nestori 1993, pp. 34-36, nn. 15-20.
142 Fasola-Fiocchi Nicolai 1989, p. 1187.
143 MacMullen 1989, pp. 79 ss.; Pietri 1993, p. 706; Carletti 1989, p. 43. Sui limiti, comunque, di un'interpretazione in chiave sociologica delle diverse tipologie delle tombe e degli spazi funerari delle catacombe si vedano le importanti osservazioni di Reekmans 1986, pp. 245-246; cfr. pure Nuzzo 2000, pp. 199-204. L'epigrafia funeraria, in questa epoca, registra, in sintonia con una più diffusa presenza di ambienti di carattere monumentale, il riemergere dei formulari contenenti i tradizionali dati biografici retrospettivi: Carletti 1998, pp. 39-67; Idem 2008, pp. 51-62.
144 Reekmans 1986, p. 248.
145 Fiocchi Nicolai 2001, pp. 55-58; Idem 2002, pp. 1175-1201; Idem 2009, pp. 313-319; Idem 2012, p. 146; Idem 2012a, pp. 296-297; Idem 2016, pp. 627-630; Idem 2021, pp. 9, 17-83.
146 Guyon 1987, pp. 288-300.
147 *Ibid.*, pp. 294-298; Fasola 1982-1984, pp. 341-359.
148 Guyon 1987, pp. 288-303, 321.
149 *Ibid.*, p. 317.
150 Fornari 1932, pp. 201-213; Spera 1999, pp. 252-256; Nieddu 2009, pp. 84-90.
151 Nieddu 2009, pp. 149 ss.
152 Fasola 1974, pp. 175-205. Anche a ridosso della basilica costantiniana di S. Lorenzo vennero realizzate nuove regioni della catacomba: Serra 2004, pp. 176-180.
153 In sintesi: Fiocchi Nicolai 2012a, p. 293; Nieddu 2009, pp. 351 ss.
154 De Rossi 1864-1877, III, pp. 77-96; Baruffa 1989, pp. 147-148; Spera 1999, p. 132.
155 Saint Roch 1983, pp. 411-423; Idem 1999, pp. 81 ss.
156 Deichmann 1967, pp. 249-261; Saint Roch 1981, pp. 213-247; Idem 1986, pp. 189-191; Idem 1999, pp. 31ss., 97 ss.; Spera 1999, pp. 92-94 ; Tagliatesta 2023, passim.
157 Saint Roch 1981, pp. 213-214, 219-247; Spera 1999, pp. 94-96.
158 De Rossi 1864-1877, III, pp. 236-246, 268-271; Fasola 1980, pp. 235-254; Baruffa 1989, pp. 160, 175; Spera 1999, p. 132.
159 Cfr. De Rossi 1864-1877, III, tavv. XLII-XLV.
160 Josi 1926, pp. 154-211; Fasola 1987, pp. 209-230; Spera 2006, pp. 237-246.
161 Fasola 1961, pp. 237-267.
162 De Rossi 1864-1877, III, pp. 77-96, 246-260, 488, 492; Guyon 1987, pp. 336-340; Camiruaga *et alii* 1994, pp. 47-48; Spera 1995, pp. 433-446; Nuzzo 2000, p. 193; Spera 2006, pp. 237-246; Taglaiatesta 2023, pp. 327-368.
163 In sintesi: Fiocchi Nicolai 2001, p. 58; Nieddu 2009, pp. 149 ss.
164 Guyon 1987, pp. 340-343; Saint Roch 1981, p. 212; Février 1983, pp. 28-31; Idem 1983a, pp. 39-41; Bisconti 1998, p. 35.
165 Nuzzo 2000, pp. 180-182.
166 *Ibid.*, pp. 184-186.
167 Février 1978, pp. 228-255; Guyon 1987, pp. 330-336; Marinone 2000, pp. 75-80 ; Spera 2005, pp. 28-32; De Santis 2008, cc. 4549-4550.
168 Guyon 1987, p. 336; Spera 1995, pp. 441-442.
169 In sintesi: Saxer 1980, pp. 148-149; Marinone 2000, pp. 71-73; De Santis 2008.
170 Février 1978, pp. 261-263; De Santis 1994, pp. 23-51; Felle-Del Moro-Nuzzo 1994, pp. 111-158; Bisconti 1996: 101-103; Idem 1998a: 75-84.
171 De Rossi 1864-1877, III, p. 574.
172 Guyon 1974, pp. 551-578; Conde Guerri 1979; Guyon 1987, pp. 98-100; Carletti 1997, pp. 156-157; Idem 1998, pp. 57-58; Nuzzo 2000, p. 193; Carletti 2008, pp. 98-100.
173 Ferrua 1960, pp. 473-480; Testini 1966, pp. 141-143; Reekmans 1986a, pp. 11-32. Su questi ipogei, vedi ora *Gli ipogei di diritto privato* c.s.
174 Ferrua 1960a, pp. 15-37; Camiruaga *et alii* 1994, pp. 44-49.
175 Ferrua 1960a, pp. 38-102; Kötzsche-Breitenbruch 1976; Tronzo 1986; Bisconti-Mazzei 1999, pp. 45-73.
176 Ferrua 1971, pp. 7-62.
177 Reekmans 1986a, pp. 16-19 (ivi bibl.); Vitale 1995, pp. 395-402; Rea (ed.) 2004.
178 Geertman 1995, p. 125-155; Bisconti 2000, p. 371.
179 *Infra*, pp. 58-64.
180 Reekmans 1964, pp. 151-153, 228; Nestori 1971, pp. 195, 274-275; Tolotti 1977, p. 74.
181 Guyon 1987, pp. 363-381; Giuliani 2015, pp. 27-29.
182 Wilpert 1910, pp. 5, 8-11; Styger 1925-1926, pp. 135-138; Testini 1966, pp. 133-135; Mazzei 2024.

183 Broccoli 1981, pp. 150-155, nn. 106-108; Bisconti 2000, pp. 372-374.
184 Duchesne 1907, p. 483; Février 1992, pp. 497-506; Carletti 2000, pp. 349-372.
185 Ferrua 1942; Pietri 1976, pp. 607-617; Brown 1983, pp. 51-53; Guyon 1995, pp. 783-784; Carletti 1997, pp. 158-159; Idem 2000a, pp. 444-448; Idem 2008, pp. 78-86; Idem 2012, pp. 686-689.
186 Saxer 1989, pp. 922-923, 987-988, 990-993.
187 *Infra*, pp. 60-64.
188 Cfr. Pietri 1976, pp. 623-624; Fiocchi Nicolai 1995, pp. 765, 769; Idem 2000a, p. 222, per altre testimonianze letterarie.
189 Spera 1994, pp. 112-113; Bisconti 2000a, pp. 377-382.
190 Reekmans 1964, pp. 161-172, 229; Tolotti 1977, pp. 58-87; Tolotti 1986, pp. 51-64; Augenti 1991, p. 48; Spera 1994, pp. 112-113.
191 Reekmans 1964, pp. 128-130, 166-172, 229; Nestori 1971, p. 195; Weiland 1994, pp. 643-645; Spera 1994, pp. 112-113.
192 Fasola 1972, pp. 287, 291; Tolotti 1977, p. 74; Guyon 1987, pp. 381-382, 385-386.
193 Spera 1998, p. 39.
194 Bisconti 1995, pp. 276-279; per una diversa ricostruzione dell'apparato damasiano, Zimmermann 2012, pp. 209-210.
195 Filacchione 2007, pp. 67-77; cfr. tuttavia Fasola 1972, p. 287; Guyon 1987, p. 389.
196 Weiland 1994, pp. 633-645; Bisconti 2000, p. 380; un affresco raffigurante probabilmente i Ss. Nereo ed Achilleo ornava la lunetta posta sul fondo della scala che in età damasiana conduceva al loro sepolcro: Zimmermann 2012, pp. 189-212.
197 *Infra*, pp. 70-74.
198 Per i casi problematici delle basiliche dei Ss. Nereo ed Achilleo a Domitilla e di S. Ermete sulla via *Salaria Vetus*, cfr. Krautheimer 1937-1980, I, pp. 195-208; III, pp. 129-135; Pergola 1986a, pp. 203-218; Tolotti 1985, pp. 374, 376-378; Spera 1997, pp. 196-207; Spera 2007, pp. 62-63; Zimmermann 2012, pp. 189-212; Giuliani 2021, pp. 444-465. Per una datazione comunque precoce della basilica dei Ss. Nereo ed Achilleo a Domitilla, oltre alle osservazioni di Pergola, sembrano stare le epigrafi della fine del IV secolo - V secolo rinvenute nell'area, che menzionano come già esistente *in loco* una basilica: ICUR, III, 8428 (dell'anno 391), 8168a (degli anni 400 o 405), 8837, 8338a-b (Fiocchi Nicolai 2018, pp. 116-119, nota 54).
199 Cfr. i riferimenti bibliografici riportati alla nota precedente; vedi pure Bertonière 1985, pp. 142-143, 184, per l'attribuzione a Damaso della cripta di S. Ippolito sulla Tiburtina.
200 *Supra*, p. 58.
201 Fiocchi Nicolai 1995, pp. 765-768.
202 Un *iter ad sanctos*, assegnabile a Damaso, è stato recentemente ricosciuto da N. Zimmermann presso le tombe dei Ss. Nereo ed Achilleo a Domitilla: Zimmermann 2012, pp. 189-212.
203 *Supra*, nota 86.
204 Pietri 1976, pp. 434-436, 447-452, 558-562, 648-649; Idem 1993, pp. 706-709.
205 Spera 1994, pp. 111-127.
206 *Supra*, p. 58.
207 In sintesi: Duval 1988, pp. 51 ss.; Eadem 1991, pp. 333-351.
208 Duval 1988, pp. 210-211; Fiocchi Nicolai 2003, pp. 318-319; Idem 2009, pp. 318-319 e *infra*, p. 70.
209 *Supra*, pp. 60.
210 Ferrua 1961, pp. 209-224; Fasola 1965, p. 23; Pergola 1986a, pp. 213-215; Pergola-Barbini 1997, p. 214.
211 Marucchi 1914, pp. 238-259. Per una diversa interpretazione delle origini di questa regione, Zimmermann 2018, pp. 421-452.
212 Ferrua 1938, pp. 406-412.
213 Bagatti 1936; Ferrua 1957, pp. 7-43; Idem 1958, pp. 5-56; Carletti 1994b, pp. 5-10; Fiocchi Nicolai 2012a, pp. 293-294.
214 ICUR, III, 8669; Bagatti 1936, pp. 9-11; Deckers-Mietke-Weiland 1994, pp. 4-104; Proverbio 2012a, pp. 425-436.
215 *Infra*, pp. 67-68.
216 Proverbio 2012, pp. 425-436.
217 ICUR, V, 13274.
218 Carletti 1994, pp. 111-126; Idem, 1994a, pp. 29-41; Bisconti 1995a, pp. 71-93; Giuliani 1998, pp. 375-397; Giuliani-Tommasi 1999, pp. 95-231; Giuliani *et alii* 2001, pp. 97-362; Giuliani *et alii* 2003, pp. 91-146; Fiocchi Nicolai 2012a, pp. 294-295 (ivi ulteriore bibliografia).
219 Fiocchi Nicolai *et alii* 1995-1996, pp. 69-233; Fiocchi Nicolai 2003, pp. 1175-1201; Idem 2013a, pp. 60-66; Fiocchi Nicolai-Mastrorilli-Vella 2016, pp. 2063-2090; Fiocchi Nicolai-Vella 2016-2017, pp. 299-366; Fiocchi Nicolai-Spera 2021.
220 ICUR, IV, 12242-12252A; Nestori 1990, pp. 55-60, 119-120; Idem 1993, pp. 118-119; Fiocchi Nicolai *et alii* 1995-1996, pp. 134-136; Spera 1999, pp. 80-87; Bisconti 2000a, pp. 181-208; Nuzzo 2000, pp. 31-32, 198; Fiocchi Nicolai 2003, pp. 1175-1201: Idem 2012, p. 295.
221 Reekmans 1986, p. 247.
222 Saint Roch 1981, pp. 214, 217, 246; Spera 1994, pp. 119-120; Nuzzo 2000, pp. 207-209; Spera 2004, p. 261.
223 Reekmans 1988, pp. 95-109; Spera 1994, p. 120; Tagliatesta 2023, pp. 340, 346.
224 Tolotti 1970, pp. 161-165; Tagliatesta 2023, passim.

225 Bagatti 1936, pp. 40, 59-67; De Santis 1994, pp. 23-51.
226 Bagatti 1936 pp. 33-34; Nuzzo 2000, p. 205.
227 Fiocchi Nicolai 2012, pp. 286, 293-296.
228 Cfr. Guyon 1986, pp. 325-326 e Idem 1987, pp. 325-326, 329, per il caso di Pietro e Marcellino; Spera 2004, pp. 236 ss., per Pretestato.
229 Cfr. Reekmans 1986, p. 246; Pergola 1990, p. 168.
230 Fasola 1985, pp. 13-22.
231 Su tutti questi edifici vedi in sintesi Fiocchi Nicolai 2001, pp. 53-58, 61-62, 89-91; Idem 2012, p. 146, in particolare alla nota 41; Idem 2012a, pp. 289-290, 296-298; Fiocchi Nicolai 2016, pp. 627-630. Sull'epoca di fondazione della *Basilica Apostolorum*, da ultimo, Liverani 2020-2021, pp. 217-231.
232 Fiocchi Nicolai 1995-1996, pp. 121-122; Idem 1997, p. 140; Idem 2001, pp. 90-91; Nieddu 2003, pp. 545-606; Fiocchi Nicolai 2012, p. 146; Idem 2012a, pp. 296-297; Fiocchi Nicolai 2016, pp. 627-630.
233 In sintesi: Brandenburg 2004, pp. 114-130; Fiocchi Nicolai 2009, pp. 313-354; Camerlenghi 2018, pp. 23-31 (ivi ulteriore bibl.).
234 Fiocchi Nicolai 2009, pp. 319-336; Idem 2012a, pp. 296-297. Le circa 6.500 tombe ipotizzate avrebbero comportato, nel caso esse fossero state collocate in un cimitero ipogeo, la realizzazione di gallerie su un'estensione superiore a quella della catacomba di S. Agnese (*ibid.*).
235 De Rossi 1874, pp. 5-33; Idem 1884-1885, pp. 149-184; Spera 1997, pp. 207-211; nota, pp. 198.
236 Bertonière 1985, pp. 39-41.
237 De Rossi 1884-1885, pp. 173-181.
238 Fiocchi Nicolai 2012a, pp. 283-310.
239 Fiocchi Nicolai 2003, pp. 982-929; Yasin 2009; Fiocchi Nicolai 2012a, pp. 290-292; Fiocchi Nicolai 2016, pp. 634-640.
240 *Supra*, p. 64.
241 *Supra*, p. 64.
242 Fiocchi Nicolai 2012a, pp. 293-296. Non si poteva più, nel sottosuolo, per esempio, disporre facilmente di luoghi di sepoltura *ad sanctos*, considerata la saturazione dei settori situati nei pressi delle tombe venerate. D'altra parte si rivelava sempre più complicato raggiungere, da parte dei familiari dei defunti o degli addetti ai lavori, aree non di rado ormai divenute lontanissime dalle scale di accesso, come pare suggerire proprio la tendenza, negli ultimi anni di vita delle catacombe, ad aprire nuovi ingressi in queste zone periferiche o a creare nuove sepolture o piccole regioni in prossimità delle antiche scale. Diventava inoltre sempre più arduo provvedere alla manutenzione degli enormi insiemi di gallerie. Realizzare una tomba all'aperto cielo si rivelava più pratico e forse economico (*ibid.*, p. 298).
243 De Rossi 1864-1877, I, pp. 214-215; Fiocchi Nicolai 2012a, pp. 283-286.
244 De Rossi 1864-1877, I, p. 214; Fasola 1983, p. 675.
245 Fiocchi Nicolai 1995, pp. 769-775.
246 *Ibid.*, pp. 769-775; Spera 1997, pp. 211-224.
247 Sul fenomeno, in sintesi, Fiocchi Nicolai 1997, p. 139; Idem 2001, pp. 123-126; Spera 1998, pp. 49-54; Eadem 2007, pp. 60-68.
248 Bagatti 1936, pp. 37-58, 101-120; Bertonière 1985, pp. 145-165, 176-181; Guyon 1987, pp. 439-455; Spera 1994a, pp. 39-42; Eadem 1997, pp. 217-231; Fiocchi Nicolai 2024, pp. 574-579, 591-594.
249 Nestori 1990; Spera 1998, pp. 60-61; Fiocchi Nicolai 2023, pp. 203-218.
250 Krautheimer 1937-1980, I, pp. 195-208; Spera 1997, pp. 196-207; Giuliani 2021, pp. 444-465, che propende per una datazione in età damasiana.
251 Krautheimer 1937-1980, III, pp. 129-135; Tolotti 1985, pp. 374, 376-378; Spera 1998, p. 50; Eadem 2007, pp. 62-63. Per una cronologia più antica, vedi *supra*, p. 69 e nota 198.
252 Deckers-Mietke-Weiland 1994, pp. 48-86; Cascianelli-Ferri-Mazzei 2024, pp. 5-55.
253 Fiocchi Nicolai 1997, p. 139; sul pannello pittorico: Russo 1979-1981, pp. 35-49; Minasi 1998, pp. 296-298.
254 Krautheimer 1937-1980, I, pp. 14-39; II, pp. 1-94, 125-129; III, pp. 154-175; Verrando 1990, pp. 31-82; Brandenburg 2004, pp. 236-248; Serra 2005, pp. 203-211.
255 Fiocchi Nicolai 2024, pp. 591-595.
256 Farioli 1963, pp. 10-13, 19-29; Osborne 1985, pp. 317-322; Bisconti 1995, pp. 286-289; Idem 1998, pp. 129-130.
257 Josi 1924, pp. 86-97; Mazzoleni 1990-1991, pp. 95-113.
258 Marchi 1844, pp. 237-238, tavv. 47-48.
259 Giuliani-Castex 2006-2007, pp. 83-124; Fiocchi Nicolai 2024, pp. 584-585 (ivi ulteriore bibl.).
260 Carletti 1995, pp. 197-225; Eck 1996, pp. 107-123; Carletti 1997a, pp. 73-102; Idem 2008, pp. 93-97.
261 Fiocchi Nicolai 2001, p. 133, nota 412; e soprattutto Nieddu 2003, pp. 546-570.
262 Deckers-Mietke-Weiland 1994, pp. 87-89, n. 4.
263 *Supra*, pp. 69-70.
264 Sul fenomeno, in sintesi: Meneghini-Santangeli Valenzani 1993, pp. 89-109; Iidem 1995, pp. 283-290; Iidem 2004, pp. 103-125; cfr. pure Pani Ermini 2001, pp. 283-285; Fiocchi Nicolai 2003, pp. 945-952 e l'ulteriore bibliografia riportata in Fiocchi Nicolai 2012a, pp. 299-300, nota 82; vedi pure sull'argomento, da ultimi, Spera 2022, pp. 407-424; Fiocchi Nicolai 2024, pp. 595-597.
265 *LP*, I, p. 305; *ICUR*, VII, 19937; IX, 24313; cfr. Fasola 1972, pp. 289-291; Dulaey 1977, pp. 13-15; Bertonière

265 ...1985, pp. 49-51; Spera 1994a, pp. 39-51; Eadem 1997, pp. 210-224; Fiocchi Nicolai 2024, pp. 557-604.
266 Mansi 1766, c. 646.
267 Cfr. Osborne 1985, pp. 291-292; Spera 1997, pp. 185-241; Eadem 1998, pp. 85-87; Ghilardi 2002, pp. 205-236; Fiocchi Nicolai 2012, pp. 147-148.
268 *LP*, II, pp. 54-58, 93-94, 115-116; cfr. Osborne 1985, pp. 286-296; Spera 1997, pp. 188-189, 239; Ghilardi 2002, pp. 227-236; Bauer 2004, pp. 123-147; Goodson 2010, pp. 208-256, 277-278; Spera 2012, pp. 49-50.
269 Cfr. Osborne 1985, pp. 310-312; Spera 1994a, pp. 47-49; Fiocchi Nicolai 1998a, p. 313; Idem 2012, p. 148 e nota 81; Spera 2012, p. 50.
270 Fiocchi Nicolai 1998, pp. 9-10 (per S. Ermete: Langlois 1883-1889, p. 330, nn. 1789-1790; Ferrari 1957, p. 155). Per tutelare le spoglie venerate e gli insediamenti che si erano sviluppati intorno ai santuari, questi vennero quasi sistematicamente fortificati: Gerlini 1942, pp. 336-337, tav. 65 (S. Ermete); Spera 1998, pp. 81-84 (S. Lorenzo e S. Sebastiano); Pani Ermini 2000, pp. 397-419 (S. Lorenzo); Saini-Ravignani 2004, pp. 54-63 (S. Agnese); Palombi 2009, pp. 538-539 (S. Valentino).
271 *Supra*, pp. 10-11.

II. LA DECORAZIONE DELLE CATACOMBE ROMANE

Fabrizio Bisconti

1. L'ATMOSFERA

Due testimonianze patristiche, riferibili all'ultimo scorcio del IV secolo e agli esordi del seguente, proprio quando le catacombe romane sfiorano, da un lato, l'apice del loro sfruttamento e, dall'altro, mostrano i primi espliciti segnali di un declino, che prelude ad un progressivo abbandono, ci forniscono altrettante visioni della "Roma sotterranea cristiana", che corrispondono a due modi antitetici, ma in parte anche complementari, di concepire e di sentire le catacombe.

Il primo brano si riferisce al soggiorno romano di Girolamo, quando, ancora studente, si recava, di domenica, a visitare le tombe degli apostoli e dei martiri, insieme ai suoi compagni di studio: "Entravamo nelle gallerie, scavate nelle viscere della terra, completamente interessate dalle sepolture e così oscure che sembrava si realizzasse il motto profetico: discendano vivi nell'inferno [*Salmo* 54, 16]. Rare luci, provenienti dal sopratterra, attenuavano un poco le tenebre, ma il chiarore era talmente flebile che sembrava giungere da uno spiraglio e non da un lucernario. Si procedeva adagio, un passo dopo l'altro, completamente avvolti nel buio, tanto che veniva in mente il luogo virgiliano: gli animi sono atterriti dall'orrore e dal silenzio [*Eneide* II, 755]"[1].

Anche l'altra testimonianza ricorda un sopralluogo nelle catacombe romane e, segnatamente, quello che effettuò, presumibilmente in prima persona, il poeta iberico Prudenzio nel cimitero di S. Ippolito sulla via Tiburtina, agli esordi del secolo V[2]. Secondo questo scritto poetico, Prudenzio si sarebbe recato a Roma alla ricerca di materiale epigrafico da mostrare ad un certo vescovo Valeriano. Durante questa operazione, si imbatté nel santuario della via Tiburtina, dove riposavano le spoglie del martire Ippolito, in una sede sotterranea, da identificare con il complesso monumentale ancora oggi visitabile[3]. Prudenzio ripercorre l'itinerario che facevano i devoti provenienti anche dall'*hinterland* romano e dalle regioni vicine nel giorno della festa natalizia del martire, un percorso che prende avvio dalle mura per giungere in una "cripta" oscura, attraverso una scala tortuosa ed un cammino illuminato dalla luce fioca dei lucernari, sino al sepolcro venerato[4]. Questa cronaca così particolareggiata è, poi, arricchita dalla descrizione di una pittura che avrebbe evocato, in un crescendo drammatico, tipico delle affabulazioni leggendarie, il processo e il supplizio cruento del martire[5], secondo una dinamica ed una tipologia iconografica poco probabili per un periodo così antico[6].

Le due testimonianze documentano, per motivi diversi, un atteggiamento letterario, che enfatizza toni ed immagini. Per quanto riguarda il brano di Girolamo, il racconto può risentire della drammatizzazione tipica dei ricordi di infanzia e la visione che ne emerge deve ben riflettere il concetto che, in quegli anni, si stava costituendo attorno a quei singolari cimiteri sotterranei, già considerati come sedi estremamente oscure, silenziose e piuttosto tristi. Si sta formando, cioè, uno degli innumerevoli luoghi comuni, che si generarono in ogni tempo e sino ai nostri giorni sulle catacombe

Tav. II Catacomba anonima di via Anapo – due nicchioni

Fig. 82 Ipogeo degli Aureli in viale Manzoni – Volta del primo ambiente ipogeo con lucernario (acquerello Wilpert)

considerate ora sicuri luoghi di rifugio durante le persecuzioni, ora teatri lugubri ed inquietanti delle azioni di martirio, ora sedi di riti religiosi, che rasentavano l'illecito e il blasfemo[7]. Se questa accezione trova le sue prime manifestazioni nella letteratura patristica, contemporanea allo sfruttamento delle catacombe come cimiteri, e se conosce la sua definizione durante il primo Medioevo, quando molte passioni leggendarie vennero ambientate in questi oscuri ambienti ipogei, la formazione storica del luogo comune si verifica con la letteratura romantica dell'Ottocento e, segnatamente, in romanzi come *Fabiola*, che ispireranno, in seguito, i fortunati *kolossal* cinematografici del secolo scorso, come *La tunica*, *Ben Hur* e *Quo Vadis*?[8].

Il *carmen* di Prudenzio, pur risentendo dell'enfasi delle digressioni, dei compromessi letterari tipici dei componimenti poetici, che, affidandosi alle narrazioni romanzate delle passioni epiche, sublimano un culto ed una fortunata manifestazione agiografica, con il brio, tutto popolaresco, della pia ballata, ci offre una visione meno apocalittica delle catacombe[9]. Qui il gioco delle ombre è attutito dalla luce improvvisa dei lucernari, l'oscurità è come combattuta e vinta dalla decorazione figurativa del ciclo agiografico[10].

I due luoghi patristici, dunque, ci offrono due diverse angolazioni, due punti di vista in parte coincidenti, in parte distanti, il primo impegnato nella classica visione "oscura" delle catacombe, il secondo più sensibile agli squarci di luce, alle note di colore, ad una concezione meno "infernale" di queste singolari sedi ipogee. Il punto di coincidenza sta proprio nella considerazione del buio come entità da combattere, da sconfiggere, come elemento da eliminare attraverso espedienti tecnici, strutturali e, poi, con gli strumenti più sottili della decorazione.

Non a caso, non appena si concepiscono i cimiteri ipogei e già nei primi nuclei o, addirittura, nei sepolcri di diritto privato e non ancora pienamente cristiani, come l'ipogeo degli Aureli in viale Manzoni[11] (fig. 82), si introduce l'uso di dotare gli ambienti sotterranei di "pozzi di luce", i cosiddetti lucernari[12] che, con il trascorrere del tempo e con l'evoluzione strutturale delle catacombe, diverranno un segno di privilegio, in quanto la loro creazione comportava sempre un dispendio di energie e, dunque, uno sforzo economico non indifferente[13]. I lucernari furono creati per segnalare monumenti particolarmente importanti o decorati, affinché la luce potesse sottolineare le peculiarità architettoniche, i programmi iconografici delle decorazioni ad affresco e le sistemazioni degli arredi marmorei o degli apparati musivi[14]. Questi lucernari che, come è noto, fungevano anche da prese d'aria e da pozzi per l'estrazione delle terre[15], furono, nel momento più maturo della utilizzazione delle catacombe e specialmente quando queste divennero sedi molto frequentate per il culto dei martiri, segnali salienti degli *itinera ad sanctos*[16].

I lucernari, ma anche l'uso delle intonacature bianche lungo questi percorsi, rappresentavano degli espedienti estremamente utili, starei per dire indispensabili, per segnalare il percorso che i devoti dovevano seguire per venire a contatto con i "sepolcri santi"[17], ma nello stesso tempo creavano una atmosfera suggestiva, dove il buio delle gallerie era squarciato da fasci di luce, potenziati, appunto, dal candore delle pareti.

La ricerca, prima discreta e poi sistematica della luce, condusse all'apertura di lucernari sempre più importanti nelle proporzioni e sempre più audaci nell'impegno architettonico: da quello che mette in comunicazione i due piani della catacomba di Priscilla (fig. 83) a quello che collega i cubicoli di Milziade e

Fig. 83 Catacomba di Priscilla – Lucernario tra il primo e il secondo piano

Fig. 84 Catacomba di Domitilla – Arcosolio con decorazione musiva

delle Stagioni a S. Callisto. E questo gioco tra luce ed ombra o, meglio, questo mai sopito desiderio di sconfiggere le tenebre con punti luminosi si riflette anche nei formulari epigrafici, quando per evocare il paradiso o, più in generale, la condizione oltremondana[18] si fanno riferimenti continui ad un aldilà inteso come *coelestia regna*, *regna beata poli*, *sidera omnipotens aula*, *lux*, *lumen*, *astra*. E non mancano decorazioni pittoriche, nelle catacombe di Priscilla, dell'ex vigna Chiaraviglio, dei Ss. Pietro e Marcellino, di S. Ermete, con un accenno, più o meno esplicito, al firmamento celeste[19].

I lucernari furono disposti strategicamente per fugare le tenebre, per illuminare decorazioni e monumenti che, costituzionalmente, captano la luce, come quelli ricoperti, in parte o completamente, di marmo[20] o quelli interessati dalle pur rare decorazioni in mosaico[21]. L'*habitat* particolarmente umido delle catacombe romane non incoraggiò i decoratori a scegliere la tecnica musiva per le loro imprese iconografiche e mentre i complessi napoletani[22] e quelli siciliani[23] conservano monumenti decorati in mosaico, a Roma tale espediente decorativo non godette di tanta fortuna[24]. Se, infatti, eccettuiamo il caso particolare di un pavimento musivo nell'ipogeo di Villa Cellere[25] e quello ancor più singolare di due "lastre musive" con scene ispirate al ciclo di Giona, rinvenute nel cimitero di Aproniano, le decorazioni musive più complesse sono riscontrabili nel cimitero di S. Ermete, in un arcosolio prossimo al sepolcro dei Ss. Proto e Giacinto, in quello di S. Callisto, nella cosiddetta cripta di S. Eusebio, in alcuni nicchioni dell'ipogeo degli *Acilii*, in un arcosolio del secondo piano della catacomba di Priscilla e in un celebre arcosolio di Domitilla[26].

Questi due ultimi monumenti, insieme ad altre sporadiche testimonianze di minore impegno figurativo[27], propongono dei veri e propri programmi de-

Fig. 85 Catacomba di Domitilla – Arcosolio con decorazione musiva, particolare della resurrezione di Lazzaro

corativi complessi. L'arcosolio di Priscilla, sottoposto ad un'indagine fotografica ai raggi ultravioletti[28], ha rilevato un programma iconografico incentrato sulla rappresentazione della defunta orante nello *zenit* dell'intradosso, mentre nel settore destro è figurata una adorazione dei Magi e in quello sinistro una situazione di giudizio, forse quello relativo all'episodio di Susanna accusata dai vecchioni.

Più impegnativo, dal punto di vista cromatico e per il significato simbolico, appare il celebre arcosolio già visto nel 1742 dal Marangoni presso una scala della catacomba di Domitilla e recuperato nel 1960 dal Ferrua[29]. La lunetta di fondo accoglie una suggestiva scena di *maiestas Domini*, con il Cristo in trono tra i due principi degli apostoli, dinanzi ad una *capsa* di volumi (fig. 84). Una mandorla di luce, realizzata in tessere di pasta vitrea di color verde brillante, cala la rappresentazione in una situazione visionaria, alludendo all'epifania del *Logos*, in riferimento ad *Apocalisse* 4, 2-3. Mentre nell'intradosso dell'arcosolio si riconoscono le scene della resurrezione di Lazzaro (fig. 85), dei tre fanciulli nella fornace e del sacrificio di Isacco, sull'arco si legge un'iscrizione che sembra alludere alla consustanzialità del Padre e del Figlio, quale risposta ortodossa alle controversie cristologiche, sorte in seguito alla diffusione dell'arianesimo[30].

Questi monumenti e queste decorazioni che, più di altre, captano la luce degli elementi di illuminazione e dei lucernari, ci accompagnano verso la seconda metà del secolo IV e, dunque, verso il momento più maturo delle catacombe ed anche verso l'epilogo dell'attività decorativa di tali ambienti ipogei, quando questi sembrano cedere la mano agli edifici del sopratterra. Ma l'atmosfera suggestiva che si doveva provare attraversando gli ambienti catacombali e che si costituisce proprio attraverso il gioco delle luci e delle ombre è rappresentata anche da altri elementi ed espedienti, forse meno appariscenti, ma egualmente funzionali a definire il crinale che distingue il mondo delle tenebre e quello della improvvisa illuminazione e tutto questo in tempi meno avanzati, in settori meno nobili, in aree destinate al più ampio e modesto livello della *societas christiana*.

Mi riferisco a quelle aree delle catacombe, caratterizzate da sistemi funerari indifferenziati, dove le norme dell'uguaglianza e della estrema semplicità regolano la nascita dei *coemeteria*, dei dormitori comunitari, in cui riposavano i fratelli di fede, in attesa della resurrezione[31]. In questo *habitat* sobrio ed elementare le morfologie funerarie rappresentate specialmente dal loculo inteso come una sorta di cellula primitiva, come una specie di unità di misura, ripetibile e moltiplicabile *ad infinitum*, appaiono spoglie, talora prive del benché minimo arredo e, addirittura, di ogni forma di epitaffio ed anche quando quest'ultimo compare esso consiste, assai spesso, unicamente nel nome del defunto. Se si scorrono con lo sguardo le gallerie ancora intatte, si percepisce l'idea di provvisorietà di questi grandi depositi, costituiti da semplici vani scavati nel tufo, disposti in pile, talora anche molto elevate, come fossero scansie di grandi armadi a muro, dove i corpi erano collocati, in attesa di una migliore sistemazione, la definitiva, quella che i cristiani attendevano per la fine dei tempi (fig. 86).

I loculi venivano chiusi con poca cura, utilizzando frammenti di marmo o di tegole, uniti attraverso antiestetici setti di malta, che correva anche lungo il perimetro della sepoltura. La sistemazione dei loculi denuncia sempre e invariabilmente i caratteri della rapidità di esecuzione, con un'assenza quasi assoluta di un progetto preliminare ed un modo di procedere all'insegna dell'urgenza: tutto si consuma in poco tempo, con la complicità dei fossori e dei parenti del defunto; tutto è finalizzato alla sistemazione immediata, sommaria e provvisoria del sepolcro, come se si rimanesse in attesa di una ulteriore e ben più dignitosa sepoltura[32].

Il loculo, con la sua essenzialità, rappresenta – come si è detto – l'elemento-base del connettivo sepolcrale delle catacombe e si propone come la risposta più coerente a quella legge dell'uguaglianza, che informa la mentalità e la cultura del mondo paleocristiano; una legge dura da seguire per una gente da sempre abituata a monumentalizzare o almeno ad arredare dignitosamente i sepolcri dei propri cari.

Sono proprio lo spirito comunitario e la legge dell'uguaglianza che, interagendo, producono le interminabili gallerie dei loculi, l'arredo dei quali risente – come si è anticipato – di una evidente improvvisazione, a cominciare proprio dai materiali utilizzati per la chiusura dei vani che, come si è detto, erano il frutto della più ordinaria economia del reimpiego, senza operare selezioni troppo meditate. Succede, talora, che ai frammenti fittili si giustappongano pezzi di marmo, rendendo difficoltosa ogni stesura epigrafica uniforme o costringendo il redattore del testo ad optare per la pittura al minio, per la scrittura al carbone o alla calce.

Ma altre volte – come si diceva – il testo epigrafico è completamente eliminato o relegato nella malta dei bordi o dei setti, proponendo estreme soluzioni per supporti difficili, angusti, poco duttili ed accoglienti per le manifestazioni di arredo ed apparato. Anche queste ultime particolarità dimostrano l'estrema rapidità e l'improvvisazione con cui si evolve la dinamica della sistemazione del sepolcro. Ed è proprio la tempestività, in ultima battuta, a produrre le gallerie-dormitorio, dove gli interminabili casellari dei loculi anonimi o appena definiti da essenziali elementi onomastici, talora ridotti ai *cognomina singula*, sembrano rispondere visivamente ad un appello epocale[33].

Le leggi dell'uguaglianza e della sobrietà, rigorosamente rispettate in alcune aree catacombali romane molto precoci e, dunque, ascrivibili ai primi decenni del III secolo, come l'arenario centrale di Priscilla[34] (fig. 87), l'Area I e le Cripte di Lucina in S. Callisto, alcuni settori dei cimiteri di Calepodio, Novaziano e Maggiore[35], vennero subito infrante, con espedienti sempre essenziali e appena percettibili, ma, comunque, sintomatici di una tendenza ad emulare i sepolcri privilegiati e decorati dei personaggi notabili della comunità.

Fig. 86 Catacomba di Priscilla – Galleria con sepolture a loculo

Si inaugura, così, nelle catacombe romane, una stagione figurativa che potremmo dire alternativa o succedanea delle arti maggiori, nel senso che con materiali poveri, frammentari, dislocati in maniera disorganica e in ordine sparso, si vogliono imitare gli arredi dei grandi cubicoli, pavimentati in *opus sectile*[36], decorati con mosaici[37], provvisti di mense, scavati secondo audaci architetture negative, arricchiti dalla presenza di sarcofagi marmorei scolpiti.

I primi sintomi di queste infrazioni ed emulazioni possono essere colti in alcuni segni poco coerenti, quasi insignificanti, tracciati direttamente sulla malta, contestualmente al testo funerario o in maniera isolata, rappresentando – in quest'ultimo caso – l'unica espressione decorativa del loculo. Si tratta di barre o di lettere, spesso ingiudicabili, almeno nel senso globale che, emulando gli epitaffi ordinari, ne riproducono l'aspetto grafico, infondendo al sepolcro un generico e approssimativo senso di decoro e di rispetto, che può anche assurgere ad un valore apotropaico. Si tratta di sequenze alfabetiche, di "iscrizioni abecedarie", di ingegnosi *escamotages* pseudografici, consumati tra committenti, decoratori e lettori semianalfabeti che, comunque, infondono una certa dignità alla sepoltura[38].

Tali segni ruotano, innanzi tutto, attorno all'orbita delle intimidazioni elaborate per proteggere il sepolcro, del tipo che vede il testo degli epitaffi impegnato nelle promesse di multe, maledizioni e dichiarazioni di inviolabilità, talora rafforzati da veri e propri sigilli impressi sulla malta[39] o da segnali cristologici che suggellano il sepolcro[40], assumendo, allo stesso tempo, anche un valore figurativo, quando intrattengono un rapporto intimo ed ambiguo con gli elementi decorativi, nel senso che assai spesso le lettere di queste sequenze si alternano disinvoltamente con croci, cristogrammi e palmette, proponendo una sorta di equivalenza grafica e semantica tra i diversi elementi.

Anche nei testi coerenti, voglio dire con significato compiuto e perfettamente comprensibile, come nel celebre epitaffio di *Filumena* in Priscilla[41], succede che i segni di interpunzione e quelli di pura decorazione assumano proporzioni eguali alle lettere del testo, stabilendo un rapporto di equivalenza tra scrittura, interruzione della scrittura e commento figurato della stessa.

Anche questi fenomeni documentano un mutato concetto dell'arredo funerario, nel senso che i testi delle epigrafi, compresi gli accessori complementari e pseudofigurativi, assolvono, tutti insieme ed assumendo proporzioni maggiorate, alla funzione di tutela e di decoro del sepolcro, occupandolo in ogni sua parte, come per rispondere alla norma dell'*horror vacui*, tanto cara alla cultura di questo periodo[42].

Questi particolari ci inoltrano verso i tempi più maturi dell'arte delle catacombe, quando nella malta di sigillatura dei loculi appaiono materiali talora minimi nelle proporzioni e nel pregio, come frammenti di marmi colorati, pezzi di pasta vitrea (fig. 88), valve di conchiglia, denti di mammiferi (fig. 89), recipienti vitrei e fittili (fig. 90), lucerne, bambole e statuette in osso (fig. 91) e in avorio, bottoni, fibbie, *armillae*, collane, campanelli metallici (fig. 92), monete, gemme, fondi dorati di recipienti vitrei[43].

Giovanni Battista de Rossi attribuì a questi materiali un significato solo "mnemonico", nel senso che, secondo il suo parere, essi potevano rappresentare delle efficaci composizioni per il riconoscimento del sepolcro, nell'ambito delle dense pareti delle gallerie, costellate di loculi altrimenti tutti uguali e difficilmente identificabili, quando mancava addirittura la segnalazione epigrafica che, d'altra parte, stando al livello di alfabetizzazione della popolazione cristiana, che faceva capo a questi settori delle catacombe, non sempre costituiva, da sola, un elemento discriminante per identificare il sepolcro dei propri cari[44].

Ma il de Rossi aveva un'idea molto parziale del fenomeno, in quanto conosceva solo alcuni rari settori intatti delle catacombe romane, scampati alle spoliazioni del passato. Le scoperte avvenute, in questo senso, prima nei complessi di S. Agnese[45], di Panfilo[46] e di Commodilla[47] e poi, durante le più recenti indagini archeologiche, nei cimiteri dei Ss. Pietro e Marcellino[48], di S. Ippolito[49] e dell'ex vigna Chiaraviglio[50],

Fig. 87 Catacomba di Priscilla – Loculi della zona dell'arenario

Fig. 88 Catacomba di Priscilla – Immagine di una murena in pasta vitrea

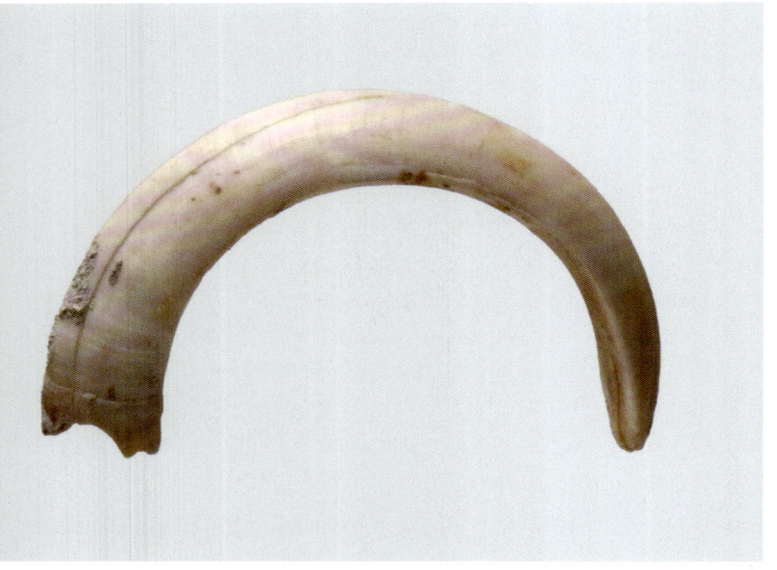

Fig. 89 Catacomba di S. Felicita – Zanna di cinghiale

Fig. 90 Catacomba di Panfilo – Recipiente vitreo

hanno contribuito ad ampliare in maniera rilevante il panorama degli arredi loculari.

Una prima constatazione, e cioè il rilievo del fatto che i materiali disposti attorno ai sepolcri si ripetono nella varietà e nella collocazione, ha fatto cadere la suggestiva lettura del de Rossi, in quanto con molte difficoltà si sarebbero riconosciute le sepolture dalla presenza di materiali molto simili e spesso posti a margine di tombe piuttosto alte e collocati in maniera tale che dal piano della galleria sarebbero risultati quasi invisibili[51].

Negli ultimi anni si sono intravisti e si cercano altri significati: a mio modo di vedere esiste, innanzi tutto, una ragione fondamentale e profonda, che regola ogni

Fig. 91 Catacomba di Panfilo – Statuetta in osso fissata nella malta di un loculo

Fig. 92 Catacomba di S. Felicita – Campanello in bronzo

intervento, che si muove intorno a questi sepolcri molto semplici, estremamente anonimi, anche per chi non poteva permettersi, per questioni economiche o per scelta religiosa, imprese decorative troppo impegnative. La sistemazione di questi sepolcri è la risposta meno eclatante, più sommessa, meno evidente alla legge della uguaglianza, che conoscerà reazioni ben più importanti con i cubicoli affrescati e i sarcofagi[52].

Proprio nel momento in cui si inventano le gallerie comunitarie, si innesca il meccanismo dell'infrazione alla legge dell'uguaglianza, con sistemi diversi, ma sempre tesi a creare intorno a questi umili sepolcri dei minimi apparati decorativi che emulino – sia pure in maniera elementare – le arti maggiori. È questa un'arte "alternativa", un succedaneo dei grandi interventi decorativi, che, come si è detto, si consumavano nei cubicoli destinati ai cristiani di elevato grado sociale, di alto potenziale economico, di importante livello gerarchico nell'ambito della comunità: nelle gallerie si cercava di copiare con pochi mezzi e in spazi assai ridotti quelle imprese decorative. Come si diceva, tutto si sbrigava rapidamente, con la complicità dei *fossores*, che accontentavano i *desiderata* dei familiari del defunto, apponendo nella calce i pochi materiali colorati o luminescenti che avevano a disposizione, giustapponendoli al vero e proprio corredo che, appunto, fuoriesce dal loculo per essere esibito all'esterno.

In queste operazioni, avvengono delle selezioni urgenti ma mirate dei materiali, nel senso che vengono prescelti, a fianco degli oggetti cari al defunto e, dunque, meglio attinenti al concetto di "corredo", quegli elementi considerati più decorativi, esteticamente più gradevoli e accattivanti per l'osservatore e più funzionali per un immediato impatto visivo.

Ecco, quindi, che al "corredo in vista", rappresentato dai giocattoli e dalle statuette, si affiancano i cosiddetti "vetri dorati", ovvero i fondi dei recipienti vitrei, decorati con una sottile lamina aurea, per mezzo di temi iconografici diversi e di iscrizioni per lo più augurali. Nel collocare questi singolari elementi vitrei, l'operatore che si occupa della sistemazione del loculo libera sistematicamente il fondo del recipiente dal corpo, per isolare e mettere in mostra la parte decorata e dunque quella più saliente dal punto di vista iconografico; ed è proprio quest'ultima pratica, che induce a frantumare il contenitore, pur di isolarne ed evidenziarne l'esponente decorativo, a guidarci verso un dibattito ancora pressoché irrisolto. Ci si chiede, cioè, quale fosse la funzione primaria di questi speciali recipienti che, in catacomba, erano estremamente diffusi, dal momento che se ne conoscono almeno cinquecento[53], dei quali oltre duecento sono conservati nel Museo della Biblioteca Apostolica Vaticana[54]. È chiaro che queste tazze avevano un uso quotidiano, che non era propriamente legato al mondo delle catacombe, dal momento che sono state rinvenute anche in altri contesti. Eppure, nel passato, a questi manufatti fu attribuito un ruolo liturgico, esclusivamente cristiano[55], anche se venne intravista una funzione alternativa di tipo vagamente domestico[56]. Dobbiamo attendere la fine del secolo scorso per individuare un ruolo polifunzionale per questi recipienti, dove, comunque, prevale l'uso concreto e conviviale, suggerito dall'invito ricorrente nelle iscrizioni annesse al decoro: *pie zeses*[57]. Questi contenitori, in uso anche presso i pagani, come documentano i contesti di rinvenimento e i temi che li commentano, spesso ispirati a scene di genere, alla mitologia, alle divinità e ai ritratti dei destinatari, erano usati, molto probabilmente, come doni augurali, in occasione degli anniversari delle nozze o per altre feste familiari[58], o infine, come auspicio per il nuovo anno[59].

Questi oggetti, così singolarmente ridotti e, comunque, interessati da un uso primario di tipo materiale e da uno secondario di tipo espositivo, con risvolti propriamente decorativi, come ha avuto modo di puntualizzare F. W. Deichmann[60], possono anche aver avuto un ruolo più o meno coinvolto con le pratiche relative alla ritualità funebre e, segnatamente, con quelle connesse ai pasti rituali, del tipo classico delle libagioni e di quello prettamente cristiano del *refrigerium*[61]. Non possiamo escludere, infatti, che la frattura dei corpi dei recipienti vitrei e la loro deliberata eliminazione possa essere direttamente collegata al gesto rituale della rottura mistica ed apotropaica del contenitore del cibo usato per i pasti funerari[62].

Al di là dei diversi livelli di utilizzazione, rimane fondamentale la funzione decorativa di questi materiali, che comportano, come si diceva, un impatto ad un tempo luminescente e fortemente impegnato a livello iconografico. Non dobbiamo dimenticare, infatti, che, per quanto attiene ai temi selezionati per i fondi dorati, ben presto alle immagini neutrali, ai ritratti e alle scene di genere, si affiancarono le situazioni bibliche più collaudate del repertorio paleocristiano, i simboli e le immagini dei santi e dei martiri[63]. A questo ultimo riguardo, anzi, si deve rilevare che i fondi dorati accolgono le figure dei martiri più amati dai primi cristiani di Roma: da S. Agnese, che compare in un vetro ancora *in situ* nel cimitero di Panfilo (fig. 93), a S. Lorenzo, a S. Ippolito, a S. Timoteo, a papa Damaso[64]. Queste scelte iconografiche dimostrano come i vasi vitrei diventino, per i cristiani, dei veri e propri oggetti di protezione,

Fig. 93 Catacomba di Panfilo – Vetro dorato con l'immagine di S. Agnese

una sorta di supporto per le immagini dei santi intercessori[65] che i fedeli sceglievano come compagni della vita terrena e come guide per l'aldilà[66].

I recipienti vitrei con fondo dorato, ma anche altri contenitori ancora in vetro o in ceramica possono aver assolto, secondo alcuni, anche ad un ruolo propriamente funerario, quando questi venivano sistemati in maniera tale da poter essere riempiti di materiale liquido o solido[67]. Questa particolarità – così rara e così difficile da dimostrare, se non con una ipotesi di

Fig. 94 Catacomba di S. Felicita – Vasetto vitreo

"pasto simbolico", estremamente ridotto nelle proporzioni e nella diffusione – non rappresenta, comunque, il significato più forte della presenza di questi elementi attorno al loculo, che svolgono, come si è avuto modo di ricordare più volte, il ruolo ambivalente e plurisignificativo che oscilla tra l'arredo e il corredo. Allo stesso modo dobbiamo superare – dopo gli studi profondi eppure tanto avversati del de Rossi[68] – l'idea, che era anche divenuta luogo comune ed uno strumento per riconoscere le tombe dei martiri, secondo cui alcuni manufatti vitrei, dovessero essere considerati dei "vasi di sangue" dei primi campioni della fede[69] (fig. 94).

All'intento decorativo di questi oggetti che vengono apposti attorno al loculo, si affianca, come si è avuto modo di osservare, il desiderio insopprimibile di attirare l'attenzione sul sepolcro, con materie lucenti che captino la luce delle lucerne dei visitatori, costringendoli a dirigere lo sguardo verso quei "flash" variopinti, alimentando ed arricchendo, tra l'altro, la simbolica tensione verso la luce che accompagna il pensiero cristiano, con il suggestivo concetto della illuminazione, che vede il fedele impegnato in un percorso spirituale, che dal battesimo giunge alla resurrezione finale[70].

Un concetto ed una tensione che, nell'*habitat* oscuro delle catacombe, fecero moltiplicare l'uso delle lucerne, sino a farle assurgere ad elemento fisso della decorazione dei loculi, ora immerse, come gli altri oggetti, nella malta di chiusura, ora posate su piccole mensole marmoree o fittili, ai lati del sepolcro[71] (fig. 95). Questi materiali rientrano nella più corrente produzione tardoantica e segnatamente nelle tipologie locali od africane attestate tra il IV e il V secolo, con prevalenza della morfologia rotondeggiante od ovoidale, dalle spalle decorate a perline, o di quella a canale allungato[72], dalle spalle e dal disco decorati con elementi fitomorfi, zoomorfi o biblici[73].

Il concetto della luce, intesa come forza che sopprime le tenebre, secondo quanto ricordano le Scritture[74] e i Padri della Chiesa[75], si puntualizza in una credenza popolare che vede nella fiamma delle lucerne un'alternativa o un succedaneo della luce del giorno, di cui il defunto non può più godere. La luce, come quella delle candele accese attorno al feretro o delle torce usate durante il corteo funebre, serve a fugare le tenebre e i demoni negativi, ma anche a simboleggiare la luce eterna che illuminerà la sede del paradiso[76].

Un epitaffio del cimitero di Panfilo di un *Lucernius servus Christi*[77] dà il senso del ruolo attribuito alla luce nei cimiteri sotterranei, in quanto il significato della forma onomastica è commentato figurativamente da un cero e da una lucerna incisi al centro della lastra, dimostrando, da un lato, la semplice corrispondenza immagine = nome del defunto e, dall'altro, un suggestivo suggerimento simbolico. Ed ancora, in una iscrizione dedicata ad una *Ianuaria* nel complesso di S. Callisto[78], è rappresentata una piccola teoria di oggetti, ossia un'anforetta, una grande lucerna ed un bicchiere. In questo caso, al senso della *lux aeterna*, a cui allude la lucerna, richiamando essenzialmente il concetto della illuminazione battesimale, sono collegati anche i recipienti utili al *refrigerium* e dunque alla pratica funeraria fondamentale per i primi cristiani, in quanto colleganza tra mondo ed oltremondo[79].

Fig. 95 Catacomba di Novaziano – Lucerna fittile

2. I CONTESTI

Le gallerie comunitarie delle catacombe, alla luce di quanto abbiamo rilevato, proponevano al visitatore un'atmosfera estremamente suggestiva, anche se realizzata per mezzo di materiali molto semplici. Tutto il corredo dei defunti era situato all'esterno della tomba, come per mettere in comune anche quei poveri oggetti che la mentalità antica avrebbe altrimenti racchiuso gelosamente dentro al sepolcro, assieme alle spoglie del defunto. All'interno dei loculi delle catacombe, invece, si conservano pochi ed umili oggetti

Fig. 96 Catacomba dell'ex vigna Chiaraviglio – Orecchini aurei

Fig. 97 Catacomba di S. Felicita – Bracciale in osso

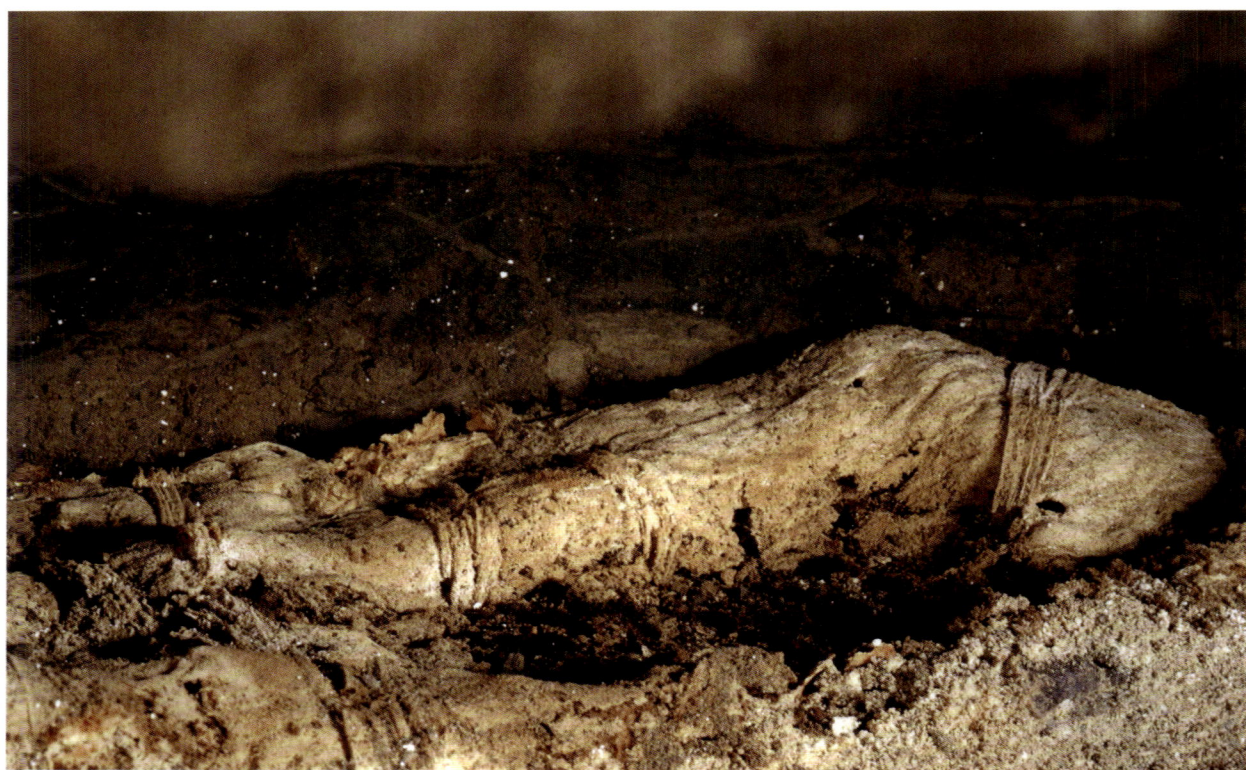

Fig. 98 Catacomba di Priscilla – Inumazione con resti di lenzuolo funebre in un loculo del secondo piano

personali: piccoli anelli, orecchini (fig. 96), bracciali di osso (fig. 97), resti delle vesti o dei sudari con cui erano avvolti i cadaveri (fig. 98)[80].

In qualche raro caso vengono associati alle sepolture anche piccoli gruzzoli di monete, dimostrando come la pratica funeraria dell'"obolo a Caronte" prosegua anche presso i cristiani[81], ma più spesso succede che anche le monete vengano esposte attorno al loculo (fig. 99).

Tutte le osservazioni proposte sino a questo punto suggeriscono lo svolgimento di una grande rivoluzione nella concezione della morte e del corredo presso i primi cristiani, una concezione che scioglieva l'intimo legame tra la singola sepoltura e il corredo, il quale veniva direttamente gestito dai sopravvissuti e si apriva ad uno sguardo più ampio e comunitario. Succede, come si è detto, che gli oggetti, consuetamente custoditi all'interno del singolo sepolcro, venissero messi a disposizione di tutta la comunità dei defunti e dei sopravvissuti.

Percorrendo le gallerie delle catacombe, abbiamo un'idea molto approssimativa dei contesti, degli arredi, delle sistemazioni antiche delle diverse regioni dei cimiteri ipogei. Il declino di questi ultimi più o meno traumatico alla fine della tarda antichità, l'isolamento di ampi settori al momento dei grandi pellegrinaggi protomedievali, l'asportazione di molti materiali in epoche diverse, il tumulto e la spoliazione sistematica al tempo dei "corpisantari", gli scavi incontrollati del passato prossimo hanno reso le catacombe dei muti e vuoti contenitori, privati dei loro arredi, non sempre ricchi, ma spesso articolati e diversificati, comunque sintomatici di una mentalità in mutazione.

E mentre gli oggetti del corredo sono stati asportati, dispersi o raccolti in collezioni private[82], altri elementi che servivano per decorare i contesti catacombali, sia delle regioni comunitarie, sia dei cubicoli familiari o degli organismi martiriali sono andati irrimediabilmente perduti. Mi riferisco, specialmente, alle decorazioni marmoree che, quando non hanno

Fig. 99 Catacomba di Panfilo – Monete infisse nella malta di un loculo

sofferto per un secondo impiego, sono divenute spesso materiale per calcare o per costruzione. Eppure molti ambienti delle catacombe dovevano essere interessati, in antico, da sistemazioni marmoree, sia nei pavimenti e negli zoccoli, sia negli organismi relativi alle monumentalizzazioni martiriali, sia nella struttura e nella morfologia di tombe speciali e privilegiate. Le tracce rimaste nella malta di allettamento, alcune lastre *in situ* e alcuni rari monumenti integri dimostrano che in questi ambienti ipogei si emulavano le decorazioni degli edifici domestici, funerari e civili del sopratterra[83].

I contesti propongono, innanzi tutto, il rivestimento a mezzo di grandi placche marmoree, per lo più di colore chiaro, sempre per captare la luce dei lucernari, delle torce e delle lucerne. Tali decorazioni interessano specialmente le pareti, ma anche gli organismi per i riti funerari, come i banchi per le adunanze e le mense[84] e, in qualche caso, ricoprono anche i pavimenti, sfruttando l'espediente ricercato e piuttosto dispendioso dell'*opus sectile*. Così, nel cubicolo A4 dei Sacramenti, nell'Area I di S. Callisto, il pavimento è decorato con un intarsio di marmi bianchi e grigi che compongono un motivo a quadrati inclusi diagonalmente entro altri quadrati[85]; così, in un cubicolo del cimitero dei Ss. Pietro e Marcellino, nel pieno IV secolo, si disegna un pavimento complesso con fiori quadripetali in porfido rosso e serpentino su fondo in pavonazzetto[86] (fig. 100).

E non mancano tracce di trattazioni decorative di tipo marmoreo molto complesse, come in un cubicolo del cimitero dei Ss. Marco e Marcelliano, dove vengono ricoperte di *opus sectile* anche le colonne angolari[87], o come in un ambiente del cimitero di Pretestato, presso la *spelunca magna*, dove l'*opus sectile* si alterna al mosaico[88].

Il marmo, in lastre piene, nella forma di transenne, plutei, pergole, pseudocibori, prospetti schiacciati contro le pareti di tufo, organismi entro cui si incastonano iscrizioni monumentali, prime tra tutte quelle damasiane, è il materiale prediletto nelle sistemazioni delle sepolture dei martiri, a cominciare dalla cripta dei papi a S. Callisto[89] e continuando con il sepolcro di S. Gennaro a Pretestato[90], con quelli dei Ss. Pietro e Marcellino nel cimitero della via Labicana[91], e di S. Alessandro nel cimitero dei Giordani sulla via Salaria, dove, all'uso del marmo bianco, si affianca quello del verde di Grecia[92].

In tutti questi casi, il marmo rappresenta l'unico esponente decorativo delle monumentalizzazioni, sottolineate soltanto dalle autentiche pontificie di committenza damasiana e talora – ma assai più raramente – sostenute da decorazioni ad affresco, come nel caso del sepolcro dei Ss. Felice ed Adautto a Commodilla, dove il ciborio marmoreo doveva inquadrare la lunetta con i due santi che, disposti ai lati di una *cista*, indicano un cristogramma[93].

Molto spesso l'uso del marmo viene emulato attraverso la pittura, con la creazione di marmoridee, sia per decorare gli elementi architettonici, sia per imitare l'*opus sectile*[94]. Il trionfo dell'emulazione marmorea, nella specie di architravi, colonne, prospetti, mensole e capitelli, lo possiamo abbondantemente osservare nei ricchi ambienti dell'ipogeo di via Dino Compagni, dove succede che, all'imitazione del marmo, si associa anche la presenza di finte fronti di sarcofagi e di stucchi. A questo ultimo riguardo dobbiamo rilevare una scarsa presenza di decorazioni in stucco isolate o associate ad affreschi nei cimiteri ipogei, forse per la deteriorabilità degli stessi nell'ambiente eccessivamente umido dell'*habitat* catacombale[95].

Tornando all'imitazione dei marmi, occorre osservare come tale pratica venga impiegata specialmente per decorare gli zoccoli dei cubicoli, rispettando perfettamente i canoni architettonici romani, che comportano una tripartizione delle superfici. Così come nei mausolei, anche nei cubicoli delle catacombe si cerca di ricreare l'atmosfera e i contesti della *domus aeterna*, per cui vengono riprese le partizioni convenzionali dell'edilizia domestica[96].

Lo spazio – come si diceva – si organizza in tre registri principali, dei quali, l'inferiore, quello che corre lungo il pavimento, è impegnato in un incastro marmoreo più o meno complesso; a mezza altezza si svolge, invece, il fregio figurativo, mentre la volta accoglie una sintassi più eterea e simbolica, tutta attraversata da trame geometriche, da rameggi e da viluppi vegetali.

Questa organizzazione delle parti, che, in buona sostanza, propone una sovrapposizione di registri, suggerisce, dal punto di vista semantico, un crescendo

Fig. 100 Catacomba dei Ss. Pietro e Marcellino – Rivestimento marmoreo delle pareti e del pavimento di un cubicolo

significativo. Il settore inferiore, infatti, quando non mostra un semplice rivestimento marmoreo, più o meno complesso e più o meno attento ad emulare gli zoccoli delle *domus*, degli edifici civili e delle basiliche cristiane, si impegna a riprodurre cancellate, transenne, prospetti di *viridaria*, fontane, scorci di un generico e neutrale oltremondo.

Nel registro mediano il discorso figurativo si fa più alto e spesso narrativo, come nel cubicolo dei *pistores* a Domitilla, dell'ultimo scorcio del IV secolo, dove a uno zoccolo in finto marmo[97] si sovrappone il lungo ciclo dell'attività dei *pistores* o dei *mensores*[98], mentre all'interno delle calotte absidali e degli arcosoli si riserva la sede per i temi biblici (ciclo di Giona) e teofanici (collegio apostolico e il buon pastore tra le stagioni) (figg. 101 e 102).

L'ambiente più esterno della cappella greca in Priscilla, di età tardo-gallienica, testimonia, più di ogni

Fig. 102 Catacomba di Domitilla – Cubicolo dei *pistores*. Veduta dell'abside con buon pastore

altro monumento della tarda antichità, il succedersi dei registri e il crescendo semantico a cui si accennava. Sopra ad uno zoccolo in marmoridea, infatti, si svolge il ciclo di Susanna, in proporzioni megalografiche, mentre la volta – in gran parte perduta – sembra accogliere, entro una complessa trama lineare, i temi e i segni del cosmo, declinati in senso cristiano[99] (fig. 103).

Fig. 101 Catacomba di Domitilla – Cubicolo dei *pistores*. Veduta dell'abside con collegio apostolico

In qualche caso la suddivisione delle pareti è semplificata e corretta, ovvero resa originale da alcune inversioni iconografiche e da innervamenti dei diversi settori all'interno degli spazi deputati agli altri registri. Originale, in questo senso, si presenta la ripartizione decorativa di uno dei due ambienti sotterranei dell'ipogeo degli Aureli in viale Manzoni, che comporta un alto zoccolo, questa volta occupato da una teoria di filosofi stanti, che scandiscono con la loro ritmica verticalità e con le importanti proporzioni, lo spazio, dando l'idea di una sequenza di ortostati figurati. Anche il fregio a mezza altezza si dispone in maniera singolare, scorrendo ora con andamento naturalmente orizzontale, ora insinuandosi con campi lunati nello spazio riservato alla volta[100] (fig. 104).

Se alcuni cubicoli risentono, dunque, della ripartizione canonica in registri sovrapposti, più spesso gli ambienti catacombali sono interessati da pareti totalmente sbiancate e attraversate da sistemi partizionali, adottati per scandire i campi decorativi, che denunciano, molto genericamente, una dipendenza dalla pittura "pompeiana", con semplificazioni estreme delle emulazioni architettoniche[101].

Nasce, così, un sistema decorativo basato su orditi geometrici creati da linee più o meno sottili, in colore prevalentemente rosso e verde, che interesseranno "l'arte delle catacombe" per molti decenni della sua evoluzione. La linearità rosso-verde nelle diverse forme sintattiche e le teorie, più o meno organiche, dei riquadri che distinguono in campi un fondale neutro, per lo più bianco, sembrano, appunto, sintetizzare l'espediente più caro alla decorazione parietale, quello della imitazione delle architetture[102].

Questo processo evolutivo trasforma le ricche ed articolate decorazioni delle pareti degli spazi domestici in più semplici orditi geometrici, dove i fondali chiari emergono quasi per catturare – come si è accennato più volte – la poca luce a disposizione negli ambienti ipogei.

Fig. 103 Catacomba di Priscilla – Cappella greca

Fig. 104 Ipogeo degli Aureli in viale Manzoni – Ingresso al primo ambiente ipogeo

I primi sintomi di una trasformazione della concezione organizzativa della decorazione pittorica si avvertono già negli edifici domestici tardoantichi e, in particolare, in alcune *domus* ostiensi dove, facendo memoria delle emulazioni architettoniche degli stili pompeiani, si inaugura una nuova stagione decorativa[103].

Le testimonianze più significative vengono dal caseggiato degli aurighi, da quello di Temistocle, dalla casa di *Annius*, dalle case delle volte dipinte e delle pareti gialle, dalla *caupona* del pavone e dalla casa delle muse[104]. In tutte queste decorazioni, che si sviluppano tra la tarda età antonina ed il maturo periodo severiano, in perfetta sintonia cronologica con le prime manifestazioni pittoriche in catacomba, si assiste ad un progressivo impoverimento delle strutture portanti del sistema architettonico, che si riducono ad aerei e sottili padiglioni, che richiamano il cosiddetto IV stile pompeiano[105].

Proprio il momento severiano vede la definizione della parete come unità cromatica, intesa non più come spazio aperto verso una profondità illusiva, ma come solida e consistente superficie da articolare in riquadri. Si rompe, così, la convenzione della parete organizzata in quinte di scena, mentre i singoli padiglioni si dilatano per accogliere più ampi scomparti uniformi e monocolori, campiti ora da *pinakes* di genere, ora da elementi sospesi a mezz'aria, ora da figure come affacciate a porte e a finestre.

Consuetamente si indicano come emblematici testimoni del passaggio dallo "stile architettonico" allo "stile lineare rosso-verde" le decorazioni degli edifici sotto il complesso di S. Giovanni in Laterano e quelle della villa piccola sotto S. Sebastiano (fig. 105), così

Fig. 105 Complesso di S. Sebastiano – Ambiente della cosiddetta villa piccola

Fig. 106 Catacomba di Domitilla – Cubicolo del Buon Pastore

come, da parte cristiana, si chiamano in causa i cubicoli dei Sacramenti e le Cripte di Lucina in S. Callisto e il cubicolo della *coronatio* in Pretestato[106].

Mentre si sta allargando il ventaglio dei monumenti funerari e delle abitazioni tardoantiche che si pongono al confine e allo snodo con la decorazione catacombale, anche quest'ultima sembra proporre un cospicuo numero di testimonianze di tale trapasso: dall'ipogeo degli Aureli in viale Manzoni[107] al Criptoportico[108] e al corridoio-galleria per sarcofagi nell'ipogeo degli *Acilii*[109] a Priscilla. L'uno e l'altro gruppo di documenti pittorici ci mettono a contatto con una

Fig. 107 Catacomba di Domitilla – Volta del cubicolo del Buon Pastore

semplificazione del sistema partizionale già evoluta e risolta in una sintassi più o meno concitata e sempre meno attinente alla materia architettonica[110].

Se percorriamo le gallerie delle catacombe romane, qualche raro monumento ci parla ancora chiaramente del delicato passaggio dalle decorazioni architettoniche alla linearità rosso-verde, come il cubicolo del Buon Pastore a Domitilla[111], dove due fasi diverse ed invertite propongono la coesistenza dello stile a cornici e dello stile propriamente lineare[112], ancora nell'ambito del III secolo (figg. 106 e 107). Ma anche nel periodo più maturo dell'arte delle catacombe, l'organiz-

zazione strutturale – sempre memore delle sue origini e ancora connotata da veri e propri elementi architettonici – continua a sopravvivere, come nel cubicolo di Ampliato, sempre a Domitilla, dove si assiste ad un articolato succedersi di fasi decorative, nel senso che i partiti architettonici furono successivamente campiti da scenette bucoliche[113] (figg. 108 e 109).

Più emblematico mi sembra, in questo senso, l'arcosolio di Orfeo nel cimitero dei Ss. Pietro e Marcellino, nel soprarco del quale alcune scene bibliche sono come incastonate tra porte colonnate ed una zoccolatura che emula la marmoridea dell'*opus sectile*: tutto questo oramai alla fine del secolo IV[114].

Questo affresco allude ad una redazione domestica dell'*habitat* paradisiaco, ora accennata con prospetti di abitazioni, ora con elementi isolati, quali porte e finestre che lasciano solo intravedere o immaginare la sede edenica[115]. Una chiara allusione, in questo senso, è rappresentata dai massicci portali semiaperti nel cubicolo circolare di via Dino Compagni[116] (fig. 110) e dalla più tarda fase decorativa della galleria degli *Acilii* in Priscilla, che comporta una teoria, seppure appena disegnata, di portali e paraste lungo le pareti, mentre sulla volta si dispiega un irregolare ed ingenuo cielo stellato, come per proporre le due redazioni del paradiso, inteso come sontuosa *domus aeterna* e come luminoso firmamento[117].

Anche da un nicchione tardo-costantiniano della catacomba di via Anapo viene un interessante esempio di fondale architettonico che corre, in maniera scenografica, creando una suggestiva quinta paradisiaca ad un defunto proiettato nell'aldilà nel caratteristico atteggiamento di orante[118].

Ma specialmente la decorazione della volta e del lucernario del cubicolo callistiano di Milziade, in età protocostantiniana, si propone come documento indispensabile per comprendere non solo e non tanto il fenomeno della continuità dello stile architettonico, ma anche la relazione che esso intrattiene con la linearità rosso-verde, quasi per indicare quel passaggio e quella sintesi da sempre ipotizzati, ma spesso per sugge-

Fig. 110 Ipogeo di via Dino Compagni – Scena di ingresso nel cubicolo di Sansone

stione. Il sistema decorativo della volta e del lucernario comportano un disinvolto incastro geometrico alternato a linee rosse e verdi, a cornici, a festoni, a finte architetture prospettiche, che aprono sfondi campiti da figure dionisiache, che appaiono come sospese in un'atmosfera rarefatta e illusionistica[119] (fig. 111).

E questo monumento non è isolato se già nel *pendant* architettonico del cubicolo delle Stagioni[120]

Figg. 108–109 Catacomba di Domitilla – Cubicolo di Ampliato

Fig. 111 Catacomba di S. Callisto – Lucernario del cubicolo di Milziade

(fig. 112), ma anche nel cubicolo di Oceano[121], si possono notare un'uguale impostazione decorativa e, forse, l'attività di una medesima *équipe* pittorica.

Compresi i precedenti della divisione lineare, occorre ora interrogarsi sui motivi di questa evoluzione e sulle tappe salienti che essa comporta. Il progressivo attenuarsi e smaterializzarsi della simulazione architettonica, che vede la costituzione di un reticolo, di una trama leggera ed eterea, che appena disegna un sistema divisionale nella vasta distesa a tinta unita, che fa da sfondo e dove fluttuano liberamente le figure isolate, stralciate dall'immaginario ellenistico, pare esprimere e riflettere la tendenza all'irrazionale, all'abbreviazione, alla sintesi, al linguaggio simbolico[122].

Per quanto attiene alle fasi di questa semplificazione torna ancora utile riferirsi alla periodizzazione proposta negli anni '30 dal Wirth[123], che individua un primo tipo nei riquadri corniciati, un secondo nei rinfasci ed un ultimo – che qui più ci interessa – nella linearità del cosiddetto stile illusionistico, che si sviluppa proprio tra il 220 e il 260, quando più originale ed autonoma diviene l'esperienza decorativa delle catacombe. I tre tipi di scansione, in realtà, possono anche coesistere e non comportano sempre una successione cronologica incontrovertibile, nel senso che i vari schemi si intrecciano e sovrappongono nel corso degli anni, dando luogo ad esiti misti ed ibridi, senza contare i numerosi fenomeni di *revival*, in età anche avanzate, di maniere decorative antiche.

Lo stile lineare interessa tutte le sedi dipinte degli ambienti catacombali, ma si puntualizza, specialmente, nelle volte dei cubicoli, dove sviluppa schemi centralizzati, con un medaglione centrale, attorno al quale si organizzano sistemi diagonali e cruciformi, che disegnano campi semilunati, trapezoidali, ellittici od oblunghi[124].

Fig. 112 Catacomba di S. Callisto – Lucernario del cubicolo delle Stagioni

Questi sistemi lineari vogliono, forse, imitare la copertura di una tenda, ottenuta con pezzi di stoffa accuratamente tagliati e cuciti insieme. Talora, il partito geometrico sembra proprio riprodurre leggerissime costruzioni composte da aste sottili, da archi flessibili, da teli, da cordoni, da tiranti in forma di T. L' allusione al cosmo sembra intuitiva, nel pieno rispetto di una metafora che, nei secoli della tarda antichità, coniuga il generale concetto del tempo con quello simbolico dell'eternità[125].

Nella pittura cimiteriale romana la materia cosmica si propone con accenni molto essenziali, eppure espliciti, proprio sulle volte dei cubicoli, come quando, nel soffitto del cubicolo della Velata in Priscilla, una coppia di quaglie (uccelli di terra) si alterna ad una di pavoni (volatili celesti), in una elementare sequenza, che ruota attorno alla forza motrice del buon pastore[126] (fig. 113).

Se lasciamo la decorazione delle catacombe comunitarie ed entriamo in ipogei particolari, come quello di via Dino Compagni, il simbolismo cosmico si svolge in una delle espressioni più coerenti ed articolate che ci abbia lasciato la cultura figurativa del tardo IV secolo; mi riferisco al cosiddetto cubicolo E[127], con la celebre personificazione della *Tellus*, posta a constituire il ruolo centrale di un programma decorativo che, dispiegandosi nelle pareti, nella volta e persino nella camera di raccordo con il cubicolo circolare adiacente, svolge il tema cosmico in ogni aspetto, chiamando in causa elementi naturali, tempo e stagioni, ora con le personificazioni dei venti e del fuoco, ora con allusioni più generiche e tradizionali alla terra (capridi, cespi vitinei) e al cielo (volatili)[128] (fig. 114).

Se i temi stagionali tornano in catacomba anche attraverso i rilievi marmorei, nella specie di fronti, coperchi di sarcofago e lastre di chiusura di loculi con le

Fig. 113 Catacomba di Priscilla – Volta del cubicolo della Velata

Fig. 114 Ipogeo di via Dino Compagni – Cubicolo della *Tellus*

Fig. 115 Catacomba dei Ss. Pietro e Marcellino – Particolare del cubicolo delle Stagioni

personificazioni delle quattro età dell'anno, come in un marmo del cimitero di via Anapo ancora *in situ*[129] e in un sarcofago della catacomba di Novaziano[130], tali temi trovano lo sviluppo più coerente nelle decorazioni ad affresco, a cominciare dal celebre cubicolo delle Stagioni nel cimitero dei Ss. Pietro e Marcellino[131], dove, tra il III e il IV secolo, il soffitto accoglie le stupende protomi stagionali agli angoli di un arioso contesto, che dispone attorno al buon pastore quattro immagini oranti e le scene ispirate alla storia di Giona (fig. 115).

Il monumento più eloquente, in questo senso, mi sembra, comunque, quello della cappella greca a Priscilla[132] (fig. 116). Il singolare cubicolo, come è noto, svolge un ricco programma decorativo, dove il tema conviviale, qui forse eccezionalmente evocato nel tipo neotestamentario[133], è centro di emanazione dei più accreditati episodi del repertorio biblico, che hanno per protagonisti Mosè, Noè, Abramo, Susanna, Daniele, i giovani di Babilonia, i Magi, il paralitico, Lazzaro. Eppure il soffitto, molto lacunoso, del primo ambiente mantiene la personificazione in busto dell'estate, uno dei quattro elementi che, nella cultura classica, serve a indicare il concetto del ritorno ciclico e continuo dei tempi. Nella parete destra del primo ambiente è, inoltre, dipinta una fenice tra le fiamme, per ribadire e sottolineare l'idea della resurrezione della carne. Nella cappella greca di Priscilla il simbolo mantiene la matrice iconografica ellenistica, così come succede per il busto dell'estate, dimostrando come questi antichi segni entrino nel giro dell' arte catacombale e vengano in stretto contatto con il nuovo immaginario figurativo cristiano[134].

Accanto al sistema lineare, la pittura delle catacombe romane accoglie anche un altro connettivo iconografico, ispirato al più semplice mondo paradisiaco, quello rappresentato dal giardino fiorito[135]. I contesti floreali provengono, come è intuitivo, dai classici *amoena virecta* di tradizione virgiliana e trovano espressioni già ben definite negli sfondi e nelle ambientazioni delle decorazioni funerarie pagane di Roma: dalla tomba della via Trionfale[136] alla camera della via Portuense[137], dall'ipogeo di via Ravizza[138] all'ipogeo detto di Scarpone presso porta San Pancrazio, dove il tema floreale diviene l'unico elemento decorativo, ripetuto *ad infinitum*[139].

Anche nelle catacombe ebraiche compare il *leitmotiv* della tappezzeria floreale e, segnatamente, nel

Fig. 116 Catacomba di Priscilla – Cappella greca

Fig. 117 Catacomba di Priscilla – Volta del cubicolo dell'Annunciazione

cubicolo doppio della catacomba romana di Vigna Randanini[140], che accoglie il tema alternandolo a immagini e segni del più corrente repertorio cosmico, fornendo un'utile indicazione per quanto attiene al senso comune della materia floreale alle diverse culture religiose: essa si presta a suggerire un mondo fertile e felice, un orto, un giardino edenico, ispirato a *Genesi* 2, 8-10 ed inteso come un parco profumato, interessato da una primavera continua.

Molti cubicoli delle catacombe romane alternano alle pareti monocrome o alle emulazioni marmoree le staccionate, le transenne, i cancelli, ma il tema del giardino è svolto in mille altri modi: vuoi con rappresentazioni megalografiche, che collocano in rigogliose aiuole gruppi più o meno numerosi di defunti, come nel cosiddetto cubicolo dei cinque santi a S. Callisto[141], vuoi con accenni più discreti, che alludono all'aldilà con petali, boccioli, ghirlande sparse un po' ovunque, come nella decorazione del cubicolo di Amore e Psiche a Domitilla, riferibile alla seconda metà del III secolo[142] o di quello, poco più tardi, dell'Annunciazione a Priscilla, dove i motivi floreali si innestano tra scene bibliche[143] (fig. 117), o come, infine, in alcuni ambienti del cimitero di via Anapo e, segnatamente, in una scena con Daniele tra i leoni curiosamente sistemata su un letto di rose e nella rappresentazione del fossore *Trofimus* proiettata in un lussureggiante giardino paradisiaco[144].

3. I TEMI

Entro l'atmosfera e i contesti appena descritti si innestano le situazioni figurative, alcune originali e direttamente ispirate alle sacre scritture o comunque intonate al nuovo modo di sentire e di concepire il messaggio cristiano, altre ancora calate nel repertorio figurativo profano, talora appena modificate negli schemi, ma subito diversificate nei significati.

A questo proposito dobbiamo, innanzi tutto, ricordare che buona parte dell'"arte delle catacombe" è rappresentata dall'esito immediato della più sistematica ed ordinaria economia del reimpiego. Succede così che molte forme pavimentali ed altrettanti loculi siano sigillati con elementi di riutilizzo, nella specie di architravi, plutei, stele ed epigrafi pagane. Succede, poi, che molti sepolcri cristiani siano rappresentati da sarcofagi o da lastre scolpite, per espressa richiesta della committenza o per disponibilità nelle botteghe. Alcuni di questi marmi recano temi neutrali, come nel caso della lastra di chiusura di un loculo di via Anapo, dove due eroti scolpiti a leggero rilievo e decorati in rosso, azzurro ed oro sostengono la *tabula* della giovane *Procla*[145] o come in quello del monumentale sarcofago con scene di caccia utilizzato nella regione delle cattedre del cimitero Maggiore sulla via Nomentana[146]. E non mancano rilievi ispirati al mito di Amore e Psiche, come in una fronte del cimitero di S. Callisto[147]; alla tematica marina, come in un sarcofago di Pretestato[148]; a scene di iniziazione, come nel celebre coperchio di *Aelia Afanacia*, ancora a Pretestato[149] (fig. 118); alle situazioni agro-bucoliche, come in un esemplare di S. Callisto[150] e in uno di Domitilla[151].

Per quanto riguarda la decorazione prevalente delle catacombe, ovvero quella strettamente pittorica, possiamo assistere ad un lento e progressivo itinerario figurativo, che dalle tematiche neutrali o polisemantiche conduce al vero e proprio repertorio cristiano.

Alcuni temi elaborati dalla cultura pagana resistono anche nell' arte delle catacombe, potenziando o mutando il nucleo significativo o correggendone alcune sfumature. Certe decorazioni pittoriche mantengono intatte le loro fisionomie grafiche ed i loro risvolti simbolici, come nel caso dell'ipogeo di Vibia, di cui si ricordano il celebre arcosolio con la defunta rapita dalla quadriga di Plutone, Mercurio psicopompo e il banchetto dei sacerdoti a cui partecipa un *Vincentius*[152].

Ancor più celebre il caso di via Dino Compagni, dove, come è noto, alcuni settori sono completamente interessati da situazioni figurative ispirate al mito di Admeto e Alcesti e alle fatiche erculee[153], per non parlare di tutto l'immaginario di tradizione ellenistica che pervade ogni angolo del singolare ipogeo, ora lungo gli zoccoli, con scenette di genere idillico, bucolico e zoo-

Fig. 118 Complesso di Pretestato – Museo delle sculture. Rilievo di *Aelia Afanacia*

Fig. 119 Ipogeo di via Dino Compagni – Cubicolo di Sansone. Scena bucolica

Figg. 120–121 Ipogeo di via Dino Compagni – Cubicolo di Sansone. Scenette di genere

Fig. 122 Complesso di S. Sebastiano – Mausoleo di *Clodius Hermes*. Particolare della gorgone del soffitto

morfo (fig. 119), ora nelle pareti, con personificazioni ctonie, cosmiche e stagionali (figg. 120 e 121), che toccano l'*apex* con la rappresentazione dell'abbondanza e della *Tellus*[154].

Altre immagini, di chiara ascendenza pagana, mostrano delle evidenti correzioni, come quando del mito della fenice, a cui si è già fatto cenno, si rappresenta non più il momento della drammatica morte per combustione, ma quello positivo, trionfale e più attinente al concetto della resurrezione della carne della rinascita dalle ceneri: così in una incisione su marmo da S. Callisto, così in una chiusura di loculo della catacomba di Priscilla[155].

Una correzione, questa, che prevede soltanto una scelta diversificata nell'ambito della storia per immagini dell'uccello d'Oriente, ma altre censure materiali ci parlano di un dibattito talora più drammatico all'interno della comunità e dei singoli gruppi, come quando, ad esempio, vengono dealbate le terminazioni anguiformi delle gorgoni affrescate nella volta del mausoleo di *Clodius Hermes* nella Piazzola di S. Sebastiano[156] (fig. 122) e nel soffitto del cubicolo della *Tellus*, ancora nell'ipogeo di via Dino Compagni[157] (fig. 123). Operazioni, queste, che tradiscono ripensamenti immediati o di poco successivi alla prima stesura delle immagini, dimostrando titubanze e timori nell'assunzione di un segno ad alto tenore apotropaico, difficilmente compatibile persino con il libero pensiero dei privati.

Se dagli ipogei di diritto privato passiamo a considerare i cimiteri comunitari, non sarà difficile ritrovare temi e miti particolarmente fortunati nella cultura pagana, primo fra tutti quello di Orfeo citaredo, che appare in un manipolo di affreschi catacombali,

Fig. 124 Catacomba dei Ss. Pietro e Marcellino – Arcosolio con immagine di Orfeo citaredo

a cominciare dall'omonimo cubicolo di S. Callisto, situato nell'Area I ed ancora riferibile al secolo III[158], e continuando con la lunetta di un arcosolio del cimitero dei Ss. Pietro e Marcellino, dell'ultimo scorcio del secolo IV, con il mitico cantore vestito all'orientale, mentre si appresta a suonare la cetra con il *plectrum*, tra alberi ed un'aquila in volo[159] (fig. 124).

In questi affreschi la figura mitica assume le caratteristiche iconografiche del buon pastore, quasi per sottolineare i risvolti cristologici dell'immagine, come succede, ancora più esplicitamente, in una pittura di Domitilla, dove il Cristo-Orfeo appare tra un gruppo di ovini[160] e, ancora a Domitilla, in un cubicolo riferibile agli anni centrali del secolo IV, dove il soffitto propone al centro la figura del cantore trace, mentre Davide con la fionda compare in un campo laterale, tra altre storie del Vecchio e del Nuovo Testamento[161]. Questo monumento, ora molto rovinato per gli "strappi" settecenteschi, suggerisce la volontà del *pictor* di stabilire un nesso tra Orfeo e Davide, ambedue caratterizzati dalla proprietà di addolcire con il canto e il suono anche i cuori più restii, come il Cristo-*Logos*[162]. Ma il monumento che meglio documenta la trasformazione semantica tra l'immagine di Orfeo e quella del Cristo-pastore si riscontra nella parete d'ingresso di un cubicolo del cimitero *ad duas lauros*. Qui la figura di Orfeo tra gli animali costituisce il nodo unificante di un gruppo di quattro scene neo e veterotestamentarie, alternate in maniera incrociata[163].

Dalla più tradizionale cultura figurativa romana l'arte delle catacombe desume, poi, alcuni elementi ispirati alla più genuina iconografia del reale, a quel repertorio, cioè, che attingendo al vissuto quotidiano dei contemporanei, ne enuclea alcuni momenti figurativamente salienti. È chiaro che questa materia realistica non assume un ruolo preminente, rispetto al più fortunato repertorio simbolico e biblico, ma non è raro ritrovare, tra le immagini delle catacombe, qualche esplicita allusione alla vita e alle esperienze terrene dei defunti e dei sopravvissuti[164].

Rare, ma emblematiche, risultano le rappresentazioni storiche ispirate alle azioni di martirio, consuetamente evitate, nel rispetto della legge dell'ottimismo, che sembra interessare l'arte paleocristiana durante i

Fig. 123 Ipogeo di via Dino Compagni – Volta del cubicolo della *Tellus*

Fig. 125 Catacomba di S. Tecla – Affresco con presunta scena di martirio

primi secoli[165]. Ciononostante, se un affresco staccato ed ora conservato nel cimitero di S. Tecla non pare essere più riconducibile, nonostante le interpretazioni del passato, ad una situazione violenta di esecuzione[166] (fig. 125) al contrario può esserlo senza dubbio una colonnina marmorea scolpita della basilica dei Ss. Nereo ed Achilleo a Domitilla, dove Achilleo viene condotto a morte dal carnefice[167] (fig. 126). Per il resto le gesta dei martiri vengono sublimate in immagini devozionali assai tarde, quali dirette espressioni del culto protomedievale: così nei cimiteri di Generosa, Commodilla (fig. 127), Ponziano, Felicita, S. Ermete, S. Callisto, S. Valentino e Calepodio (fig. 128), dove compaiono delle vere e proprie icone martiriali[168].

I ritratti dei defunti forniscono soltanto labili agganci all'iconografia del reale, in quanto si allineano a quella concezione "spirituale" della ricostruzione fisiognomica dell'immagine umana, che infonde ai volti espressioni tanto sollevate dalla realtà che il livello psicologico sembra prevalere, verso un significato tutto pneumatico[169]. A questa concezione contribuiscono, oltre agli sguardi ispirati e concentrati, anche l'atteggiamento di orante che interessa la maggior parte di queste immagini e l'ambientazione paradisiaca ove sono calate in quasi tutti i casi. Un'atmosfera paradisiaca si respira nella celebre trilogia della Velata in Priscilla che, pur mantenendosi sul livello reale, quando rappresenta le scene della maternità e del matrimonio, si solleva in paradiso con la figura-ritratto centrale, in atteggiamento di orante, in proporzioni assai maggiori rispetto alle altre e, dunque, simbolicamente più significativa[170] (fig. 129).

Anche la singolare scena con una madre attorniata dai cinque figlioletti, dipinta direttamente sui mattoni di chiusura di un loculo al secondo piano di Priscilla, va collocata, come suggerisce l'ambientazione bucolica, in una situazione paradisiaca, senza, per questo, abbandonare completamente il livello del reale a cui, comunque, la rappresentazione rimanda, ricordando la defunta come madre dei giovani figli durante la sua vita terrena[171].

Altre tematiche, più o meno fortunate nell' arte delle catacombe, sembrano genericamente ricondurci al vissuto contemporaneo. Prime fra tutte le materie bucolica e cinegetica, che, in maniera diversa, si diffondono nella pittura, nella scultura e nelle incisioni funerarie.

La materia bucolica è un argomento che si presta naturalmente ad esprimere i concetti di *quies*, *felicitas* e *tranquillitas*, gode di una lunga fortuna letteraria e di un vero e proprio *exploit* iconografico nella plastica funeraria durante il III secolo, incanalandosi nel filone figurativo di tipo plebeo-popolare ed improntandosi ad un realismo spontaneo ed immediato[172]. Nell' arte delle catacombe tale materia si declina subito in ter-

Fig. 126 Catacomba di Domitilla – Basilica dei Ss. Nereo e Achilleo. Colonnina scolpita con il martirio di Achilleo

mini paradisiaci: così nel sottarco di un arcosolio di Domitilla[173], così in una lunetta del cimitero Maggiore, dove due pastori, dei quali uno intento alla mungitura, servono a collocare nell'aldilà la defunta orante posizionata al centro della rappresentazione[174].

Fig. 127 Catacomba di Commodilla – Affresco della Madonna con i santi Felice ed Adautto e la vedova Turtura

Fig. 128 Catacomba di Calepodio – Particolare della decorazione della tomba di papa Callisto

Fig. 129 Catacomba di Priscilla – Cubicolo della Velata. Lunetta di fondo

Pur descrivendo, con dovizia di particolari, la vita pastorale, associando alle immagini gli strumenti canonici, come le siringhe, le bisacce, le *mulctrae*, attorniandole di greggi più o meno numerose e muovendo le figure secondo la gestualità tipica e vivace delle scene di mestiere, le situazioni si sollevano dalla contingenza quotidiana, nello stesso modo in cui le più rare scene di caccia riconducono al concetto dell'*otium*, del ritiro in un pacifico soggiorno a contatto con la natura, liberi dai fastidi quotidiani ed urbani[175].

Quest'ultimo tema, ossia quello venatorio, solo genericamente attinente alla sfera del reale, appare in due uniche occasioni nella pittura delle catacombe romane. Il primo dei due affreschi decora una sede interloculare in uno dei nicchioni di via Anapo[176] (tav. II, p. 90): il monumento, riferibile all'età costantiniana, accoglie nella sommità dell'intradosso un serrato collegio apostolico, mentre ai lati si svolgono le scene canoniche di Giona, Daniele, i giovani di Babilonia, Abramo ed un'orante; la parete di fondo è interessata, nei due diaframmi superiori, da immagini paradisiache (genietti, volatili, vasi di fiori, festoni, petali, boccioli) e in basso dalla situazione venatoria, con un cacciatore che corre, preceduto da un cane, che a sua volta rincorre un cinghiale e una coppia di cervi, già caduti in una rete. L'intrusione della materia cinegetica in un contesto informato ad un significato tutto salvifico, ci dimostra come il tema, durante la tarda antichità, aveva abbandonato il livello aulico, che ne avesse connotato la genesi, a favore di significati più autorappresentativi, tutti gravitanti attorno alla celebrazione del defunto, sottolineando unicamente i concetti di *vis* e *fortitudo*, dello scontro insopprimibile tra forza bruta e coraggiosa intelligenza, del destino e del mistero della morte[177].

Dobbiamo poi aggiungere che il tema, in quanto situato *en plein air*, può essere stato calamitato dai motivi idillico-paradisiaci sparsi un po' ovunque e, segnatamente, nelle altre sedi interloculari; non è, infine, esclusa un'influenza della plastica funeraria coeva che talora comporta, specialmente nei coperchi dei sarcofagi, il ciclo venatorio, mentre nella fronte e nei lati minori appaiono scene bibliche e simboliche. È possibile, dunque, che la sede rettangolare del diaframma abbia richiamato un tema tipico delle alzate dei coperchi dei sarcofagi, che, peraltro, assai spesso, anche nei materiali dislocati nelle catacombe romane, riportano un soggetto venatorio[178].

Più complessa risulta la questione proposta dall'ipogeo dei cacciatori sulla via Appia[179]: il cimitero, che presenta caratteristiche catacombali e che ha anche restituito testi epigrafici di indubbia natura cristiana[180], si colloca nelle immediate adiacenze dell'ipogeo di Vibia, tanto da aver fatto pensare, in passato, ad un collegamento tra i due monumenti[181]. Due arcosoli dell'ipogeo sono interessati da scene a prevalente tema cinegetico: sul primo è ritratto un personaggio a figura intera, nella lunetta di fondo, con arnesi utili alla cattura degli uccelli, collocato in un bosco, popolato di volatili; l'intradosso è decorato in alto da un campionario floreale che ambienta la situazione nell'aldilà, mentre in basso, da una parte e dall'altra, si riconoscono una scena di caccia alla lepre, con un cane che azzanna l'animale, ed una al cinghiale[182]. Un secondo arcosolio reca, nella lunetta di fondo, dei putti raffigurati mentre pigiano l'uva; sulla fronte dell'arco si sviluppa una caccia al cervo con reti e, infine, la lunetta di una terza sepoltura propone il ritratto, estremamente realistico, di un defunto[183]. L'ipogeo, che i caratteri decorativi e stilistici desumibili dalle rappresentazioni fotografiche del passato collocano nel maturo IV secolo, oggi non è più visibile e non è, quindi, possibile ridiscutere le ipotesi, poco fondate, circa una natura sincretica del monumento. La tematica rimanda piuttosto ad un generico senso paradisiaco, ottenuto per mezzo della rappresentazione degli ozi cinegetici che, semmai, possono far pensare alle attitudini e agli svaghi del defunto.

Un altro tema che oscilla tra la sfera del reale e quella spirituale può essere considerato quello, piuttosto diffuso nell'arte delle catacombe, del banchetto. Apparsa assai precocemente, ancora nella prima metà del III secolo, con il celebre e discusso convito dell'ipogeo degli Aureli[184] (fig. 130), l'immagine del banchetto avrà una fortuna costante nelle catacombe di Roma, assurgendo ad una delle cifre fondamentali del linguaggio figurativo paleocristiano.

Nonostante gli iconografi si siano tanto esercitati per comprendere il significato di queste scene[185], molti restano ancora i nodi interpretativi da sciogliere, forse

Fig. 130 Ipogeo degli Aureli in viale Manzoni – Scena di banchetto

per la stratificazione semantica che queste immagini propongono. Tali scene richeggiano, innanzi tutto, gli antichi pranzi funerari ellenistici, di impronta sacrificale, ludica e già funeraria. Questi pranzi trovarono una soluzione di continuità in ambito italico, etrusco e nella cultura romana con vari tipi di convito funerario: dal *silicernium*, che si teneva dopo la sepoltura, al *novemdiale* che, nove giorni dopo la tumulazione, segnava il ritorno della famiglia nella società, sino ai più noti banchetti tenuti durante i *parentalia* e, segnatamente, a quello che si organizzava il 22 febbraio, in occasione della *cara cognatio*, un *convivium* solenne, che si svolgeva presso il sepolcro e a cui partecipavano solo i parenti del defunto, che, in quell'occasione, potevano ricomporre i malumori familiari, approfittando del clima affettuoso che si veniva a stabilire tra i commensali.

Per quanto attiene alle scene di convito propriamente cristiane, così come appaiono nei dipinti delle catacombe romane e nei rilievi dei sarcofagi[186], la tendenza critica più recente vuole attribuire a queste rappresentazioni un senso propriamente ed esclusivamente funerario, ricollegando le immagini alle agapi e ai *refrigeria* e, dunque, alle più concrete e quotidiane pratiche, connesse, appunto, alla ritualità funeraria[187].

Fig. 131 Complesso di S. Sebastiano – Mausoleo di *Clodius Hermes*. Decorazione dell'attico con scena di banchetto

In verità, nelle raffigurazioni catacombali dei banchetti, è possibile individuare gran parte dei modelli iconografici e dei significati allegorici creati dalla cultura figurativa precedente, anche se l'accezione cristiana, in chiave rituale e simbolica, prevale ed emerge sugli altri sensi[188].

Già nei conviti funerari romani si deve distinguere una componente evergetica, che proviene dalla tradizione greca ed ellenistica e che, per la solennità e l'aspetto pubblico, riferisce l'intenzione di fissare la memoria del defunto in senso civico e storico, ed una componente familiare, che esprime il desiderio di descrivere il ruolo del congiunto nel gruppo[189]. Le due accezioni sembrano perdurare nell'immaginario figurativo paleocristiano in maniera talora ben distinta, sebbene appaia dominante quella familiare, così come emerge nelle scene affrescate, con vivacità gestuale e vari tocchi d'ambiente, nel cimitero dei Ss. Pietro e Marcellino[190], mentre non mancano scene a carattere conviviale ancora ispirate alle tradizioni del mito classico, come nella serrata serie di banchetti dipinti sull'attico del mausoleo di *Clodius Hermes* in S. Sebastiano[191] (fig. 131).

Ma anche in quelle raffigurazioni a carattere conviviale più propriamente connesse con la sfera funeraria, alleggerite in modo eccessivo dalla critica moderna di ogni carica simbolica, dobbiamo meglio considerare la gamma dei diversi significati. Se, infatti, alcune rappresentazioni mostrano chiari riferimenti ad un pasto funebre organizzato per o dalla famiglia del defunto, con cenni reali, che riflettono azioni e pratiche effettive, la sospensione di alcune immagini e l'atmosfera che si respira attorno ad altre, come, per esempio, nella famosa *fractio panis* della cappella greca di Priscilla[192], ci sollevano verso un livello più simbolico, anche se, a mio modo di vedere, non convincono l'aggancio alla liturgia eucaristica e il macchinoso legame al *refrigerium interim* tertullianeo[193].

L'aura simbolica che si avverte in certi banchetti dipinti nelle catacombe romane proviene più semplicemente dal concetto di "convito celeste", che interessa, nel medesimo frangente, altre rappresentazioni, che decorano sepolcri di chiaro o sospetto sincretismo religioso, come, per esempio, nella celebre *coena celestis* dell'ipogeo di Vibia, a cui si è già fatto cenno[194], dove un animato *picnic* si svolge sul prato dei campi Elisi o come nel citato banchetto dell'ipogeo degli Aureli[195].

Un'atmosfera oltremondana investe, dunque, alcune scene di banchetto, proiettandole in una sede edenica[196], senza, però, rinunciare a quegli accorgimenti iconografici che agganciano le immagini alle pratiche funerarie, come quando si ambienta un convito del cimitero dei Ss. Pietro e Marcellino[197] in una situazione *en plein air*, caratterizzata dalla presenza di un'urna funeraria, indicando con ciò lo svolgersi del banchetto in una necropoli.

Se in quest'ultimo caso simbolo e realtà si incontrano e scontrano, in altri dipinti alcuni elementi di arredo e composizione, quali la suppellettile e le attrezzature per la preparazione del banchetto, non comportano sempre una funzione in ragione realistica, ma vanno, anzi, considerati come residui degli schemi del banchetto edonistico e venatorio che, nella tarda antichità, perdurano specialmente nei mosaici delle ville rustiche[198] e nei coperchi dei sarcofagi[199]. In questo senso, parlano chiaro l'arcosolio di Sabina[200] (fig. 132) e quello con la firma di Pomponio Leto[201], dove le anfore,

Fig. 132 Catacomba dei Ss. Pietro e Marcellino – Scena di banchetto

Fig. 133 Catacomba di S. Callisto – Cubicolo A3 dei Sacramenti. Scena di *impositio manuum*

Fig. 134 Catacomba di S. Callisto – Volta del cubicolo A2 dei Sacramenti. Tripode e ceste di pani

Fig. 135 Catacomba di S. Callisto – Cripte di Lucina. Particolare del "pesce eucaristico"

gli scaldabevande, i piatti da portata, così come la forte gestualità dei commensali, ci conducono verso la vena aneddotica, sensibile al particolare, tipica della tradizione italica e romana.

Il ventaglio dei significati del tema del banchetto, analizzato in tutte le sfumature, risulta, dunque, molto ampio e assai spesso succede che un livello semantico si intersechi ed interagisca con un altro, dando luogo ad originali virate significative. È il caso dei banchetti del cimitero Maggiore, dove l'oggetto del convito (i pani e i pesci) assumono grandi proporzioni, prestandosi ad interpretazioni simboliche e neotestamentarie[202], secondo un'antica e dimenticata idea del de Rossi, che vedeva in queste scene un'allusione narrativa ai miracoli della moltiplicazione dei pani e delle nozze di Cana[203].

Con questo non ci si vuole allontanare dalla lettura concreta delle immagini di convito, né si vuole recidere il legame che tali scene intrattengono con le pratiche funerarie dei *refrigeria*, anche alla luce di quanto l'archeologia sta rivelando un po' ovunque[204], ma non si possono tacere i tratti simbolici che talora tali rappresentazioni sembrano assumere, come nel caso di un banchetto dipinto in uno dei cubicoli dei Sacramenti in S. Callisto, ove la rappresentazione si accompagna ad una singolare *impositio manuum* su un tripode che sostiene un pane ed un pesce[205] (fig. 133) e in quello che sembra ancora comportare una situazione di *impositio* nel cimitero dei Ss. Pietro e Marcellino[206]. Su questa linea si muovono le estreme sintesi delle scene di banchetto, riscontrabili ancora nel complesso di S. Callisto: sulla volta di una cappella dei Sacramenti resta esclusivamente il tripode con un pesce e sette cesti di pani[207] (fig. 134), mentre in un cubicolo delle Cripte di Lucina, una coppia di grandi pesci è associata a cesti di pani e a bicchieri di vino rosso, dando luogo ai quadretti oramai famosi come "pesci eucaristici"[208] (fig. 135).

Tra realtà e simbolo oscilla la singolare pittura del cimitero dei Ss. Pietro e Marcellino che rappresenta un banchetto per due coniugi, contiguo alla scena di compera o di ritiro da una *fullonica* delle stoffe utili per la preparazione del convito[209]. Piuttosto che al

Fig. 136 Catacomba di Domitilla – Lastra incisa della defunta *Criste*

mestiere della defunta, nell'affresco si vuole alludere alle attitudini della donna, colta nel momento in cui si occupa della conduzione domestica della casa.

Se il banchetto, nella redazione più evoluta, assurge ad esprimere uno *status* paradisiaco, superando tutti i significati che ne avevano guidato la genesi e la fortuna, il concetto di *refrigerium* in senso stretto continua, comunque, ad informare molti documenti iconografici delle catacombe romane. Prima fra tutte la lastra incisa di *Criste* in Domitilla[210], ove la piccola defunta, collocata con pochi ma efficaci espedienti (colombe noetiche, atteggiamento *expansis manibus*) in paradiso, è commemorata dal padre *Cristor* che si refrigera, bevendo e offrendo l'ultimo boccone del pasto ad un cagnolino, forse molto caro alla padroncina (fig. 136). Questo esempio, così immediato e suggestivo, ne richiama altri, come la lastra di *Eutropos*, con il defunto all'opera nella sua bottega di scultore di sarcofagi, rappresentato anche mentre si refrigera[211].

Altre incisioni, più semplici, sembrano anche alludere genericamente al *refrigerium*, rappresentando esclusivamente utensili da cucina o recipienti, come in un titoletto di Commodilla[212]. Tuttavia, indagare sull'effettivo significato di questi segni incisi diviene problematico, quando si deve decidere se tali figure vogliono esprimere un concetto solo concreto o se si sollevano verso livelli di tipo simbolico, come succede con le incisioni che rappresentano vasi, botticelle o altri recipienti, che forse alludono, in estrema sintesi, ai banchetti funerari.

Le uniche manifestazioni figurative a carattere realistico che si mantengono tali nelle catacombe romane, anche a contatto con il repertorio religioso, restano, dunque, le rappresentazioni di mestiere. Le scene di lavoro sembrano trovare l'origine più naturale nell' arte centro-italica, con immagini improntate ad un realismo immediato, con tocchi veristici ed aneddotici, che cadono spesso nella caricatura e nella situazione umoristica. Questo fresco e popolare filone figurativo trova il suo *exploit* nell' arte delle province e perdura nella cultura tardoantica[213].

A questo ultimo riguardo, il monumento che meglio argomenta e introduce questo tema è sicuramente rappresentato dall'ipogeo di Trebio Giusto sulla via Latina, riferibile alla prima metà del IV secolo d.C.[214]. La camera sepolcrale, completamente affrescata, propone una articolata manifestazione dell'iconografia "attitudinale", nel senso che della famiglia dei *Trebii*, costituita da padre, madre e figlio, vengono "fotografate" le virtù culturali, la ricchezza dei possedimenti terrieri, le competenze nella gestione dei prodotti del latifondo e nella costruzione della villa rustica, per mezzo di fresche ed immediate scene di vita quotidiana.

Nelle catacombe di Roma si allude spesso all'attività professionale dei defunti, ora per iscritto nelle epigrafi sepolcrali[215], ma talvolta anche per immagini, a cominciare dalla lavorazione della pietra, al cui riguardo emerge, per interesse, l'epitaffio di un *Alexius* di Domitilla che riporta, ai lati dell'iscrizione, l'immagine orante del defunto e l'ascia con lo scalpello, da intendere come gli arnesi del mestiere del *quadratarius*[216].

Tutto l'umile mondo degli operai, degli artigiani, dei negozianti è documentato dalle più semplici delle rappresentazioni iconografiche che ci abbiano lasciato le catacombe. Una incisione con una scena di semina[217], una con una situazione di vendemmia[218], una con una generica attività agricola[219], un'altra con un'allusione alla mietitura[220], una che immortala la raccolta della legna[221] ci parlano della vita dei campi.

Il vivace mondo del commercio ricorda le personalità di erbivendole, come quella rappresentata ad affresco nella catacomba di S. Callisto[222]; di panificatori, come quelli ricordati nel prestigioso cubicolo di Domitilla[223]; di venditori di botti, come quelli rievocati da un

Fig. 137 Catacomba di Priscilla – Cubicolo dei Bottai. Particolare della parete di fondo

Fig. 138 Catacomba di S. Callisto – Cubicolo A3 dei Sacramenti. Parete di fondo

affresco in un celebre cubicolo di Priscilla[224] (fig. 137); di commercianti di vino, secondo quanto è rappresentato nelle immagini di un arcosolio dell'ipogeo di Vibia[225]; di fabbri ferrai, come si desume da una dettagliata incisione su un marmo di Domitilla[226]; di calzolai, di cui restano epitaffi con gli strumenti del mestiere incisi[227]; di trasportatori di barche sul Tevere, come documenta un cubicolo affrescato di Ponziano[228]; di conduttori di carri da trasporto, come risulta da un affresco del cimitero Maggiore[229], e di muli da soma, come ricorda la celebre incisione di *Constantius* a Domitilla[230]; di barbieri[231] e medici, come testimonia un'incisione che rappresenta un oculista o un dentista a Domitilla[232]; di venditori di pesce, secondo quanto viene rappresentato su una lastra del cimitero dei Ss. Pietro e Marcellino[233].

In questa articolatissima e vivace mappa sociale[234] emerge per diffusione e specificità l'iconografia dei fossori. Queste figure, da un lato, tradiscono una ispirazione propriamente realistica, quando, cioè, se ne considerano l'oggettistica ad esse associate, l'ambientazione in cui sono calate, la gestualità delle immagini e il loro vestiario, mentre, dall'altro, sembrano assurgere ad altri livelli di significato, non esclusi quelli simbolici[235].

Le raffigurazioni dei fossori appaiono assai precocemente nella pittura cimiteriale romana, inserendosi coerentemente nei programmi decorativi più antichi e proponendo subito l'espediente della reduplicazione simmetrica che, come è noto, comporta quasi sempre una tendenza e una intenzione simboliche. Una particolare aura significativa si muove da queste figure anche per la sospensione a mezz'aria, che le situa illusionisticamente entro i pannelli, nella stessa maniera in cui vengono rappresentati personaggi-filosofi, oranti e pescatori.

Prendiamo, per esempio, gli affreschi che decorano due cubicoli dei Sacramenti a S. Callisto che, come è noto, si collocano nella prima metà del secolo III. In uno di questi[236], sembra sfilare tutto il campionario elaborato dagli artisti cristiani delle origini: dal ciclo di Giona all'episodio di Cristo che colloquia con la Samaritana, dal buon pastore al pescatore, dal battesimo di Cristo alla guarigione del paralitico. Ma è la parete di fondo di uno di questi a proporre il florilegio di situazioni figurative a più alto tenore simbolico e che più impegnano l'iconografo che voglia giudicare l'intero programma decorativo (fig. 138). Sotto la placida immagine di Giona in riposo tra due colombe in volo, si riconoscono la celebre scena della *impositio manuum*, a cui si è già fatto cenno più sopra, un banchetto del tipo a *sigma*, il sacrificio di Abramo con le due figure oranti (fig. 139). Tutte queste scenette sono curiosamente racchiuse dalle rappresentazioni di due fossori, stranamente vestiti di candide tuniche, forse per sottolineare il ministero di questi personaggi, che erano entrati a far parte della gerarchia ecclesiastica. Con gravi atteggiamenti, le due figure sostengono altrettante *dolabrae*, mentre assumono un aspetto simbolico ed etereo. Non si può, insomma, escludere un secondo significato, che non sia la semplice "foto-ricordo" dei due fossori che, tra l'altro, non sembrano mostrare caratteristiche fisionomiche di tipo ritrattistico.

Il fenomeno si ripete nel cubicolo adiacente[237], dove il linguaggio figurativo si fa meno concitato. Mentre il buon pastore funge da perno centrale al ciclo di Giona nella volta, due immagini di fossori

Fig. 139 Catacomba di S. Callisto – Cubicolo A3 dei Sacramenti. Parete di fondo, particolare del sacrificio di Abramo

al lavoro commentano i pannelli della parete di ingresso, come minuscoli emblemi posti a vigilare l'accesso al cubicolo.

Le stesse postazioni e lo stesso senso assumono le figure dei fossori dipinte nel cimitero dei Ss. Pietro e Marcellino e, segnatamente, nell'area più antica della catacomba[238], ancora riferibile al III secolo o all'avvio del seguente. Il fenomeno si ripete in alcuni cubicoli di piena età costantiniana, mantenendo quasi sempre le postazioni di ingresso, ma acquisendo proporzioni maggiorate, posizioni e attrezzistica più dettagliata[239], con una evoluzione in senso realistico, che tocca l'apice con la celebre immagine del fossore al lavoro, collocata ancora in uno dei quattro riquadri della parete d'ingresso di un cubicolo, in compagnia di scene tutte ispirate al Vecchio Testamento (Daniele, Mosè, i tre fanciulli nella fornace)[240]. La scena si propone come una delle più realistiche immagini della pittura cimiteriale romana, con l'uomo posizionato e bilanciato verso il fondo, nell'atto di impartire un colpo di piccone su uno sperone tufaceo; alcuni rapidi, ma precisi dettagli ambientano la scena in catacomba: la parete di tufo a cui è appeso un arpione dal quale, a sua volta, pende una lucerna accesa. Il realismo che si respira un po' in tutta la rappresentazione è anche dovuto al vestiario del fossore, ossia alla tunichetta esigua e al caratteristico copricapo.

Meno vivace appare la figura di un fossore dipinta nella sommità di una galleria nell'ipogeo di via Dino Compagni[241], riferibile alla seconda metà del secolo IV. Il personaggio appare di prospetto, con lucerna e recipiente per la terra sulla spalla, tra due festoncini floreali che pendono ai lati, come cortine raccolte, per proiettare l'immagine nell'aldilà (fig. 140). È questo il medesimo espediente adottato, negli stessi anni, da un pittore della catacomba di via Anapo, che situa il fossore *Trofimus*, a cui si è già accennato[242], in un giardino floreale che non può non essere il paradiso.

Anche per la figura del fossore, dunque, possiamo individuare, come per il banchetto, un'oscillazione di significato tra realtà e simbolo. Il primo livello è testimoniato specialmente dalle incisioni sulle lastre funerarie, così come quella celebre di Commodilla, con il fossore intento a tumulare un defunto già avvolto nel sudario[243] o quella, più accurata dal punto di vista grafico, del complesso dei Ss. Marco e Marcelliano, con lo scavatore insignito dalla *dolabra* e dalla lucerna maggiorate nelle proporzioni[244]. L'aspetto simbolico è, invece, ben documentato negli affreschi più antichi, come si è già avuto modo di constatare, ma per intendere fino in fondo la dinamica dell'oscillazione di cui si è detto, occorre prendere in considerazione la rappresentazione del fossore Diogene in Domitilla[245], tristemente famosa per essere stata asportata e distrutta nel 1700. L'uomo non rappresenta più, in questo caso, un'immagine anonima, ma un defunto di cui si conosce l'identità attraverso l'iscrizione funeraria; la sua effigie era rappresentata al centro della lunetta, attorniata dagli strumenti tipici per l'escavazione, sullo sfondo di evanide architetture, riconosciute ora come la rappresentazione di una rete cimiteriale[246], dove sono schematicamente rappresentati gallerie e loculi, ora come una più generica costruzione connotata da una nicchia absidata[247]. Tutto sembra convergere in direzione della rappresentazione realistica, riconducendoci, però, verso quella corrente "autocelebrativa" tipica dell'arte tardoantica, elaborata dalla classe dei *parvenus*.

La presenza cospicua e costante delle immagini dei fossori nelle catacombe romane stabilisce con esse una sorta di osmosi sino a significarle, a simboleggiarle, sino a identificarsi con la sede sepolcrale, talché viene pure il sospetto che la figura che li rappresenta possa anche intendersi come una specie di segno di inviolabilità del sepolcro o di "novità" dello stesso, quasi per sostituire il concetto che aveva avuto il simbolo dell'ascia nella cultura funeraria romana.

Parallelamente, la nutrita presenza di queste rappresentazioni testimonia una progressiva crescita di potere dei fossori nell'ambito dell'attività funeraria e nella composizione sociale delle primitive comunità cristiane[248], un'evoluzione che, come è noto, comporterà abusi sempre più consistenti e una graduale, ma inarrestabile decadenza del gruppo[249].

Come abbiamo potuto rilevare, descrivendo l'at-

Fig. 140 Ipogeo di via Dino Compagni – Immagine del fossore

Fig. 141 Ipogeo degli Aureli in viale Manzoni – Scena omerica (acquerello Wilpert)

mosfera e i contesti dell'arte delle catacombe, il repertorio che nasce e si sviluppa all'interno di questi contenitori ipogei, se si eccettuano queste immagini più o meno realistiche, tocca specialmente l'orbita dello spirito, adeguandosi perfettamente a quel linguaggio salvifico di ispirazione specialmente biblica che si propaga simultaneamente in Oriente e in Occidente tra la fine del II e gli esordi del III secolo[250].

Questi caratteri sono ben evidenti già nell'ipogeo degli Aureli in viale Manzoni, a cui si è già accennato, ma su cui occorre soffermarsi con maggiore attenzione per evidenziarne a tutto campo l'importante ruolo di "antefatto" dell'arte delle catacombe che esso assume.

Il piccolo ipogeo, costituito da tre camere dipinte, di cui due sotterranee ed una semipogea, ha destato l'interesse di storici ed iconografi, sin dal momento della scoperta[251], quando si innescò un dibattito che vide negli Aureli committenti del sepolcro, ora dei veri e propri cristiani[252], ora degli eretici[253], ora degli gnostici[254], ora semplicemente dei pagani[255].

Nel corso di questo tormentato itinerario interpretativo si è persa di vista la cronologia precoce e sicura del monumento, precedente alla costruzione delle mura aurelianee entro cui è inserito, e la sua natura speciale, che va situata all'incrocio di diverse tendenze figurative, ora provenienti dalla consolidata tradizione classica, ora mosse dalle esigenze espressive ispirate alle religioni e ai misteri originari dell'Oriente: il tutto produce ed elabora una singolare forma di sincretismo privato[256].

Nel cubicolo superiore, la parete di fondo mostra, in un ambiente ameno, Adamo ed Eva con il serpente (o Eracle nel giardino delle Esperidi) e la creazione del primo uomo (o il Demiurgo creante), mentre nelle pareti laterali, contro fondali urbani, sono rappresentate figure di filosofi. Al livello inferiore, un cubicolo presenta la volta attraversata da una fitta rete di linee rosso-verdi, con immagini di pastori, pavoni, candelabri vegetali e scenette di repertorio; nella fascia mediana si riconoscono: un pastore-intellettuale che vigila su un gregge, una scena di ingresso in una città, una situazione di vita forense, un banchetto, una scena omerica ispirata al soggiorno di Ulisse presso la dimora di Circe[257] (fig. 141). Le recenti revisioni critiche condotte sulla scena, beneficiando di una fortunata campagna di restauro, hanno permesso di riconsiderare anche il fregio pittorico che si scioglie nel registro superiore, pure semanticamente coerente con quanto illustrato dall'episodio omerico, ma totalmente divergente dal punto di vista narrativo. La raffigurazione, infatti, mostra un momento di estrema concretezza legato al rituale del *funus*, ovvero la *prothesis* di due uomini adagiati su un letto funebre all'esterno di un mausoleo verso cui si dirige, con i capelli sciolti nell'atteggiamento del lutto e della disperazione, una donna in tunica discinta. La scena riguarda senza dubbio i tre Aureli ricordati nell'iscrizione musiva posta come pavimento del primo ambiente ipogeo[258], ovvero Onesimo, Papirio e Prima, ampiamente "citati" dal programma decorativo che connota le camere dell'ipogeo, mentre sospeso rimane il giudizio in merito alla dimensione in cui essa viene ambientata[259].

Nello zoccolo sono raffigurati alcuni personaggi a grandezza naturale, in tunica e pallio, dall'aspetto filosofico. L'ambiente di raccordo e l'altro cubicolo presentano una decorazione più rarefatta, con figure di palliati, muniti di virghe e rotoli, tra i quali una sembrava indicare una croce, anche se, successivamente, è stato provato che tale elemento non è altro che la parte terminale di una ghirlanda[260].

Nell'ambito delle due tematiche fondamentali (quella bucolica e quella filosofica), che attraversano tutto il programma, non è difficile, dunque, riconoscere un terzo filone figurativo, totalmente concentrato sull'autorappresentazione del committente e della sua famiglia, attraverso immagini che si presentano disperse un po' in tutto l'ipogeo, ora dislocate in maestose teorie, ora in consessi più eterei e simbolici, ora in un misterioso gruppo ternario, nella volta dell'ultimo cubicolo. I tre Aureli ricordati nell'iscrizione in mosaico, quindi, trovano una proiezione oltremondana nel fregio del medesimo ambiente che, oltre alla scena sovradescritta, ultima tappa figurativa di un ciclo autobiografico, li presenta, in sequenza, uno nelle vesti di un pastore-intellettuale[261], un altro in quelle di un dignitoso cavaliere che compie il suo ingresso nell'aldilà, per sedersi in atteggiamento filosofico al centro del foro urbano[262] e, da ultimo, di una commensale che prende parte ad un banchetto celeste[263]. Non è sempre chiaro se queste scene si svolgano tra i fatti del mondo e quelli dell'oltremondo, ma appare evidente come tali immagini si mostrino coerenti con i temi iconografici che, nello stesso tempo, si incontrano nella plastica funeraria e producono altri "travestimenti", altre metafore simboliche dei defunti. A cominciare dall'immagine dell'orante che, pur desumendo l'atteggiamento dell'antica personificazione della *pietas*, prende a significare la condizione beata e felice del defunto nell'aldilà, propagandosi dalle rappresentazioni dei cristiani ordinari, a quelle storiche e devozionali, che inducono a discostarsi dal concetto di preghiera, intesa come richiesta dell'intervento divino, per avvicinarsi all'idea della paolina orazione continua[264].

Anche il buon pastore prese a significare diversi concetti nell'arte delle catacombe, non escluso quello del defunto quieto e beato in un ambiente ameno, ma in questo caso la gamma dei significati è più ricca e sfumata. Ferma restando l'ascendenza dell'immagine dalle figure dei sacrificanti orientali, che perdureranno nelle rappresentazioni dell'*Hermes* crioforo, il più diretto modello del segno cristologico affida all'immagine il concetto della filantropia[265]. Osservato nel quadro generale dell' arte paleocristiana, il buon pastore appare oggi come una cifra sintetica della tematica idillico-bucolica, che vuole trasmettere specialmente i concetti augurali di pace e tranquillità[266].

La figura del buon pastore, comunque, non appena entra a far parte del vocabolario cristiano, si carica di nuovi sensi, eludendo e modificando l'intenzione significativa originaria e arricchendosi – come è intuitivo – della corrispondenza cristologica, che dà all'immagine una forza tale da permetterle di muoversi dalla plastica e dalla pittura, per circolare in tutte le classi di materiali e per divenire una parola indispensabile del linguaggio figurativo paleocristiano. È chiaro come in questo arricchimento giochino un ruolo determinante la parabola della pecorella smarrita, ricordata in *Luca* 15, 6-7, e il *Salmo* 23, che attribuiscono all'immagine una valenza battesimale, penitenziale e salvifica.

Nelle volte dei cubicoli romani, i significati si intrecciano e prevale quello soterico, dove il "buon pastore" rappresenta il Salvatore, ovvero l'attore della salvezza nei confronti del fedele-defunto impersonato dall'orante. Lo possiamo constatare nel soffitto del cubicolo Y dell'area callistiana di Lucina[267]. La volta accoglie un ricco campionario della materia augurale, con protomi stagionali, maschere, eroti, uccelli in volo, ghirlande e, lateralmente, una coppia di pastori criofori, che si alterna ad una di oranti, sistemate su peducci vegetali, per sottolinearne il valore simbolico. Qui la conversione al cristianesimo è già avvenuta, non tanto per l'immagine di Daniele tra i leoni, che occupa addirittura la sede centrale, ma per la presenza di Giona in riposo nella parete destra e dei celebri "pesci eucaristici" in quella di fondo.

In questo contesto così fluido, che mostra un vero e proprio processo evolutivo, è facile comprendere le modificazioni delle antiche figure classiche, quando si trovano a contatto con il repertorio cristiano; in tale contesto, il pastore e l'orante, che, per postazione e ripetizione mostrano immediatamente una connotazione simbolica, vogliono esprimere l'indissolubile nodo "salvatore-salvato", ma, nello stesso tempo, partecipano della gaia e felice situazione ultraterrena[268].

In questi primi documenti pittorici si sta consumando un delicato intervento di selezione di quelle immagini, che appaiono nello stesso frangente in quel gruppo di sarcofagi noti come "paradisiaci" e di cui appartengono quelli di La Gayole, della via Salaria, della Lungara, di Basilea e di S. Maria Antiqua[269]. Del campionario appartengono, oltre al pastore e all'orante, anche il pescatore e il filosofo che, tutti insieme, vogliono rappresentare una condizione beatifica, un felice *status* oltremondano. In questa quadrilogia il vero *pendant* del pastore è il pescatore, in quanto l'idillio bucolico e quello marittimo vogliono esprimere, assieme, il concetto augurale della "pace in terra e in mare", ma ben presto succede che questo fortunato binomio perda il secondo dei suoi termini che, come è noto, viene sostituito dalla storia di Giona[270].

Nella pittura cimiteriale romana, infatti, l'immagine del pescatore viene presto elisa, se si fa eccezione per le figure affrescate in due cappelle dei Sacramenti in S. Callisto[271] e in un nicchione della galleria dei Flavi in Domitilla[272], anche se non possiamo dimenticare che, un secolo più tardi, e quindi quasi alla fine del secolo IV, un arcosolio della catacomba anonima della via Ardeatina proporrà uno dei più singolari compendi dei due idilli, con l'immagine ibrida di un pastore che sovrintende ad un gregge di ovini e pesci[273] (fig. 142).

Anche per quanto riguarda la figura del filosofo, si assiste ad una mutazione graduale del significato che, muovendosi dal prototipo ellenistico del saggio contornato dalle muse, giunge a simboleggiare la conoscenza in senso molto generale, poi la dottrina e la catechesi[274]. Nell' arte delle catacombe il filosofo appare per impersonare il defunto-lettore, come nella parete di ingresso di un cubicolo del cimitero dei Ss. Pietro e Marcellino, di epoca pienamente costantiniana[275]. Qui la parete è suddivisa in quattro riquadri che costituiscono un piccolo e meditato programma decorativo, dove alla chiara allusione al piano salvifico (Adamo ed Eva e resurrezione di Lazzaro) si affiancano le immagini di un pastore alla mungitura e di un intellettuale.

Alle figure del filosofo rimandano, inoltre, i componenti della celebre "lezione di medicina" di via Dino Compagni[276], che mostrano molti punti di contatto con quelle degli apostoli che costituiscono i diversi collegi

Fig. 142 Catacomba anonima della via Ardeatina – Affresco del pastore tra pesci ed ovini

dipinti nelle catacombe di Domitilla, S. Ermete, Marco e Marcelliano, Pietro e Marcellino, Ponziano, S. Tecla, via Anapo, via Latina e nel cimitero Maggiore[277].

La figura dell'orante, del pastore, del pescatore, del filosofo sviluppano, dunque, vie significative diverse ma servono anche a "travestire", come si è anticipato, le persone dei defunti che, in quel frangente, amavano essere rappresentati, al di là dei mestieri che questi svolgevano, anche come aurighi e soldati, secondo quanto provano due affreschi del cimitero dei Giordani[278] o, addirittura, come atleti, se ci soffermiamo a considerare il programma decorativo dell'omonimo cubicolo del cimitero dei Ss. Pietro e Marcellino, riferibile ancora alla fine del secolo III[279] (fig. 143).

Il vocabolario redatto dalla primitiva pittura catacombale di Roma, nel momento delle origini e nelle singole unità monumentali, presenta programmi poco omogenei, se analizzati complessivamente. Tali programmi, infatti, non sono altro che l'esito di una composizione di materiali diversi, nel senso che alcuni di essi provengono dall'esperienza figurativa greco-romana, senza alcuna mutazione negli schemi,

Fig. 143 Catacomba dei Ss. Marcellino e Pietro – Particolare del cubicolo degli Atleti

e con questo ci si riferisce alle decorazioni in senso stretto, nella specie delle geometrie, degli zoccoli in marmoridea, dei parati floreali e fitomorfi, di cui si è abbondantemente ragionato[280].

Ma entro questa base tradizionale, si calano iconografie nuove o in via di rinnovamento, talora in maniera anche traumatica, quando si trasformano sepolcri pagani in catacombe cristiane, come nel caso emblematico dell'ipogeo del circo di Massenzio, che vede il ciclo di Giona dispiegarsi e sovrapporsi su una precedente decorazione neutra[281]; talora in maniera meno evidente, quando si dipingono negli spazi di risulta della galleria dei Flavi in Domitilla delle scene sicuramente cristiane, come se si appendessero dei nuovi quadri in una pinacoteca già molto ricca di temi funerari[282] (fig. 144).

L'ingresso dei temi cristiani all'interno dei contesti "pagani" o "neutri" provoca, al di là della forza o della cautela di questi inserimenti, un'ecletticità dei programmi decorativi, che pare appena attutita da un filo conduttore, ora esile, ora più consistente, che tenta di amalgamare le eterogenee compresenze tematiche nei più antichi cubicoli romani.

È un "filo rosso" a forte connotazione salvifica, con risvolti evidentemente paradisiaci; è una concezione che vuole esprimere lo *status* eccezionale e positivo che i defunti provano nell'aldilà; è una condizione beatifica, di cui beneficiano, in primo luogo, le persone dei defunti, ma che si allarga ad abbracciare ogni elemento, ogni segno, ogni immagine; è un'atmosfera fondamentale, che allaccia e stringe tutte le parti del programma decorativo, altrimenti incongruo ed inorganico dal punto di vista del significato.

La genesi dei segni, dei temi, dei programmi icono-

Fig. 144 Catacomba di Domitilla – Ipogeo dei Flavi. Scena di Daniele tra i leoni

II. LA DECORAZIONE DELLE CATACOMBE ROMANE   153

grafici dell'"arte delle catacombe" dimostra raramente un rispetto – almeno rigoroso – di leggi e norme prestabilite, se non per quanto riguarda le questioni geometriche fondamentali, del tipo delle simmetrie, delle corrispondenze, delle specularità, dei contrapposti, che vengono, però, tenuti sempre presenti da ogni repertorio iconografico che voglia ruotare intorno all'orbita spirituale in maniera simbolica. Al di là di queste regole, il vocabolario elaborato dagli "artisti" delle catacombe romane, come tutte le lingue di nuova formazione, soffre di evidenti fenomeni di illogicità, di paradossi, di contraddizioni ed, anzi, si può ben affermare che, al momento delle origini, l'"arte delle catacombe" costituisce per *artifices* e per committenti un vero e proprio laboratorio sperimentale, dove vengono selezionati temi e schemi, che, talora, possono risultare inadatti o difficili, per cui terminano la loro storia dopo una sola elaborazione, apparendo e scomparendo, come meteore[283].

Ma questi esperimenti si praticano specialmente nell'ambito della materia biblica, che comporta operazioni di invenzione o, comunque, di introduzione di nuove situazioni figurative nel repertorio in via di formazione; completamente inverso è il processo che seleziona dall'immenso repertorio della tradizione classica un gruppo di immagini ritenute idonee per la decorazione delle catacombe, una selezione, apparentemente poco impegnativa, in quanto sottrazione e non invenzione, ma invece molto delicata perché comporta sempre, o quasi sempre, una riflessione a livello significativo, che è invece inutile o meno tormentata per i temi biblici. La fortuna dei modelli della cultura classica impegna i decoratori delle catacombe anche per quanto riguarda i semplici schemi. Sembra, infatti, acquisito che la produzione figurativa paleocristiana e, dunque, anche l'"arte delle catacombe" non si propongano come un'iniziativa autonoma, nel senso che molti schemi adottati dagli *artifices* paleocristiani vanno intesi come riprese, sviluppi o elaborazioni di precedenti segni o temi iconografici che, in un primo momento, erano serviti per esprimere situazioni e personaggi stralciati dal ricco patrimonio mitologico classico.

Tale fenomeno di continuità è rilevabile specialmente all'interno della tematica veterotestamentaria. È emblematica e ormai nota la corrispondenza degli schemi tra l'Endimione dormiente e Giona in riposo sotto la pergola[284]; tra Noè nell'arca e Deucalione e Pirra[285]; tra i protoparenti e Giasone e Medea[286]; tra Mosè che si scioglie i calzari e l'*Hermes* che si allaccia il sandalo[287].

Tornando alla lettura complessiva dei monumenti iconografici delle catacombe romane, dobbiamo rilevare che ogni sguardo univoco è reso difficile per la compresenza, nella elaborazione dei programmi decorativi, di queste operazioni inverse per segno, di addizioni e sottrazioni che forniscono risultati misti e certo non classificabili, non rispondenti a leggi e regole, che possono essere chiamate in causa – come si diceva – soltanto nel momento in cui le cifre emerse dalle operazioni di selezione preliminare, si dispongono in simmetrie premeditate, si moltiplicano, si alternano, si affiancano, si richiamano e si allacciano.

In questo quadro così eclettico ed ancora informato di antiche idee iconografiche tra il II e il III secolo d.C., si innesta la vera e propria arte cristiana nelle catacombe romane. Questo esordio avviene con episodi ora allineati alle tendenze iconografiche del tempo, nel senso che gli avvenimenti biblici vengono ridotti a vignette estremamente abbreviate, penalizzando quell'intento narrativo che aveva connotato l'arte romana dei secoli precedenti, ora inventando un linguaggio ancora più criptico, fatto di simboli assoluti, talora difficilmente giudicabili.

Le une e le altre manifestazioni iconografiche convivono anche negli stessi contesti e trovano espressione simultaneamente, nel medesimo periodo. È così che nei più antichi monumenti pittorici delle catacombe romane incontriamo sia i quadri biblici, sia le figure simboliche, come abbiamo potuto constatare nei documenti primitivi dei cubicoli dei Sacramenti e delle Cripte di Lucina, nel comprensorio callistiano.

Per comprendere queste compresenze possiamo fare riferimento al cubicolo della *coronatio* nel cimitero di Pretestato, ora ancorato cronologicamente alla prima metà del III secolo[288]. Il cubicolo si presenta come un'ampia camera sbiancata, completamente

Fig. 145 Catacomba di Pretestato – Cubicolo della *coronatio*. Particolare della scena della coronazione di spine

interessata da un sistema di linee rosso-verdi, che creano dei campi con elementi cari al repertorio cosmico e stagionale (caprioli, pavoni, anatre, fiori) che, nel soffitto, si organizzano attorno all'immagine di un pastore. In questo contesto neutrale o, comunque, non proprio sintomatico dell'iconografia cristiana, si inseriscono, nelle pareti, le scene neotestamentarie ridotte a quadri sintetici, per lo più animati da due o tre personaggi: la Samaritana al pozzo, la resurrezione di Lazzaro, la guarigione dell'emorroissa e la celebre coronazione di spine (fig. 145).

Quest'ultima scena rappresenta una situazione iconografica estremamente singolare per un periodo così antico, nel senso che le scene di passione sono consuetamente introdotte nel repertorio figurativo dopo la pace costantiniana ed ebbero accesso specialmente nella plastica funeraria. La pittura di Pretestato va, dunque, considerata come una "meteora" iconografica, un anticipo dovuto alle esigenze di una committenza volitiva, forse vicina all'*entourage* ecclesiastico o, comunque, estremamente educata al linguaggio biblico, tanto da introdurre scene nuove o censurate dal repertorio corrente.

Mentre a Pretestato ci muoviamo in un campo ancora narrativo, sia pure nella redazione contratta tipica dell'"arte delle catacombe", nell'arenario centrale di Priscilla il discorso figurativo diviene più complesso e simbolico, anche se tutto viene suggerito da un impianto di estrema semplicità e immediatezza. Mi riferisco al nicchione della Madonna con il profeta che, anche alla luce delle riflessioni derivate dai restauri[289], va collocato al terzo o al quarto decennio del III secolo e che deve essere considerato la testimonianza di un cantiere decorativo che, avviato agli esordi del III secolo, giunge al seguente. Nel quadro della Madonna dove, come è noto, Vecchio e Nuovo Testamento vengono in intimo contatto, sistemando di fronte la madre, il bambino ed un profeta – forse Balaam, forse Isaia, forse una generica personificazione della profezia – con l'intento di sottolineare la coesione delle due economie testamentarie, il linguaggio simbolico si svolge in maniera, comunque, ancora discorsiva e ben leggibile (fig. 146).

Il formulario diviene, invece, serrato e poco decodificabile a S. Callisto e, in particolare, con i "pesci eucaristici" di Lucina, con il tripode isolato e con la scena di *impositio* nei cubicoli dei Sacramenti, di cui più volte si è parlato e di cui si conosce bene lo sviluppo cronologico che, dalla fine del II secolo avanza sino alla metà del seguente. In tutte queste scene il meccanismo simbolico, così caro alla cultura religiosa biblica, tanto da essere utilizzato o forse inaugurato dall'arte giudaica, tendenzialmente aniconica e preferibilmente segnica; in queste scene – si diceva – il processo di simbolizzazione raggiunge i livelli estremi, sino a divenire cifrato. I pesci di Lucina, il tripode, l'*impositio* dei Sacramenti potrebbero ridurre, in prima istanza e come si è avuto modo di sottolineare, le situazioni di convito, rappresentate – tra l'altro – contestualmente nei medesimi monumenti, ma potrebbero alludere anche alla ritualità funeraria o alla ambientazione propriamente paradisiaca, senza escludere delle possibili declinazioni semantiche di tipo liturgico.

Ma il linguaggio diviene veramente simbolico in alcune precoci incisioni sulle lastre funerarie delle catacombe, quando ancora sembra difficile giudicare la "cristianità" dei materiali iconografici[290]. Mi riferisco ad alcune lastre poste a chiusura di loculi nell'area della Piazzola a S. Sebastiano, che documentano la fase iniziale dell'epigrafia cristiana, con formulari perfettamente allineati a quelli coevi pagani, ma con i segni, quali l'ancora e il pesce che, muovendosi dall'area della neutralità, si caricano di esponenti cristiani[291]. Così il sepolcro del giovane *Atimetus*, morto a otto anni, è decorato con un'ancora e un pesce[292], nella stessa maniera con cui viene arricchita simbolicamente l'epigrafe di *Ancotia Auxesis* a cui dedicano la sepoltura i genitori *Epaphroditus* ed *Ancotia Irene*[293].

Ci si interroga sul significato profondo di questi segni così semplici che, ad un primo impatto, sembrano rimandare alla grande materia marina che, insieme a quella pastorale, costituisce uno degli argomenti più frequentati dall'iconografia tardoantica. In questo senso, i nostri segni vanno considerati come abbreviazioni o "ritagli" di contesti figurativi più ampi e non come simboli assoluti, ma è anche vero che, nel momento stesso in cui essi vengono selezionati per rappresentare tali contesti, siano giudicati come immagini altamente salienti e vengano sottolineati, con questa scelta, i molteplici aspetti significativi che le figure possono sviluppare, assecondando quella tendenza verso un linguaggio plurivalente, che è tipico dell'arte paleocristiana[294].

Di questo linguaggio simbolico sembra parlarci, in un veloce passaggio dell'*Octavius*, Minucio Felice, quando, enumerando i più innominabili comportamenti dei cristiani, ricorda anche che essi comunicano e si riconoscono attraverso i "segni"[295].

In realtà, la frase di Minucio può essere suscettibile di diverse interpretazioni e, in sostanza, vuole soltanto sottolineare un modo di comportarsi misterioso e incomprensibile, ma non è escluso che in questi "segni", al di là di un alfabeto per adepti, siano da riconoscere i simboli utilizzati dai cristiani nelle loro

Fig. 146 Catacomba di Priscilla – Affresco della Madonna con il profeta

Fig. 147 Catacomba di Priscilla – Cappella greca

iniziali e primitive manifestazioni iconografiche.

Questa suggestione trova un sorprendente sostegno in un brano celebre del *Paedagogus* di Clemente Alessandrino, laddove si consigliano come simboli per i sigilli degli anelli dei cristiani proprio l'ancora, il pesce, la colomba e la nave[296].

Il repertorio figurativo che appare sulle più antiche iscrizioni delle catacombe romane sembra riflettere da vicino questi due brani patristici, a cominciare dalla lastra di *Faustinianus*, dove convergono un ovino, una colomba su un ramo ed un'ancora[297] e continuando con quella di *Urbica*, il cui testo, incluso in uno specchio circolare, è affiancato da un pesce e da una colomba[298], per finire con quella prisciliana di *Valeria*, dove ancore e palme scandiscono il testo dipinto in rosso sui mattoni di chiusura del loculo[299].

Se questi simboli mostrano chiaramente la loro ascendenza pagana, proponendo quale bagaglio significativo antichi risvolti magici e rituali, dagli esordi del III secolo essi cominciano ad apparire con sistema nelle catacombe, dando avvio ad un meccanismo che dovette mutare il significato di molti di questi, verso esponenti evidentemente cristologici e soterici[300].

Mentre l'immaginario iconografico cristiano soffre di queste riduzioni drastiche e mentre gli *artifices* delle origini apprendono il linguaggio dei segni, proseguono anche alcuni discorsi figurativi più distesi, come nel cubicolo della Velata, situato ai margini dell'arenario di Priscilla e riferito alla seconda metà del III secolo[301]. Qui – come si è avuto modo di anticipare – troviamo una storia complessa, sicuramente articolata e matura, nel senso che al significato propriamente cosmico, rappresentato dal Cristo-pastore attorniato dai diversi animali nella volta, e a quello probabilmente soterico, con le storie di Giona, Abramo e i giovani nella fornace, si associa la vivace trilogia della lunetta di fondo[302]. Qui la tradizione realistica dell'arte romana, tutta impegnata a tradurre, magari rapidamente e con semplicità, un umile e ordinario *cursus vitae*, si accompagna alle nuove mode figurative, le quali suggeriscono con cenni e metafore una vita e una condizione che traguardano l'orizzonte terreno, per scorgere un mondo nuovo e sospeso.

Un passo avanti nella cronologia e nell'organizzazione del programma decorativo, lo possiamo osservare nella cappella greca dello stesso cimitero[303]. In questo ambiente – come si è detto in precedenza – i fili significativi si tendono, si intersecano o si muovono parallelamente. Tutto sembra procedere dal nucleo del cosiddetto banchetto eucaristico che, in realtà, come abbiamo visto, rappresenta un sospeso convito, presumibilmente solo funerario, su un fondo rosso pompeiano, da cui si snodano i temi della resurrezione (Lazzaro, fenice), della salvezza (Daniele, Abramo, i giovani di Babilonia, Susanna), del battesimo (Noè, il paralitico, Mosè che batte la rupe), dell'iconografia propriamente ed aulicamente cristologica (adorazione dei Magi). Tutti questi fili sono tesi, in maniera poco omogenea, entro un contesto cosmico-rigenerativo che, come si diceva, si svolge specialmente nelle volte dei due ambienti in cui è articolato il cubicolo (fig. 147).

Con questi progetti in formazione, con questi centoni iconografici, ancora così poco amalgamati, ci si avvia verso il IV secolo, quando la produzione pittorica delle catacombe romane trova un ordine più meditato, più ragionato, più geometrico, meno improvvisato. Si riscopre l'ordine naturale del ciclo, si recupera il gusto delle storie bibliche raccontate in sequenza logica o con ritmo alternato, come nel cubicolo dei due banchetti di piena età costantiniana nel cimitero dei Ss. Pietro e Marcellino[304]. Qui il Cristo pastore si pone al centro della volta e attorno alla sua immagine ruotano, come in una giostra, ben otto scene desunte dal repertorio biblico con una perfetta alternanza tra il Vecchio e il Nuovo Testamento: il miracolo della roccia, la guarigione del paralitico, Daniele tra i leoni, la moltiplicazione dei pani, Noè nell'arca, Giobbe, una scena di battesimo, la resurrezione di Lazzaro.

Nello stesso tempo e secondo gli stessi schemi si dispiegano sulle fronti e sulle alzate dei coperchi dei sarcofagi delle ampie carrellate di scene bibliche, secondo la tipologia del "fregio continuo", organizzato anche in due registri. Emblematico, in questo senso, mi sembra il celebre sarcofago di Lot rinvenuto nel complesso di S. Sebastiano[305] (fig. 148). Mentre il coperchio anepigrafe reca scenette ispirate al ritorno

Fig. 148 Catacomba di S. Sebastiano – Sarcofago di Lot

dalla caccia, la fronte, distinta nei due registri, accoglie, nella postazione centrale, i ritratti di una coppia di coniugi all'interno di una conchiglia. Le scene bibliche si snodano senza soluzione di continuità: la resurrezione di Lazzaro, la negazione di Pietro, la consegna della legge a Mosè, il sacrificio d'Isacco, la consegna dei simboli del lavoro, Lot che abbandona Sodoma, la cacciata dal paradiso, la strage degli innocenti.

Le catacombe romane e gli edifici del sopratterra hanno restituito un numero considerevole di sarcofagi a "fregio continuo" che, come è noto, pur apparendo agli esordi del secolo IV, trovano le manifestazioni più numerose e definite nel corso dell'età costantiniana[306]. Tra i manufatti più significativi, dobbiamo ricordare il noto esemplare detto di Balaam, sempre a S. Sebastiano[307], quello di bambino a S. Callisto[308] ed alcune arche da Pretestato[309], da Marco e Marcelliano[310] e da Novaziano[311].

La tendenza ciclica e narrativa si mostra, in maniera evidente, sul soffitto del cubicolo detto dell'Esodo nel cimitero dei Giordani sulla via *Salaria nova* già di età teodosiana[312]. Qui il centro e la base della materia iconografica, ossia il Cristo e la Bibbia, si associano nel tondo centrale che accoglie, appunto, la figura del Cristo seduto su un *subsellium* con un *codex* tra le mani, secondo la tipica iconografia del docente. Attorno a lui ruotano, tra anonime figure oranti, quattro episodi tratti dall'Esodo e, segnatamente, la figurazione di Mosè che riceve la legge, quella di Balaam che ammira gli accampamenti d'Israele, quella di un ebreo che raccoglie la manna nel deserto, quella relativa alla cattura delle quaglie.

Il filone narrativo, così caro alla decorazione degli edifici di culto e certamente collegato alle decorazioni delle bibbie miniate, trova la sua massima espressione nell'ipogeo di via Dino Compagni[313]. In un torno di tempo che va dagli anni centrali del IV secolo all'esordio del seguente, l'ipogeo riceve sulle pareti degli ambienti più complessi, connotati da un'architettura negativa veramente audace, una decorazione pittorica straordinariamente eclettica, dove prevale, appunto, la tendenza ciclica d'ispirazione soprattutto veterotestamentaria, ma dove non mancano, come si è detto, i *revivals* paganeggianti, le memorie della cultura figurativa ellenistica e le scene teofaniche di nuova ideazione. La complessità del programma decorativo di via Dino Compagni tradisce la forza delle intenzioni di una committenza privata di elevato livello sociale e di importante potenziale economico.

Il senso ciclico, arricchito dalle storie di passione, prosegue, con molta fortuna, anche nella produzione plastica che dall'età costantiniana giunge alla fine del IV secolo[314]. Nelle catacombe romane si conservano un po' tutte le tipologie tettoniche che si sviluppano in questo periodo: dai sarcofagi a pannelli a quelli a colonne, da quelli ad alberi a quelli a porte di città, da quelli con il passaggio del Mar Rosso a quelli a stelle e corone, da quelli cosiddetti di Bethesda a quelli dell'*anastasis*[315].

È proprio nell'ambito della produzione dei sarcofagi romani che sembrano nascere i temi teofanici, come quello della *traditio legis*, che pare trovare alcune delle sue manifestazioni più antiche proprio in un sarcofago di S. Sebastiano[316]. Nelle arche rinvenute nei complessi cimiteriali romani non mancano, poi, esemplari con scene di *maiestas Domini*, come in un caso di Domitilla[317] e in uno di S. Sebastiano[318], dove si rintracciano esempi scultorei che propongono l'immagine dell'*anastasis*[319] o della croce isolata e posta al centro della fronte[320].

Quest'ultimo complesso ha restituito il maggior numero di sarcofagi, forse per la grande proliferazione di mausolei annessi alla *basilica apostolorum* che, appunto, accoglievano le arche marmoree[321]. Tra gli esemplari più interessanti emerge sicuramente il cosiddetto sarcofago Albani[322], riferibile ancora alla prima metà del secolo IV, con la fronte scandita da pannelli strigilati e figurati, con le scene della *maiestas Domini*, della consegna dei simboli del lavoro, della resurrezione di Lazzaro, del miracolo del cieco, della trilogia petrina, del miracolo del paralitico.

Alla fine del IV secolo va, invece, riferito il cosiddetto sarcofago delle due sorelle, sempre conservato nel museo di S. Sebastiano[323]. La fronte è scandita da pannelli figurati e strigilati, con due personaggi-santi che, dalle postazioni estreme, indicano la rappresentazione centrale inclusa in un clipeo e costituita da due figure femminili, un tempo considerate due sorelle,

Fig. 149 Catacomba di Domitilla – Arcosolio di Veneranda

ma più probabilmente riferibili alle personificazioni dell'*ecclesia ex gentibus* e dell'*ecclesia ex circumcisione*, ovvero alle due entità della Chiesa antica, raffigurate come donne in atteggiamento di orante, alle spalle delle quali si scorge la croce, che rappresenta il segno cristologico di coesione tra le due parti.

Nelle catacombe romane, durante la seconda metà del secolo IV, vengono, dunque, introdotte molte scene teofaniche che, dopo aver consumato le prime esperienze figurative nella plastica funeraria, approdano alla decorazione pittorica. Questo clima simbolico si crea con le prime rappresentazioni di introduzione in paradiso, con i martiri e i defunti che diventano protagonisti, a cominciare dal celebre affresco di un arcosolio situato nei pressi della basilica dei Ss. Nereo ed Achilleo in Domitilla[324]: siamo nella seconda metà del IV secolo e la martire Petronilla, che già godeva di fama e di culto a Roma, introduce nel giardino del paradiso la nobile defunta Veneranda, con gesti di grande confidenza (fig. 149).

Tra i martiri e i defunti si stabilisce una sorta di amicizia religiosa, un intimo legame *inter pares* che qualifica i santi come protettori, patroni e intercessori: essere vicino a loro, essere rappresentati in loro compagnia significa rompere quel limite tra terra e cielo, ben espresso, nelle catacombe romane, dalla creazione dei *retro sanctos*[325].

Il rapporto di patronato tra martiri e defunto è ben illuminato, alla fine del IV secolo, dal cubicolo di Leone che, proprio all'ingresso e, segnatamente, ai lati della *tabula inscriptionis* dipinta, laddove ci aspetteremmo i principi degli apostoli, presenta le figure dei martiri eponimi Felice ed Adautto, venerati nella catacomba di Commodilla, ove si situa il cubicolo, mentre elevano le corone, simbolo del loro martirio e trionfo[326].

Un documento di grande impatto figurativo

Fig. 151 Catacomba di Commodilla – Affresco di *Turtura*. Particolare del volto della Madonna

esprime, in maniera significativa, il rapporto tra santi e defunti: mi riferisco alla volta del nobile cubicolo del cimitero dei Ss. Pietro e Marcellino sulla via Labicana, dove i quattro martiri più venerati sono schierati alla base di una piramide che vede appunto alla sommità il Cristo tra i principi degli apostoli: Tiburzio, Gorgonio, Pietro e Marcellino, con eloquenti gesti di acclamazione, indicano il vertice celeste costituito proprio dal gruppo ternario Cristo, Pietro e Paolo[327] (fig. 150).

Agli esordi del V secolo, sembra questa l'ultima testimonianza della devozione dei santi da parte delle classi romane abbienti ma forse, sulla stessa linea, possiamo collocare il quadro dipinto oltre un secolo dopo nella basilichetta di Commodilla, con i martiri eponimi che presentano la vedova *Turtura* al cospetto della Vergine madre e regina, ma ormai ci troviamo entro spazi deputati al pellegrinaggio e di fronte alle ultime manifestazioni funerarie nelle catacombe[328] (fig. 151).

Quando i cimiteri sotterranei romani acquisiscono il ruolo di sede del pellegrinaggio si inaugura una nuova stagione decorativa che vede apparire lungo gli *itinera ad sanctos* i manifesti dei martiri venerati[329], a cominciare dallo splendido stuolo dei santi Sebastiano, Policamo e Quirino affrescato, agli esordi del VI secolo, nel lucernario di S. Cecilia a S. Callisto[330].

Queste ultime manifestazioni assumono il respiro e l'articolazione dei programmi absidali degli edifici del sopratterra, come nell'affresco di Cristo tra i martiri a Generosa, nella *traditio clavium* di Commodilla, nelle absidi di S. Felicita e di S. Ermete, nella teoria di santi a S. Valentino, nei pannelli di Lucina, di Ponziano e della cripta di S. Cecilia, nella decorazione della tomba di S. Callisto a Calepodio[331].

Fig. 150 Catacomba dei Ss. Pietro e Marcellino – Volta del cubicolo dei santi eponimi

4. LE RICERCHE

L'arte delle catacombe attrasse immediatamente l'attenzione dei primi scopritori dei cimiteri cristiani di Roma. Gli esploratori del XVI secolo, percorrendo con fatica i meandri delle necropoli sotterranee, alla luce delle fiaccole, si arrestarono dinanzi agli affreschi, ai sarcofagi, ai mosaici, così semplici nella forma, ma così profondi nei contenuti[332]. Il grande storico della Chiesa Cesare Baronio, descrivendo la prima catacomba ritornata alla luce nel maggio 1578, quella anonima di via Anapo, dimostra tutta la sua ammirazione per la *subterranea civitas* appena scoperta ed esulta per il fatto che quegli *ampliora spatia* fossero *sanctorum imaginibus ornata*[333]. Il Baronio, insieme ad altri eruditi dell'epoca, come il de Winghe, il Ciaccionio e poi il grande Antonio Bosio si preoccuparono di far riprendere quelle suggestive pitture ad acquarello per poterle meglio apprezzare e studiare.

Sin dagli esordi dell'archeologia cristiana, dunque, l'arte delle catacombe colpì gli studiosi che, però, attribuirono a questi preziosi documenti iconografici il triste ruolo di strumenti funzionali all'interno del complesso dibattito riformista.

L'arte delle catacombe è stata sempre disattesa dagli storici dell'arte e dagli iconografi di ogni epoca, tanto da essere considerata come una sorta di produzione artigianale. Ora se ne è enfaticamente evidenziata la componente spirituale, sollevandola, in maniera antistorica, dalla *facies* figurale dell'epoca, ora si è voluto alleggerire tale componente, rispetto alla precedente cultura pagana. Ora si è rilevato il tratto stilistico compendiario ed eclettico, indovinandovi come un'urgenza e forse una fretta da parte di pittori poco disposti a stazionare a lungo in ambienti oscuri ed angusti, ora si è considerata la meccanica ed ossessiva ripetizione di temi e schemi, come per evidenziare la scarsa originalità[334]. Ora si è insistito sul ruolo catechetico, ora lo si è disconosciuto, in quanto le decorazioni, assai spesso, risultano "imprigionate" all'interno dei cubicoli[335].

Tutte queste valutazioni non riflettono appieno la portata di un'arte che, pur apprezzata alla luce morbida delle lucerne, descrive un immaginario salvifico, tra i più ricchi e significativi che abbia elaborato la cultura religiosa dell'antichità. Un'arte che si esprime nella penombra, ma che riesce a creare un'atmosfera gaia e positiva, che subito elide gli oscuri coni d'ombra degli ambienti ipogei.

L'arte delle catacombe, come l'arte cristiana più in generale, sino agli anni '70 del nostro secolo, era considerata una manifestazione praticamente autonoma, originale, fortemente connotata e dunque decisamente separata da ogni altra espressione figurativa, anche intimamente circonvicina per tempi e luoghi.

Ai nostri giorni, parlare solo di "arte cristiana" e di "arte delle catacombe" significa voler avvistare un'isola figurativa immersa in un mare inesistente e insensibile a queste manifestazioni così forti, così espressive, ricche, complesse, diversificate nelle espressioni, particolarmente originali.

L'approccio ermeneutico nei confronti dell'arte delle catacombe, così come succede per tutta l'arte cristiana, ha utilizzato, per molto tempo, piuttosto gli strumenti dell'esegesi e della speculazione teologica che quelli vigenti presso gli storici dell'arte. E, d'altro canto, gli studiosi delle antichità cristiane guardavano a quelle prime manifestazioni artistiche come a formidabili *test* di controprova per le loro teorie controriformiste. E tutto questo sin dal momento genetico dell'archeologia cristiana, intesa come argomento di approfondimento, se non ancora di ricerca scientifica.

Questo stato di cose condusse, agli esordi del nostro secolo, alla creazione di una "scienza dell'arte cristiana" e dunque di uno "studio dell'arte delle catacombe", intrisi di potenti intenzioni apologetiche, di evidenti caratteri confessionali, di strumentali funzioni speculative, di metodi ermeneutici preconfezionati, di letture fortemente dogmatiche. Tutte queste linee metodologiche confluiscono nel pensiero, nell'attività scientifica e nell'approccio iconografico di Joseph Wilpert, di cui, a ottanta anni dalla scomparsa, si sono comprese tutta la forza e l'intelligenza recensiva nei confronti dei materiali iconografici paleocristiani, ma anche la grave responsabilità per aver tracciato dei solchi profondi tra le diverse manifestazioni artistiche cristiane e non cristiane[336].

Il Wilpert contribuì a disegnare una fisionomia dell'arte paleocristiana, privilegiando, innanzi tutto, l'arte delle catacombe, puntando lo sguardo specialmente su Roma e sezionando i materiali in tre grandi aree tipologiche, ossia le pitture, i sarcofagi e i mosaici, affidando un ruolo solo secondario alle altre arti. Tutte queste operazioni agevolarono il suo desiderio di raccogliere i materiali iconografici, di documentarli secondo i più moderni criteri rappresentativi, quali le foto acquarellate per le pitture e le restituzioni grafiche per i sarcofagi[337], ma innalzando delle barriere insormontabili tra le diverse classi artistiche.

Eppure i *corpora* che egli dedicò alle pitture delle catacombe romane[338] e ai sarcofagi[339] costituiscono ancora un attraente punto di riferimento tra gli studiosi di iconografia paleocristiana, che restano sempre in attesa di repertori più aggiornati e redatti secondo criteri più allineati con la moderna critica figurativa della tarda antichità[340].

Soltanto a partire dalla seconda metà del Novecento l'arte paleocristiana è stata osservata da una postazione meno settoriale ed è stata coinvolta nel giro delle esperienze figurative del tempo, enucleandone i caratteri connotanti, ma denunciandone anche tutti quei fenomeni di continuità, che innestano le manifestazioni figurative cristiane nel naturale divenire dell'arte tardoantica.

Mentre un vecchio pregiudizio faceva trattare ancora "a parte" l'arte delle catacombe[341], si cominciò a considerare la cultura figurativa paleocristiana in maniera contestuale[342], nel senso che, sul piano storico-artistico, viene oramai valutata insieme a quella pagana.

Queste prime osservazioni furono puntualizzate, negli stessi anni, da Ranuccio Bianchi Bandinelli[343], che intravide nella produzione tardoantica un preciso fenomeno di continuità della cultura figurativa ellenistica e, segnatamente, nella decorazione pittorica delle catacombe. A queste notazioni di carattere generale e propriamente figurativo si affiancavano gli interventi di approccio storico-artistico di Ernst Kitzinger che ideò la definizione dell'ellenismo perenne, intendendo, con questo, un periodico e continuo ritorno dell'*imagerie* elaborata dall'arte greco-romana, durante tutti i secoli della tarda antichità[344].

Nel frattempo si andavano precisando le posizioni critiche degli iconografi cristiani, che, alleggerendosi della settorialità stabilita dalla visione simbolica del Wilpert, si immisero in una posizione continuista che vedeva nella formazione del repertorio cristiano una graduale evoluzione di scene ed immagini[345]. L'apporto più consistente, in questo senso, venne da Theodor Klauser[346], ma importanti puntualizzazioni vennero, in seguito, dal Dassmann[347], dall'Engemann[348], dal Brandenburg[349] e dal Deichmann[350].

Con questi ultimi studi, l'arte paleocristiana sembra liberarsi dalle letture univoche, che tenevano insieme, attraverso un filo conduttore, le diverse realtà figurative, collegandole ad un unico referente di base.

Tali idee connotanti, nel passato, erano state preconfezionate per essere, poi, meccanicamente applicate alle arti figurative e, talora, vi si riconosceva quell'espressione definita e continua del potere soterico e sacramentale intravista dal Wilpert[351] e arricchita, con sfumature appena diverse, dal Sauer[352] e dal Casel[353]; talora, e più di recente, vi si individuava la manifestazione figurata della speranza nell'immortalità e nella resurrezione[354].

Mentre, durante l'ultima stagione di ricerche, tutte le teorie del passato sono state messe in discussione, proprio per la unilateralità che proponevano, l'"arte delle catacombe" soffriva per altre disattenzioni. Non sono mancati, infatti, casi in cui nei contributi che volevano abbracciare analiticamente la produzione pittorica romana del IV secolo veniva eliminata, dal quadro complessivo, la pittura catacombale, motivando tale esclusione con l'eccessiva oscillazione cronologica delle diverse regioni cimiteriali. Questa grave censura sembrava trovare ragione in un articolo che denunciava, forse in maniera asseverativa, lo stato delle cose[355]. In buona sostanza, si diceva che la critica moderna si era immessa in un vicolo cieco, per quanto attiene al progresso delle conoscenze cronologiche delle catacombe romane.

Il dibattito, nella seconda metà del secolo scorso, sembra essersi esercitato specialmente in relazione alla vasta produzione pittorica del cimitero dei Ss. Pietro e Marcellino sulla via Labicana; un dibattito che, rispetto al momento iniziale, connotato dal confronto tra Kollwitz[356] e De Bruyne[357], sembra essersi collocato, in tempi più recenti, in un'area problematica assai più ampia e metodologicamente più impegnativa, che interessa non solo e non tanto la definizione cronologica delle pitture, ma che si allarga a considerare la datazione assoluta delle catacombe[358].

Il dibattito sembra essersi incanalato in un percorso circolare che, da un lato, secondo un approccio storico-artistico, considera isolatamente il patrimonio pittorico della catacomba della via Labicana, giungendo a cronologie piuttosto mature, che vengono poi collocate un po' innaturalmente nel relativo contesto monumentale, mentre, dall'altro, chiede alle decorazioni niente più di una controprova, piuttosto che un'effettiva compartecipazione, per la definizione della storia delle diverse regioni cimiteriali[359].

Secondo questo duplice approccio, la decorazione pittorica del cimitero dei Ss. Pietro e Marcellino soffre inevitabilmente di strumentalizzazioni preventive, che ne alleggeriscono ora la portata espressiva a favore di deduzioni solo cronologiche, ora l'intimo legame con i supporti, collocando i vari affreschi come in una pinacoteca.

Il diagramma iconografico disegnato dalla produzione pittorica del cimitero, invece, mostra l'articolazione tipica delle decorazioni catacombali, con una successione di fasi, già nel progetto e nella creazione dei sepolcri e poi nel momento propriamente decorativo. Anche nel cimitero della via Labicana si può assistere al fenomeno – ora sempre meglio rilevato – di interruzioni, pentimenti e variazioni in corso d'opera.

Per questo motivo va, innanzi tutto, ridimensionata o guardata con sospetto la presunta "moda" che individua nell'estrema utilizzazione dei cimiteri come tali, il diffondersi di "cubicoli bianchi", indovinando in tale consuetudine come una "stanchezza" ed un irreversibile processo di impoverimento delle intenzioni decorative. Molto spesso i cubicoli solo dealbati possono rappresentare i testimoni di un cantiere che aveva predisposto un'area in ogni sua parte, sino a stendere il supporto e l'intonaco dei cubicoli, in attesa dell'acquisto delle varie camere e della decorazione definitiva, lasciata alle decisioni della committenza.

Tutto questo comporta una dicotomia tra l'azione dello scavo dell'area catacombale e la decorazione dei singoli sepolcri: basti pensare – a titolo d'esempio – al celebre ambiente esagonale dell'ipogeo di via Dino Compagni, dove un cubicolo solo scavato ed uno solo dealbato convivono con affreschi di grande impegno iconografico come la cosiddetta "lezione di medicina"[360] e si pensi all'area convenzionalmente detta di Novella nel complesso di Priscilla, dove l'arcosolio del pastore con i galli rappresenta l'unico monumento affrescato di una serie di altri arcosoli bianchi, pronti per essere decorati, ma mai finiti[361].

Non si può dimenticare, poi, il caso di alcuni nicchioni del cimitero anonimo di via Anapo, che comportano la decisione di decorare con pitture i singolari arcosoli oblunghi, soltanto dopo aver sistemato alcune sepolture nella parete di fondo[362]. Questi esempi non rappresentano eccezioni rare, ma segnali piuttosto diffusi ed interessanti di una dinamica che, molto spesso, non vede muoversi in sintonia la progressione dello scavo, la creazione delle sepolture e il relativo decoro. Senza contare che molti nuclei delle catacombe romane nascono all'interno di contenitori ipogei preesistenti[363], dove i *fossores* e i pittori possono muoversi liberamente in punti diversi dell'area, senza seguire un fronte ordinato[364].

Da queste considerazioni discende la cautela, suggerita da più parti, nel considerare le pitture delle catacombe come indiscutibili materiali funzionali alla definizione cronologica di un'area catacombale, dando luogo, tra l'altro, ad un fenomeno di precaria attendibilità, quando tali documenti iconografici soffrono essi stessi per difficoltà interne di valutazione cronologica. La pittura delle catacombe, infatti, svolgendosi approssimativamente entro l'arco di due secoli e ripetendo, spesso, temi e schemi, secondo strutture poco differenziate, non sempre offre validi punti di riferimento per una datazione affidabile e assoluta[365].

Con questo non si vuole alleggerire il ruolo delle decorazioni pittoriche nella considerazione globale di un'area o di un cimitero, ma occorre collocare tali affreschi nel divenire storico del monumento. È per questo che lo specialista della pittura cimiteriale romana si è preso come una pausa di riflessione, piegandosi su sé stesso ed abbandonando sia le disquisizioni propriamente iconologiche, sia quelle solamente cronologiche. Oggi si è lasciato maggiore spazio alle considerazioni di natura documentaria[366] e tecnica[367], alla ricerca delle radici più profonde del fenomeno figurativo, riprendendo lo studio dall'esecuzione degli affreschi catacombali, suggerendo la maniera e indicando l'urgenza di un immediato intervento conservativo, elaborando, come si è detto, un censimento delle pitture quanto mai preciso e dettagliato, per avere un panorama largo e chiaro, che si proponga come base affidabile per ogni studio più profondo e particolare.

Queste riflessioni tradiscono la debolezza delle determinazioni cronologiche delle pitture catacombali rispetto a quelle attribuite ai sarcofagi che, pur intrattenendo rapporti meno intimi con i monumenti in cui sono collocati, per la loro mobilità e per il lungo lasso che può anche intercorrere tra la preparazione del manufatto e l'utilizzazione, sembrano denunciare una periodizzazione più affidabile[368].

Gli affreschi e i sarcofagi, comunque, intesi come gli espedienti decorativi più connotanti delle catacombe romane, attendono ancora considerazioni più profonde ed anche simultanee per preparare una vera e propria storia dell'arte delle catacombe. Dopo le considerazioni "separate" del Wilpert[369] e quelle più interessate alle decorazioni pittoriche del De Bruyne[370], le riflessioni del Testini sono apparse riassuntive e sacrificate dalla loro collocazione in un manuale[371], e questa sensazione si avverte anche nelle riprese dei decenni successivi, sia monografiche[372], sia ancora manualistiche[373] o addirittura più generiche[374] ed acritiche[375].

La storia dell'arte delle catacombe deve essere ancora scritta e, forse, si potrebbe proprio iniziare dai volti, dalle fisionomie, che appaiono come visioni dalle ombre delle gallerie. Volti per lo più anonimi, ripetuti secondo schemi semplificati e più spesso impegnati nel rendere una semplice "unità" figurativa che una specifica "personalità" iconografica. Ma, sfogliando il ricco repertorio dei volti dipinti e scolpiti nelle catacombe, ci si imbatte in sguardi di grande impatto psicologico, a cominciare dal celebre filosofo, già considerato Paolo, nella teoria dell'ipogeo degli Aureli in viale Manzoni[376] (fig. 152). Qui convergono tutti quegli

Fig. 152 Ipogeo degli Aureli in viale Manzoni – Volto di un filosofo

elementi che caratterizzano i ritratti della tarda antichità, nelle redazioni più precoci eppure già intese ad allentare tutte quelle regole e quelle peculiarità, che avevano resa famosa la ritrattistica romana. Ogni aderenza ai caratteri fisionomici del personaggio sembra dimenticata, per evidenziare l'espressione ad un

Fig. 153 Catacomba dei Giordani – Affresco con ritratto di una defunta

tempo compassata e tesa, rassegnata eppure inquieta, in un intenso e compresente senso della ricerca di un punto lontano e indefinito e della sicurezza di aver raggiunto una pace interna definitiva.

Il volto degli Aureli, come quelli di molti sarcofagi dell'età tardo-severiana o proto-gallienica, propone uno sguardo ispirato, quasi visionario, calandolo in quella concezione figurativa che, con labili e vacue espressioni psicologiche e con un "doloroso stupore", dovrebbe esprimere "l'angoscia del vivere in quei tragici tempi"[377].

Molti volti delle catacombe e specialmente dei ritratti più antichi propongono questa paradossale compresenza di inquietudine, depressione e insoddisfazione, ma anche di una strana calma, di una totale sicurezza, di una libertà raggiunta attraverso la sapienza e la dottrina.

L'espressione di tesa e grave spiritualità del "filosofo" di viale Manzoni è anche il frutto di una rapida tecnica "impressionistica". Espressione e tecnica tornano, tra il 250 e il 260, nei volti della lunetta di fondo del cubicolo della Velata in Priscilla, che mostra alcuni tra i più efficaci ritratti di tipo pneumatico che ci abbia lasciato l'arte delle catacombe[378]. Se percorriamo i cimiteri romani troviamo decine di volti ispirati, tutti pertinenti all'età tardo-severiana o proto-gallienica: dal frammento di un sarcofago paradisiaco di Priscilla con una matrona lettrice[379], ad un concentrato ritratto femminile su un coperchio frammentario di S. Callisto[380]; dal melanconico viso di *Bassa*, evocata insieme al marito in un vetro dorato, ancora *in situ*, nel cimitero di Panfilo[381], ad una fanciulla resa a in figura intera sulla fronte di un sarcofago sempre di Priscilla[382].

Dall'esordio del IV secolo e sino all'età costantiniana i volti delle catacombe, come tutti i ritratti romani, risentono dell'impulso espressionista che arriva nella capitale con il sopraggiungere delle idee e delle religioni d'Oriente, ma anche delle culture figurative di tipo plebeo, intendendo con questo il riemergere delle concezioni artistiche autoctone, ben definite come "subantiche"[383].

Questo potente filone figurativo produsse dei ritratti-maschera, molto forti nell'impatto, quasi violenti e spudorati nel proporre gli sguardi stralunati,

Fig. 154 Cimitero Maggiore – Affresco con madre e bambino oranti

maggiorati, incorniciati da rughe di atteggiamento che percorrono la fronte, profonde come fossero cicatrici. Molti volti delle catacombe, che esprimono il tumultuoso periodo che va dalla tetrarchia alla fase costantiniana, documentano questa importante virata della storia del ritratto tardoantico. Primi fra tutti i volti delle oranti del cimitero dei Giordani, che una sintomatica ed eloquente convenzione popolare riconosce, nel dialetto romanesco degli operai degli inizi del secolo, come "piagnone" (fig. 153). Questi due volti[384] propongono fisionomie grottesche, al limite della maschera tragica, dove tutto il fuoco espressivo è assunto dallo sguardo patetico, esageratamente marcato, fortemente impegnato in un'intenzione drammatica e dolorosa.

Questi volti tragici tornano e ritornano nei sarcofagi romani e, specialmente, nel coevo rilievo delle lastre policrome del Museo Nazionale Romano[385] che, pur non proponendo veri e propri ritratti, mostra una sequenza, piuttosto serrata, di fisionomie estremamente caratterizzate, vuoi per quanto attiene a quelle del Cristo, sempre ieratiche ed ispirate alla tipologia filosofica, vuoi per quel che riguarda quelle dei miracolati, che presentano facce abbastanza anonime, iterate, ma fortemente espressive.

Più ci avviciniamo al momento costantiniano più è facile notare un "bipolarismo" costituito, da un lato, da un prosieguo dell'espressionismo in voga sin dall'inizio del secolo e, dall'altro, da un meditato ed evidente *revival* classico, che toccherà il culmine e gli esiti più definiti negli anni centrali del secolo IV.

La prima tendenza è ancora documentata dalle fisionomie e dai ritratti dipinti, come, per esempio, la cosiddetta Madonna del cimitero Maggiore[386] (fig. 154) che, per la sua assoluta frontalità, ma specialmente per lo sguardo esageratamente maggiorato, ricorda molto da vicino tante effigi delle dame dei costantinidi, nello stesso modo in cui certi ritratti

Fig. 155 Ipogeo di via Dino Compagni – Cubicolo di Sansone. Particolare de. volto della Samaritana

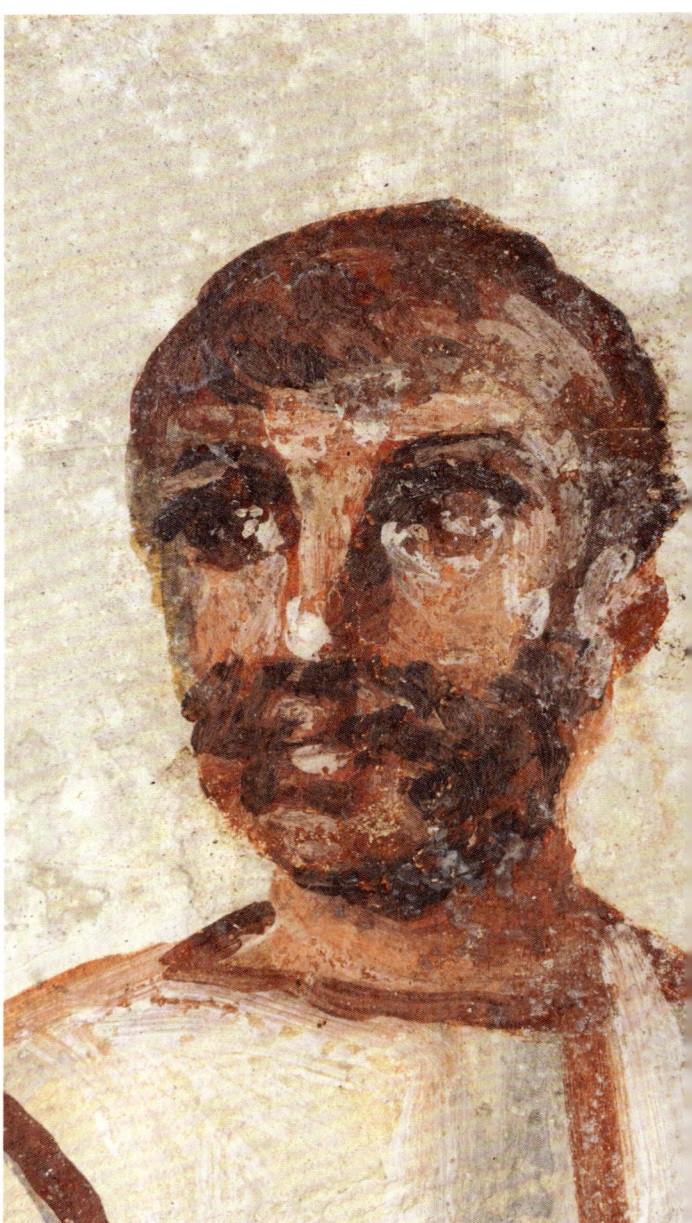

Fig. 156 Ipogeo di via Dino Compagni – Cubicolo di Sansone. Particolare del volto di Sansone

forti del cubicolo circolare di via Dino Compagni[387] –, da Balaam all'angelo, dal Cristo alla Samaritana (fig. 155), da Sansone (fig. 156) ad alcuni Filistei –, rievocano molte stereometrie ed altrettanti contrasti chiaroscurali dei rilievi ufficiali della più matura plastica costantiniana.

L' altra linea figurativa, che si esprime al meglio nello "stile bello" di sarcofagi famosi come quelli di Giunio Basso[388], dei due fratelli[389] e della creazione, più noto come "dogmatico"[390], si snoda nelle catacombe di Roma attraverso alcuni celebri ritratti, da quello morbido e classico della fanciulla di via Dino

Compagni[391] a quello più evanescente eppure aulicamente stagliato contro un fondale neutro del giovanetto a Domitilla[392]. Ma i classici volti lisciati, organici e coerenti dal punto di vista formale, sono meglio apprezzabili nella plastica e, segnatamente, in uno splendido fregio continuo del cimitero di Pretestato[393], in un sarcofago del cimitero di Novaziano[394], in una armoniosa fronte delle catacombe di S. Sebastiano[395], ma specialmente in un esiguo frammento dalla tricora orientale di S. Callisto, con due classici volti del Cristo e di S. Paolo, forse impegnati in una scena di *maiestas Domini*[396] (fig. 157).

Anche il periodo che va dalla seconda metà del IV secolo agli esordi del seguente, in corrispondenza con l'ultima stagione figurativa delle catacombe romane, propone molti ritratti ed altrettante fisionomie d'epoca, a cominciare dal tipico volto di Petronilla nell'arcosolio di Veneranda a Domitilla[397], che presenta i caratteri, l'espressione immobile, l'acconciatura tipica degli anni '60-'70 del secolo IV, non lontano dai due più anonimi volti, già informati dei canoni stereometrici delle personificazioni, del sarcofago cosiddetto delle due sorelle a S. Sebastiano[398], che va riferito già alla fine del secolo.

Anche i volti del Cristo e dei principi degli apostoli acquisiscono, in questi anni, delle peculiarità speciali che annunciano il tono icastico e inamovibile della ritrattistica bizantina: basti soffermarsi ad osservare il busto del Cristo al centro del soffitto del cubicolo di Leone a Commodilla[399] (tav. I). Tali fisionomie, esangui nell'impostazione e vibranti nell'accostamento violento delle terre, specialmente brune e rosse, si riscontrano anche nelle immagini di S. Paolo della *maiestas* di via Dino Compagni[400] e del cubicolo del fossore Diogene a Domitilla[401], ma anche nel volto di Eva del cubicolo dell'Esodo ai Giordani, che propone lo sguardo segnato da forti sottolineature scure, come se avesse gli occhiali[402].

Fig. 157 Complesso di S. Callisto – Pontificia Commissione di Archeologia Sacra. Rilievo con i volti di Cristo e di Paolo

Fig. 158 Catacomba dell'ex vigna Chiaraviglio – Finarello. Particolare dell'Abbraccio fra Pietro e Paolo

Fig. 159 Catacomba dell'ex vigna Chiaraviglio – Finarello. Intradosso dell'arcosolio con la scena dell'Ascensione

Anche abbandonando l'evoluzione fisionomico-ritrattistica e seguendo l'itinerario segnato dalla storia delle strutture iconografiche e dei contesti figurativi si può ricostruire un percorso formale, ancora non completamente disegnato dalla critica, eppure estremamente interessante per restituire la genesi e gli sviluppi di un linguaggio artistico che informa l'arte delle catacombe.

Il discorso potrebbe iniziare da alcune scene dipinte, ancora sensibili all'ambientazione *en plein air* e alla veduta dall'alto o a volo d'uccello provenienti dall'esperienza figurativa romana, puntualizzata nelle scene di genere che, a loro volta, ricordano la cultura ellenistica. Questa tipologia figurativa trova espressione specialmente in alcuni quadri dell'ipogeo degli Aureli[403] e nelle scene pastorali dell'attico del mausoleo di *Clodius Hermes* a S. Sebastiano[404], ma si manifesta anche nei sarcofagi a grandi pastorali, documentati da alcuni monumenti ancora integri, ed anche da un cospicuo numero di frammenti[405].

Da questi contesti aperti, cominciano a crearsi delle realtà iconografiche più composte, più evanescenti, più organizzate geometricamente, come nella scena paradisiaca del loculo dipinto del secondo piano di Priscilla[406], ma ancora nell'ambito del III secolo avvengono delle riduzioni o meglio dei "ritagli" di situazioni forti e paradigmatiche che, proiettandosi in primo piano, denunciano tutto il loro ruolo emblematico: è il caso della Madonna con il profeta a Priscilla[407], delle scenette dei Sacramenti[408] e di Lucina nel comprensorio callistiano[409], del pastore che separa il gregge dagli animali selvatici[410] e delle vignette neotestamentarie nella *coronatio* di Pretestato[411], degli affreschi più antichi del cimitero dei Ss. Pietro e Marcellino[412], della decorazione del cubicolo della Nunziatella[413].

La semplificazione delle situazioni figurative comporta anche un impoverimento dell'apparato iconografico che si riduce a pochi essenziali elementi, che coincidono anche con le "chiavi di lettura" per decifrare le diverse scene. Un altro espediente subito adottato dai decoratori delle catacombe è quello di attribuire alle diverse figure proporzioni perfettamente funzionali, anch'esse, alla decodificazione delle immagini. Così il Cristo, rispetto ai guariti, ha sempre dimensioni maggiorate, ancor più sottolineate dalla grave gestualità dell'*impositio manuum* o dall'utilizzazione della *virga* taumaturgica, ma nelle scene del battesimo di Gesù, ad esempio, i ruoli si invertono, nel senso che al Battista vengono attribuite proporzioni maggiori del Cristo, per indicare l'azione, la gerarchia delle figure e la dinamica della scena.

Un carattere, tipico di tutta l'arte tardoantica, ma specifico della cultura figurativa religiosa, diviene costituzionale nell'arte delle catacombe: mi riferisco alla proiezione in primo piano di ogni immagine degli affreschi, dei rilievi, ma anche delle incisioni a tema biblico, che si conservano nei cimiteri paleocristiani di Roma. Con questo espediente l'atmosfera simbolica si acuisce e la finalità didattica si evidenzia, sino a trasformare questi proverbiali stralci biblici in formidabili manifesti religiosi.

Tutte queste caratteristiche informano l'arte delle catacombe del III e del IV secolo, con una progressiva evoluzione e puntualizzazione, talché in età costantiniana le pareti, le volte, gli arcosoli dei cubicoli, ma anche le zone interloculari delle gallerie, le chiusure delle sepolture, incise, dipinte o decorate a rilievo, le fronti e i coperchi di sarcofagi si prestano indifferentemente come duttili supporti per accogliere carrellate, pinacoteche, sequenze, fregi, teorie di quadri biblici estremamente ridotti nello sviluppo figurativo, appena giudicabili a livello ermeneutico, se non fosse per la ossessiva iterazione degli schemi.

Succede, anzi, che gli spazi tra i loculi ricevano decorazioni a "fregio continuo" dimostrando una disinvolta interrelazione con l'organizzazione iconografica dei sarcofagi della prima metà del IV secolo: così nel loculo di *Grata* al cimitero dei Giordani[414]; così, nello stesso complesso, nel loculo con le scene del miracolo della rupe, della moltiplicazione dei pani, dell'adorazione dei Magi, di Noè nell'arca, della resurrezione di Lazzaro, di Daniele tra i leoni, di Tobia con l'arcangelo, della guarigione del paralitico, della personificazione del Tigri[415]; così nel loculo di *Ianuarius* a Domitilla[416].

Mentre la pittura delle catacombe vive una lunga stagione che dal momento tetrarchico giunge a quello teodosiano, proponendo schemi estremamente simili e mutando soltanto il linguaggio stilistico, che conosce due "rinascenze" di tipo "classico" alla metà e alla fine del secolo IV, i sarcofagi meglio scandiscono il tempo che passa, sia con l'adozione di tipi tettonici diversificati, sia con l'assunzione di stilemi figurativi in continua mutazione.

In questa lenta ma ben giudicabile evoluzione si osserva un progressivo assottigliarsi dei volumi anatomici delle figure, che giunge a infondere alle immagini un effetto sinuoso e inconsistente, con *silhouettes* più disegnate che rese in rilievo. E tutto questo con una scultura non più attenta alla realizzazione dell'altorilievo, ma incline a rendere un effetto ottico con linee più o meno profonde che, raccogliendo l'ombra, danno luogo ad un rilievo negativo.

Avviato in epoca costantiniana, questo espediente trova il culmine nei sarcofagi di età teodosiana, quando il panneggio delle figure è percorso da una trama oramai geometrica di linee sinuose e quando le immagini si assottigliano sino a toccare i margini della fronte: così nel sarcofago a stelle e corone di S. Sebastiano[417], così nel sarcofago di Bethesda a Pretestato[418].

Con questi materiali, ma anche con le più tarde manifestazioni pittoriche[419] – dagli ambienti più recenti di via Dino Compagni[420] al cubicolo dell'Esodo dei Giordani[421], dal cubicolo di Leone a Commodilla[422] a quello dei santi eponimi a Pietro e Marcellino[423], sino all'abbraccio di Pietro e Paolo (fig. 158) e all'Ascensione (fig. 159) a Chiaraviglio[424] – si consuma l'ultima stagione figurativa delle catacombe romane, relativamente alla loro storia funeraria, ed un'altra se ne apre, più contenuta nelle espressioni iconografiche e collegata al fenomeno del pellegrinaggio[425], ma questa arte parla una lingua già medievale e mostra molti motivi di relazione e collegamento con gli edifici di culto del sopratterra, accompagnandoci verso un'altra epoca, verso un'altra cultura, verso un altro mondo.

---

1 Hier., *In Ezech.* 12, 40 (*PL* 25, 375).
2 Prud., *Perist.* 11 (*CSEL* 61, 417–418).
3 Bertonière 1985.
4 Fiocchi Nicolai 1995; Franchi 2020.
5 Bisconti 1989, p. 400.
6 Bisconti 1995, pp. 262–263; Bisconti 1995a; Bisconti 2000.
7 Mazzoleni-Bisconti 1992, pp. 52–53; Bisconti 2019.
8 Bisconti 1996, p. 94; Cracolici 2013.
9 Cfr. *supra* alla nota 2.
10 Bisconti 1989.
11 Sull'ipogeo degli Aureli cfr. essenzialmente Bisconti 1989 e, per i restauri più recenti, Bisconti 2011.
12 Fasola-Fiocchi Nicolai 1989, p. 1187.
13 Fasola 1983, col. 666.
14 Fasola 1994, coll. 49–57.
15 Fiocchi Nicolai 1995, p. 764.
16 Fiocchi Nicolai 1997, p. 133.
17 Fiocchi Nicolai 1997; Spera 1998; Spera 2012.
18 Bisconti 1990.
19 Bisconti 1992, pp. 109–117; Bisconti 2011a; Ferri 2020.
20 Spera 1995.
21 Tagliatesta 2023.
22 Bisconti 1995b; Bisconti 2015.
23 Ahlquist 1995.
24 Testini 1966, p. 307.
25 Vitale 1995.
26 Giuliani 1997; Giuliani 2001; Giuliani 2006. Per le lastre di Giona dal cimitero di Aproniano cfr. de Maria 2006; per i mosaici di Sant'Ermete cfr. Giuliani 2006a e per l'arcosolio di Domitilla cfr. Bisconti 2001.
27 Tagliatesta 2022. Dal cimitero di Ciriaca provengono due ritratti di defunti ora alla Biblioteca Apostolica Vaticana (Pogliani 2006; Ballardini 2015); dallo stesso complesso proviene un *emblema* con la rappresentazione di un gallo. Il Bosio, il Séroux D'Agincourt, il Boldetti e il de Rossi videro alcuni monumenti musivi oggi perduti (Bisconti-Mazzoleni 1996). Non mancano iscrizioni realizzate con questa tecnica, talora ridotte ai soli monogrammi cristologici, talora formulate come vere e proprie espressioni devozionali, come quella celebre dei *Martures sancti boni benedicti bos atiutate Quiriacu* del cimitero di Panfilo (*ICUR* X, 25350).
28 Giuliani 1997a; Giuliani 2006.
29 Ferrua 1961.
30 L'iscrizione *ICUR* III, 8604 (*qui filius diceris et pater inveniris*) allude in buona sostanza alla identità tra il Cristo e il Padre. Giordani 1979, pp. 238–250: "Gesù è insieme figlio e padre – precisa il Ferrua (Ferrua 1991, p. 26) –; figlio di Dio come Verbo, padre degli uomini come creatore che ha dato loro la vita naturale e come redentore che li ha rigenerati alla vita soprannaturale".
31 Sulle fonti che descrivono i *coemeteria* cristiani della prima ora e, segnatamente, Hipp., *Philos.* IX, 12, 14 (*GCS* 26, 248); Tert., *Ad Scap.* 3, 1 (*CSEL* 76, 11); Tert., *Apol.* 39, 6 (*CSEL* 69, 92), cfr. Fiocchi Nicolai 1997, p. 122 e il contributo di Fiocchi Nicolai in questo volume.
32 Bisconti 1996.
33 Carletti 1988.
34 Carletti 1985.
35 Carletti 1988; Fiocchi Nicolai 2001 e il contributo di Fiocchi Nicolai in questo volume.
36 Cfr. *infra* al capitolo 2.

37 Cfr. *supra* alle note 25-28.
38 Bisconti 1997, p. 174.
39 Ferrua 1986.
40 Carletti 1998 ed il contributo di D. Mazzoleni in questo volume.
41 *ICUR* VIII, 23243; Ghilardi 2019a.
42 Bisconti 1997; Bisconti 2013.
43 De Santis 1994; De Santis 2001.
44 De Rossi 1864-1877, III, pp. 575-578.
45 Armellini 1880, pp. 354-361.
46 Josi 1926, p. 138.
47 Ferrua 1957, pp. 29-34; Ferrua 1958, pp. 40-45.
48 Bisconti-Giuliani-Tommasi 1995.
49 Felle-Del Moro-Nuzzo 1994.
50 Felle-Giuliani 2003.
51 De Santis 1994.
52 Bisconti 1996.
53 Engemann 1968-1969; Pillinger 1984; Howells 2015.
54 Morey 1959; Vattuone 2006; Lega 2012.
55 Cfr. specialmente Boldetti 1720, p. 189, che riconosceva i recipienti come contenitori rituali di tipo eucaristico. Vedi, anche, Buonarroti 1716 e, da ultimo, de Rossi 1864.
56 Garrucci 1864, pp. X-XI.
57 Cfr. Vopel 1899, pp. 78-93; Fremersdorf 1957, p. 218; Lega 2012.
58 Zanchi Roppo 1969, p. 2; Faedo 1978.
59 Engemann 1968-1969, pp. 7-25.
60 Deichmann 1993, p. 319.
61 Février 1978.
62 Giuntella 1985; Painter 1988. Più in generale, sui riti funebri cfr. Spera 2005; De Santis 2013; De Santis 2015; De Santis 2020; De Santis 2023.
63 Sui temi, sulle tecniche, sugli *ateliers* dei vetri dorati cfr., da ultimo: Faedo 1985; Faedo 1995; Bisconti 2001-2002; Utro 2001-2002.
64 Cfr. Testini 1966, pp. 215-217; Utro 2001-2002.
65 Vedi Bisconti 1995, p. 280.
66 Bisconti 1995a.
67 Cfr. Février 1978; De Santis 1994.
68 Ferrua 1994.
69 de Maria 1991-1992; Ghilardi 2010.
70 Bisconti 1996, p. 102; De Santis 2023.
71 Testini 1966, pp. 212-215; De Rossi *et alii* 2024.
72 Pohl 1952; Provoost 1970; Ramieri 1978, Pavolini 1981; Atlante Forme Ceramiche 1981; De Rossi *et alii* 2024.
73 Graziani Abbiani 1969; Ennabli 1976; Paleani-Liverani 1984; Paleani 1993; Marconi Cosentino-Ricciardi 1993.
74 "La luce splende nelle tenebre, ma le tenebre non l'hanno sopraffatta" (*Giovanni* 1,5).
75 "Ut noctis tenebras hoc solatio temperamus" (Hier., *Contra Vigilant.* 7 (*PL* 23, 345)).
76 Testini 1966, p. 212.
77 *ICUR* X, 26397.
78 *ICUR* IV, 9913; De Santis 2013.
79 Bisconti 1997, p. 174.
80 Spera 2005; Zander 2020.
81 Cfr. D'Angela 1985; La Rocca 1988; Amante Simoni 1990; Spagnoli 1993; Marani 2019; Perassi 2023.
82 Cfr. Boldetti 1720, pp. 495-519; Buonarroti 1761, pp. X-XI; Marangoni 1744, pp. 370-390; De Rossi 1864-1877, III, pp. 577-620; Fasola 1976, p. 58; Salvetti 1978, pp. 103-104.
83 Spera 1995.
84 Chalkia 1991.
85 Guidobaldi-Guiglia 1983, p. 112.
86 Guidobaldi-Guiglia 1983, pp. 64-65; Deckers-Seeliger-Mietke 1987.
87 Spera 1995, fig. 1; Pergola 2016.
88 Spera 1992; Spera 2004.
89 Cfr. Wilpert 1910, p. 42; Spera 1994a; Fiocchi Nicolai-Guyon 2006a.
90 Tolotti 1977, pp. 62-64; Spera 2004.
91 Guyon 1987, pp. 382-389; Giuliani 2015.
92 Fasola 1972, p. 287.
93 Weiland 1994; Cascianelli-Ferri-Mazzei 2024.
94 Hamarneh 2007; Bisconti-Ferri 2021.
95 Recio Veganzones 1978.
96 Bisconti 1996; Bisconti-Ferri 2021.
97 Spera 1995; Bisconti 2017.
98 Pergola 1990; Mazzei 2016.
99 De Bruyne 1970; Tolotti 1978; Recio Veganzones 1980; Bisconti 2006; Cascianelli 2010.
100 Bisconti 1985; Bisconti 2004; Mazzei 2004; Bisconti 2011.
101 Bisconti 1998, p. 36; Bisconti-Ferri 2021.
102 Moormann 1998, pp. 31-32.
103 Cfr. *supra* alla nota 101.
104 Van Essen 1956-1958; Falzone 2004; Falzone 2007.
105 Bisconti 1994, p. 29; Bisconti 1998.
106 De Bruyne 1968; Reekmans 1964; Bisconti 1997a; Bisconti 2009; Bisconti 2011a.
107 Cfr. *supra* alla nota 100.
108 *Nr*, p. 27, n. 38.
109 *Nr*, p. 25, n. 21.
110 Bisconti 1994, p. 29.
111 Pergola 1975.
112 De Bruyne 1968.
113 Testini 1978; Giuliani 2007.
114 Deckers-Seeliger-Mietke 1987, pp. 348-350; Giuliani 2015a.
115 Bisconti 1990; Bisconti 1992.
116 Goffredo 1998; Bisconti-Mazzei 1999.

117 Tolotti 1970, p. 163; Ferri 2020.
118 Deckers-Mietke-Weiland 1991, pp. 80-82.
119 Carletti 1992; Bisconti-Ferri 2021.
120 *Nr*, p. 104, n. 13; Mazzei 2007.
121 *Nr*, p. 105, n. 15.
122 Bisconti 1994, p. 35.
123 Wirth 1934.
124 Markthaler 1927.
125 Cavazzini 1994-1995; Bisconti 1996; Bisconti 1998; Bisconti-Ferri 2021.
126 *Nr*, pp. 23-24, n. 7; Bisconti-Nuzzo 2001.
127 *Nr*, p. 78, n. 5.
128 Guarducci 1966.
129 Deckers-Mietke-Weiland 1991, tav. 1.
130 *R* I, n. 663.
131 Deckers-Seeliger-Mietke 1987, pp. 321-323, n. 67; Giuliani 1996.
132 *Nr*, pp. 27-28, n. 39. Cfr. *supra* alla nota 99.
133 Martinez Fazio 1976.
134 Bisconti 1979; Bisconti 2000a; Bisconti 2000b; Bisconti 2000c; Bisconti 2011a.
135 Bisconti 1992, p. 101.
136 Tawfik 2013.
137 Felletti Maj 1953.
138 Filippini-Cianfriglia-Tomasi 1985.
139 Fiocchi Nicolai 1982.
140 Vismara 1986; Zimmermann *et alii* 2022.
141 *Nr*, p. 109, n. 44; Mazzei 2023.
142 Pani Ermini 1969.
143 *Nr*, p. 25, n. 15; Mazzei 1999.
144 Deckers-Mietke-Weiland 1991.
145 Deckers-Mietke-Weiland 1991, tavv. 24 b-c.
146 Andreae 1980, pp. 158-159.
147 *R* I, n. 381.
148 *R* I, n. 557.
149 *R* I, n. 558; Giuliani 2000.
150 *R* I, n. 363.
151 *R* I, n. 519.
152 Cecchelli 1944, tav. 34; Mielsch 2001.
153 Ferri 2023.
154 Bargebuhr 1991.
155 Bisconti 1981.
156 Ferrua 1990, p. 68, fig. 23; Bisconti 2011a.
157 Cfr. *supra* alla nota 127.
158 *Nr*, p. 104, n. 9; Bisconti-Braconi 2015.
159 Deckers-Seeliger-Mietke 1987, pp. 348-350, n. 79; Giuliani 2015a.
160 *Nr*, p. 127, n. 45.
161 *Nr*, p. 125, n. 31.
162 Bisconti 1988; Cascianelli 2015.
163 Bisconti 1981a; Deckers-Seeliger-Mietke 1987, pp. 309-312, n. 64.
164 Bisconti 2000d.
165 De Bruyne 1959, p. 183.
166 Santagata 1980.
167 Bisconti 1995, fig. 10; Bisconti 2000e.
168 Bisconti 1995, p. 287; Bisconti 2019a.
169 Van Dael 1978; Bonacasa Carra 2000; Zimmermann 2007; Caillaud 2015; Bisconti 2013; Corneli 2013; Bisconti 2015a; Braconi 2016; Braconi 2017; Braconi 2020; Zimmermann 2020.
170 Dagens 1971; Bisconti-Nuzzo 2001.
171 Bisconti 1990.
172 Spera 2000; Bisconti 2004a.
173 *Nr*, p. 131, n. 72.
174 *Nr*, p. 32, n. 4.
175 Février 1985, p. 78; Braconi 2019.
176 Deckers-Mietke-Weiland 1991, p. 57.
177 Andreae 1980.
178 Cfr., ad esempio, *R* I, n. 188, n. 513; Bozzini 1975-1976; Amedick 1991.
179 *Nr*, p. 102; Spera 1999, p. 171, UT 209; Braconi 2020a.
180 *ICUR* V, 15394, 15395.
181 Cecchelli 1944, pp. 180-184.
182 Styger 1933, pp. 307-309; Braconi 2020a.
183 Wurmbrand-Stuppach 1927; Braconi 2020a.
184 Bisconti 1985, p. 839; Lazzara 2011.
185 Jastrzebowska 1979.
186 Jastrzebowska 1979.
187 Février 1977; Février 1978.
188 Bisconti 1992.
189 Ghedini 1990, p. 36.
190 Février 1977; Deckers-Seeliger-Mietke 1987.
191 Carletti 1981; Bisconti 2006a.
192 Wilpert 1891.
193 Stuiber 1957.
194 *Nr*, pp. 100-101, n. 1.
195 Cfr. *supra* alla nota 184.
196 Bisconti 1990; Bisconti 2016; Bisconti 2019b; Bisconti 2020.
197 *Nr*, pp. 63-64, n. 78; Deckers-Seeliger-Mietke 1987, pp. 343-348, n. 78.
198 Ghedini 1990.
199 Himmelmann 1973.
200 *Nr*, p. 63, n. 75; Deckers-Seeliger-Mietke 1987, pp. 336-338, n. 75.
201 *Nr*, p. 54, n. 39; Deckers-Seeliger-Mietke 1987, pp. 255-257, n. 39.
202 *Nr*, p. 32, n. 3 e p. 35, n. 36; Braconi 2018.
203 De Rossi 1864-1877, II, pp. 244-249.

204 Cfr. Giuntella 1985; Spera 2005; De Santis 2008; Spanu 2016; De Santis 2020.
205 *Nr*, p. 106, n. 22; Bisconti 2009.
206 *Nr*, p. 55, n. 45; Deckers-Seeliger-Mietke 1987, pp. 266-270, n. 45.
207 *Nr*, p. 106, n. 21; Bisconti 2009.
208 *Nr*, p. 103, n. 2; Bisconti 2009; Cascianelli 2024.
209 Bisconti 1992a; Bisconti 2000e.
210 *ICUR* III, 6618; Bisconti 2013; De Santis 2013.
211 *ICUR* VI, 17225; Bisconti 2022.
212 *ICUR* II, 6141; De Santis 2013.
213 Zimmer 1982; Bisconti 2000e.
214 Casalone 1962; Bisconti 2004b.
215 Bisconti 2000e; cfr. anche il contributo di D. Mazzoleni in questo volume.
216 *ICUR* III, 6546; Bisconti 2000e, p. 165, n. Id3.3.
217 *ICUR* I, 2060; Bisconti 2000e, p. 184, n. IIb1.1.
218 *ICUR* III, 7815; Bisconti 2000e, p. 185, n. IIb1.3.
219 *ICUR* III, 8988; Bisconti 2000e, pp. 185-186, n. IIb1.5.
220 *ICUR* IV, 9450; Bisconti 2000e, p. 186, n. IIb1.6.
221 *ICUR* VI, 15584; Bisconti 2000e, pp. 186-187, n. IIb1.7.
222 *Nr*, p. 109, n. 51; Bisconti 2000e, tav. VIIa.
223 *Nr*, p. 131, n. 74; cfr. *supra* alla nota 98.
224 *Nr*, p. 23, n. 5; Giuliani 2003.
225 *Nr*, p. 102, n. 3; Maestri 1994; Bisconti 2000e, pp. 200-201.
226 *ICUR* III, 7372; Bisconti 2000e, pp. 210-211, n. VIIIb1.1.
227 *ICUR* I, 1926,2; Bisconti 2000e, p. 218, n. XIa1.1; *ICUR* III, 8876; Bisconti 2000e, p. 218, n. XIa1.2; *ICUR* III, 9305; Bisconti 2000e, p. 219, n. XIa1.3; *ICUR* IV, 12872h; Bisconti 2000e, p. 219, n. XIa1.4; *ICUR* V, 14187; Bisconti 2000e, p. 219, n. XIa1.5; *ICUR* V, 14260; Bisconti 2000e, p. 219, n. XIa1.6; *ICUR* VI, 15515; Bisconti 2000e, p. 219, n. XIa1.7; *ICUR* VI, 16956; Bisconti 2000e, p. 219, n. XIa1.8; *ICUR* VI, 17099; Bisconti 2000e, p. 219, n. XIa1.9; *ICUR* VI, 20183a; Bisconti 2000e, p. 219, n. XIa1.10; *ICUR* VI, 19249; Bisconti 2000e, p. 219, n. XIa1.11; *ICUR* IX, 24308; Bisconti 2000e, p. 219, n. XIa12.
228 *Nr*, p. 148, n. 9.
229 *Nr*, p. 36, n. 20.
230 *ICUR* III, 8474; Bisconti 2000e, pp. 231-232, n. XIIIb.2.
231 *ICUR* I, 2130; Bisconti 2000e, p. 232, n. XIVa.1.1; *ICUR* I, 1671; Bisconti 2000e, p. 232, n. XIVa.1.2; *ICUR* I, 1927; Bisconti 2000e, p. 232, n. XIVa.1.3; *ICUR* IX, 24218; Bisconti 2000e, p. 232, n. XIVa.1.4.
232 *ICUR* III, 8102; Bisconti 2000e, p. 234, n. XVa.1.
233 *ICUR* VI, 16291; Bisconti 2000e, p. 225, n. XIId.1.4.
234 Bisconti 1987; Bisconti 2000e.
235 Conde Guerri 1979; Bisconti 2000e, pp. 93-98.
236 *Nr*, p. 106, n. 22; Bisconti 2009; Braconi 2009.
237 *Nr*, p. 106, n. 23; Bisconti 2009; Braconi 2009.
238 *Nr*, p. 51, n. 11; p. 51, n, 13; p. 52, n. 19; p. 52, n. 21; p. 52, n. 23; Deckers-Seeliger-Mietke 1987, pp. 210-211, n. 11; pp. 213-214, n. 13; pp. 227-229, n. 19; pp. 230-232, n. 21; pp. 234-235, n. 23.
239 *Nr*, p. 54, n. 38; p. 55, n. 43; p. 56, n. 48; p. 61, n. 69; Deckers-Seeliger-Mietke 1987, pp. 253-255, n. 38; pp. 262-264, n. 43; pp. 273-275, n. 48; pp. 324-329, n. 69.
240 *Nr*, p. 62, n. 71.
241 *Nr*, p. 77, n. 4.
242 Deckers-Mietke-Weiland 1991, tav. 24a.
243 *ICUR* II, 6446.
244 *ICUR* IV, 12228.
245 *Nr*, p. 123, n. 19; Zimmermann 2011.
246 Conde Guerri 1979, p. 25.
247 Zimmermann 2011, p. 543.
248 Guyon 1974.
249 Bisconti 1983-1984.
250 Bisconti 1996a; Bisconti 2000a.
251 Bendinelli 1922; Pergola 2011.
252 Wilpert 1924.
253 Marucchi 1921.
254 Chicoteau 1976.
255 Himmelmann 1975; Grassigli 2002.
256 Bisconti 1985; Bisconti 2004; Bisconti 2011.
257 Latini 2011.
258 de Maria 2001; de Maria 2011; Giovagnoli 2011.
259 Bisconti 2010; Bisconti 2011.
260 Himmelmann 1975, p. 24.
261 Caillaud 2011.
262 Braconi 2011.
263 Lazzara 2011.
264 Bisconti 1980; Bisconti 2022a.
265 Klauser 1958.
266 Schumacher 1977; Himmelmann 1980; Engemann 1990; Bisconti 2022b.
267 *Nr*, p. 103, n. 2; Bisconti 2009.
268 Bisconti 2000a, pp. 11-86.
269 Bisconti 1997, p. 53; Bisconti 2004a.
270 Bisconti 2008; Bonansea 2013.
271 *Nr*, p. 106, nn. 21 e 22; Bisconti 2009.
272 *Nr*, p. 121, n. 5; Giuliani 2017.
273 Bisconti 2000f.
274 Bisconti 1993.
275 *Nr*, p. 58, n. 58; Deckers-Seeliger-Mietke 1987, pp. 297-300, n. 58.
276 De Bruyne 1969-1970; Vulpi 1994-1995.
277 Testini 1963; Bisconti 2010a.
278 Engemann 1983.
279 Deckers-Seeliger-Mietke 1987, pp. 319-320, n. 66; Giuliani 1998a.
280 Cfr. *supra* al capitolo 2.

281 Nestori 1969; Ferri 2021–2022.
282 Pani Ermini 1969; Giuliani 2017.
283 Testini 1968; Bisconti 2006a.
284 Stommel 1958; Latini 2013.
285 Murray 1981.
286 Todisco 1980.
287 Caprino 1974.
288 Bisconti 1997a; Spera 2004.
289 Bisconti 1996b; *Dieci anni di restauro* 2000; *La conservazione delle pitture* 2002; Bisconti 2003; Mazzei 2005.
290 Bisconti 2013. Cfr. anche i contributi pubblicati in Bisconti-Braconi 2013.
291 Carletti 1981.
292 *ICUR* V, 12892.
293 *ICUR* V, 12891.
294 Bisconti 2018.
295 Min. Fel., *Octavius* 9, 2 (*CSEL* 2, 13).
296 Clem. Alex., *Paedag.* 3, 11, 59–60 (*SCh* 158, 123).
297 *ICUR* IV, 9399.
298 *ICUR* IV, 9453.
299 *ICUR* IX, 25570.
300 Sulla gamma dei significati del pesce, oltre a Carletti 1997, cfr. anche Bisconti 1997.
301 Dagens 1971; Bisconti-Nuzzo 2001.
302 Dagens 1971; Bisconti-Nuzzo 2001.
303 Cfr. *supra* alla nota 99.
304 Deckers-Seeliger-Mietke 1987, pp. 343–348, n. 78; Giuliani 1997a.
305 *R* I, n. 188; Bisconti 2017–2018; Mazzei-Di Gaetano 2019.
306 Bisconti 2000g; Bisconti-Brandenburg 2004; Bisconti 2020a; Bisconti 2022.
307 *R* I, n. 176. Cfr. da ultimo Cascianelli 2023, con bibliografia precedente.
308 *R* I, n. 364; Braconi 2019a.
309 *R* I, n. 285.
310 *R* I, nn. 621, 625.
311 *R* I, n. 662.
312 Bisconti 1998a.
313 Ferrua 1960a; Kötzsche-Breitenbruch 1976; Camiruaga *et alii* 1994; Zimmermann 2002; Bisconti 2003a.
314 Stutzinger 1982.
315 Bisconti 2017–2018.
316 *R* I, n. 200; Canetri 2004; Bisconti 2020b.
317 *R* I, n. 193.
318 *R* I, n. 528.
319 *R* I, nn. 175, 201, 208, 215, 224.
320 *R* I, n. 243.
321 Dresken-Weiland 2003.
322 *R* I, n. 241; Cascianelli 2020.
323 *R* I, n. 240; Bisconti 2017–2018.
324 Pergola 1992; Giuliani 1994; Giuliani 2017a.
325 Bisconti 1996, p. 282; Spera 1998a; Fiocchi Nicolai 2001; Bisconti 2005; Nieddu 2005–2006; Spera 2012.
326 *Nr*, pp. 142–143, n. 6; Guj 2000; Bisconti-Ferri 2018.
327 *Nr*, p. 50, n. 5; Mazzei 2006.
328 Russo 1979; Minasi 1997; Bisconti 2018a; Cascianelli-Ferri-Mazzei 2024.
329 Bisconti 1995a.
330 Bisconti 1997b; Bisconti 2019a.
331 Farioli 1963; Osborne 1985; Bisconti 1995; Bisconti 1995a. Si vedano, da ultimo, Minasi 2009 sulla decorazione della tomba di papa Callisto a Calepodio; Minasi 2005 sull'affresco di Generosa; Minasi 2012 sulle pitture di Ponziano; Bisconti-Ferri 2018 e Cascianelli-Ferri-Mazzei 2024 sulle pitture di Commodilla; Ferri 2019 sugli affreschi della tomba di Cornelio; Ferri 2023a sull'affresco della basilichetta di Felicita; Bisconti 2017a sulla decorazione dell'oratorio di Sant'Ermete. A queste si aggiungano le pitture del nuovo santuario scoperto nel cimitero dei Ss. Pietro e Marcellino: Giuliani-Castex 2006–2007.
332 Bisconti 1995a; Bisconti 2011a, pp. 1–32.
333 Fiocchi Nicolai 1991. Cfr. anche il contributo di Fiocchi Nicolai in questo volume.
334 Bisconti 1996; Bisconti 2006.
335 Carletti 1989; Cantino Wataghin 2001; Bisconti 2011b.
336 Wilpert 1938; Bisconti 2009a.
337 Bisconti 2000h.
338 Wilpert 1903.
339 Wilpert 1929–1936.
340 Proprio con questi aggiornamenti metodologici e interpretativi si annoverano i cinque volumi della serie *Repertorium der christlich-antiken Sarkophage* avviata nel 1967 e conclusa nel 2018 (*R* I–V) e i tre della collana *Repertorium der Malereien*, dedicati al cimitero dei Ss. Pietro e Marcellino (Deckers-Seeliger-Mietke 1987), alla catacomba anonima di via Anapo (Deckers-Mietke-Weiland 1991) e a quella di Commodilla (Deckers-Mietke-Weiland 1994).
341 Grabar 1966.
342 Bianchi Bandinelli 1976, pp. 86–88.
343 Bianchi Bandinelli 1978.
344 Kitzinger 1963.
345 Carletti 1989; Bisconti 2011b.
346 Klauser 1958.
347 Dassmann 1973.
348 Engemann 1973.
349 Brandenburg 1978.
350 Deichmann 1993, pp. 275–304.
351 Wilpert 1903.
352 Sauer 1926.
353 Casel 1932.
354 Cfr., tra l'altro, Stommel 1954, Stuiber 1957, De Bruyne 1959.

355 Reekmans 1973.
356 Kollwitz 1969.
357 De Bruyne 1969.
358 Bisconti 1994a.
359 Guyon 1987; Deckers-Seeliger-Mietke 1987; Février 1989; Deckers 1992; Guyon 1994.
360 *Nr*, pp. 79-81, n. 9; cfr. *supra* alla nota 313.
361 *Nr*, pp. 22-23, n. 1; cfr. anche Bisconti 2000f.
362 *Nr*, p. 20, n. 14; Deckers-Mietke-Weiland 1991, pp. 84-90, n. 14.
363 Vedi il contributo di Fiocchi Nicolai in questo volume.
364 Guyon 1994, p. 90.
365 Bisconti 1994a, p. 10.
366 È in questo spirito che è stato redatto il repertorio topografico delle pitture delle catacombe romane, (*Nr*).
367 Oltre alle diverse relazioni di restauro apparse negli Atti della Pontificia Commissione di Archeologia Sacra, cfr. Bordignon 1991-1992 e Bordignon 2000.
368 Stutzinger 1982; Bisconti 2020a.
369 Wilpert 1903; Wilpert 1929-1936.
370 De Bruyne 1959.
371 Testini 1966.
372 Tronzo 1986.
373 Deichmann 1993.
374 Grabar 1968.
375 Dorigo 1966.
376 *Nr*, p. 46, n. 2; Proverbio 2011.
377 Bianchi Bandinelli 1984, p. 87.
378 *Nr*, pp. 23-24, n. 7; Bisconti-Nuzzo 2001.
379 Salvetti 1993; Bisconti 2004a.
380 Bisconti 1989a.
381 Pillinger 1984, p. 84.
382 Ramieri 1993.
383 Kitzinger 1989.
384 *Nr*, p. 16, n. 11.
385 *R* I, n. 773; Sapelli 2002; Bisconti 2007.
386 *Nr*, p. 36, n. 22; Bisconti 2018a.
387 *Nr*, pp. 78-79, n. 6; Bisconti-Mazzei 1999.
388 *R* I, n. 680; Malbon 1990.
389 *R* I, n. 45; Utro 2009.
390 *R* I, n. 43; Utro 2009.
391 *Nr*, p. 83, n. 13; Bisconti 2013a.
392 *Nr*, p. 130, n. 67; Braconi 2020.
393 *R* I, n. 555.
394 *R* I, n. 663.
395 *R* I, n. 183; Bisconti 2017-2018.
396 Bisconti 1993a.
397 *Nr*, p. 123, n. 15; cfr. *supra* alla nota 324.
398 *R* I, n. 240; Bisconti 2017-2018.
399 *Nr*, pp. 142-143, n. 5; Bisconti-Ferri 2018.
400 *Nr*, pp. 79-81, n. 9.
401 *Nr*, p. 123, n. 19; Zimmermann 2011.
402 *Nr*, pp. 14-15, n. 7; Bisconti 1998a.
403 *Nr*, pp. 45-48; Bisconti 2011.
404 *Nr*, p. 88, n. 7; Bisconti 2006a.
405 Bosio 1993; Spera 2000; Bisconti 2004a; Bisconti 2007a.
406 Bisconti 1990.
407 Bisconti 1996b.
408 *Nr*, pp. 106-107, nn. 21-25; Bisconti 2009.
409 *Nr*, p. 103, nn. 1-2; Bisconti 2009.
410 *Nr*, p. 92, n. 7.
411 Bisconti 1997a.
412 *Nr*, pp. 50-51, nn. 9-14; Deckers-Seeliger-Mietke 1987, pp. 208-217, nn. 9-14.
413 *Nr*, p. 139, n. 4.
414 *Nr*, p. 14, n. 5.
415 *Nr*, p. 14, n. 6.
416 *Nr*, p. 124, n. 26.
417 *R* I, n. 175; Bisconti 2017-2018.
418 *R* I, n. 556; Mazzei 2004a.
419 Bisconti 2014.
420 *Nr*, pp. 81-85, nn. 10-13; Bisconti 2003a.
421 *Nr*, pp. 14-15, n. 7; Bisconti 1998a.
422 *Nr*, pp. 142-143, n. 5; Bisconti-Ferri 2018.
423 *Nr*, p. 50, n. 3; Mazzei 2006.
424 Bisconti 1995c; Bisconti 2000-2001; Bisconti-Cascianelli 2021.
425 Farioli 1963; Osborne 1985; Bisconti 1995; Bisconti 1998b; Bisconti 2019a.

III. LA PRODUZIONE EPIGRAFICA NELLE CATACOMBE ROMANE

Danilo Mazzoleni

1. LE ISCRIZIONI CRISTIANE NELLE CATACOMBE

"L'epigrafia tardo-antica d'ispirazione cristiana ci appare da un lato conservatrice, poiché perpetua schemi e moduli secolari, dall'altro lato si mostra innovatrice, poiché riflette sentimenti e situazioni correnti nuovi, estende l'impiego e il senso di alcuni vocaboli e di alcune espressioni, crea nuove parole e dichiarazioni di fede che l'epigrafia sepolcrale pagana ignora, si dota di un proprio corredo di sigle e immagini"[1].

Questa osservazione è fondamentalmente giusta e si può aggiungere che non si saprebbe molto sulla genesi e sull'evoluzione dell'epigrafia cristiana, se non si fossero conservate le oltre quarantamila epigrafi delle catacombe romane, riferibili per la maggior parte ad un arco cronologico compreso fra gli inizi del III – nelle più antiche gallerie cimiteriali – e il pieno V secolo, quando progressivamente si abbandonò l'uso di seppellire sottoterra[2].

Un materiale ingente ed eterogeneo, dal quale si possono ricavare una serie di considerazioni di fondo di indubbio rilievo: ad esempio, sfatando forse un luogo comune, è stato notato[3] che, se confrontate con la massa enorme dei rimanenti testi sepolcrali, le iscrizioni più caratterizzate dal punto di vista religioso costituiscono solo una minoranza e si collocano cronologicamente in massima parte dopo Costantino.

In ogni caso, si può affermare che lo studio dei numerosissimi elementi contenuti in tante migliaia di epitaffi romani è solo iniziato e ha promettenti prospettive per il futuro. Indubbiamente, si avrà un grande impulso nelle ricerche non appena – fra qualche anno – sarà portata a termine la monumentale raccolta delle *Inscriptiones Christianae Urbis Romae septimo saeculo antiquiores* (nota in sigla come *ICUR*), iniziata nel 1922 da Angelo Silvagni, successivamente proseguita dal padre Antonio Ferrua e poi da chi scrive, in sinergia con Giuseppe Falzone, sotto gli auspici della Società Romana di Storia Patria e del Pontificio Istituto di Archeologia Cristiana.

Il cammino da fare è, quindi, ancora abbastanza lungo, ma bisogna anche tener conto del fatto che l'epigrafia cristiana è una scienza relativamente giovane, visto che i suoi fondamenti metodologici furono definiti nelle linee essenziali da colui che è a ragione ritenuto il "padre" dell'archeologia cristiana, Giovanni Battista de Rossi (1822-1894). La sua eredità fu poi raccolta solo da pochi studiosi: in primo luogo dal già citato Angelo Silvagni e successivamente dal padre Antonio Ferrua, che si può a ragione ritenere il maggiore studioso del secolo scorso, autore di una vastissima serie di monografie ed articoli, che hanno fatto compiere alla disciplina progressi notevolissimi[4].

Esaminando i diversi volumi della silloge che raccoglie in edizione critica queste epigrafi, si nota che sono moltissime quelle da cui emergono elementi utili per conoscere aspetti interessanti e talora inediti di quelle antiche comunità, come la lingua parlata dal popolo nella tarda antichità, i suoi sentimenti religiosi, i suoi affetti, le sue idee sul mistero della morte. Nello stesso tempo, si possono ricostruire molti particolari della

Tav. III Catacomba di S. Callisto – Cripte di Lucina: lapidetta di Veneriosa (*ICUR* IV, 9451)

Fig. 160 Catacomba di Panfilo – Vetro dorato con ritratto di personaggio maschile barbato, fissato sulla calce di chiusura di un loculo in una galleria del secondo piano

vita delle comunità cristiane dei primi secoli, come la loro composizione sociale, la presenza di stranieri e di immigrati[5], il loro grado di istruzione e tante piccole cose di tutti i giorni, che la storia generalmente non ricorda.

Si ha modo, così, di sfatare o per lo meno di ridimensionare alcune credenze, ad esempio riguardo alla presenza tutt'altro che sporadica nelle comunità cristiane di esponenti delle classi sociali più elevate, di militari di ogni grado e di diversi reparti. Ciò contraddice con l'evidenza dei fatti quanti ancora parlano di un Cristianesimo delle origini essenzialmente di matrice plebea e piccolo-borghese e scarsamente rappresentato fra i soldati.

D'altro canto, percorrendo le lunghe gallerie di tante catacombe ci si rende poi facilmente conto di un altro fenomeno degno di attenzione, ossia della grande

Fig. 161 Catacomba dei Giordani – Bambolina di avorio fissata sulla calce di chiusura di un loculo di bambina in un ambulacro

Fig. 162 Catacomba di Priscilla – Graffito funerario

incidenza dell'analfabetismo fra i fedeli. Infatti, quando i sepolcri sono ancora integri, ci si accorge che la maggior parte di essi non presenta alcuna epigrafe, mentre un certo numero di tombe ha solo fissati sulla calce di chiusura oggettini di vario genere, come monili, conchiglie, monete di bronzo, fondi di bicchieri o di coppe con immagini finemente lavorate a foglia d'oro (fig. 160), bamboline di osso o avorio (fig. 161), campanellini, piccole terrecotte, fialette vitree. Erano tutti segni, che potevano avere un valore ornamentale, ma che potevano anche aiutare a riconoscere il loculo in cui era stato deposta una persona cara fra tanti altri apparentemente uguali[6].

C'erano evidentemente anche cristiani che non potevano permettersi la spesa aggiuntiva di un'epigrafe posta sul sepolcro, ma è pur vero che, se si fosse veramente desiderata una dedica iscritta, poteva essere sufficiente un breve ed economico testo graffito con una punta dura sulla calce ancora fresca che sigillava la lastra di chiusura della tomba (fig. 162). Quindi, la mancanza di un'iscrizione verosimilmente era connessa maggiormente con l'analfabetismo dei committenti, che non con una scelta dettata da mancanza di mezzi economici.

2. LE ORIGINI DELL'EPIGRAFIA CRISTIANA. L'EVOLUZIONE DEI FORMULARI

La prima comparsa di gruppi cospicui di iscrizioni certamente cristiane si verifica agli inizi del III secolo, anche se non simultaneamente ovunque. In genere, dapprima prevale un'estrema semplicità – il cosiddetto "laconismo arcaico" (fig. 163) – e al solo nome del defunto si può accompagnare al massimo un simbolo, come un'ancora, un pesce (immagine allusiva al Cristo), o una colomba[7] (fig. 164).

Risulta evidente che il nuovo linguaggio si stava a poco a poco formando e ben presto si aggiunsero altri elementi, come – ad esempio – l'indicazione dei dedicanti che commissionarono la lapide per il loro parente scomparso (fig. 165) e auguri di vita in Dio (fig. 166)[8] o in Cristo, di pace[9] (figg. 167 e 169) e di partecipazione al refrigerio celeste, ossia alla vita eterna in paradiso[10].

Fig. 163 Catacomba di Priscilla – Iscrizione del bambino Aemerus, ancora al suo posto nel primo piano (*ICUR* IX, 24903)

Fig. 164 Catacomba di S. Sebastiano – Frammento di lapide con cristogramma, pesce ed ancora (*ICUR* V, 13269 b)

Fig. 165 Catacomba di S. Sebastiano – Iscrizione greca dedicata da Marco Ulpio Calocero alla piissima madre Sempronia Agathoùs, nel ricordo di lei. Sotto la lapide un pesce (dal simbolismo cristologico) guizza fra le onde. Si conservano ancora resti del rivestimento cromatico (*ICUR* V, 12905)

Fig. 166 Vaticano, Museo Pio Cristiano – Iscrizione di Severa con l'augurio di vivere "in Dio", con il busto della defunta e con l'offerta dei doni da parte dei Magi (*ICUR* VIII, 23279)

Fig. 167 Musei Vaticani – Iscrizione di *Alexandra* con augurio di pace (*ICUR* IV, 12435)

Un elemento spesso presente e che in precedenza veniva invece taciuto, ritenendolo nefasto e di cattivo augurio, è la data di deposizione nel sepolcro, coincidente per lo più con quella della morte. Si tratta di un dato importante, poiché per i fedeli il giorno del trapasso era quello della nascita alla nuova vita (Il vero *dies natalis*): era la ricorrenza in cui, ogni anno, i parenti venivano a compiere i riti in onore dei loro cari e spesso a consumare un leggero pasto simbolico con l'ideale presenza del defunto fra loro.

Mentre ai più poveri provvedeva di regola la comunità, i fedeli normalmente acquistavano la tomba da vivi (come è precisato spesso nelle iscrizioni) dai fossori, da coloro cioè che materialmente scavavano le gallerie delle catacombe e che svolgevano diverse altre mansioni. Per testimoniare che la procedura di vendita era stata regolare, i committenti talora indicavano sulle lapidi il nome di colui dal quale avevano acquistato il sepolcro e qualche volta anche l'entità della somma pagata. Così, in un'iscrizione di incerta origine si legge che un tale *Serbulus* acquistò una tomba a due posti dal fossore Leonzio[11], mentre nell'epitaffio di *Primus* e *Innocentia* si specifica che fu acquistato un bisomo (cioè una tomba a due posti) per 7 *folles* e in quello di *Custurulinga*, a S. Paolo fuori le mura, la somma pagata fu di 3 solidi e mezzo[12].

Iscrizioni pagane e cristiane

In genere, la qualità di grafia di una lapide cristiana rispetto ad una pagana è nettamente inferiore, probabilmente per un insieme di motivi, fra i quali una minore disponibilità finanziaria, il ricorso a maestranze meno specializzate (o che facevano un po' di tutto, come appunto i fossori[13]) e le diverse esigenze dei committenti, ai quali interessava maggiormente il contenuto della veste esteriore dell'epigrafe[14].

Nei cimiteri cristiani non era raro che fossero utilizzati materiali eterogenei, tegole di spoglio o frammenti di lastre marmoree, magari di reimpiego, senza neppure regolarizzarne il contorno: si incidevano frettolosamente i caratteri senza alcuna preparazione che li disponesse in maniera simmetrica ed adottando una scrittura irregolare, per lo più una maiuscola, definita tecnicamente "capitale attuaria rustica", caratterizzata da lettere allungate e leggermente inclinate. Talora ad essa si mescolavano altri tipi di grafie, come la disarticolata corsiva o l'arrotondata onciale.

Se è innegabile che il livello qualitativo generale delle lapidi cristiane è abbastanza scadente, non mancano però testi incisi con una certa eleganza e regolarità (a parte la significativa eccezione degli epigrammi damasiani), anche se raramente sono comparabili con le belle epigrafi classiche.

Pur essendo molteplici le differenze fra epigrafi pagane e cristiane, sono anche numerosi i punti di contatto[15]. Di fronte all'aggiunta di molte e significative novità nei formulari, soprattutto dal punto di vista dei contenuti (fig. 168), diverse espressioni, attributi e sigle persistettero per abitudine, magari perdendo progressivamente il significato che originariamente avevano.

Ad esempio, può destare meraviglia il fatto che, in qualche centinaio di epigrafi cristiane, ricorra ancora la dedica iniziale agli "Dei Mani", ossia a divinità infernali che erano invocate dai pagani a tutela delle tombe[16]. Oppure che talora si continui a definire il sepolcro come "dimora eterna"[17], ben sapendo che esso era per i fedeli solo il temporaneo luogo di riposo del corpo in attesa della resurrezione. Nel primo caso, probabilmente, la consuetudine dell'intitolazione ai Mani perdurò, poiché in tal modo si poneva convenzionalmente il sepolcro sotto la protezione della legge romana, come "luogo sacro"[18]. Anche i cristiani, poi, – come i pagani – temevano molto che esso potesse essere, dopo la loro morte, devastato o alienato, specie quando l'area funeraria era a cielo aperto e quindi difficile da custodire.

Altre affinità riguardano l'uso di espressioni piuttosto generiche rivolte ai defunti per celebrarne i pregi, come "benemerito" (fig. 172)[19], "carissimo", "dolcissimo"[20]; similmente ricorrono termini relativi al dolore e al rimpianto dei superstiti, come "dolenti", "in lutto sempiterno". Dal repertorio classico si traggono anche citazioni di poeti, soprattutto di Virgilio[21]; ed è proprio nei carmi sepolcrali cristiani, generalmente di non grande pregio artistico, che si ripetono schemi e

Fig. 168 Catacomba dei Giordani – Affresco della lunetta di un arcosolio, raffigurante uno scriba con in mano un libro aperto, contenente l'iscrizione "riposo di Silvestra" (*ICUR* IX, 24489)

immagini tratte dal repertorio profano e si diffondono soprattutto dall'epoca costantiniana[22].

L'epigrafia cristiana al tempo dei Severi

Il periodo della genesi dell'epigrafia cristiana nelle catacombe di Roma va ricercato nell'epoca dei Severi, nei primissimi decenni del III secolo[23]. Infatti, eccezion fatta per pochissimi testi (non romani) che si possono riferire con certezza ai decenni conclusivi del II secolo, come la celebre iscrizione del vescovo Abercio di Gerapoli, datata fra il 161 e il 180/190[24], e probabilmente l'altrettanto famosa dedica di Pettorio di *Augustodunum*[25], è proprio dagli inizi del III secolo che, nei più antichi nuclei dei cimiteri, iniziano a comparire le prime testimonianze scritte che si possono definire cristiane.

Contrariamente, però, ai due testi sopra citati, che mostrano già un formulario molto sviluppato e complesso, con un linguaggio simbolico accentuato suscettibile di un'interpretazione non sempre immediata ed univoca, negli altri esempi funerari romani le dediche sono generalmente molto diverse, avendo come costante una grande concisione e comprendendo spesso solo i nomi dei defunti e semmai qualche augurio di pace a loro rivolto. Nello stesso tempo cominciano a comparire – da soli o accanto ai testi – i primi simboli, soprattutto ancore e pesci, per accentuare il significato cristologico e soteriologico[26].

Altre dediche sepolcrali, invece, mostrano profondi legami con l'epigrafia pagana, distinguendosi

da essa talora solo per pochi (e non sempre sicuri) indizi. Non di rado, poi, il formulario è ancora neutro (la medesima caratteristica si noterà in testi di epoca più matura) e solamente il contesto di provenienza dell'epigrafe può deporre a favore della sua cristianità.

Di recente si è cercato di far emergere le peculiarità del periodo delle origini dell'epigrafia romana, e specialmente i "problemi della cronologia, della natura e dei caratteri propri delle più antiche testimonianze epigrafiche sicuramente attribuibili a committenza cristiana"[27], che si spingeva fino alla seconda metà del III secolo.

Un complesso monumentale di notevole rilievo per tentare di ricostruire la delicata fase delle origini dell'epigrafia cristiana è quello di Priscilla, in cui soprattutto la regione dell'arenario ebbe un'utilizzazione intensa da parte della comunità locale proprio a partire dalla fine del II e dagli inizi del III secolo.

Il de Rossi trovò in quest'area circa trecento iscrizioni latine e greche, spesso ancora affisse ai loculi[28]. Una ricerca specifica, intrapresa dallo stesso studioso, diede risultati piuttosto significativi: oltre l'80 per cento delle epigrafi rinvenute in quella regione erano neutre, risultavano cioè prive di qualsiasi elemento peculiarmente cristiano. Nella maggior parte dei casi, infatti, esse avevano solo il nome del defunto, e in percentuale molto minore anche quello di uno o più dedicanti[29].

Poco più di una cinquantina di epigrafi contenevano invece auguri o acclamazioni di pace certamente cristiani, che si potevano intendere come un simbolico saluto rivolto dai superstiti ai loro cari scomparsi. Fra i tanti casi di questo genere, basti vedere le dediche dipinte col minio in lettere "prisciliane" di *Caelestina*[30], di *Felicitas* o di *Pomponius*[31], o quella, molto nota, di *Vericundus*[32], in cui l'abbreviazione centrale (una M sopralineata e tagliata da un trattino orizzontale) va preferibilmente intesa come *m(emoria)* e non come riferimento a un presunto martire, o come invocazione mariana *ante litteram*.

Fig. 169 Il cosiddetto affresco dei "Cinque Santi" nella catacomba di Callisto mostra cinque defunti che si trovano "in pace" in un giardino con acqua, frutta e uccelli. La loro preghiera è probabilmente rivolta a Dio stesso, in quanto si trovano in uno stato in cui Dio può già operare

Da altri esempi simili, pure provenienti da Priscilla[33], si riscontra ancora una volta come uno dei primi simboli ad apparire accanto ai testi sia – con il pesce – l'ancora, che sarà poi anche uno dei primi ad essere abbandonato, fin dal IV secolo. Quindi, dapprima entrarono nel repertorio cristiano elementi figurativi che avevano una sottesa valenza cristologica (connessa con il celebre acrostico greco ΙΧΘΥΣ, allusivo a "Gesù Cristo figlio di Dio Salvatore") e soteriologica. Ad esempio, esso è graffito sulla calce di chiusura di un loculo nella catacomba di Priscilla[34].

Proprio un'ancora, insieme a motivi decorativi a forma di freccia e a una palmetta, ricorre nella famosa epigrafe di *Filumena*[35], che nel secolo scorso fu ritenuta una martire senza il minimo indizio di carattere archeologico od epigrafico, creandole poi intorno una tradizione agiografica completamente apocrifa. Prescindendo da questi fatti, ampiamente noti, si può rilevare che nella sistemazione dei tegoloni sul loculo essi erano stati probabilmente invertiti per errore o ignoranza di un fossore.

Questa estrema semplicità dei testi cristiani – salvo un certo numero di eccezioni – perdurò, secondo le risultanze a cui giunse il de Rossi, per circa mezzo secolo, fino all'incirca al 250, quando il formulario cominciò a poco a poco ad arricchirsi di altri elementi, superando l'estrema laconicità del periodo delle origini.

Un'indagine condotta nel 1975 confermò la sporadicità delle testimonianze scritte attribuibili all'età severiana in tutte le regioni dell'*orbis christianus antiquus*[36]. Comunque, si possono individuare, per quanto riguarda Roma, alcune catacombe in cui diversi elementi portavano a ritenere che almeno un gruppo di iscrizioni potessero risalire con buona probabilità alla prima metà del III secolo.

Oltre alla già ricordata Priscilla, il de Rossi comprese in questo periodo testi della regione di Lucina e dell'area I del cimitero di S. Callisto, in cui il 3 gennaio del 236 fu sepolto nella cripta dei papi il primo pontefice, Anterote[37]. Inoltre, nuclei di epigrafi dei primi decenni del III secolo devono essere individuati nella regione dei Flavi Aureli di Domitilla[38], a Calepodio, dove nel 222 fu deposto il papa martire Callisto[39], al *Maius* sulla via Nomentana[40] e a S. Ermete, dove – come si vedrà fra breve – si trovò un'iscrizione datata al 234[41]. Presumibilmente, altri esempi relativi al medesimo periodo si possono individuare anche a Panfilo, a Marco e Marcelliano e a Novaziano[42], anche se spesso è tutt'altro che semplice riconoscerli con il conforto di indizi probanti, che non siano solo quelli paleografici, di per sé estremamente labili e mutevoli.

A proposito della catacomba di Panfilo, ai Musei Capitolini si conserva l'iscrizione greca di Κάρικος, incisa su una bella lastra di marmo con una grafia molto curata[43]. Certo, è innegabile che si tratti di un testo antico, ma non si può ragionevolmente giungere a datarlo alla seconda metà del II secolo, come si era proposto, essenzialmente in base alla grafia[44], visto che, in realtà, la prima utilizzazione di questo cimitero della via *Salaria vetus* non sembra anteriore al III secolo e non è provata l'esistenza di ipogei anteriori.

È comunque degna di nota la frase conclusiva, in cui si auspica che l'anima del defunto sia ricordata, equivalente ad una richiesta di preghiere in suo suffragio.

Un altro dato importante sull'epigrafia cristiana dei primi decenni del III secolo è quello della estrema rarità delle epigrafi datate, d'altronde pienamente comprensibile, considerando quanto si è già notato sulla laconicità dei formulari, che in origine di norma non prevedevano la presenza della data di morte. Le epigrafi cimiteriali romane di questo periodo con un preciso riferimento cronologico, cioè con una data consolare sicura, sono in realtà pochissime.

La più antica iscrizione riporta al 217 ed è relativa ad un sarcofago proveniente dalla zona di Torre Nova, sull'odierna via Casilina (antica Labicana), e successivamente portato a Villa Borghese[45]. Vi è ricordato *Marcus Aurelius Prosenes*, liberto dei due Augusti (ossia, di Marco Aurelio e di Commodo), maggiordomo dell'imperatore, economo di corte, amministratore dei beni imperiali, organizzatore dei ludi gladiatori, responsabile della fornitura dei vini, incaricato dallo stesso Commodo dell'amministrazione della corte. I liberti di questo liberto furono i dedicanti ed i committenti del sarcofago, decorato con eroti, cornucopie, festoni e con il defunto – oggi acefalo – recumbente sul coperchio.

In base a tali elementi, questo monumento funerario non avrebbe proprio nulla di cristiano, se un'altra iscrizione, aggiunta in un secondo tempo sul margine superiore del lato destro per iniziativa del liberto *Ampelius* al ritorno da una spedizione militare contro i Parti, non specificasse che *Prosenes* fu "accolto al cospetto di Dio" (*receptus ad deum*) il 3 marzo del 217, sotto il consolato di Presente ed Estricato[46].

Proprio questa espressione fa logicamente pendere la bilancia a favore della cristianità del testo, che comunque è stata ugualmente messa in dubbio da qualche studioso. In ogni caso, pur riferendosi al 217, essa fu verosimilmente incisa almeno qualche anno dopo.

Al 234 riporta invece una lapide della catacomba di S. Ermete[47], pertinente ad una bambina di dieci anni e otto giorni, *Cornelia Paula*, morta il 23 luglio del 234, in cui appunto erano consoli Massimo ed Urbano. In questo caso non sussistono dubbi sulla natura del testo, in cui si legge il verbo relativo alla morte, *decessit*, seguito dalla data del *dies natalis* della piccola defunta, in cui ella terminò la vita terrena per iniziare quella ultraterrena.

Mentre resta molto dibattuta l'autenticità di un epitaffio, ritenuto della catacomba di Commodilla e datato al 235[48], al 238 è riferito un coperchio di sarcofago iscritto di origine incerta, conservato al Museo Pio Cristiano, con la dedica in greco di un altro bambino, Ἡράκλιτος, vissuto quasi otto anni e morto nell'anno in cui erano consoli Pio e Ponziano[49].

Altre iscrizioni, pur sprovviste di data consolare, possono contenere elementi che consentono ugualmente di giungere ad una cronologia sicura, nell'ambito del periodo in esame. È il caso dell'epitaffio dello schiavo Marco, proveniente ancora dalla catacomba di S. Ermete – ma probabilmente dal sopratterra – e conservato al Museo Nazionale Romano[50].

Anche qui la prima parte della dedica non ha chiari segni di cristianità, ma le ultime righe la individuano senza dubbio come tale. Essa fu fatta apporre da Alessandro, schiavo dei due Augusti, ossia – con ogni probabilità – di Settimio Severo e Caracalla, colleghi nell'impero fra il 198 e il 211. Proprio questa indicazione consente di datare con buona probabilità la lapide.

Il defunto Marco, vissuto diciotto anni, nove mesi e cinque giorni, faceva parte degli addetti al guardaroba imperiale, ed è detto *Caputafricesi*, ossia residente nella strada del *Caelimontium* dove aveva sede il *paedagogium puerorum*, la scuola per addestrare proprio gli schiavi della casa imperiale.

L'ultima parte dell'iscrizione contiene una formula deprecatoria, con cui si scongiurano i "buoni fratelli", ossia i confratelli nella fede, "in nome dell'unico Dio" di non recare molestia alla lapide (e quindi, per sineddoche, al monumento sepolcrale) dopo la morte del dedicante.

Non è certo raro trovare questo tipo di espressioni, insieme a quelle imprecatorie e alle minacce di ammende contro i violatori delle tombe, nell'epigrafia cristiana: il fenomeno era diffuso e pagani, ebrei o cristiani avevano i medesimi timori che il proprio sepolcro potesse subire danni per la vana ricerca di cose preziose o per inserire indebitamente altre salme dopo la loro morte[51].

Si riferisce al principio del III secolo anche un'altra famosa epigrafe, quella di *Licinia Amias*, proveniente dalla necropoli vaticana e conservata al Museo Nazionale Romano[52]. Dopo la dedica, di matrice ancora pagana, agli Dei Mani, essa esordisce con l'invocazione greca al Cristo "pesce dei viventi", resa con l'acrostico ΙΧΘΥΣ e seguita dalla raffigurazione di un'ancora e due pesci affrontati, che sembra la sua traduzione in immagini. Riguardo al termine "viventi", si è notato che esso era usato fin dal II secolo per alludere ai fedeli, vivificati dal sacramento battesimale.

La corona lemniscata, inserita fra le lettere della sigla D M, riprende una consuetudine propria dei monumenti funerari profani e propone un elemento figurativo, che poi assumerà significati diversi, alludendo alla corona del martirio o al premio eterno al quale i fedeli devono aspirare[53]. Quanto al resto del testo conservato, esso appare come altri contemporanei neutro, con la generica espressione *benemerenti*, ossia "benemerita", cui seguiva l'età della defunta, totalmente perduta.

Ai primi decenni del III secolo viene datata un'altra stele in marmo nero, originariamente facente parte del cimitero subdiale di S. Ermete, ora conservata al Museo Nazionale Romano[54]. Il testo ricorda che "Proto qui giace nello spirito santo di Dio" e che la sorella *Firmilla* fu la dedicante, a ricordo del fratello. Anche qui è avvenuta una sorta di fusione nel formulario, unendo l'espressione "qui giace", tanto comune fra i pagani, con il concetto escatologico del riposo "nel santo spirito di Dio", raramente attestata altrove.

Un'altra epigrafe molto discussa di ignota origine, del Museo Vaticano Pio Cristiano, è quella di *Iulia Calliste*, riferita all'inizio del III secolo e da alcuni alla fine del II. Anche in questo caso si tratta di una stele con acroteri laterali e bisogna ricordare che questo tipo di monumento funerario, a parte i casi antichi ora ricordati, è molto raro in ambito occidentale presso i cristiani, mentre in oriente ha una notevole diffusione.

Il testo, introdotto dall'intitolazione agli Dei Mani, fu dedicato dal marito e dai figli alla rispettiva moglie e madre *Iulia Calliste*[55]. Il formulario è neutro, ma nell'ultima riga si leggono una P, un nesso fra I e H e un cristogramma, che hanno fatto proporre lo scioglimento *p(ax) Ie(su) Chr(isti)*, e di recente *p(uella) Ie(su) Ch(risti)*. Il problema principale consiste nella presenza di un monogramma di tipo costantiniano, usato come abbreviazione e non come simbolo, in un'epigrafe ritenuta della fine del II o degli inizi del III secolo, mentre questo elemento, a parte alcuni esempi ugualmente controversi per cronologia o interpretazione, non compare solitamente prima del secondo decennio del IV secolo. Alcuni studiosi, notando la diversità di modulo e la minore incisione delle lettere, oltre alla non perfetta simmetria di quest'ultima linea rispetto alle altre, molto curate sotto questo aspetto, hanno supposto che si tratti di un'aggiunta posteriore.

Altri invece, basandosi su osservazioni diametralmente opposte, hanno sostenuto la contemporaneità di tutto il testo iscritto: a parte ogni altra considerazione, si ha qui una prova di come le impressioni su dettagli epigrafici possano essere estremamente soggettive e variabili. In mancanza di elementi incontrovertibili, la soluzione più saggia sembra in verità quella di sospendere il giudizio, ammettendo certo come suggestiva l'ipotesi di un testo con un cristogramma del principio del III secolo, se non addirittura della fine del II. In ogni caso, finora il solo tipo di monogramma di Cristo sicuramente attestato in epoca precostantiniana resta quello formato dalle due lettere iota e chi intrecciate, ricorrente già in esempi certamente datati della Frigia fin dalla metà del III secolo e a Roma, in un'epigrafe della catacomba di Domitilla del 268 (o del 279)[56].

I primi decenni del III secolo costituiscono quindi per l'epigrafia cristiana un'epoca di grande rilievo, ma in merito alla quale è possibile solo portare dati molto frammentari e discontinui. Tuttavia, nelle iscrizioni di questo periodo si può individuare un importante anello della ideale catena di continuità e rotture, di conservatorismi e novità che segna il progressivo tramonto dell'epigrafia classica e la sempre maggiore crescita e diversificazione di quella cristiana, che pur usando le stesse lingue (il latino e il greco) e avendo molti tratti comuni, riuscirà a differenziarsi profondamente dalla prima soprattutto per il contenuto, ma anche per diversi aspetti formali.

3. L'ONOMASTICA DEI CRISTIANI

Lo studio delle migliaia di nomi ricorrenti nelle iscrizioni funerarie delle catacombe romane può far emergere molti elementi indicativi riguardo a quelli più usati dai cristiani, a quelli introdotti da loro, legati ad un particolare significato, a quelli che continuarono ad adoperare, pur essendo apparentemente poco adeguati a dei fedeli, ponendo inoltre in rilievo se il culto dei martiri deposti in un cimitero avesse potuto avere una qualche influenza nella diffusione di determinati appellativi[57].

Prima di tutto, è agevole constatare che nella maggioranza dei casi compare un solo elemento nominale, secondo un costume ormai generalizzato in epoca tarda, visto che proprio a partire dal III secolo (quando si diffusero i primi testi cristiani) caddero progressivamente in disuso alcuni elementi del sistema onomastico romano, ossia il prenome e il gentilizio, o perché essi avevano perduto la loro funzione distintiva individuale, oppure perché era a poco a poco venuto meno, con l'evolversi della società e l'emanazione di leggi che estendevano la cittadinanza a tutti i residenti entro i confini dell'impero (la *constitutio Antoniniana* del 211), il motivo principale di specificarli nei testi scritti.

Se questa fu la norma generale, nell'ambito di famiglie conservatrici, soprattutto di rango elevato, o in città di provincia, dove si era più legati alla tradizione, ancora nel IV e nel V secolo si continuarono talvolta ad adoperare due o tre nomi, anche se per lo più, quando si incontrano esempi di questo tipo, ciò può essere un valido indizio per pensare ad una datazione alta, forse ancora ad epoca precostantiniana,

Fig. 170   Catacomba di Priscilla – Iscrizione dipinta su laterizi di L. Septimius Zoticianus (*ICUR* IX, 25515)

di un'epigrafe (fig. 170). In qualche caso può venire il dubbio che nel portare ancora i "tre nomi", che per secoli avevano contraddistinto i cittadini romani, ci fosse una punta di ricercatezza e di snobismo (per ricorrere ad un termine moderno), visto che – ad esempio – nella catacomba dei Ss. Pietro e Marcellino un personaggio certo di non nobile lignaggio, un pescivendolo, vivacemente raffigurato con la sua merce da un'incisione sulla lapide, si chiama *Iulius Marius Silvanus*[58].

Nomi "profani" e nomi "cristiani"

Prendendo in esame la messe di dati onomastici offerti dagli epitaffi romani, un primo elemento che tende a sfatare un luogo comune piuttosto diffuso riguarda il fatto che spesso i cristiani continuarono a portare nomi profani, o addirittura di origine mitologica, che teoricamente sembrerebbero contrastare con la loro fede.

Non è difficile, quindi, incontrare nelle lapidi delle catacombe fedeli chiamati Ermete, Ercole, Afrodite, *Veneriosa o Benerosa* (figg. 171–172).[59] Apollo, Eros, Saturnino, Marziale, Asclepiodoto, Atenodoro (ossia "dono di Atena"), Achille, Posidonio, *Neptunia* (derivato dalla divinità marina)[60], Pentesilea (la regina delle Amazzoni), Isidoro ("dono di Iside", divinità egizia), Elio...[61] (fig. 173). Fra i tanti esempi illustri di tale

Fig. 171 Roma, Catacomba di S. Callisto – Iscrizione di *Veneriosa* con l'augurio che il suo spirito sia fra le anime elette (*ICUR* IV, 9451)

consuetudine, basti ricordare che il fratello maggiore di S. Ambrogio si chiamava Satiro! Evidentemente, più

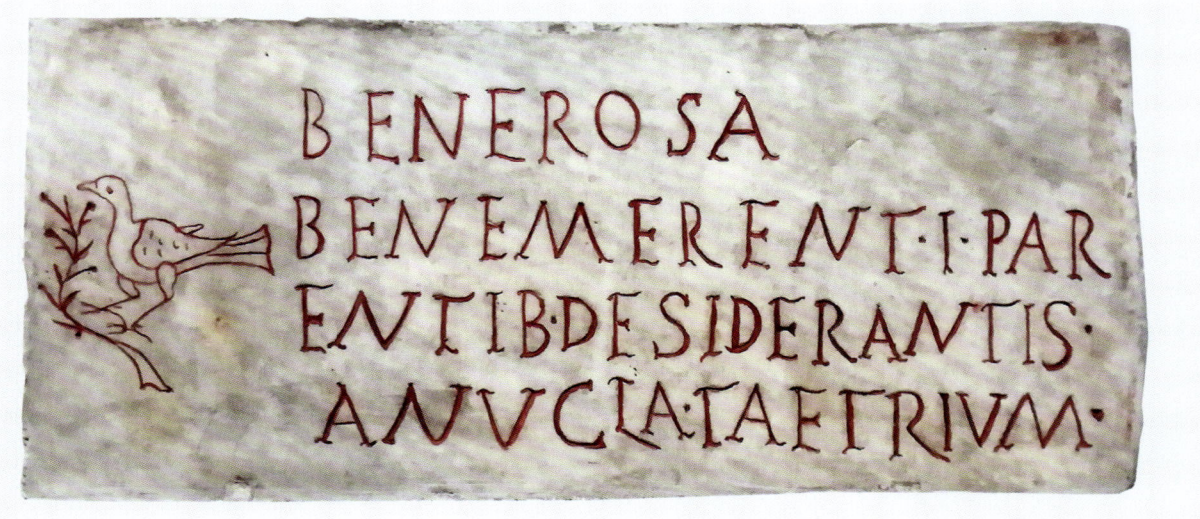

Fig. 172 Campo Santo Teutonico – Iscrizione di Benerosa (*ICUR* I, 1364), vissuto solo tre anni

Fig. 173 Catacomba di Priscilla – Iscrizione dipinta su laterizio di Aeliana (*ICUR* IX, 24896)

Fig. 174 Catacomba di Priscilla – Iscrizione greca dipinta su laterizio di Irene (*ICUR* IX, 26020 b)

Fig. 175 Catacomba di Panfilo – Iscrizione con lettere di porfido, posta all'ingresso del cubicolo doppio del martire. Due liberti dedicano l'epitaffio ai loro ex-padroni Teofilo e Ponziana; uno si chiama Vitalio, l'altro Quodvuldeus (!), ossia "ciò che vuole Dio", nome di matrice africana (ICUR X, 26460)

che l'etimologia, influenzarono simili scelte l'abitudine o la moda. Altri esponenti del clero non sfuggirono a quest'uso, come il presbitero Mercurio, poi eletto papa come Giovanni II nel 533, ossia nel pieno VI secolo, quando ormai il paganesimo era da tempo tramontato.

Se un considerevole numero di nomi si rivela d'uso comune, molti di essi si riconducono ad un'origine greca, o comunque orientale[62], mentre non compaiono con molta frequenza epiteti di origine biblica (Maria, Susanna, Giovanni, Pietro, Giuseppe, Giovanni, Giuda[63]...) e non sono tanto numerosi neppure quelli che si possono definire specificamente cristiani, connessi con concetti di salvezza, religiosità, resurrezione, speranza.

Fra i più comuni, comunque, si possono citare *Agape* (che in greco significa "amore"), *Irene* ("pace") (fig. 174), *Anastasius* (allusivo alla resurrezione), *Refrigerius* (che richiama l'omonimo rito), *Evangelius*, *Martyrius*, *Benedictus*, *Spes*, *Renatus* ("nato a nuova vita"), *Quadragesima* (Quaresima), Πεντεκοστή (Pentecoste), *Redemptus*, *Quodvultdeus* ("ciò che vuole Dio") (fig. 175), *Deogratias* ("grazie a Dio"), *Adeodatus*, *Deusdedit*, *Theodorus* ("dono di Dio"). L'uso di taluni di questi epiteti, di origine africana, fu probabilmente favorito dalla presenza di immigrati dall'altra sponda del Mediterraneo.

La documentazione epigrafica consente poi di appurare che, tutto sommato, non sempre erano numerosi i fedeli che per devozione portavano il nome di martiri deposti nei cimiteri in cui essi stessi erano seppelliti: fa eccezione la catacomba di Ciriaca, centro di culto del veneratissimo diacono Lorenzo, in cui si sono trovate lapidi con una trentina di Lorenzi e una quindicina di Lorenze[64].

Scorrendo gli indici onomastici della silloge delle epigrafi cristiane di Roma, si incontrano decine e decine di appellativi strani, curiosi e, non di rado, unici[65]. Così come per i pagani, la loro origine si riconduce a matrici diverse: un gruppo sono beneauguranti (*Felix, Fortunatus, Fructuosus, Benenatus*), altri sono tratti da caratteristiche fisiche (*Nigrinus, Albucius* – ossia "bianchiccio" –, *Rhodacilla* – "di colore rosso" –), da mesi dell'anno (*Ianuarius, Aprilis, December*...), da toponimi (*Afer, Syrus*...), oppure da animali vari, come l'orso, il leone, la formica, il topo, il leopardo, il capriolo, la rondine, la colomba e perfino la tinca[66]; altri ancora sono desunti da epiteti affettuosi, evidentemente nati in ambito familiare, come Cara o "Piccolina"[67]. La casistica è tanto eterogenea, che è difficile citare tutte le etimologie.

Un'ultima annotazione riguarda gli antroponimi di origine "barbarica", ossia non latina né greca, ma ad esempio – tracia, vandala, gota o longobarda. Tenendo conto che l'arco cronologico della maggior parte delle dediche sepolcrali delle catacombe è compreso fra il III e il V secolo (abbastanza limitati sono i casi di epigrafi posteriori), si può capire perché tali nomi ricorrano solo piuttosto sporadicamente, e – per lo più – nei graffiti dei pellegrini, che continuarono fino all'epoca carolingia a frequentare i santuari martiriali. Fra i rari esempi attestati in epitaffi, si può ricordare, dal cimitero di S. Valentino, *Herila*, un *comes*, ossia un alto funzionario imperiale goto, probabilmente un ariano convertito, il quale poté morire "in pace con la fede cattolica"[68], oppure il tracio *Valerius Dalat[ralis]*, deposto nella catacomba di S. Felicita[69].

Nomi di umiliazione e soprannomi

Nell'onomastica cristiana un gruppo particolare è formato dai cosiddetti "nomi di umiliazione", o "vituperevoli", i quali, proprio per il loro significato sgradevole, quando non infamante, si ipotizzava che fossero talora usati da taluni fedeli per compiere un atto di modestia che durava tutta la vita. In realtà, questi epiteti erano logicamente scelti dai genitori per i loro figli, per cui questa opzione non era effettuata mai volontariamente dal singolo cristiano ma da suo padre e da sua madre[70]. Alcuni di essi si riferiscono ad animali, comunemente legati a prerogative negative, come l'asino (*Asellus*[71], *Asellica* (fig. 176)[72], *Onager*[73]) o il maiale (*Porcella*)[74]; altri richiamano vizi o qualità non certo positive, come *Lascivus* (Lascivo)[75], *Importunus* (Importuno)[76], *Fastidiosus* (Fastidioso), *Calumniosus* (Calunnioso), *Luxuriosus* (Lussurioso)[77], *Iniuriosus* (Ingiurioso), *Molestus* (Molesto), *Pannosus* (Straccione)[78], *Sapricius* (putrido)[79], *Dyscolus* (intrattabile)[80], o *Superbus* (Superbo). Per quest'ultimo caso, si legge in un'epigrafe datata al 405 della catacomba di Pretestato[81]: "Qui riposa Superbo, chiamato così solo di nome, che i santi beati conobbero mite ed innocente, in questo (sepolcro) il padre sventurato avrebbe desiderato precederlo...".

Altri appellativi, di per sé "vituperevoli", potrebbero essere in diversi casi connessi con lo stato sociale di alcuni fedeli, abbandonati da piccoli e caritatevolmente raccolti da famiglie di cristiani: è il caso di *Proiectus* e *Proiecticius*, che significano "esposto", e dello sgradevole *Stercorius*[82], con il corrispettivo greco *Coprion*[83], che si possono intendere come "abbandonato fra i rifiuti". A riprova del fenomeno dell'abbandono dei minori, sta l'abbondanza di *alumni*, ossia di "figli adottivi", che l'epigrafia cristiana romana testimonia e a Pretestato si trova proprio uno di essi che si chiama *Stercorius*[84]. Fra i tanti esempi noti, si possono ancora citare i casi di Dativo, genitore adottivo, che a Domitilla dedicò la lapide a *Vitalia* "dolcissima figlia adottiva", di *Tertullus alumnus* del *Coemeterium Maius* e di *Urbicus alumnus dulcissimus* di S. Ermete[85]. I genitori adottivi sono indicati con l'appellativo di *nutritores*, come *Syllectio et Eunoea*[86].

Comunque, tornando all'onomastica, i cosiddetti nomi "di umiliazione" – se veramente furono tutti tali –, che percentualmente sono molto pochi, alla fine persero il loro significato originario e finirono col divenire un fenomeno di moda, tanto che alcuni di essi furono adoperati anche da pagani, che certamente non avevano alcun intento del genere nel portarli[87].

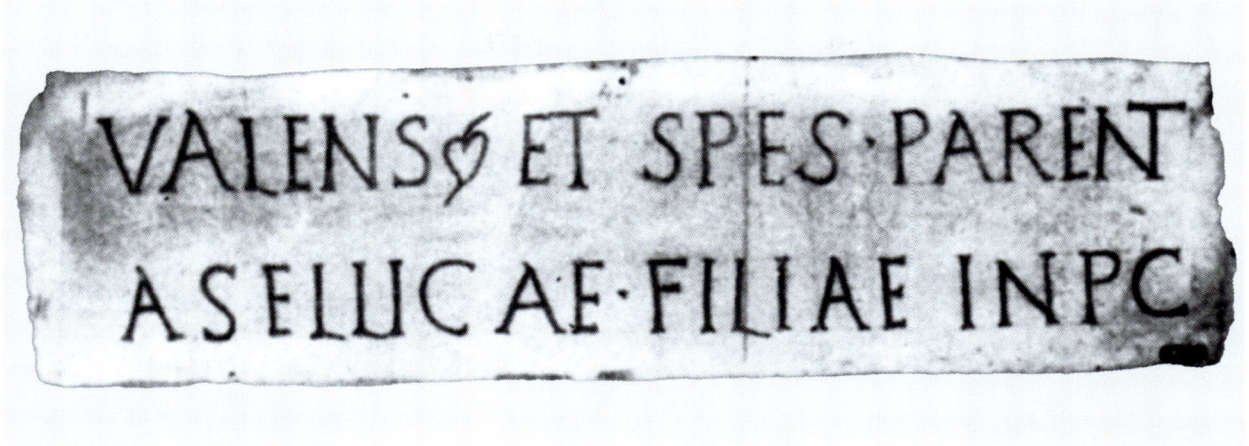

Fig. 176 Galleria Lapidaria Vaticana – Iscrizione di *Asellica*, nome ritenuto "di umiliazione", dedicata dai genitori *Valens* e *Spes*, ossia "speranza", nome tipicamente cristiano (*ICUR* IX, 23806)

Un'altra particolarità dell'onomastica cristiana – ma l'uso non fu certo ignoto a quella pagana – consiste nella diffusione dei soprannomi, o *signa*: nomignoli aggiunti a quello personale, derivandoli da particolari caratteristiche fisiche o da vezzeggiativi dati in tenera età e poi rimasti fissati alle persone, oppure semplicemente appellativi diversi, scelti per motivi che non si possono sapere[88].

Si è pensato che talora questi antroponimi siano da connettere con un nuovo nome che poteva essere dato al momento del battesimo, specie se il fedele era già adulto, ma se fosse stato un uso generalizzato, gli esempi superstiti sarebbero davvero troppo scarsi[89]; per cui sembra logico pensare semplicemente ad un'usanza recepita solo da una minima percentuale della comunità cristiana.

Questi soprannomi normalmente seguono immediatamente il vero *cognomen* personale, al quale sono uniti da espressioni come "detto anche" (*qui et vocatur*), "dal nome di" (*nomine*), "dal soprannome di" (*signo*), "ossia" (*id est, sive*). Ad esempio, nella catacomba di Priscilla un bambino, morto a poco più di cinque anni, si chiamava Marcello, ma era soprannominato *Exsuperius*[90], a Pretestato invece Valeria Calliope era conosciuta come *Anucella*[91], ossia "vecchietta", probabilmente a causa dei tratti somatici, che ricordavano una persona anziana. Una fedele, invece, che eccezionalmente aveva già tre nomi, *Marcia Augurina Maria*, portava anche un ulteriore soprannome, *Carite*[92] e *Iulius [Sab]inus* era chiamato anche con il singolare appellativo di *Abenna*[93], mentre il notaio della Chiesa *Karikus* era noto anche come *Karterius*[94].

I monogrammi

Oltre che negli edifici di culto, dove ricordano normalmente facoltosi donatori, papi o vescovi munifici costruttori (oppure ricostruttori), monogrammi si incontrano talora anche nelle iscrizioni delle catacombe. Il più famoso di questi intrecci di lettere, sotto i quali si celava generalmente un nome, è quello cristologico, nelle sue due forme più diffuse, quello decussato e la croce monogrammatica[95], ma anche alcuni fedeli indicano la propria identità in questo modo per un vezzo personale; purtroppo, in diversi casi lo scioglimento di queste sigle resta problematico, o almeno aperto a differenti soluzioni, poiché non si può essere sicuri di quale fosse l'iniziale, di quante volte singole lettere fossero ripetute nel corpo della parola ed inoltre diversi nomi contengono le medesime lettere, quindi possono essere molteplici le soluzioni possibili.

Ad esempio, nel mausoleo annesso alla basilica di S. Silvestro sovrastante il cimitero di Priscilla, un

Fig. 177 Catacomba di Priscilla – Monogramma di Rusticus e Rufilla sulla tabella di una fronte di sarcofago frammentaria (*ICUR* IX, 25791)

coperchio di sarcofago frammentario mostra all'interno della tabella per l'iscrizione solamente due monogrammi, per fortuna risolvibili con una certa facilità: a sinistra *Rusticus*, a destra *Rufilla*[96] (fig. 177). Su un'altra lapide mutila della medesima area funeraria compare invece una sigla, in cui si percepiscono le lettere E, S, forse L, ma in questo caso non si è ancora riusciti a proporre una lettura verosimile[97].

4. LA SOCIETÀ CRISTIANA E LE ISCRIZIONI FUNERARIE

Un elemento particolarmente prezioso per risalire alla composizione delle comunità cristiane dei primi secoli è certamente costituito dall'indicazione dell'attività svolta in vita dai defunti, poiché il lavoro era ritenuto componente essenziale della vita di un fedele, un vero obbligo sociale. Se da un lato era considerato doveroso aiutare chi non aveva sufficienti mezzi di sussistenza, dall'altro si condannava chi per pigrizia si adagiava nell'ozio, o attendeva nell'inoperosità la carità altrui[98].

In quest'ottica, non è quindi strano che nelle iscrizioni cimiteriali venissero inseriti riferimenti ai mestieri, anche se, comparativamente con l'alto numero delle epigrafi romane, tali specificazioni ricorrono in una percentuale minima di testi[99]. Tuttavia, quando compaiono, esse permettono di conoscere meglio le diverse componenti dell'antica società cristiana, in cui confluivano esponenti delle classi più elevate e più umili, che riposavano gli uni accanto agli altri nelle catacombe, in genere senza evidenti distinzioni gerarchiche dovute al censo, ma accomunati da un'unica fede. Talora, comunque, l'uso di termini piuttosto generici lascia alcuni dubbi sull'esatta funzione esercitata[100].

Da notare che nelle iscrizioni sono piuttosto rari i casi di schiavi e liberti che dichiarino esplicitamente Il proprio stato sociale, anche se essi dovevano costituire una componente non trascurabile della omunità cristiana[101]. Per i primi si possono ricordare Vitale, schiavo imperiale di due Augusti e *Zonisus* (ossia *Dionysius*) *cursor*, termine traducibile con "corriere", che morì proprio Il giorno del suo affrancamento, *decessit die manumis(sionis)*[102]. I liberti furono i dedicanti dell'epitaffio della loro *patrona*, Petronia Auxentia, di rango senatorio, mentre nel cimitero di S. Ermete fu deposto *Aurelius Primus*, liberto imperiale, addetto agli archivi[103].

Le raffigurazioni incise

Questi elementi si trovano in special modo a partire dalla metà circa del IV secolo, mentre ricorrono piuttosto raramente in epoca anteriore. Oltre agli espliciti riferimenti all'interno dei formulari, in diversi casi si può conoscere l'attività svolta dai cristiani anche dalle raffigurazioni incise sulle lapidi, che rappresentano il

Fig. 178 Catacomba di Commodilla – Lastra incisa con raffigurazione di un fossore ed una salma pronta per la sepoltura (*ICUR* II, 6446)

Fig. 179 Vaticano, Museo Pio Cristiano – Lastra figurata con due fabbri al lavoro (dalla catacomba di Domitilla) (*ICUR* III, 7372)

fedele intento al suo lavoro o gli arnesi propri del suo mestiere][104]. Così, decine e decine di botti[105], bilance[106], scalpelli[107], asce[108], fusi[109], compassi[110], moggi[111] (l'unità di misura del grano), martelli[112], forbici[113], strumenti musicali[114] compaiono sulle lastre funerarie romane.

È il caso di una lapide priva di testo scritto della catacomba di Pretestato, sulla via Appia, sulla quale sono effigiati ordinatamente diversi ferri chirurgici, fra i quali bisturi, una tenaglia (per l'estrazione di denti) o un forcipe, cucchiai, una ventosa (per i salassi) e specilli[115]. E accanto ad un'iscrizione greca frammentaria – appartenente con ogni probabilità ad un medico-dentista, conservata nel chiostro della Basilica di S. Lorenzo fuori le mura, sono rappresentate un paio di pinze che stringono un molare estratto[116].

Vivace ed immediata, anche se di qualità piuttosto scadente, è la lastra in cui è raffigurato Costanzo con i suoi due cavalli da soma Barbaro e Germano (ai quali doveva essere molto affezionato) nella catacomba di Domitilla[117], mentre a Commodilla una rozza incisione presenta un fossore con la lucerna in mano, la *dolabra* (una sorta di piccone) sulle spalle, con accanto una salma strettamente avvolta in bende e già predisposta per la sepoltura[118] (fig. 178). E una lapide del Museo Pio Cristiano mostra un fabbro che sta forgiando un oggetto metallico su un'incudine, mentre un suo aiutante attizza il fuoco con un mantice (fig. 179)[119]. Meno nota è un'incisione del cimitero di Aproniano[120], in cui sembra di riconoscere un taglialegna carico sotto una fascina di tronchi tagliati, nell'atto di consegnarla probabilmente ad un cliente, mentre a sinistra compare un albero con grandi foglie.

Mestieri e professioni nei formulari

Si è già accennato all'eterogeneità dei mestieri attestati nei testi iscritti, fra i quali converrà menzionare solo alcuni esempi compresi nei diversi settori delle attività umane, espletate dai fedeli romani[121]. Molto nutrito è il gruppo di coloro che si dedicavano al commercio o al piccolo artigianato. La vendita di generi alimentari è ampiamente documentata da fornai[122] e pasticceri[123], macellai[124], salumieri[125], ortolani e venditori di erbaggi[126]. Si possono citare anche due lattai: uno, *Pomponius Felix*, della catacomba di Priscilla[127] (fig. 180), e l'altro, Quinto, residente nella zona del Laterano e sepolto a Pretestato[128].

L'artigianato è abbondantemente rappresentato: si va dai fabbricanti di chiodi e ai fabbri[129] ai marmorari[130], dagli intagliatori di gemme e pietre dure ai vetrai[131] e ai barbieri (fig. 181)[132]. A Commodilla si conserva l'iscrizione di Olimpio, un *elefantarius*, che probabilmente lavorava e vendeva oggetti di avorio[133]. Un

Fig. 180 Catacomba di Priscilla – Iscrizione del lattaio Pomponius Felix, che aveva acquistato il sepolcro da vivo per lui e per la moglie Marcia (*ICUR* IX, 25435)

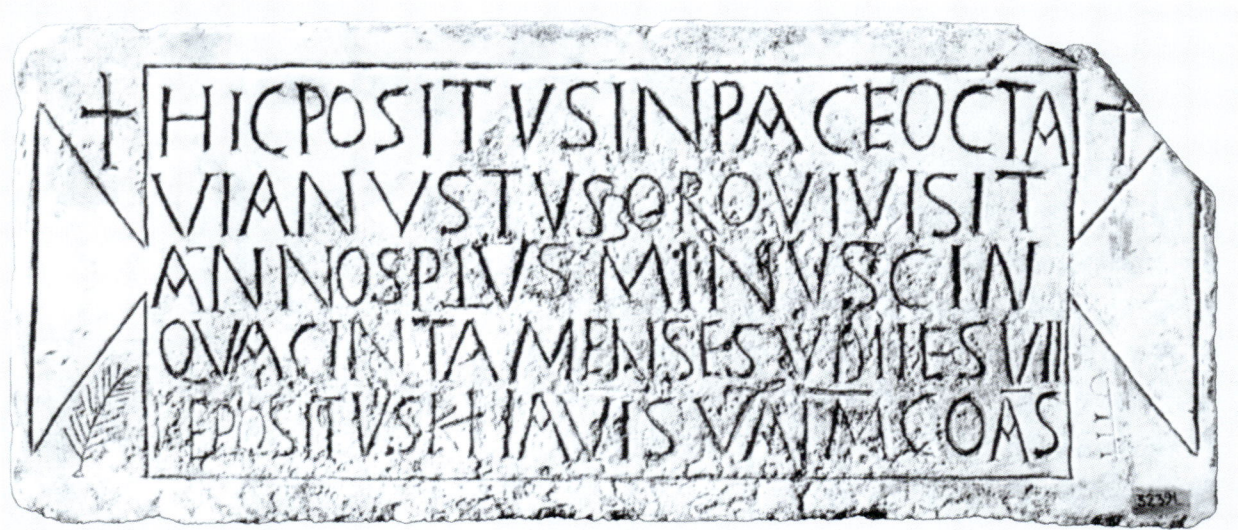

Fig. 181 Vaticano, Museo Pio Cristiano – Iscrizione di *Octavianus* tussor, ossia barbiere, vissuto 50 anni, 7 mesi e 5 giorni (anno 507 o 508), con molti volgarismi (*ICUR* I, 1706)

Fig. 182 Roma, Museo Nazionale Romano – Lapide con un seminatore al lavoro (*ICUR* I, 2060)

discorso a parte meritano le maestranze specializzate addette con varietà di compiti alla scultura dei sarcofagi, degli elementi decorativi degli edifici di culto, all'incisione delle iscrizioni. Molto interessante si rivela, in proposito, la lastra conservata al Museo Archeologico di Urbino, ma proveniente dalla catacomba dei Ss. Pietro a Marcellino a Roma, che contiene sotto il testo la raffigurazione – finora unica – di un artefice (Εὔτροπος) nella sua bottega, intento a scolpire un sarcofago e a rifinirlo con un trapano a corda, aiutato probabilmente dal figlio[134].

Nel vasto repertorio epigrafico sono presenti anche agricoltori (fig. 182)[135], muratori[136], lavandai, tintori [137], sarti[138], calzolai e ciabattini[139]. Fra i professionisti e i funzionari pubblici, poi, si trovano molti medici e veterinari[140], avvocati, notai[141], stenografi[142], corrieri[143], insegnanti[144], impiegati dell'annona[145], ma a riprova della eterogeneità della società cristiana ricorrono anche attestazioni di personaggi illustri, che rivestivano mansioni di rilievo nell'amministrazione pubblica, o erano di nobile famiglia[146]: funzionari imperiali, senatori, consoli, magistrati municipali, amministratori di provincie. Fra i più celebri, si può annoverare il senatore Giovanni, sepolto nel 494[147] e il prefetto urbano Giunio Basso, morto nel 359 e deposto neofita nel magnifico sarcofago decorato da scene bibliche (ora conservato nelle Grotte Vaticane), che è il monumento più noto della scultura paleocristiana[148].

Nella documentazione epigrafica non mancano nemmeno i militari appartenenti a diverse specialità e a tutti i gradi, compresi pretoriani (il cui corpo fu sciolto da Costantino)[149], cavalieri ed *equites singulares*[150]. Si viene così a sfatare una credenza piuttosto diffusa, che vorrebbe la milizia proibita ai fedeli in epoca precostantiniana[151]. Anzi, la presenza di cristiani nell'esercito, specie nei territori periferici dell'Impero, poté essere un mezzo di evangelizzazione dei propri commilitoni.

I cristiani e il mondo dello spettacolo

Per quanto concerne i riferimenti a mestieri esplicitamente ricordati nei testi, ricorrono talora anche lavori espletati nel mondo dello spettacolo. La cosa potrebbe destare meraviglia, poiché è ben noto l'atteggiamento rigorista di alcuni Padri della Chiesa, e in particolare di Tertulliano, che condannava nella sua opera *De spectaculis* non solamente quei fedeli che avessero partecipato direttamente a manifestazioni circensi o teatrali, ma anche coloro che vi avessero assistito[152]. Bisognava stare lontani da quegli ambienti, in cui regnavano perversità e superstizioni idolatriche e nei quali i cristiani non avrebbero potuto conservare la propria purezza nell'animo e nel corpo. Tutte le forme di spettacolo, quindi, dovevano essere precluse ai fedeli.

In merito a tale questione, atteggiamenti simili a Tertulliano furono palesati anche da altri Padri, da Origene a S. Giovanni Crisostomo a S. Agostino, il quale ribadì l'immoralità e il turbamento che poteva recare nelle coscienze uno spettacolo circense o teatrale[153].

In contrasto con questa posizione risoluta dei Padri, si sa tuttavia che, ad esempio, gli spettacoli del circo ebbero lunga vita e che ancora nel VI secolo si svolgevano regolarmente, come attesta un papiro di Ossirinco, che riporta un programma di giochi, con corse di carri, parate, cantanti, danzatori, una gazzella inseguita da cani, mimi ed un gruppo di atleti[154].

Fig. 183 Catacomba di S. Sebastiano – Iscrizione frammentaria di un saltimbanco, ancora al suo posto su un loculo. Probabilmente è citato anche il nome della cavalla su cui eseguiva i suoi esercizi ginnici, Glauce (*ICUR* V, 13698)

La documentazione epigrafica romana fornisce un'ulteriore prova in questo senso, attestando che esistevano fedeli che esercitavano tranquillamente attività connesse con il mondo dello spettacolo. Quindi, si è portati a concludere che in realtà non sempre, o in ogni modo non dovunque, questi lavori fossero vietati ai cristiani, almeno quelli che non erano contrari alla morale, o che non comportavano violenza.

Così, un pantomimo ricorre in una lapide mutila da S. Paolo[155], una cantante nel *Coemeterium Maius*[156] mentre Felice, sepolto a Ciriaca, era probabilmente un istruttore di gladiatori (*doctor*)[157] ed Eros era *pammusus gymnicus*, ossia esperto ginnasta[158]. Risulta oggi perduta, poi, la lastra sepolcrale dell'auriga *Eutumius* da S. Paolo fuori le mura[159] e un saltimbanco (*catadromarius*) è ricordato in una dedica (sulla cui natura, peraltro, si sono espressi dubbi) di S. Sebastiano[160] (fig. 183).

L'esempio forse più conosciuto ed interessante di un cristiano inserito nel mondo dello spettacolo è però quello di Vitale, un mimo imitatore che doveva aver raggiunto grande fama nel V secolo[161]. Della grande lastra sepolcrale in versi, posta in origine e copertura di una tomba sul pavimento della Basilica di S. Sebastiano, si conservano solo tredici frammenti, ma il contenuto si è potuto ricostruire completamente, poiché è stato tramandato dalle sillogi medievali[162].

Il testo, molto vivace, ci fa conoscere la bravura di questo singolare personaggio, che fu molto versatile[163]. Sempre allegro, bastava la presenza di Vitale a far scomparire ogni tristezza ed ira, facendo ridere i presenti. Ottimo imitatore, cambiava voci ed atteggiamenti, "sicché avresti creduto che da una sola bocca parlassero molti"[164]. Era tanto bravo, da essere più credibile e fedele agli originali delle stesse persone che aveva preso di mira. Sua specialità erano i personaggi femminili, che arrossivano al suo apparire vedendosi da lui riprodotti. Il rimpianto di Vitale è che tutti coloro che aveva impersonato siano improvvisamente svaniti con la sua morte e termina dicendo: "...Vi prego, voi che leggete pietosamente [l'iscrizione] del mio sepolcro! Oh, dite afflitti, quanto eri felice, Vitale! [Anche] per te siano ora giorni felici!"[165].

Si è notato che la dedica, di per sé, ha un formulario praticamente neutro, salvo il riferimento finale, che può essere inteso in senso cristiano, ma non bisogna dimenticare che anche in epoca avanzata tale caratteristica si riscontra più di qualche volta.

Le donne e il lavoro

Nelle iscrizioni romane si può avere conferma di un altro dato interessante, ossia della presenza in varie comunità di donne impegnate in diverse attività produttive. Pur non essendo numerosissimi, tuttavia questi casi riguardano una gamma piuttosto estesa di mestieri e professioni, talora anche di rilievo. Si possono ricordare alcune venditrici, come la commerciante di oli (*oliaria*) Felicissima[166], o di orzo, come *Pollecla, quae ordeu(m) bendet de bia Nova*, entrambe di Domitilla[167]. Ursa, deposta a Commodilla, vendeva invece frutta[168] e *Leontia* era *lagunara*, cioè commerciava in bottiglie (o in frittelle, secondo un'altra ipotesi interpretativa)[169] presso la Porta Trigemina, appartenente alla cinta repubblicana. Si può menzionare ancora una "venditrice di cibi a lunga conservazione", *Aul(ia) Hilaritas*, di cui si ha memoria con il marito che esercitava la medesima attività presso la caserma dei pretoriani[170]; Vincenza, un'orafa (*aurinetrix*), o più precisamente "addetta alla manifattura del filo d'oro"[171], deposta a S. Callisto[172] e un'operaia, *Bictora*, morta nel 341, che amò i poveri[173].

Dall'esame complessivo delle epigrafi cristiane romane con allusioni a mestieri e professioni non emergono generalmente particolari formulari, che siano connessi al lavoro del cristiano inteso in senso particolare, o comunque nuovo rispetto al mondo pagano. Ci si limita solitamente al mero riferimento, oppure alla raffigurazione del defunto in piena attività, o dei soli arnesi da lui comunemente usati in vita. Non si colgono allusioni all'esaltazione della dignità del lavoro, inteso come partecipazione all'opera creatrice divina, oltre che come necessità di vita, contrapposta all'ozio, che il fedele deve rifuggire; d'altro canto, anche le fonti letterarie non offrono abbondante documentazione in questo senso[174].

Solo di rado si incontrano espressioni degne di nota, che però in fondo si potrebbero adattare anche ad un testo pagano: ad esempio, di un medico di S. Sebastiano si dice che fu sempre amico e caro a tutti, ingegnoso, prudente, non cupido verso i poveri, stimato per le sue benemerenze da tutti[175].

5. GLI ESPONENTI DEL CLERO

La più antica epigrafe di sicura cronologia che sia pertinente ad un esponente del clero romano è quella sepolcrale di papa Anterote, morto nel 236 e deposto nella cripta dei papi della catacomba di San Callisto[176].

Come accade per altri elementi che compaiono solo progressivamente nei formulari, dapprima sporadicamente, poi con maggiore frequenza, l'indicazione dei gradi ecclesiastici si diffonde generalmente a partire dal IV secolo, non solamente negli epitaffi, ma anche nei testi votivi e dedicatori[177]. Comunque, nelle iscrizioni si può trovare una documentazione più o meno ampia per tutte le diverse funzioni del clero: vescovi, presbiteri, diaconi – che formavano i cosiddetti "ordini maggiori"–, suddiaconi, lettori, esorcisti, accoliti, cantori ed ostiari, che costituivano invece gli "ordini minori".

Secondo una teoria generalmente accettata, fino al V secolo al clero appartennero anche i fossori, vale a dire coloro che, oltre a scavare materialmente le gallerie delle catacombe, talora decorandone gli interni e incidendo le lapidi, avevano anche la gestione della

Fig. 184 Catacomba di S. Callisto – Iscrizione del diacono Severo, incisa su una transenna, in cui per la prima volta compare l'appellativo di p(a)p(a), applicato a Marcellino (296–304) (*ICUR* IV, 10183)

compravendita delle tombe[178]. Mentre nei primi secoli i monaci erano assimilati ai laici, in seguito un certo numero di essi venne incluso nella gerarchia ecclesiastica e fin dal III secolo tale carriera era preclusa a chi esercitasse attività ritenute poco consone al ministero. Fino al IV secolo, poi, non dovette esistere una precisa normativa riguardo al celibato dei chierici, che anche in alcune attestazioni epigrafiche risultano sposati. Sono documenti che non destano meraviglia, poiché è noto che in origine i gradi più elevati del clero potevano essere scelti anche fra i laici e quindi essere già uniti da un vincolo matrimoniale; tale usanza venne poi modificata e progressivamente furono richiesti requisiti più definiti e regolari[179].

Papi e vescovi

Tornando alle antiche epigrafi dei papi, essi sono designati come "vescovi", anche se chi reggeva la sede romana era ritenuto già il vescovo per eccellenza della sede primaziale. Tale denominazione persistette per lungo tempo, finché intorno al 304 si ha il primo esempio conosciuto dell'uso dell'appellativo di origine egiziana "papa" (padre)[180] (fig. 184). Esso infatti compare abbreviato con una doppia P in una lunga iscrizione, importante anche dal punto di vista dogmatico, che fu fatta incidere su una transenna marmorea reimpiegata da un diacono, Severo, proprio "per ispirazione del suo papa Marcellino"[181]. Talora, tuttavia, i papi sono designati anche con i termini di *rector* o *antistes*, letteralmente "sommo sacerdote" e, dalla metà del V secolo, *pontifex*[182].

A Roma sono attestati anche presuli di altre diocesi, morti casualmente durante un loro soggiorno o esilio nella città, come è il caso del vescovo Urbano di San Callisto[183]. Diverso è il caso di cimiteri, che dipendevano da diocesi suburbicarie, come quello di S. Alessandro sulla via Nomentana, in cui si ricorda, ad esempio, il vescovo Adeodato[184].

L'analisi del materiale epigrafico fa emergere poi il fatto che alcuni esponenti del clero svolgevano altre attività, oltre a quella ministeriale. Basti ricordare l'iscrizione, ancora al suo posto, di San Callisto, relativa ad un "Dionisio, medico presbitero"[185]. Tale aspetto è stato finora preso in considerazione solo marginalmente[186], ma meriterebbe di essere riesaminato, anche alla luce della concezione del lavoro nella società cristiana primitiva e della funzione degli ecclesiastici.

Per quanto concerne i numerosi presbiteri documentati nell'epigrafia romana, talora alla loro qualifica è aggiunto un elemento prezioso, ossia il *titulus* di appartenenza[187], come accade per *Basilius*, che svolgeva il suo ministero a S. Sabina[188], o per un suo collega del "titolo" di Lucina, di cui è perduto il nome[189].

Si sa che a Roma fu attivo per molto tempo un collegio di sette diaconi, coadiutori del pontefice; il primo di essi viene designato in un'iscrizione come "primo dell'ordine dei leviti"[190]. Per quanto invece riguarda i gradi minori, si possono segnalare alcune epigrafi pertinenti ad esorcisti; due di esse sono conservate nella catacomba *ad Decimum* presso Grottaferrata. La prima è di Fausto[191], la seconda di un *Proficius*, che era lettore ed esorcista[192], e dedica l'epitaffio alla moglie scomparsa. Nella catacomba di S. Sebastiano è attestato *Laurentius exorcista* e a S. Ermete *Paulus exorc(ista)*[193].

Fra I laici che svolgevano la loro attività al servizio della Chiesa si possono menzionare i notai, come *Calopodius, notar(ius) [eccl(esiae) Rom(anae)*[194].

Vedove e vergini consacrate

Le iscrizioni tramandano il ricordo anche di altre funzioni, non propriamente pertinenti alla gerarchia ecclesiastica, ma espletate all'interno dell'organizzazione delle singole comunità, come le vedove, di cui esiste una documentazione piuttosto ampia. Esse formarono nella Chiesa una categoria con mansioni ben definite, di tipo assistenziale o caritativo; potevano vivere in comunità, sotto la direzione di una di loro, in una sorta di regime monastico[195].

Dalle testimonianze epigrafiche, per lo più, non emergono esplicite prove che si tratti di persone consacrate, poiché esse sono indicate quasi sempre solo con l'appellativo di "vedova"[196], ma proprio l'evidenza con cui viene indicato tale epiteto, anche in testi estremamente concisi, può far supporre che queste fedeli prestassero in qualche maniera la loro opera al servizio della comunità, a meno che non intendessero porre in rilievo la loro scelta vedovile, come indizio di fedeltà assoluta ad un unico consorte[197].

Fra gli esempi romani, si possono citare quello di *Octavia Matrona*, definita *vidua Dei* (quindi verosimilmente consacrata) (fig. 185), di *Prima*, vedova morta centenaria e sepolta a S. Ermete[198] e quelli di *Germana* e *Iulia* di Panfilo[199]. Proprio in questa catacomba è noto l'epitaffio di una terza fedele, *Lea*, che pone in rilievo la condizione vedovile, riferibile come gli altri due casi alla seconda metà del III secolo[200].

Riguardo al monachesimo femminile, invece, frequentemente ricorre nelle iscrizioni il termine "vergine" (*virgo*, παρθένος), ma si può pensare con ragionevole probabilità a persone consacrate solo quando esplicitamente si parla di *virgines sacrae*, o *virgines dei*[201]. Bisognerà però arrivare ad epoca piuttosto avanzata (V-VI secolo), per trovare allusioni esplicite a monasteri, i primi dei quali sorsero a Roma verosimilmente verso la fine del IV secolo[202]. Alcune badesse sono menzionate nelle epigrafi funerarie: una, *Serena*, a S. Agnese (nel 514), un'altra, *[---]esima*, a S. Sebastiano e una terza, *Petronia*, a S. Paolo fuori le mura[203].

Fra le mansioni, espletate all'interno delle comunità cristiane, si possono ancora ricordare i *cubicularii*, istituiti a Roma da S. Leone Magno per la custodia delle sacre reliquie delle Basiliche di S. Pietro e di S. Paolo[204]. Alcuni ritengono che tale qualifica fosse poi estesa ad altri santuari martiriali[205], ma la questione resta tuttora dibattuta[206].

Fig. 185 Vaticano, Museo Pio Cristiano – Iscrizione di Octavia Matrona, *vidua Dei*, vedova consacrata, con interpunzione sillabica (*ICUR* I, 1705)

6. LE TRASFORMAZIONI DELLA LINGUA

Come si è già anticipato, i testi funerari paleocristiani mostrano indicativi segni dell'evoluzione del latino e del greco dal III al VI secolo, oltre ad una serie di errori, dovuti a distrazione o ad ignoranza del lapicida addetto alla trascrizione della dedica funeraria. A tale proposito, è stato anche di recente ribadito che l'epigrafia cristiana è una "fonte di assoluto rilievo" per lo studio del problema linguistico[207]. A volte gli sbagli furono in qualche modo corretti, magari inserendo una lettera dimenticata fra quelle già incise, o cercando di eradere ciò che si era inciso erroneamente; molte altre volte, però, questo non avvenne e ciò fa supporre che nemmeno i committenti fossero provvisti di una cultura sufficiente a far rilevare le imperfezioni o i solecismi agli artigiani che avevano sbagliato.

Bisogna ricordare, poi, l'importanza del greco, che fino all'epoca di papa Damaso fu lingua ufficiale della liturgia romana e che fu il secondo idioma parlato a Roma, soprattutto da stranieri ed immigrati dall'Oriente; non desta meraviglia, perciò, trovare migliaia di epigrafi delle catacombe scritte in questo linguaggio. Alla sua diffusione e al bilinguismo è legato anche il curioso fenomeno di testi traslitterati, ossia scritti in lingua latina e alfabeto greco[208], evidentemente dovuti a committenti (e ad artefici), che, conoscendo solo quest'ultimo, cercavano di adattarne i suoni al latino, ormai imparato a Roma[209] (fig. 186).

L'esame delle iscrizioni, comunque, non consente sempre di precisare con sicurezza se alcuni fenomeni siano frutto di distrazione o di scarsa alfabetizzazione dei lapicidi, o piuttosto siano riflessi del linguaggio parlato. Per altri, documentati con abbondanza, non sussistono invece dubbi, come in latino la monottongazione al posto del dittongo *ae* (*caste femine, Donate, pientissime*...), lo scambio delle labiali *b-v* (*bixit, bibas, botum, venemerenti, incomparavili*...) (fig. 187), la caduta delle nasali *m-n* in fine o all'interno delle parole (*annu, mecu, nove, centu, innoces, infas, mesibus*...) e la metatesi fra le vocali scure *o-u* (*cumpari, filiu*...), o fra *i-e* (*diposita, fecet, dilictae*...). La stessa cosa vale in greco per la riduzione dei dittonghi ει e αι in ι (κῖτε), o per la sostituzione delle η alle ι (θικι). Altre volte, ad esempio, alcune forme verbali vengono talmente stravolte nel linguaggio parlato, da renderle quasi irriconoscibili: è il caso di *quiescit*, "riposa", che può alterarsi fino a divenire *quesquet, cesquit*[210] – o *cesquet*.

Riguardo alla presenza di alcune forme, che sono il riflesso di una pronuncia già assimilabile al volgare italiano, gli esempi non mancano: basti ricordare l'epigrafe di *Apricla*, la quale *vissit annos deceotto in decenobem* (invece di *vixit annos duodeviginti in undeviginti*), ossia "visse diciott'anni (giungendo quasi) a diciannove"[211]. Oppure la lapide di *Donmnula* (!), che visse forse 5 anni e *meses otto* (per *menses octo*), in cui il numerale è già l'"otto" italiano[212] o quella di *Leo*, morto otto giorni prima delle calende di luglio (si usa *ottabu* invece di *octavum*)[213].

Fig. 186 Roma, Catacomba di Pretestato – Iscrizione traslitterata di Beikor ossia Viktor con l'augurio di pace (*ICUR* V, 14703)

Notevole è infine l'apporto delle epigrafi cristiane per quanto concerne i neologismi, come prova la pubblicazione di un volume, apparso diversi anni or sono, contenente centinaia di aggiunte alle prime quattro lettere dell'alfabeto del *Thesaurus Linguae Latinae,* desunte dai testi epigrafici[214]. Solo fra i nomi (gentilizi e *cognomina*) ne sono stati censiti più di trecento di inediti e molti altri erano già stati inclusi nel prestigioso lessico. Si tratta di un'ulteriore conferma del grande valore di questi documenti, ma il loro contributo per far meglio conoscere la lenta trasformazione delle lingue classiche nella tarda antichità è stato finora indagato solo marginalmente o in campioni piuttosto limitati[215].

La prossima conclusione dell'edizione delle *Inscriptiones Christianae Urbis Romae* e la preparazione degli indici completi della collana[216] consentiranno agli studiosi di avere a disposizione molto materiale utilissimo per tante ricerche di questo tipo.

7. GLI AFFETTI E I SENTIMENTI

Tramite le iscrizioni funerarie si può idealmente penetrare all'interno delle comunità cristiane e cogliere dettagli inediti, che rivelano sentimenti, aspetti di vita familiare di sposi, figli, genitori, amici, su cui le fonti letterarie non possono che fornire una ben più esigua documentazione e solo indiretta, poiché mediata dall'interpretazione degli autori. Sono particolari apparentemente di poca importanza, ma che evidenziano l'intensità degli affetti, il dolore umano e il rimpianto per la perdita di un proprio caro, sia pure temperati dal conforto della fede, il valore di determinate virtù, esercitate nel loro percorso terreno dagli scomparsi. In altre parole, si tratta di alcuni aspetti di ideali cristiani, vissuti quotidianamente dai fedeli ed espressi mediante formule concise, ma incisive.

Fig. 187 Catacomba di S. Sebastiano – Iscrizione di Bincentia, forma tarda di Vincentia, con accanto un cristogramma, un cesto (probabilmente pieno di pani) ed una colomba con un ramoscello nel becco (*ICUR* V, 13229)

III. LA PRODUZIONE EPIGRAFICA NELLE CATACOMBE ROMANE

I rapporti fra i coniugi

Pur nella diversità delle espressioni relative al matrimonio, si possono evidenziare talune considerazioni di carattere generale: gli sposi nelle iscrizioni pongono in rilievo il loro rapporto armonioso vissuto serenamente senza dissapori, senza alcun contrasto. Questi concetti ritornano con una certa frequenza nei formulari, espressi in vari modi: "senza alcuna discordia"[217], "senza colpa e con ogni dolcezza"[218], "senza collera"[219], "senza amarezza"[220], "senza alcuna lamentela"[221]... Sono questi alcuni dei modi più usuali per esaltare la perfetta riuscita del matrimonio[222].

I coniugi, poi, esaltano l'uno dell'altro con gratitudine le reciproche qualità positive. Alla donna più spesso sono indirizzati gli elogi del marito, che sottolinea la sua santità[223] e la semplicità di costumi[224], la prudenza[225] e la solerzia[226]. Dei mariti scomparsi si lodano invece la mitezza[227], l'affabilità[228], la dolcezza verso tutti[229], la probità morale[230], la bontà ed innocenza[231], l'integrità da ogni vizio[232].

Nelle iscrizioni relative a coniugi, comunque, la maggior parte delle volte i formulari appaiono piuttosto stereotipati e sintetici: oltre all'età del coniuge morto, precisata spesso scrupolosamente, fino ai giorni e talora alle ore vissute, si possono aggiungere solo attributi generici, come "benemerito", "di buona memoria", o auguri, come "riposa in pace".

Da notare, inoltre, che non di rado viene specificata la durata del matrimonio, elemento che, se unito all'indicazione della vita del defunto, consente di risalire all'età in cui erano state celebrate le nozze, talvolta riportata con grande precisione (Tav. III)[233]. In presenza di un gruppo omogeneo di questi dati, si sono potute compiere anche indagini statistiche campione, che hanno rivelato come, per le donne, essa era piuttosto precoce (14–20 anni), mentre per gli uomini si distribuiva in un arco più ampio, fra i 20 e i 30 anni[234].

Genitori e figli

Probabilmente, però, questa scarsità di fantasia o di inventiva è da mettere in relazione con l'esistenza nelle botteghe dei lapicidi di veri e propri prontuari ad uso dei clienti, che si accontentavano spesso di frasi di repertorio, che nulla più di un semplice rimpianto potevano manifestare. Molti accenni alla vita familiare sono però espressi fra le righe di diversi epitaffi, che dimostrano come affetto, virtù, ordine e moralità fossero valori sentiti nelle antiche comunità. Il senso dell'amicizia e quello della fraternità appaiono quasi come un tratto distintivo delle epigrafi dedicate agli uomini. L'essere amabile evidenzia il carattere sereno, leale, disponibile verso il prossimo, che risponde a pieno alle concezioni cristiane[235].

Le iscrizioni dedicate a madri esprimono invece in special modo l'amore, la castità, laboriosità, dolcezza, bontà ed emerge la gratitudine dei figli nei loro confronti. Echi di profondo dolore giungono dai testi dedicati dai genitori ai figli morti, molte volte in tenera età, a conferma dell'alto indice di mortalità infantile nella tarda antichità (fig. 188). L'affetto e il dolore dei genitori giungono a voler ricordare con esattezza la durata della breve vita dei loro cari: in un'iscrizione di S. Sebastiano di parla di Libera, "che visse tre anni e due giorni, essendo nata di giovedì, il 17 aprile, il dodicesimo giorno della fase lunare, e morta di mercoledì, il 18 aprile, nella sesta ora della notte"[236]. Nella catacomba di via Anapo della piccola *Marcia* si precisano anche le ore vissute: 4 anni, 4 mesi, 8 giorni e 4 ore[237] e *Pompeianus* visse solo un anno, 9 mesi, 7 giorni e 4 ore[238].

Un altro dato che ricorre abbastanza di frequente è il riferimento alle doti dei figli, grandi e piccoli: "A Dalmazio, figlio dolcissimo, pieno di ingegno e di assennatezza, che il padre sventurato non poté godere che per sette anni interi; fanciullo che studiando il greco imparò prontamente (anche) il latino e in tre giorni fu strappato dalla vita"[239].

Candore, bontà e intelligenza sono altre virtù celebrate dai genitori (fig. 189); comunque, si nota che il clima delle epigrafi è generalmente sereno e lascia intendere rapporti familiari basati su una generale armonia. Oltre a genitori, figli e coniugi che si dedicano reciprocamente gli epitaffi, si trovano anche altri parenti, in primo luogo fratelli e sorelle, che vicendevolmente si dimostrano un affetto premuroso, anche in momenti luttuosi.

Fig. 188 Catacomba di S. Callisto – Iscrizione dedicata dai genitori alla piccola Apuleia Crysopolis, morta a 7 anni. A destra l'immagine di un Buon Pastore, a sinistra un arbusto (*ICUR* IV, 9384)

In altri casi i dedicanti sono i nonni: spesso i figli sposati andavano ad abitare con i genitori o con i suoceri, i quali si comportavano generosamente verso i nipoti, mentre più rare sono invece le menzioni di patrigni, figliastri e figliastre, cognati, zii e cugini. Un'iscrizione dipinta in rosso nella "cappella greca" di Priscilla ricorda Palladio, cugino e compagno di Obrimo[240], mentre un Vitale patrigno dedica l'epitaffio alla figliastra Vittoria nella catacomba di Ciriaca[241].

In molte epigrafi cristiane si parla di "alunni" e "alunne"[242], ma il termine per lo più non è usato nel senso di "scolaro", ma in quello di "figlio adottivo"[243]. Si tratta di bambini abbandonati, che erano raccolti da famiglie cristiane ed allevati in casa, ma molti di loro dovevano morire in tenera età per il loro stato di salute precario o per gli stenti subìti. I numerosi sepolcri di esigue dimensioni privi di iscrizioni nei cimiteri romani probabilmente sono da riferire alla carità di fedeli, che provvedevano a dar sepoltura a questi piccoli non sopravvissuti: nella catacomba di Panfilo, in una sola galleria, su 111 sepolture 83 sono di bambini e di queste solo 5 hanno epitaffi[244].

8. LA FEDE E LA RELIGIOSITÀ

"Quintiliano, uomo di Dio, credendo fermamente nella Trinità, amando la castità, respingendo le lusinghe del mondo, (qui) riposa...". Così recitava un'iscrizione romana[245] – oggi purtroppo perduta – datata al 403; le

Fig. 189 Pontificio Istituto di Archeologia Cristiana – Collezione epigrafica di G.B. de Rossi – Iscrizione del bambino (pitinnus) Niceforus, vissuto 2 anni e 20 giorni (*ICUR* I, 3678)

fa eco una dedica sepolcrale delle catacombe di S. Sebastiano[246], pertinente ad un funzionario imperiale armeno, Edesio: "credette nel Padre, nel Figlio e nello Spirito Santo, visse 25 anni e riposò in pace, il 30 settembre". E ancora, si legge nel cimitero di Domitilla[247], che un fedele "credette in Gesù Cristo, con il Padre, il Figlio e lo Spirito Santo".

Quelli ora ricordati sono solo alcuni tra i numerosi ed eterogenei esempi di espressioni, ricorrenti nei formulari sepolcrali, che rivelano i sentimenti di profonda religiosità dei fedeli, vissuti nei primi secoli del Cristianesimo e di cui l'epigrafia romana ci offre preziosa documentazione. Frasi brevi, come solo lo stile lapidario sapeva crearne, ma efficaci, che molto spesso rivelano originalità e genuinità di sentimenti e non rientrano certo nei modelli stereotipati già predisposti nelle botteghe dei lapicidi, né si riferiscono preferibilmente ad esponenti del clero, certo forniti di maggiore preparazione teologica.

Anzi, nella maggior parte dei casi erano semplici fedeli, magari di limitata cultura, che facevano incidere, non di rado da mediocri artigiani, testi dal profondo contenuto intrinseco per proclamare alcuni princìpi fondamentali della loro dottrina, soprattutto relativi a taluni dogmi e al valore spirituale dei sacramenti, primo fra tutti il battesimo.

Dogmi e sacramenti

I concetti ricorrenti con maggiore frequenza riguardano la resurrezione della carne, l'avvento del regno celeste, l'affermazione dell'unità e della trinità di Dio, la fede in Cristo, di cui si proclamano la divinità e la salvezza portata all'umanità. Basti pensare al celebre acrostico *ichthùs* (ΙΧΘΥΣ), che entra prestissimo nelle iscrizioni cristiane, il quale, al di là del senso letterale della parola greca ("pesce"), significava per i fedeli ribadire che Gesù Cristo era veramente figlio di Dio e Salvatore dell'umanità.

Indubbiamente, scorrendo tante migliaia di epigrafi funerarie di Roma, si colgono numerose espressioni che si possono definire "dogmatiche", o riconducibili in qualche modo alla spiritualità di quei fedeli dei primi secoli. D'altronde, sembra opportuno anche ricordare che, in relazione con la ingente quantità di epitaffi noti, le iscrizioni caratterizzate dal punto di vista religioso costituiscono solo una minoranza[248], pur rilevante, e che queste ultime sono in gran parte riferibili all'epoca costantiniana e al periodo successivo, quando i formulari mostrano una maggiore articolazione e ricchezza di contenuti.

Talora si preferisce ricorrere alla Bibbia per richiamare concetti fondamentali per i fedeli, ma stranamente queste citazioni, piuttosto diffuse in tante regioni del mondo cristiano antico, soprattutto in Oriente, a Roma sono molto rare[249].

Altre volte, però, sono gli stessi fedeli ad elaborare frasi, che ancora oggi colpiscono il lettore per la loro profondità, pur nella semplicità dell'espressione. Così, una fede cristallina emerge da un'epigrafe, che chiude un sepolcro sul pavimento di una galleria del primo piano della catacomba romana di Priscilla[250]: "(Qui) riposo, libero da (ogni) affanno; è giunto ciò che attendevo: quando ci sarà la venuta di Cristo, risorgerò in pace". La certezza della resurrezione e l'attesa della morte come momento di passaggio alla nuova vita sono espresse in modo davvero efficace da questo fedele, che si chiamava Discolio ed era un ragazzo (*puer*), evidentemente malato da tempo.

A parte ogni altra considerazione, si tratta di un caso tipico in cui la qualità scadente della grafia si contrappone alla ricchezza del contenuto. E torna alla mente un'altra felice espressione, ricorrente in una lapide (oggi perduta) della via Latina[251], relativa al presbitero Tigrino: "Io sono rapito dalla dolcezza del regno celeste".

La fede dei defunti si accompagna, naturalmente, a quella dei parenti superstiti, pur addolorati dalla perdita del loro caro, come rivela un testo funerario, in cui un padre afferma che il suo bambino fu "chiamato dagli angeli"[252], mentre di un altro bimbo, *Magus*, si dice: "Come lieto ti accoglierà la madre Chiesa al tuo ritorno da questo mondo!"[253]. Ancora, del piccolo Aproniano, morto a un anno, nove mesi e cinque giorni[254], si ricorda che "essendo molto amato da sua nonna, quando (ella) lo vide destinato a morire, pregò la Chiesa perché lasciasse la vita terrena come fedele (battezzato)".

In altri casi emerge soprattutto la cristiana accettazione della volontà divina, come in una lapide frammentaria del cimitero romano di S. Pancrazio[255], datata al 402: "Il Signore ha dato, il Signore ha tolto".

Fig. 190 Catacomba di Panfilo – Iscrizione di Aproniane, morta a 5 anni e 5 mesi, con la formula conclusiva "hai creduto in Dio, vivrai in Cristo!" (*ICUR* X, 26329)

Sono parole tratte dal libro di Giobbe (1,21), che si adattano benissimo alla luttuosa circostanza.

È un conforto per chi resta affidare i propri cari alla misericordia divina, come si legge su una tomba della catacomba di Priscilla[256]: "Padre di tutti, Tu li hai creati e Tu (ora) accogli Irene, Zoe e Marcello. Gloria a te in Cristo!". Chi ha creduto certamente otterrà la salvezza, come ricordano i genitori della piccola Aproniana, morta a cinque anni e cinque mesi e sepolta nel cimitero di Panfilo[257]: "Aproniana, hai creduto in Dio, vivrai in Cristo!" (fig. 190).

Auguri e orazioni

Una cospicua quantità di epitaffi contiene poi molti auguri e preghiere, che documentano lo stretto vincolo esistente fra i defunti e i superstiti, nonché la profonda fede nella comunione dei santi, nel valore cioè delle orazioni dei vivi a favore dei morti e viceversa.

L'augurio più comune è certamente quello di pace, ossia di vita nel Signore in paradiso, di partecipare al convito celeste, al "refrigerio" delle anime elette. Così, nelle catacombe più volte si legge: "il Signore conceda refrigerio al tuo spirito", oppure "per il suo refrigerio". Così, in un graffito su un loculo del cimitero della S. Croce si prega: "Narciso, Dio ti conceda il refrigerio" e nella catacomba di Novaziano si augura alla defunta *Nice* che la sua anima sia nel luogo del refrigerio, ossia in paradiso[258].

Come si vedrà, anche i martiri possono essere intercessori per i defunti a loro devoti, come un fedele deposto nel cimitero di Panfilo, che in un latino tardo e corrotto rivolge a loro un'invocazione[259]: "Martiri santi, buoni e benedetti, voi aiutate Ciriaco!" (fig. 191).

La preghiera e il ricordo

In diversi casi, i vivi domandano al loro caro scomparso un intervento in proprio favore: "prega per i tuoi genitori"; "intercedi per tua sorella" (figg. 192–193)[260]; "Cara, ricordati di me"[261]; "Marina, ricordati di noi due"[262]. Altre volte, colui che è morto si rivolge a chi legge per mezzo dell'iscrizione, chiedendo il suo ricordo, come nel celebre carme di Agape nella catacomba di Priscilla, che nella seconda parte dice: "Vi supplico, fratelli, di pregare quando verrete qui e di invocare in tutte le vostre orazioni il Padre e il Figlio, affinché salvino per sempre Agape"[263]. Nel medesimo cimitero un altro fedele scongiura: "In nome della speranza eterna (ossia, della vita eterna), tu che leggi, ricordati di Epitteto!"[264].

Indubbiamente, quelle ora citate sono richieste molto diverse da quelle che talora sono inserite nelle epigrafi pagane, nelle quali si rivolge unicamente un saluto al passante (*ave, salve, vale*)[265], chiedendo semmai di essere ricordati, ma logicamente senza implicazioni spirituali, in base alla concezione espressa da Orazio, secondo la quale l'aspirazione era "non morire del tutto", vivendo almeno nella memoria altrui.

La grazia del battesimo

La grande forza dei fedeli era nel battesimo, in cui moriva l'uomo vecchio e nasceva quello nuovo e non potevano mancare allusioni a questo sacramento, fonte di nuova luce e momento di rinascita alla vita spirituale, anche nei formulari funerari. Si può ricordare, nella catacomba di Marco e Marcelliano, la lapide di Giulia, nata a Roma, che si rivolge a chi legge in maniera molto viva ed originale: "ora che ho ricevuto la grazia divina (il battesimo), sarò accolta in pace come neofita"[266]. Ancora, in proposito, una bella espressione ricorre in un'epigrafe di un neobattezzato, Marciano, sepolto nel cimitero romano di Ponziano: "I cieli si aprono per te. Tu vivi in pace". E il testo è preceduto eloquentemente dal simbolo cristologico del pesce[267].

Molto significativa al riguardo è anche un'iscrizione cimiteriale, di origine non meglio precisabile: "Qui fu posta *Herculia*, purificata dalle sacre acque, la quale da poco rinata in Dio vive per sempre nei secoli. Questo le procura la sua fede, i suoi meriti, la sua vita purissima; avviandosi sulla via dei santi, ella ha raggiunto il regno dei cieli"[268]. A Priscilla, poi, dall'iscri-

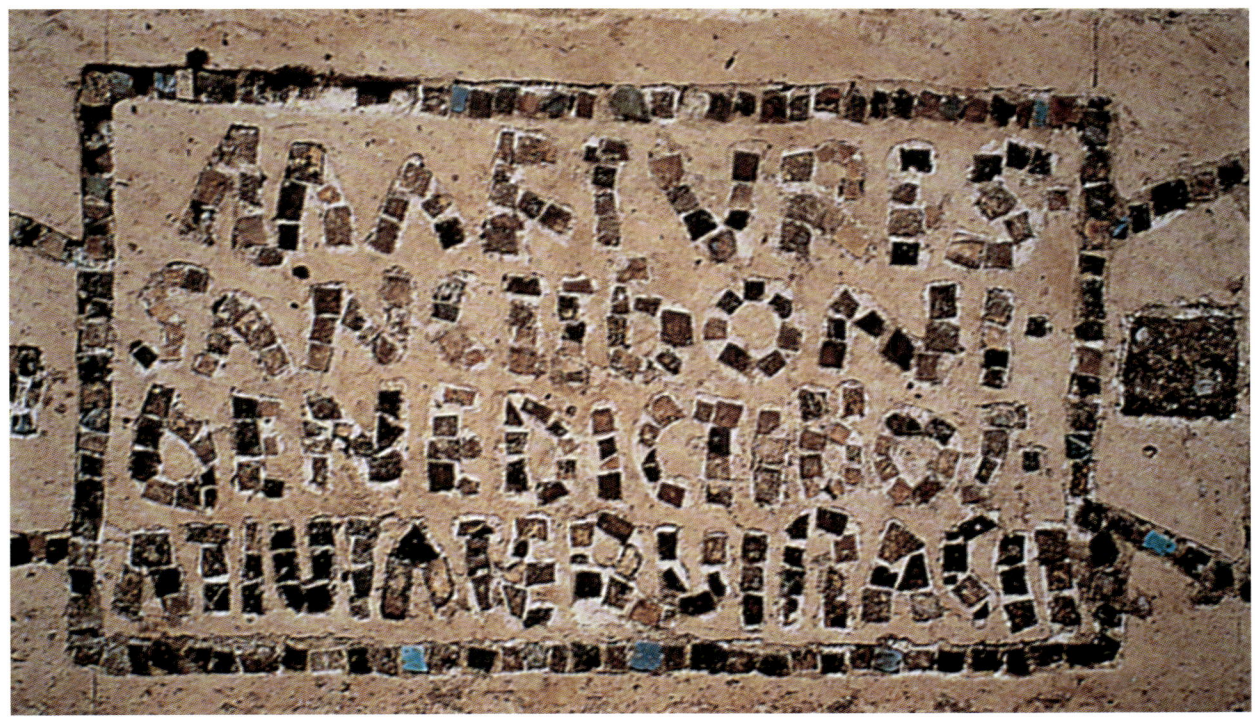

Fig. 191 Catacomba di Panfilo – Iscrizione con tessere musive di Ciriaco, che chiede aiuto ai martiri, "buoni, santi e benedetti" (*ICUR* X, 26350)

zione della piccola *Tyche*, che visse un anno, 10 mesi e 15 giorni, si apprende che essa morì lo stesso giorno in cui ricevette il Battesimo[269].

Dall'analisi dei formulari funerari, quindi, emerge chiaramente – come ha giustamente osservato il padre Janssens[270] – lo stretto rapporto fra il battesimo (talora ricevuto poco prima di morire) e l'ingresso in paradiso, che oltre a far rinascere l'uomo in Dio, lo purifica da ogni colpa e peccato. E si può concludere questa rapida rassegna, ricordando la dedica sepolcrale di *Restutus* sempre nella catacomba di Priscilla[271]: "Sono

Fig. 192 Vaticano, Museo Pio Cristiano – Iscrizione di *Matronata Matrona*, vissuta un anno e 52 giorni, con la richiesta di intercedere per i suoi genitori (*ICUR* I, 1692)

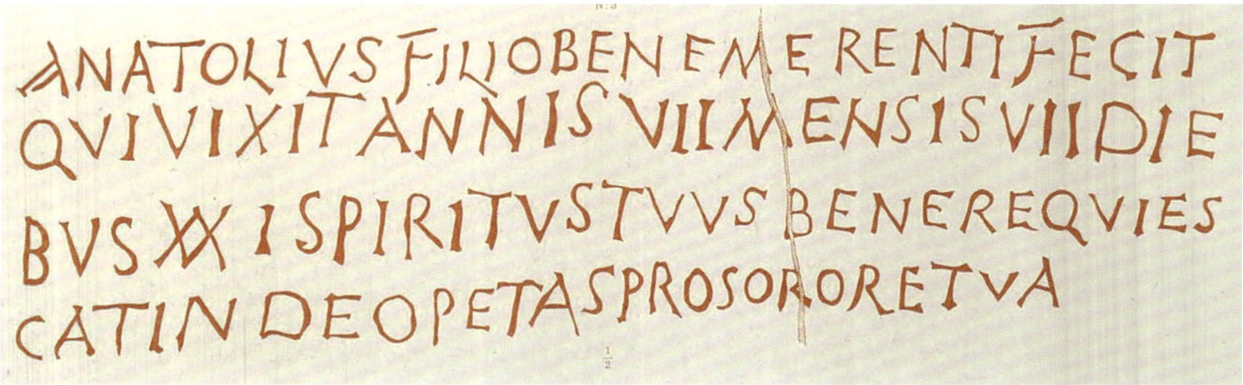

Fig. 193 Vaticano, Museo Pio Cristiano – Iscrizione di *Anatolius* con richiesta di intercessione per sua sorella (*ICUR* IX,23793)

diventato fedele nella morte terrena; infatti mi resta la vita del cielo... Qui riposo con il corpo, ma vivo nell'etere celeste, ai piedi del Signore, insigne per dono di Cristo". E, come aggiunge un'epigrafe in versi di un alto funzionario imperiale, Probo[272]: "Vive beato nell'eterna dimora del paradiso colui che, morendo, ha indossato le buone vesti del dono celeste".

Si può ricordare infine che dalle epigrafi cimiteriali romane si possono ricavare alcune significative attestazioni di catecumeni, i quali, pur non avendo fatto in tempo a ricevere il sacramento battesimale, erano evidentemente ritenuti a tutti gli effetti aderenti alla comunità di fedeli, in mezzo ai quali erano seppelliti. Le iscrizioni in oggetto risalgono tutte al IV secolo, epoca in cui le strutture del catecumenato erano già definite[273]. Si vedano, ad esempio, i casi di *Bacius Valerius catecumenus* e di Vittore, deposto come catecumeno nella catacomba di S. Ippolito, che si proclama "servo del Signore Gesù Cristo"[274].

9. IL CULTO DEI MARTIRI ATTRAVERSO LE ISCRIZIONI

Non potevano mancare molteplici relazioni fra le epigrafi cristiane e il culto dei martiri, vista la devozione dei fedeli che faceva loro desiderare di riposare in pace il più vicino possibile ai sepolcri venerati[275], o li spingeva ad intraprendere lunghi e faticosi viaggi per vedere le tombe di quei testimoni della fede.

L'esame delle dediche romane offre diversi spunti a questo riguardo, a cominciare dagli scarni epitaffi precostantiniani, per proseguire poi con i celebri epigrammi di colui che per primo operò per favorire e incrementare il culto dei martiri, facendo incidere quelle che sono ritenute tuttora le più belle iscrizioni cristiane, papa Damaso, per finire con gli umili graffiti, tanto complessi spesso nella loro corretta interpretazione, quanto preziosi per trovare in essi riferimenti o allusioni a questo o a quell'altro personaggio deposto in quella catacomba. Si tratta indubbiamente di una documentazione eterogenea, ma preziosa sotto molti aspetti, non di rado anche dal punto di vista agiografico[276].

Gli epitaffi dei martiri

Talvolta si ha la fortuna di avere conservate le epigrafi originali che chiudevano il sepolcro dei martiri, ma solo in un caso nella Roma sotterranea avvenne che esso fosse ancora integro. Successe nel cimitero di S. Ermete, dove il 21 marzo 1845 il padre Giuseppe Marchi scoprì il loculo intatto di S. Giacinto, contenente ancora le sue spoglie, poi traslate nella chiesa del Collegio Urbaniano (fig. 194). Quello che stupisce è l'estrema semplicità di questa lapide, pur essendo di un testimone della fede, vittima della persecuzione di Valeriano del 258: vi si legge solo la data della deposizione (l'11 settembre), il nome e la qualifica di *martyr*, senza nessun altro simbolo cristiano o espressione laudativa nei suoi confronti[277].

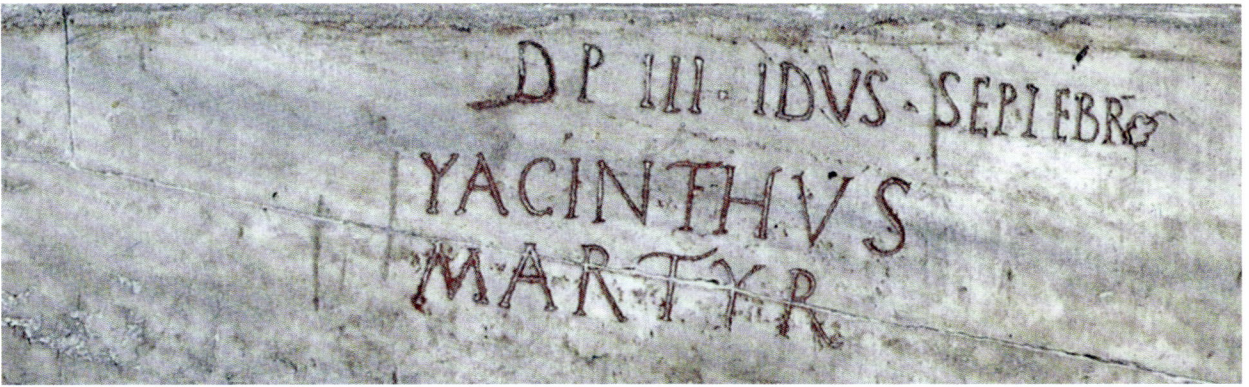

Fig. 194 Roma, Catacomba di S. Ermete – Iscrizione sulla tomba di S. Giacinto, martirizzato l'11 settembre 258 (*ICUR* X, 26672)

D'altronde, una simile stringatezza con l'assenza di qualsiasi altro elemento figurato caratterizza anche le antiche lapidi sepolcrali di pontefici martiri della cripta dei papi a S. Callisto, dove anzi manca perfino il *dies natalis* e l'appellativo di martire è indicato con una sigla, formata dal legamento di alcune lettere greche (in qualche caso aggiunto in un secondo tempo). Così si legge: "Fabiano papa martire"[278], o "Ponziano papa martire"[279] e anche nella cripta di S. Cornelio la celebre iscrizione ritrovata dal de Rossi recita: "Cornelio martire papa"[280].

In altre epigrafi di poco successive, comunque, viene nuovamente specificato il giorno della sepoltura, come nella frammentaria dedica di papa Gaio, morto nel 296 e deposto sempre nel cimitero callistiano: "Deposizione di Gaio vescovo (= papa) il 22 aprile"[281].

Bisognerà giungere all'epoca di papa Damaso per avere veri elogi dei martiri, nell'ambito degli interventi compiuti dal pontefice per rinsaldarne e diffonderne il culto. Ma saranno tutti epigrammi celebrativi, certamente importanti, ma composti almeno un sessantennio dopo la fine dell'ultima grande persecuzione e non opera di contemporanei.

Le più belle iscrizioni cristiane

Parlare del culto dei martiri nei suoi riflessi epigrafici significa riferirsi prima di tutto a papa Damaso (366-384), che compose circa ottanta carmi per santi e martiri sepolti nelle catacombe, oltre che per la madre Lorenza e per la sorella Irene[282]. Per la sua attività poetica, accompagnata da un'intensa opera di esplorazione e ricerca delle tombe venerate, e per la sistemazione monumentale che a molte di esse diede, egli venne proclamato nel 1926 da Pio XI patrono dell'archeologia cristiana.

Durante il suo pontificato, infatti, egli provvide con sollecitudine al restauro e all'esecuzione di diversi lavori nei cimiteri, facendo costruire nuove scale, ampliando gallerie, aprendo lucernari, creando spazi per la liturgia e percorsi speciali per i devoti, in poche parole organizzando veri centri di culto martiriale, che da allora per più secoli furono mèta di ininterrotti pellegrinaggi da ogni parte del mondo cristiano antico[283].

In seguito alle travagliate vicende che colpirono Roma, soprattutto in occasione della guerra greco-gotica, nel corso del VI secolo, molti luoghi venerati furono però devastati e danneggiati e la stessa sorte toccò spesso alle iscrizioni, pervenuteci in diversi casi solo grazie alle copie che in età medievale se ne fecero e che confluirono nelle sillogi epigrafiche.

Il valore degli epigrammi damasiani, dal punto di vista storico, archeologico, oltre che agiografico, è innegabile, specialmente quando essi costituiscono l'unica fonte (o la più accreditata) per ricostruire le vicende legate a particolari personaggi, come Eutichio di S. Sebastiano[284]. Questo "testimone della fede" dovette subire atroci tormenti in carcere, dal digiuno alla sofferenza per la mancanza del sonno,

Fig. 195 Catacomba di S. Callisto – Cripta dei Papi – Carme composto da papa Damaso in onore dei martiri del complesso callistiano (*ICUR* IV, 9513)

finché non fu gettato da un dirupo. Damaso narra nel suo carme che poté ritrovare il sepolcro del martire in seguito ad un sogno rivelatore, e provvide a dargli una decorosa sistemazione, invitando i fedeli a venerarne la memoria.

Le fonti utilizzate da Damaso per documentarsi sui diversi santi sono spesso specificate: per i Ss. Marcellino e Pietro egli stesso afferma di aver appreso direttamente notizie in merito da bambino, proprio dalla bocca del loro carnefice[285]. Altre volte garantisce la veridicità delle sue asserzioni in base alla propria autorità spirituale e morale[286]; per la martire Agnese sostiene invece di aver attinto informazioni dagli stessi genitori della santa[287].

Forse il più celebre epigramma composto da Damaso è quello collocato nella "cripta dei papi" della catacomba di S. Callisto, dove furono deposti, nel corso del III secolo, nove papi e tre vescovi, che termina con la frase: "Qui, lo confesso, avrei voluto io, Damaso, riporre le mie membra, ma ebbi timore di recare molestia alle santi ceneri dei giusti"[288] (fig. 195).

Per lo stesso cimitero fu composto il carme in onore di papa Sisto II (257-258), vittima con i suoi quattro diaconi della persecuzione di Valeriano per aver sfidato l'editto che vietava le celebrazioni nelle catacombe; ne restano solamente due frammenti, ma il testo si può integrare con il sussidio delle trascrizioni medievali.

Buona parte della fortuna degli epigrammi damasiani si deve alla bellezza delle lettere, ideate da Furio Dionisio Filocalo, calligrafo del papa-poeta. Egli creò per queste grandi lastre una particolare grafia, derivata dalla capitale quadrata classica, che si distingue da tutte le altre adottate dai cristiani per l'alto livello qualitativo e per l'attenta preparazione che precedeva l'incisione dei testi, disposti con grande regolarità e simmetria. Filocalo adottava soluzioni diversificate per far sì che le righe terminassero ognuna nel medesimo punto, come nessi, inserimenti di lettere ridotte all'interno o accanto ad altre, o l'innalzamento delle T per risparmiare spazio.

Queste grandi lapidi (per lo più in versi, ma anche in prosa, come quella in onore di S. Gennaro a

Pretestato[289]) erano collocate in modo da essere chiaramente visibili all'interno di cripte, di basilichette cimiteriali o di spazi liturgici creati lungo le gallerie, in corrispondenza dei sepolcri venerati. Un sapiente gioco di chiaroscuro, ottenuto con linee incise in maniera più o meno marcata e l'uso regolare di apicature a ricciolo a scopo decorativo sono altre due peculiarità di questa grafia, che alcuni tentarono di imitare dopo la scomparsa del calligrafo di Damaso, ma senza averne le capacità tecniche, così che si distinguono abbastanza facilmente le lapidi originali dalle repliche meno eleganti.

Filocalo stesso firmò alcune epigrafi, come quella dedicata ad Eusebio, "papa e martire"[290], nella quale a sinistra e a destra, con andamento verticale, si legge "Furio Dionisio Filocalo, amico devoto del papa Damaso, scrisse (questa lapide)"[291]. Alla sua opera diretta sono generalmente attribuite all'incirca una ventina di epigrafi, cronologicamente attribuibili nel decennio fra il 370 e il 380. Sono, comunque, pervenuti anche frammenti di iscrizioni firmate da Filocalo, ma non pertinenti ad epigrammi damasiani; è il caso di un epitaffio mutilo, ora ai Musei Vaticani, di ignota provenienza[292].

I giudizi espressi sul valore poetico di Damaso sono tuttora discordanti: se il suo stile generalmente non è originale né elevato, egli risente e si rifà non di rado agli autori classici, ma indubbiamente dimostra sincerità di sentimenti e di intenti e non di rado adopera immagini efficaci nella loro stringatezza. In ogni caso, Damaso e Filocalo sono due figure fondamentali del momento di rinascita dell'epigrafia monumentale, "d'apparato", rispetto alla corrente produzione delle botteghe di lapicidi cristiani.

La devozione dei fedeli verso i martiri

Le iscrizioni delle catacombe romane possono contenere riferimenti di vario tipo ai martiri venerati, a seconda che esse siano votive o funerarie: nel primo caso la memoria di lavori effettuati nelle cripte storiche può essere legata a personaggi di rilievo del clero o a semplici laici, spinti dalla realizzazione di un voto compiuto o per altri motivi che non vengono specificati. Nel secondo caso può essere inclusa un'allusione al sepolcro martiriale per porre in rilievo la vicinanza della tomba dei fedeli con essa.

Per esemplificare queste epigrafi, è sufficiente citare il caso della dedica incisa su una transenna di un altare del cimitero di S. Alessandro sulla via Nomentana, in cui si legge che *Delicatus* donò quella suppellettile marmorea, dedicata dal vescovo *Ursus* per adempiere ad una promessa fatta, in onore dei martiri locali Evenzio ed Alessandro[293].

Talora si conserva anche qualche lapide commemorativa con l'indicazione precisa della festa di alcuni martiri, come al *Coemeterium Maius* sulla via Nomentana, dove si legge che "il 16 settembre qui nel Cimitero Maggiore (si celebra la commemorazione) dei martiri Vittore, Felice, Papia, Emerenziana ed Alessandro"[294]. La data indicata corrisponde a quella riportata dal Martirologio Geronimiano. Ai medesimi personaggi una fedele, *Patricia*, dedicò una transenna marmorea[295].

Fra i numerosi testi di carattere votivo, si può citare anche quello del diacono Gaudenzio, che fece dei lavori in una catacomba della via Tiburtina ignorata dalle fonti in onore del discusso martire Novaziano, da alcuni identificato con l'antipapa promotore di uno scisma, martirizzato durante la persecuzione di Valeriano nel 258[296].

In altri casi i fedeli quasi con orgoglio specificano sulla propria lapide di essere riusciti ad acquistarsi una tomba vicino ad un sepolcro venerato, come accade a Priscilla per Felicissimo e Leoparda, che avevano un bisomo, ossia un loculo a due posti, vicino all'ingresso del cubicolo di S. Crescenzione[297]. A S. Callisto *Serpentius* dichiara di aver comperato una tomba dal fossore Quinto accanto alla cripta di S. Cornelio[298] e *Iovina* acquistò per sé un arcosolio in Callisto presso San Gaio[299]. A parte ogni altra considerazione, questi riferimenti epigrafici espliciti sono preziosi indizi per individuare (o confermare) la presenza di sepolcri venerati in catacomba.

Talora le allusioni a martiri sono invece inserite in invocazioni contenute negli epitaffi. Ad essi si rimettono anche i propri cari scomparsi, come in due

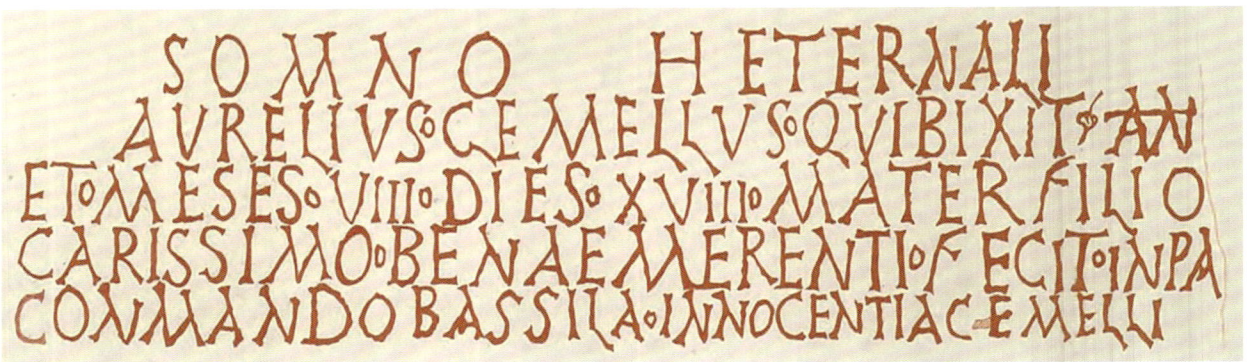

Fig. 196 Vaticano, Museo Pio Cristiano (dalla Catacomba di S. Ermete) – Iscrizione invocante la martire S. Bassilla (*ICUR* X, 27034)

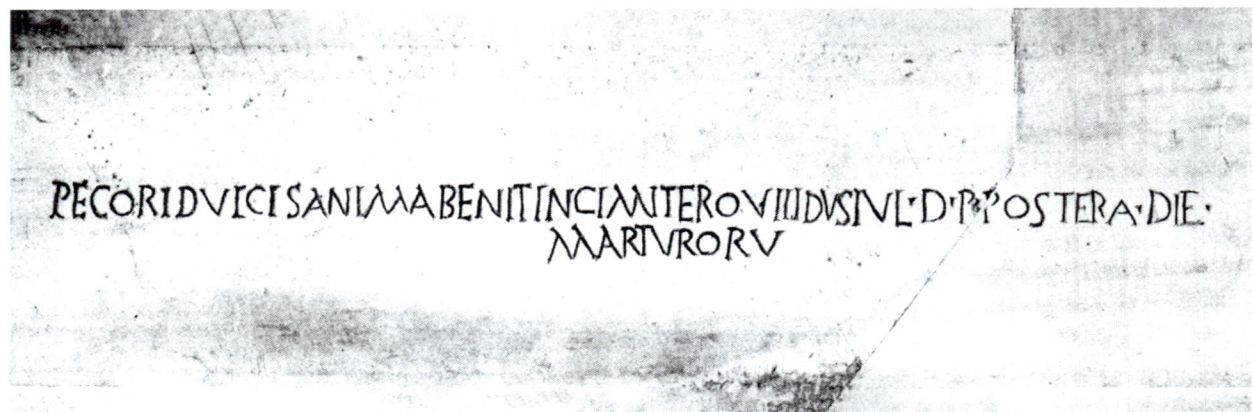

Fig. 197 Vaticano, Museo Pio Cristiano – Iscrizione di *Pecorius* morto *postera die marturoru(m)*, il 9 luglio, il giorno dopo la festa dei martiri, di S. Felicita e dei suoi sette figli (*ICUR* II, 4493)

iscrizioni del cimitero di S. Ermete[300]: "raccomando a Bassilla l'innocenza di Gemello!" (fig. 196); "signora Bassilla, noi, Crescentino e Micina, ti affidiamo la figlia nostra Crescenzia, che visse dieci mesi e (pochi) giorni!"[301].

Infine, la menzione di martiri può ricorrere a proposito del giorno della loro festa, se esso casualmente veniva a coincidere con quello della morte di un fedele, ma in questo caso tale indicazione non è necessariamente connessa con la catacomba in cui egli è deposto. Così, a Commodilla, *Pascasus* pose termine alla sua vita terrena il 12 ottobre, "nell'ottavo giorno prima della celebrazione di S. Asterio", che cadeva il 19 ottobre[302], mentre in un'altra lapide del cimitero di S. Agnese, dell'accolito *Abundantius*, si ricorda la commemorazione di S. Marco papa, l'8 ottobre, senza però precisare il giorno del mese[303]. Il *dies natalis* di un altro pontefice, Marcello, il 16 gennaio, ricorre nell'epitaffio di *Studentia* a S. Sebastiano, datato al 348[304]. E *Pecorius* morì il 9 luglio, il giorno dopo la festa "dei martiri", cioè di S. Felicita e dei suoi sette figli (fig. 197)[305].

Fig. 198 Roma, Catacomba di Priscilla – Graffiti di pellegrini vicino al cubicolo del martire Crescenzione. In uno di essi si invoca la sua intercessione chiamandolo "mia luce" (*ICUR* IX, 24853)

Fig. 199 Catacomba di S. Sebastiano – Frammenti di parete intonacata della cosiddetta "triclia" (un pergolato coperto) con numerosi graffiti invocanti gli Apostoli Pietro e Paolo

I graffiti

Direttamente connessi con il culto dei martiri e con il fenomeno dei pellegrinaggi sono i numerosi graffiti di ecclesiastici e di fedeli, che si trovano in tante catacombe, soprattutto nelle vicinanze di un luogo venerato (fig. 198)[306]. Queste umili epigrafi, tracciate con una punta dura sull'intonaco o sul tufo vergine di gallerie, arcosoli o cubicoli, più volte costituiscono una prova dell'esistenza (e della vicinanza) di un sepolcro martiriale. Purtroppo, una parte di essi risulta in tutto o in parte indecifrabile, poiché le lettere appaiono spesso deformate e quasi irriconoscibili, data anche la mescolanza di grafie di tipo diverso. Inoltre, non è raro che esse si intreccino le une sulle altre sovrapponendosi, così da rendere non di rado complessa (se non impossibile) la loro interpretazione.

Il contenuto dei graffiti è quanto mai vario, come diversa è la loro cronologia, visto che i più antichi (nella *triclia* della *Memoria Apostolorum* sulla via Appia[307], fig. 199) risalgono alla seconda metà del III secolo e i più recenti sono immediatamente precedenti al fenomeno delle traslazioni, fra la fine dell'VIII e gli inizi del IX secolo.

Nella maggior parte dei casi è il solo nome ad essere inciso dai fedeli che desideravano restasse un segno della loro presenza in quei luoghi santi e proprio essi possono talora rivelare una possibile origine

Fig. 200 Catacomba di Panfilo – Cubicolo del martire con l'altare a blocco che probabilmente contenne le sue reliquie

"barbarica" di chi li tracciò, come per i longobardi Liutprando a Marcellino e Pietro[308] e *Gaido* nella nicchietta con la distrutta pittura votiva di Maria con il Bambino del cimitero di Panfilo[309]. Questo stesso antroponimo ricorre anche sull'affresco raffigurante S. Luca a Commodilla[310], a riprova del fatto che i pellegrini usavano visitare più santuari martiriali.

Nella medesima catacomba è stata individuata in anni recenti l'unica testimonianza scritta finora nota a Roma in alfabeto runico, tracciata con ogni probabilità da un fedele giunto nell'Urbe dall'Europa centrale per visitare le tombe dei martiri[311]. Sempre nella basilichetta di Commodilla, al di sopra della magnifica pittura votiva della vedova *Turtura*, fu inciso un singolare testo iscritto da parte di un anonimo fedele, che intendeva esprimere la sua indignazione, poiché, assistendo in quel luogo ai sacri riti, aveva rilevato con stupore che il celebrante non recitava le preghiere precedenti al prefazio sommessamente, come era prescritto, ma in modo che tutti sentissero. Fu così che, scandalizzato, scrisse sull'affresco: "Quello non recita la *secreta* sotto voce!"[312].

L'origine straniera dei fedeli – e spesso dei presbiteri che celebravano le sinassi *ad corpus* – è solo in pochi casi esplicitamente dichiarata, come per il napoletano *Pascalis* di Panfilo[313], o per il reatino Giovanni di Marcellino e Pietro[314]. Altre volte si incidono acclamazioni per i vivi e per i propri defunti, del tipo "Leonzio,

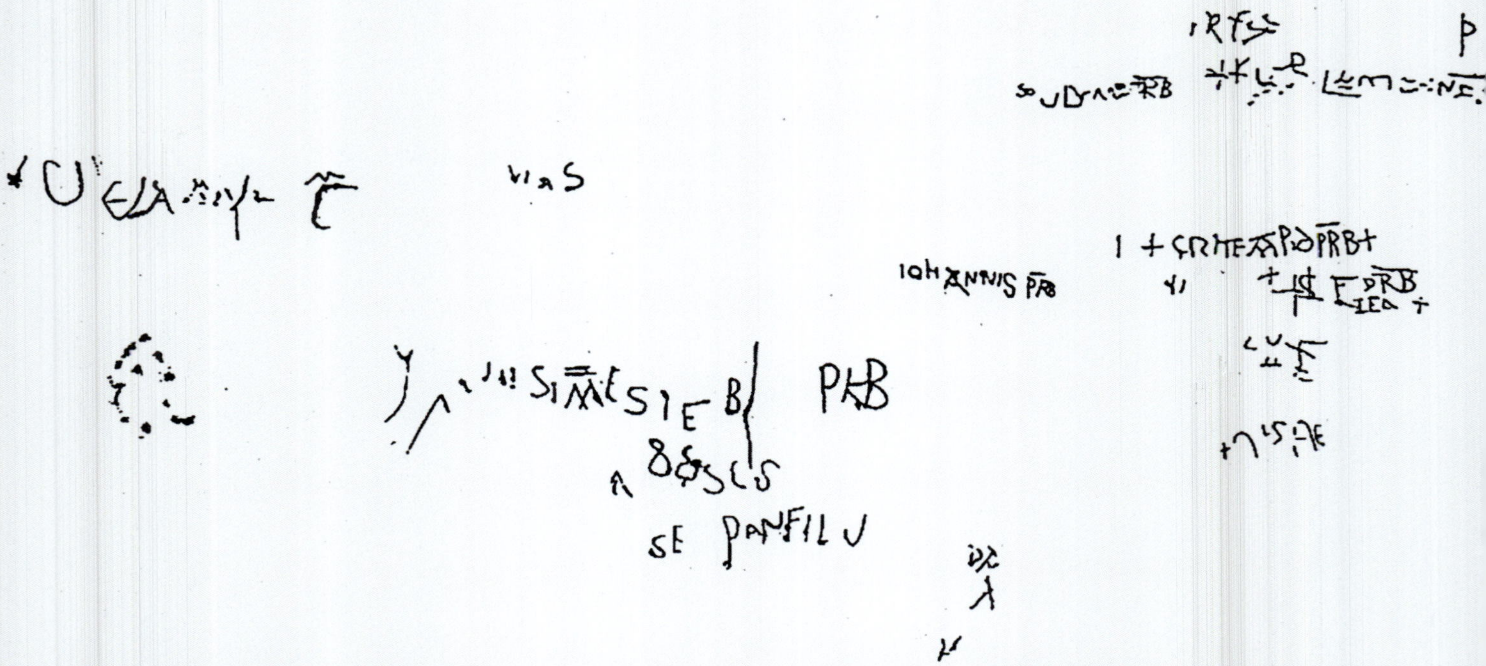

Fig. 201 Catacomba di Panfilo – Grafico dei graffiti tracciati a sinistra dell'altare a blocco, nel cubicolo del martire, con l'invocazione s(an)c(tu)s Panfilu(s)

che tu possa vivere in Cristo!", che si legge nella cripta dei papi a S. Callisto[315].

I graffiti, però, risultano particolarmente preziosi soprattutto quando menzionano o invocano un martire deposto in un determinato cimitero: la scoperta del nome di Panfilo, inciso da un anonimo fedele nel cubicolo venerato dell'omonima catacomba (fig. 200), ha consentito di acquisire un elemento fondamentale per risalire all'identità di un personaggio, prima avanzata solo ipoteticamente[316] (fig. 201). Così, in una galleria vicina alla cripta dei papi callistiana, si legge, fra l'altro, "San Sisto, ricordati nelle orazioni di Aurelio Repentino…"[317]; nel cimitero dei Ss. Marcellino e Pietro: "Marcellino (e) Pietro, intercedete per Gallicano cristiano!"[318] e a Priscilla; "Salvami, san Crescenzione, mia luce!" (fig. 198)[319].

Oltre a numerosi esponenti del clero, i graffiti recano testimonianza di molti monaci, come il "*Maiulus* monaco peccatore" di Panfilo[320], o "*Rapulus* umile ed indegno monaco" di Marcellino e Pietro[321]. Peccato che nella maggior parte dei casi essi non specifichino di quale cenobio facevano parte.

1. Di Stefano Manzella 1997, p. 307.
2. Carletti 1997, p. 161.
3. Carletti 1988, pp. 119-128.
4. Per una serie di saggi sull'attività scientifica e sulla figura del padre Ferrua, si vedano il volumetto *L'Accademia Selinuntina di Scienze Lettere Arti di Mazara del Vallo ed il Premio Sélinon 1987*, Trapani 1987, la sua bibliografia (Mollicone 2005) e gli atti del convegno a lui dedicato nel decennale della scomparsa (Mazzoleni 2014).
5. Nuzzo 1997.
6. De Santis 1994, pp. 23-51; Felle-Del Moro-Nuzzo 1994, pp. 88-158.
7. Sui simboli e sulle scene bibliche incise sulle lastre si veda il contributo di F. Bisconti in questo stesso volume.
8. *ICUR* VIII, 23279.
9. *ICUR* IV, 12435.
10. Dresken-Weiland 2007; Dresken-Weiland – Augerstorfer – Merkt 2012.
11. *ICUR* I, 1753: *Serbulus emit bisomu (!) / a Leontio fossore*.
12. *ICUR* I, 2664; *ICUR* II, 5172. Il *follis* è una moneta bronzea introdotta dalla riforma di Diocleziano nel 294, mentre il solidus è una moneta d'oro, sempre dovuta all'iniziativa di Diocleziano, che fu usata in tutto l'Impero d'Oriente fino al X secolo.
13. Conde Guerri 1979 e 1989, Mazzoleni 2000; sull'argomento di veda ora Benoci 2021.
14. Sanders 1991.
15. Si veda, da ultimo, Di Stefano Manzella 1997, pp. 99-101.
16. Nordberg 1963, pp. 211-222; Caldelli 1997. Si veda, ad esempio, un'iscrizione della catacomba della S. Croce (*ICUR* V, 15330), preceduta dalla dedica *D(is) M(anibus) [s(acrum)]*, "sacro agli Dei Mani", relativa a *Mavortius*, vissuto 18 anni, 1 mese e 9 giorni, deposto alle idi di ottobre, morto tre giorni prima. Fra l'altro, si nota qui una sensibile differenza – esplicitamente annotata – fra il giorno della morte e quello della sepoltura.
17. Nordberg 1963, pp. 223-229.
18. Raoss 1967.
19. *ICUR* VII, 18530.
20. Appellativi simili ricorrono anche nelle iscrizioni giudaiche cimiteriali di Roma (Frey 1975²).
21. Si veda, ad esempio, l'iscrizione di *Cicercula*, preceduta da una croce monogrammatica con le lettere apocalittiche alfa ed omega, che termina con un verso dell'Eneide (VI, 429): *astulit atra dies et funere mersit acerbo* (*ICUR* VII, 18591).
22. Sanders 1971; Colafrancesco 1997, pp. 116-117.
23. Mazzoleni 1996; Carletti 1997, pp. 145-148.
24. La bibliografia in merito è vastissima. Si vedano, fra gli altri, Ferrua 1943, pp. 279-305; Guarducci 1978, pp. 378-386 (con bibl. precedente); Wischmeyer 1980, pp. 22-47; Filippi 1996, pp. 182-184, nn. 24-25; Di Stefano Manzella 1997, pp. 220-222 (scheda di G. Filippi). Da ultimo Blank 2023.
25. Guarducci 1978, pp. 487-494.
26. Carletti 1988, pp. 128-131.
27. Carletti 1988, pp. 115-135; Carletti 2006; Carletti 2007.
28. Carletti 1997, p. 145. Sulle origini del cimitero si veda, inoltre, Février 1959, pp. 1-26.
29. Carletti 1988, pp. 119-120; Carletti 1997, pp. 145-146.
30. *ICUR* IX, 25046.
31. *ICUR* IX, 25166 e 25434.
32. *ICUR* IX, 25581.
33. Marucchi 1910, tav. LXI, par. XVIII.
34. *ICUR* IX, 26237. Sulle origini del linguaggio figurativo cristiano, si veda Bisconti 1996.
35. *ICUR* VIII, 23243; Carletti 2008, p. 149, n. 22.
36. Ferrua 1978, pp. 583-616. Per alcuni altri esempi romani riferili al periodo compreso fra lo scorcio del II e i primi decenni del III secolo si vedano Carletti 2006 e Carletti 2008, pp. 129-140.
37. *ICUR* IV, 9516; Benoci 2023.

38 Pergola 1983, pp. 183-248; Carletti 1997, p. 146.
39 Nestori 1971, pp. 169-278; Carletti 1988, pp. 126-127; Mazzoleni 1999a.
40 Carletti 1997, p. 146.
41 Carletti 1997, pp. 146-147.
42 Carletti 1997, p. 146.
43 ICUR X, 26620: Κάρικος ὦ κῖτε | μνηδθη ἡ ψυχή | αὐτοῦ ("Karikos qui giace; sia ricordata la sua anima").
44 Guarducci 1978, pp. 533-535.
45 ICUR VI, 17246; R, 929,1; Carletti 2008, pp. 131-132, n. 3: *M(arco) Aurelio Augg(ustorum duorum) lib(erto) Proseneti / a cubiculo Aug(usti) / proc(uratori) thesaurorum / proc(uratori) patrimoni proc(uratori) / munerum proc(uratori) vinorum / ordinato a divo Commodo / in kastrense patrono piissimo / liberti bene merenti / sarcophagum de suo / adornaverunt*.
46 ICUR VI, 17246: *Prosenes receptus ad deum V non(is) [[Ma]]rtiis [- - -]nia Praesente et Extricato... scripsit Ampelius lib(ertus)*.
47 ICUR X, 27057; Carletti 2008, pp. 133-134, n. 5: *Ti. Cl(audius) Marcianus et / Cornelia Hilaritas / Corneliae Paulae par(entes) fec(e)r(unt) quae vix(it) ann(is) X dieb(us) / VIII dec(essit) X kal(endas) Aug(ustas) Max(imo) et / Urb(ano) co(n)s(ulibus)*.
48 ICUR II, 6021: *Aurelia dulcissima filia quae / de saeculo recessit / vixit ann(os) XV m(enses) IIII / Severo et Quinti(a)n(o) co(n)ss(ulibus)*.
49 ICUR I, 1415: Ἡράκλιτος ὁ θεοφιλ|έστατος ἔζησεν ἔτ(η) ἡ | παρὰ ἡ(μέρας) ιγ´ ἐνόσησεν ἡμ[έ]ρας ιβ´ τελευτᾷ πρὸ ιδ´ κ(αλανδῶν) μαί(ων)| Πίῳ καὶ Ποντιανῷ ὑπά(τοις)... .
50 ICUR X, 27126; Carletti 2008, pp. 137-138, n. 9: *Alexander / Augg(ustorum duorum) ser(vus) fecit /se bivo (!) Marco filio / dulcisimo (!) caputa/fricesi qui deputa/batur inter bestito/res (!) qui vixit annis / XVIII mensibu(s) VIIII / diebu(s) V. peto a bobis (!) / fratres boni per / unum deum ne quis / (h)ui[[c]] titelo moles[tet] / pos(t) mor[tem meam]*.
51 Perraymond 1980-1981, pp. 115-152.
52 ICUR II, 4246: *D(is) M(anibus)* Ἰχθὺς ζώντων */Liciniae Amiati be/nemerenti vixit*. Si vedano ora Di Stefano Manzella 1997, pp. 218-220 (scheda di G. Filippi); Carletti 1999 e Carletti 2008, p. 136, n. 7.
53 Biamonte 1992, pp. 95-123.
54 ICUR X, 27233: Πρῶτος ἐν ἁγίῳ | πνεύμα|τι θεοῦ | ἐνθάδε | κεῖται. | Φιρμίλλα | ἀδελφὴ | μνήμη|ς χάριν.
55 Zilliacus 1963, n. 156; Filippi 1996, n. 169, p. 276; Di Stefano Manzella 1997, pp. 216-218 (scheda di G. Filippi): *D(is) M(anibus) / Iuliae / Calliste / Iulius Narcissus / coniunx et / Iulius Philadelphus / et Iulia Onesime / et Iulia Felicissima / matri b(ene) m(erenti) fecerunt / P IH XP*.
56 Ramsay 1975, pp. 526-528, n. 371; ICUR III, 8716. Sui monogrammi cristologici si veda Ferrua 1991, pp. 37-62.
57 Kajanto 1997, pp. 103-111.
58 ICUR VI, 16291.
59 ICUR IV, 9451. Ci si augura che la defunta sia fra le anime elette in paradiso.
60 ICUR I, 2163. La piccola *Aurelia Neptunia* visse 4 anni e 23 giorni.
61 Kajanto 1989. Alcuni esempi possono essere i seguenti: *Hermes, Hercules, Afrodites, Apollo, Eros, Saturninus, Martialis, Asclepiodotus, Athenodorus, Achilles, Posidonius, Pentesilea, Isidorus, Aelius*.
62 Solin 1982.
63 Nella catacomba di S. Ippolito ricorre un *Ant(onius) Iudas*, forse un ostiario (ICUR VII, 20012).
64 ICUR VII, *Indices*. II. *Nomina et cognomina*, p. 550.
65 Si vedano, ad esempio, *Sufsuate* (ICUR VII, 19386), o *Baguas* (ICUR VII, 20380).
66 *Ursus, Leo, Formicula, Mus, Leopardus, Capreolus, Chelidonia, Palumba, Tinca*. Si veda Kajanto 1965, pp. 325-334.
67 *Cara* (ICUR IX, 24662 e 26075 in greco), *Pisinna* (ICUR VIII, 21238), *Micina* (ICUR X, 27060).
68 ICUR X, 27357 a; Ferrua 1991a, p. 121-122, n. 98: *depositus Herila comes in pace fidei catholice*. L'iscrizione, oggi perduta, è datata al 462.
69 ICUR VIII, 23627; Ferrua 1991a, p. 123, n. 102.
70 Kajanto 1962 pp. 49-50, Kajanto 1965, pp. 55-56, Sgarlata 1991, pp. 134-137, Mazzoleni 2023.
71 ICUR VI, 16077: *Asello coiu[gi]*.
72 ICUR VI, 17285: *Licinius Gaudentius et Flavia Asellica...*
73 ICUR VI, 16433: *Sissinus et Onager iun(ior)....*
74 ICUR VII, 20145.
75 ICUR X, 27437.
76 ICUR IV, 12303: *Locus Importuni acol(u)t(hi) s(an)c(ta)e / eccl(esiae) Rom(anae) t(i)t(uli) s(an)c(ta)e Anastasiae*. *Importuna* ricorre anche in ICUR II, 4291.
77 ICUR VIII, 23227.
78 ICUR VII, 18995.
79 ICUR IV, 11418.
80 ICUR VI, 15695.
81 ICUR V, 13594: *Hic requiescit Superbus / tantum in nomine dictus / quem innocentem mitemq(ue) sa(n)cti no/vere beati, in quo miserabilis pa/ter optaverat ante iacere....*
82 Si veda, fra i tanti, ICUR VI, 16505: *Stercorio*.
83 Ad esempio, ICUR VI, 15704: *Coprion coiugi Florentine...*
84 ICUR V, 15307: *Sterco[riu]s qui vi[xit] / bene[me]renti / alumn[o su]o Nice*. Sugli alumni si veda Janssens 1981, pp. 181-190; Nielsen 1987, Saviato 1999.
85 ICUR III, 9246: *Vitaliae, alumnae karissimae Dativus nutritor*; ICUR VIII, 26710; ICUR X, 27193.
86 ICUR VIII, 23256.
87 Kajanto 1965, pp. 286-287; Mazzoleni 2023.
88 Kajanto 1966.

89 Un raro esempio di mutamento del nome dopo Il battesimo è quello del bambino *Severus*, nato con questo appellativo, che mutò dopo aver ricevuto il sacramento il 21 aprile 463 in *Pascasius*, evidentemente connesso simbolicamente con la festa della Pasqua e concluse la sua breve vita la domenica *in albis*, il 28 aprile 463. L'iscrizione proviene dalla catacomba di Castulo, ma è conservata al Museo Archeologico di Urbino (*ICUR* VI, 15895).
90 *ICUR* IX, 25347: *Marcellus, qui et Exsuperius*.
91 *ICUR* V, 14067: *Valeria Calliope qui (!) et Anucella*. La forma corretta sarebbe *anicula*.
92 *ICUR* V, 13975: *Marcia Augurina Maria que (e)t Carite*.
93 *Iulius [Sab?]inus qui et Abenna* (*ICUR* VI, 15528).
94 *Karikus qui et Karterius notarius eccl(esiae)* (*ICUR* VIII, 20447).
95 Mazzoleni 1997; Ferrua 1991; Janssens 2016.
96 *ICUR* IX, 25791.
97 *ICUR* IX, 25794.
98 Sull'argomento e sui suoi riscontri iconografici, si vedano, ad esempio, Bisconti 1989, pp. 393-397; Bisconti 2000d; Mazzoleni 2014, pp. 459-460.
99 Mazzoleni 1986; Mazzoleni 2014, pp. 458-460. Un'indagine statistica che ha dato risultati simili si è effettuata nel cimitero dei Ss. Marco e Marcelliano (Saint-Roch 1983).
100 Di Stefano Manzella 1997, p. 316.
101 Klein 1985; Costantini 1997.
102 *ICUR* VIII, 23279; *ICUR* IV, 12435.
103 *ICUR* IV, 19085; *ICUR* X, 27029.
104 Bisconti-Braconi 2013.
105 Si veda, ad esempio, una lapide di Panfilo (*ICUR* X, 26547).
106 Una bilancia compare sulla lapide del banchiere-cambiavalute - *numul(arius)* - *Aurelius Venerandus* (*ICUR* VIII, 23104; Di Stefano Manzella 1997, pp. 320-321, con scheda di C. Lega).
107 *ICUR* V, 13870 c.
108 *ICUR* I, 1518.
109 *ICUR* V, 15253 b.
110 *ICUR* IX, 24309.
111 *ICUR* I, 327.
112 Un martello (ed originariamente anche uno scalpello) furono incisi sulla lastra dello scultore (*artifici signario*) *Maecius Aprilis* (*ICUR* VII, 19054; Di Stefano Manzella 1997, p. 333, con scheda di C. Lega).
113 *ICUR* II, 4634.
114 Ad esempio, un organo correda l'epigrafe di *Gentilla* a Commodilla (*ICUR* II, 6204) e quella di *Rusticus* a S. Paolo fuori le mura (*ICUR* II, 5466).
115 *ICUR* V, 15255.
116 *ICUR* VII, 19846; Mazzoleni *et alii* 1983, pp. 155-162.
117 *ICUR* III, 8474.
118 *ICUR* II, 6446.
119 *ICUR* III, 7372.
120 *ICUR* V, 15584. Secondo il Ferrua, la scena andrebbe meglio interpretata come un'anomala raffigurazione del sacrificio di Abramo (con il presunto Isacco insolitamente maturo e barbato).
121 Bisconti 2000d.
122 La tomba di Mercurio *pisturis*, ossia fornaio, era probabilmente ubicata nel sepolcreto vaticano (*ICUR* II, 4247; Di Stefano Manzella 1997, pp. 327-330, scheda di C. Lega).
123 *ICUR* VII, 19027: *Locus Leopardi / dulciari et Fili/cissimes*.
124 *Primitivo ... lanius (!)* ricorre a Domitilla (*ICUR* III, 9093; Di Stefano Manzella 1997, pp. 324-325, scheda di L. Chioffi).
125 *ICUR* III, 6524 (*locus Adeodati porcinari*); *ICUR* V, 14193 (*Domitius Taurus pernarus de platia macelli*).
126 *ICUR* IV, 9450: *Valerius Pardus* è raffigurato con una roncola e un cespo di insalata nelle mani.
127 *ICUR* IX, 25435: *[[l]]ac[[t]]earius*.
128 *ICUR* V, 14583: *Quintus lactearius...qui fuit de domum (!) Laterani*.
129 *ICUR* IV, 12476; Di Stefano Manzella 1997, pp. 232-233 (scheda di C. Lega e P. Liverani): *Leopardus de Belabru ...clabarus (!)*. *ICUR* I, 2060 con la raffigurazione di un fabbro nella sua fucina.
130 Si veda, ad esempio, *Silbanus marmorarius* dei Musei Vaticani (*ICUR* I, 1761; Di Stefano Manzella 1997, pp. 331-332, scheda di C. Lega).
131 *ICUR* II, 4675 (*Artis ispeclararie Sabinius Santias anima dulcis...*).
132 Come *Octavianus tussor (!)* dei Musei Vaticani (*ICUR* I, 1706; Di Stefano Manzella 1997, pp. 335-336, scheda di C. Lega).
133 *ICUR* II, 6111: *Locus Olympi elefantari (!)*. Il termine *elephantarius*, finora unico in latino, è inteso da alcuni come domatore di elefanti nei giochi del circo.
134 *ICUR* VI, 17225.
135 *ICUR* I, 2060.
136 *ICUR* VIII, 23525.
137 *ICUR* VII, 20001: *[l]ocus Pitziti fulloni[s] de Macell[o.Liviae]*.
138 *ICUR* II, 4327: *bracario*; *ICUR* IX, 25000: *bracari*.
139 *ICUR* III, 9305.
140 *ICUR* VII, 17495 (*Rapetiga medicus civis Hispanus*); *ICUR* V, 15403 (*Secundinus mulomedicus*).
141 *ICUR* IX, 25812 (*notario*).
142 *ICUR* IX, 26113 (Ὀλυμπίῳ σημογράφῳ).
143 Come *Rufus tabellarius* (*ICUR* VIII, 22635; Di Stefano Manzella 1997, pp. 322-323, scheda di C. Lega).

144 Si veda, ad esempio, *Coritus magiter* (!) in ICUR IX, 23947; scheda di C. Lega in Di Stefano Manzella 1997, pp. 316-318.
145 ICUR III, 8669: *Leo officialis ann(onae)*.
146 Di Stefano Manzella 1997, pp. 266-267.
147 ICUR I, 1473; Di Stefano Manzella 1997, p. 275 (scheda di C. Lega e S. Orlandi): *Hic quiescet (!) Iohannis v(ir) s(pectabilis)....*
148 ICUR II, 4164; R, n. 680: *Iun(ius) Bassus v(ir) c(larissimus) qui vixit ann(os) XLII men(ses) II, in ipsa praefectura urbi neofitus iit ad deum....*
149 ICUR VIII, 21683. Sull'argomento si veda Hornus 1973-74.
150 ICUR IX, 25033: *Blossio Urbano eq(uiti) R(omano)*; ICUR IV, 9677: *[A]urel(Ius) Aur[elianus c]enturi[o cohortis] quinta[e]*. Anche gli *equites singulares* subirono la sorte dei pretoriani. Se ne veda un esempio in ICUR VIII, 21973: *Quartinus eq(ues) sing(ul)a(ris)*.
151 Ferrua 1970, p. 209; Hornus 1973-1974, pp. 223-228; Mazzoleni 2014, pp. 459-460.
152 Jürgens 1972; Pasquato 1984, cc. 3281-3284.
153 Pincherle 1984, p. 31. Si veda, ad esempio, Aug., *De fide et op.* 18,33: PL 40, 220; *De cat. rud.* 25, 48: CCL 46, 172; *Conf.* VI, 7, 11: NBA I, 158; Cuscito 1994.
154 Cornell-Matthews 1984, p. 187.
155 ICUR II, 5130: *hic requii[scit (!) - - -] / pantom[imus] ....*
156 ICUR VIII, 22393: *Pelorinis cantricis*.
157 ICUR VII, 18774: *Felix doctor in p(ace)*.
158 ICUR I, 1983: *...Erotis a[[l]]umno / dulcisimo (!) et pammuso / gymnico....*
159 ICUR II, 4905: *Eutymius auriga...* L'iscrizione era datata al 439.
160 ICUR V, 13698: *... m]emorie catadromarius [ludis? - - -]....*
161 ICUR V, 13655.
162 De Rossi 1888, p. 94 n. 67.
163 Una traduzione in italiano si trova nel volume di Janssens 1981, pp. 41-42.
164 *...Fingebam vultus habitus ac verba loquentur / ut plures uno crederis ore loqui....*
165 *...vos... deprecor../ qui tumulum legitis cum pietate meum / o quam laetus eras Vitalis dicite maesti / sint tibi Vitalis sin (!) tibi laeta modo.*
166 ICUR III, 6699: *Felicissima oliaria*.
167 ICUR III, 7751.
168 *Ursa pomararia* (ICUR II, 6114).
169 ICUR V. 15389; Di Stefano Manzella 1997, pp. 233-234 (scheda di C. Lega e P. Liverani): *Leontia ...ad porta Trigemina lagunara (!)*.
170 ICUR I, 1519; Di Stefano Manzella 1997, pp. 235-236 (la scheda è di C. Lega e P. Liverani): *...Aul(ius) Maximus / [con]ditarius de castris pra/[etor]ibus Aul(ia) Hilaritas condita/riae eos in pace.*
171 Di Stefano Manzella 1997, pp. 323-324 (scheda di C. Lega).
172 ICUR IV, 12503.
173 ICUR I, 1420: *...Bictora...amatrix pauperorum et operaria*.
174 Grossi-Di Berardino 1984, p. 212.
175 ICUR V, 13800: *hic iacet amicus et caru[s omnibus - - -] / medecus (!) ingeniosus pru[dens - - - in suis o]/peribus non cupidus ne[mini]/cuius beneficia omnibus cop[iosa fuerunt - - -]...*
176 ICUR IV, 10558: Ἀντέρως ἐπί(σκοπος). Il suo predecessore, Ponziano (230-235), fu successivamente traslato da papa Fabiano dalla Sardegna, dove era stato deportato (ICUR IV, 10670; Baruffa 1992, pp. 55-56).
177 Carletti 1997, pp. 155-156; Dresken-Weiland 2014.
178 Guyon 1974; Conde Guerri 1979; Conde Guerri 1989; Benoci 2021.
179 Di Berardino 1983, c. 719.
180 Il termine, comunque, entrò in uso progressivamente nel corso del IV secolo e lo stesso Damaso usa normalmente ancora il titolo di *episcopus*. Sull'uso di questo e di altri appellativi si veda anche Mazzoleni 2013 e 2023a.
181 ICUR IV, 10183: *Cubiculum duplex cum arcisoliis et lu[[m]]inare / iussu p(a)p(ae) sui Marcellini diaconus iste / Severus fecit...*
182 Per *rector*: Ferrua 1942, 15,2; 17,2; 18,7; 40,1; 42,5. Per *antistes*: ICUR II, 4783, ICUR IV, 11751: *[sub Iu]lio a]ntistite*. Per *pontifex*: ICUR II, 4148, 4151 e 4156. Sugli appellativi dei papi in generale Mazzoleni 2023a.
183 ICUR IV, 10664: Οὐρβάνος ἐ[πίσκ(οπος)].
184 ICUR VIII, 22985: *+ Hic requiescit in pace Adeodatus episc(opus), qui vixit ann(os) / pl(us) m(inus) LXVII et sed(it) ann(os) II et m(enses) VIIII. Dep(ositus) su[[b]] d(ie) prid(ie) kal(endas) Decembr(es)*. Si specifica che la durata dell'episcopato fu di 2 anni e 9 mesi.
185 ICUR IV, 9483: Διονυσίου ἰατροῦ πρεσβυτέρου.
186 Wipzycka 1972, pp. 154-173.
187 Sull'argomento, si veda da ultimo Fiocchi Nicolai 1997, pp. 134-136.
188 ICUR II, 5154: *[pres]byteri Basili tituli Sabine*.
189 ICUR X, 27537: *[- - - pre]sb(ytero) tituli Lucin[ae] ...*
190 ICUR IV, 12601: *levitarum primus in ordine*.
191 ICUR VI, 15700: *Faustus exorc(ista)*.
192 ICUR VI, 15721: *Proficius lect(or) et exorcista*.
193 ICUR V, 13654 e ICUR X, 27136.
194 ICUR II, 5737.
195 Stählin 1974; Janssens 1981, pp. 210-214; Krause 1995 e 1996.
196 *Vidua*, χῆρα. Solo in un caso (l'iscrizione di *Octaviae Matronae*, ICUR I, 1705) compare l'espressione *vidua Dei*,

197 Mazzoleni 1989, p. 341.
198 *ICUR* X, 27148: *Primae biduae (!) deces/sit ann(is) centu(m)...*
199 *ICUR* X, 26377: *Bidua(!) Germana*; *ICUR* X, 26390: *Iulia vidua.*
200 *ICUR* X, 26394: *Lea vidu[a]*. Sull'argomento si veda Mazzoleni 1989a, pp. 465–482.
201 Janssens 1981, pp. 207–208.
202 Janssens 1981, *ibidem*; Colombás 1974–75.
203 *ICUR* VIII, 20836, *ICUR* V, 13670, *ICUR* II, 5734.
204 A S. Paolo si ricorda nel 471 *Anthemius cubicul(arius)* (*ICUR* II, 5725), un *Decius cubicularius hiu[us basilicae]* (*ICUR* II, 5088, del 533 o 544) e un altro *cubicularius uius (!) [basilicae]* (*ICUR* II, 5179). Sulla funzione si veda Fiocchi Nicolai 1983, cc. 872–873.
205 Si vedano, ad esempio, *ICUR* VII, 17759 e 17865, entrambi dalla catacomba di Ciriaca: *[- - -] us cubicula/[rius - - -]* e *locus Ioh[annis] / cub(icularii) t(i)t(uli).*
206 Cavallaro 1972, pp. 158–175.
207 Colafrancesco 1997, p. 113; Mazzoleni 2020.
208 Si veda, ad esempio, *ICUR* X, 27226: Κυριακο φιλιω | Κουιντιανους | πατερ φηκιτ, cioè *Quiriaco filio / Quintianus / pater fecit.*
209 Felle 1997, pp. 669–676; Mazzoleni 2020.
210 Zilliacus 1963, n. 262, p. 216. Sui fenomeni linguistici e sulla tenica epigrafica si veda Mazzoleni 2020.
211 *ICUR* VII, 18436; Di Stefano Manzella 1997, p. 354 (scheda di A.E. Felle).
212 *ICUR* X, 26566.
213 *ICUR* VI, 15620.
214 Ferrua 1985.
215 Zilliacus 1963.
216 Mazzoleni 1994. L'undicesimo volume è in avanzata fase di preparazione e sarà curato da chi scrive e da Giuseppe Falzone, con la collaborazione di un'équipe di ricercatori.
217 *ICUR* VI, 15625: *sine ulla discordia.*
218 *ICUR* VII, 17765: *inculpabiliter et cum omni suavitate.*
219 *ICUR* III, 7497; V, 13338, 14245: *sine bile.*
220 *ICUR* III, 8175: *[sine a]maritudine.*
221 *ICUR* III, 9170; V, 13130, 15273; VIII, 23101: *sine ulla querela.*
222 Testini 1976, pp. 150–164.
223 *ICUR* VII, 18892: *sancta ac venerabilis.*
224 *ICUR* II, 4928 a: *simplex.*
225 *ICUR* V, 13196: *prudens.*
226 *ICUR* II, 5333: *sollers.*
227 *ICUR* VII, 18170: *mitissimo.*
228 *ICUR* VII, 17549: *adfabilis.*
229 *ICUR* I, 1770: *dulcis omnibus suis et amicis acceptus.*
230 *ICUR* II, 4895: *moribus probus.*
231 *ICUR* IV, 11904: *mirae bonitatis et innocentiae.*
232 *ICUR* II, 4219 b: *cunctis integer a vitiis.*
233 *Aur(elius) Felix* visse con la moglie *Selia Victorina* 15 anni. *ICUR* VII, 19632. Oppure *ICUR* X, 27168: *Silvana Niciati mari/to benemerenti cum quo / vixit annis tribus mesibus (!) / duobus oris (!) undecim.* "Silvana al marito *Nicias*, con il quale visse 3 anni, 2 mesi e 11 ore".
234 Carletti 1977, pp. 39–51.
235 Si veda, in particolare, Janssens 1981, pp. 163–165.
236 *ICUR* V, 13104: *Libera que vixit annos tres et dies duos / nata est XV kal(endas) Maias dies Iovis et mortua / est XIIII kal(endas) Maias dies Mercuri ora noctis sexta...*
237 *ICUR* IX, 24729.
238 *ICUR* I, 2363: *Pompeiano innocenti, qui vixit annu(m) I, meses VIIII, dies VII, oras IIII. Dormit in pace.*
239 *ICUR* I, 1978: *Dalmatio filio dulcissimo, toti/us ingeniositatis ac sapienti/ae puero, quem plenis septem an/nis perfrui patri infelici non licu/it; qui studens litteras graecas, non / monstratas sibi latinas adripuit et in / triduo ereptus est rebus humanis...*
240 *ICUR* IX, 26122: Ὄβριμος Παλλαδίῳ | γλυκυτάτῳ ἀνεψίῳ | συνσχολάστῃ μνήμης | χάριν.
241 *ICUR* VII, 19501: *Vitalis patra/ter filiatrae / suae Victo/riae meren/ti iscrisi (!) / in paece (!).*
242 *ICUR* III, 9246: *Vitaliae alumnae karissimae / Dativus nutritor* ("alla carissima figlia adottiva Vitalia il padre adottivo Dativo").
243 Janssens 1981, pp. 181–190; Brancato 2015.
244 Josi 1926, p. 134.
245 *ICUR* I, 3221: *Quintilianus homo dei [- - -] / confirmans trinitatem [- - -] / amans castitatem [- - -] / respuens mundum [- - -] / requiescet (!)...*
246 *ICUR* V, 13443: *Aedesius neo/fitus qui credi/dit in patre et fi/lio et spiritu sa/ncto...* .
247 *ICUR* III, 7666: *[Se]/cundianu[s credidit] / Cristum Iesu[m cum patr]/e et filio et isp[iritu sancto].*
248 Carletti 1997, pp. 145–146.
249 Felle 1994. Fra gli esempi raccolti non compare *ICUR* IX, 25962 a, prima parte del carme di Agape, con la citazione di Gen. 3, 19.
250 *ICUR* IX, 25102; Mazzoleni 1985, pp. 269–271.
251 *ICUR* VI, 15842: *...ego caelestis captus dulcedine regni....*
252 *ICUR* III, 9155: *...accersitus ab angelis...*
253 *ICUR* I, 1678: *quam te letum (!) excipet mater ecclesia de oc (!) / mundo revertentem....*
254 *ICUR* VIII, 23087: *...cum soldu (!) amatus fuisset a maiore sua et vidit / hunc morti constitu[tu]m esse [[p]]etivit de aeclesia (!) ut fidelis / de seculo (!) recessisset.*
255 *ICUR* II, 4272.: *[- - - de]dit deus deus tulit...*

256 *ICUR* IX, 26027: Ὁ πατὴρ τῶν πάντων οὕς ἐποίησες κ(αὶ) | παρελάβες Εἰρήνην Ζόην κ(αὶ) Μάρκελλον. | σοι δόξα ἐν Χρ(ιστῷ).

257 *ICUR* X, 26329: *Aproniane, crededisti in deo vives in XP (= Christo).*

258 *ICUR* V, 15331: *Nar{e}cissus, deus tibi refrigeret; ICUR* VII, 20475: *Nice, spiriturs in loco refrigeri..*

259 *ICUR* X, 26350: *Martures / sancti boni / benedicti, bos (!) / atiutate Quiracu (!).*

260 *ICUR* I, 1692: iscrizione di *Matronata Matrona*, vissuta 1 anno e 52 giorni, con la richiesta di intercedere per i suoi genitori; *ICUR* IX, 23793: *Anatolius... petas pro sorore tua; ICUR* III, 8452: *Attice...ora pro paren/tibus tuis.*

261 *ICUR* IX, 26075: Κάρα μνημονεύε μου.

262 *ICUR* IX, 25356: *Marine in mente{m} nos habeto...duobus.*

263 *ICUR* IX, 25962 b: *Vos precor, o fratres, orare huc quando veni[tis] / et precibus totis patrem natumque rogatis / ut deus omnipotens Agapen (!) in saecula servet.*

264 *ICUR* IX, 26034: Τὴν αἰώνι|όν σοι ἐλπί|δα ἀναγεινώ|σκων μνήσθητι Ἐπικ|τήτου.

265 Queste espressioni si trovano solo raramente nelle iscrizioni cristiane. Ad esempio, nella catacomba di Priscilla si legge: *Leonti pax a fratribus. Vale* (*ICUR* IX, 25319).

266 *ICUR* IV, 11927: *...mox gratia dei percepi suscepta in pace neofyta.*

267 *ICUR* II, 4640: *Marcia/nus enon/fitus (!) / recesi (!) / celi (!) tibi pa/ten(t) bisbes (!) / in pace.*

268 *ICUR* I, 396: *Herculia hic sita est sacratis abluta lymbis / quae nuper [r]ena[ta] deo vivit per saecula semper...*

269 *ICUR* IX, 25562: *Tyche dulcis / vixit anno uno / mensibus X dieb(us) XV / accepit VIII ka[l(endas) - - -] / reddidit die s(upra) s(cripta).*

270 Janssens 1981, p. 33.

271 *ICUR* IX, 25966: *Restutus nomen factus in morte fidelis / terrena nam vita manet caeli mihi iugis.../ Hic corpus iaceo caeli sed in aethere vivo / ante pedes domini praecellens munere Christi...*

272 *ICUR* II, 4219 b: *...vivit in aeterna paradisi sede beatus / qui nova decedens muneris aetherii / vestimenta tulit...*

273 Janssens 1981, p. 26; Mazzoleni 1993a, pp. 168-170.

274 *ICUR* I, 1533 e VII, 20300: Κῖτε Βίκτωρ κατηχούμενος | αἰτῶν εἴκοσι παρθένος | δοῦλος τοῦ κυρίου Εἰησοῦ Χρ(ιστοῦ).

275 Carletti 1994.

276 Mazzoleni 2012; Dresken-Weiland 2014.

277 *ICUR* X, 26672: *d(e)p(ositus) III idus Septe(m)br(es) / Yacinthus / martyr.*

278 Come già notato, nelle iscrizioni più antiche i pontefici sono designati come "vescovi". *ICUR* IV, 10694: Φαβιανὸς ἐπί(σκοπος) μ(ά)ρτ(υς).

279 *ICUR* IV, 10670: Ποντιανὸς ἐπί(σκοπος) μ(ά)ρτ(υς).

280 *ICUR* IV, 9367: *Cornelius martyr ep(iscopus).*

281 *ICUR* IV, 10584: Γ[αῖο]υ ἐπι[σκ(όπου)] κατ(άθησις) | πρ[ὸ] καλ(ανδῶν) μαΐω[ν].

282 Carletti 2000.

283 Sui vari aspetti della personalità di Damaso si vedano, ad esempio, i diversi contributi editi negli atti del Convegno Internazionale per il XVI Centenario della morte di papa Damaso, svoltosi a Roma dal 10 al 12 dicembre 1984 (Città del Vaticano 1986).

284 Ferrua 1942, n. 21; *ICUR* V, 13274; Ferrua-Carletti 1985, pp. 32-34; Carletti 2002.

285 Ferrua 1942, n. 28; *ICUR* VI, 16961: *percussor rettulit mihi, cum puer essem....*

286 Ferrua 1942, n. 8; *ICUR* III, 8132; Ferrua-Carletti 1985, pp. 13-16: *... credite per Damasum...*

287 Ferrua 1942, n. 37; *ICUR* VIII, 20753; Ferrua-Carletti 1985, pp. 39-42: *fama refert sanctos dudum retulisse parentes....*

288 Ferrua 1942, n. 16; *ICUR* IV, 9513; Ferrua-Carletti 1985, pp. 19-23: *... hic fateor Damasus volui mea condere membra / sed cineres timui sanctos vexare piorum.*

289 *ICUR* V, 13871: *Beatiss[i]mo martyri / Ianuario / Damasus epis[c]op(us) / fecit.*

290 Ferrua 1942, n. 18; *ICUR* IV, 9514; Ferrua-Carletti 1985, pp. 26-28: *... Eusebio episcopo et martyri.*

291 *Damasi papae cultor adque (!) amator/ Furius Dionysius Filocalus scribsit (!).*

292 Di Stefano Manzella 1997, pp. 260-261 (scheda di C. Lega e G. De Felice).

293 *ICUR* VIII, 22958: *[s(an)c(t)is martyrib(us) Eventio] et Alexandro Delicatus voto posuit / dedi/can/te ae/pis/cop(o) / Urs[o].*

294 *ICUR* VIII, 21590: *XVI kal(endas) octob(res) marturoru(m) h[i]c in cimi/teru maiore Victor[[i]]s Felicis Papiantis / Emerentianetis et Alexandri.*

295 *ICUR* VIII, 21592: *[Alexa]ndro Victo[ri Mau[ro Papie et Felici Patricia [- - - vot]un solvit.*

296 *ICUR* VII, 20334: *Novatiano beatissimo / marturi Gaudentius diac(onus) / f[ecit].*

297 *ICUR* IX, 25165: *Filicissimus (!) et Leopar[da] / bisomum at Criscent[ionem] / introitu.*

298 *ICUR* IV, 9441: *Ser[[pe]]ntiu/s emit loc(u)/m a Quinto / fossore ad / santum (!) Co/rnelium.*

299 *ICUR* IV, 9924: *...Iovine... conpa[ra]bit sibi arco[so]lium in Callisti at domn[um] Gaium...*

300 *ICUR* X, 27034: *...conmando Bassila (!) innocentia Gemelli.*

301 *ICUR* X, 27060: *domina Bassilla com/mandamus tibi Cres/centinus et Micina / filia nostra Crescen(tiam?) / que vixit men(ses) X et d(i)es.*

302 *ICUR* II, 6094: *fecit fatu IIII idus / Octtrobis (!) GII ante / natale domni As/teri depositus in / pace.*
303 *ICUR* VIII, 20861.
304 *ICUR* V, 13102.
305 *ICUR* II, 4493: *postera die marturoru(m).*
306 Carletti 1995.
307 Le numerose invocazioni a Pietro e Paolo sono, per alcuni studiosi, indizio valido per sostenere la presenza di reliquie apostoliche in quel luogo dalla seconda metà del III fino ai primi decenni del IV secolo. Su questo dibattuto argomento si veda, ad esempio, Ferrua 1991a, pp. 297-314 e Carletti 1997, pp. 148-149; Felle 2012.
308 *ICUR* VI, 15979: *[L]uitprandiu (!).*
309 *ICUR* X, 26320.
310 *ICUR* II, 6449, 7 e 19; Carletti 1984-85, p. 132.
311 Carletti 1984-85, p. 132 e 141-142: *Eadbald*; Carletti 2003-2004.
312 *ICUR* II, 6449,39: *non dice/re il/le se/crita / abboce (!).* Si veda anche Bagatti 1936, p. 113.
313 *ICUR* X, 26316: *Pascal(is a) Neapoli.*
314 *ICUR* VI, 15984 b: *Iohan[nes] / Reat[inus].*
315 *ICUR* IV, 9524, 20: *Leonti vib[as] in Chr(isto).*
316 *ICUR* X, 26317; Mazzoleni 1993, pp. 108-113.
317 *ICUR* IV, 9521: *Sante Suste in mente / habeas in horationes (!) / Aureliu Repentinu (!).* Si veda anche Baruffa 1992, p. 51.
318 *ICUR* VI, 15963: *Marcelline / Petre petite / [p]ro Gallicanu (!) /[c]hristiano.*
319 *ICUR* IX, 24853: *salba me / domne Crescentionem / meam luce (!).*
320 *ICUR* X, 26315: *Maiulus mon(achus) peccator.*
321 *ICUR* VI, 15969: *eg(o) Rapulus humilis et indignus monachus.*

BIBLIOGRAFIA

Ahlquist 1995 A. Ahlquist, *Pitture e mosaici nei cimiteri paleocristiani di Siracusa. Corpus iconographicum*, Venezia 1995.

Allodi - Levi 1885 L. Allodi - G. Levi, *Il Regesto Sublacense del secolo XI*, Roma 1885.

Alpigiano 1988 Aristide di Atene, *Apologia*, ed. C. Alpigiano, Firenze 1988.

Amante Simoni 1990 C. Amante Simoni, *Sepoltura e moneta: obolo, viatico, obolo-offerta*, in *Le sepolture in Sardegna dal IV al VII secolo. IV Convegno sull'Archeologia Tardoromana e Altomedievale. Cuglieri 27-28 giugno 1987*, Oristano 1990, pp. 231-244.

Amedick 1991 R. Amedick, *Die Sarkophage mit Darstellungen aus dem Menschenleben. Vita Privata*, Berlin 1991.

Andreae 1980 B. Andreae, *Die Sarkophage mit Darstellungen aus dem Menschenleben. Die römischen Jagdsarkophage*, Berlin 1980.

Armellini 1880 M. Armellini, *Il cimitero di S. Agnese sulla via Nomentana*, Roma 1880.

Armellini 1893 M. Armellini, *Gli antichi cimiteri cristiani di Roma e d'Italia*, Roma 1893.

Atlante Forme Ceramiche 1981 *Atlante delle forme ceramiche I, Ceramica fine romana nel bacino mediterraneo (medio e tardo impero)*, in *Enciclopedia dell'Arte Antica Classica e Orientale*, Roma 1981.

Augenti 1991 A. Augenti, *"Ipsi lapides ululant nobiscum". Il suburbio sudorientale di Roma tra la tarda antichità e l'alto medioevo*, in *Mélanges de l'École Française de Rome, Moyen Âge 103*, 1991, pp. 41-82.

Bagatti 1936 B. Bagatti, *Il cimitero di Commodilla o dei martiri Felice ed Adautto presso la via Ostiense*, Città del Vaticano 1936.

Ballardini 2015 A. Ballardini, *Mosaici e pitture medievali di Roma nei codici epigrafici di Gaetano Marini*, in M. Buonocore (ed.), *Gaetano Marini (1742-1815) protagonista della cultura europea. Scritti per il bicentenario della morte*, Città del Vaticano 2015, pp. 1594-1655.

Bargebuhr 1991 F. P. Bargebuhr, *The Paintings of the New Catacomb of the via Latina and the Struggle of Christianity against Paganism*, Heidelberg 1991.

Barnes 2011 T. Barnes, *Constantine. Dynasty, Religion and Power in the Later Roman Empire*, Oxford 2011.

Baruffa 1989 A. Baruffa, *Le catacombe di San Callisto. Storia, archeologia, fede*, Torino 1989.

Baruffa 1992 A. Baruffa, *Le catacombe di S. Callisto. Storia, archeologia, fede*, Città del Vaticano 1992.

Baruffa 1994 A. Baruffa, *Giovanni Battista de Rossi. L'archeologo esploratore delle catacombe*, Città del Vaticano 1994.

Bauer 2004 F. Bauer, *Das Bild der Stadt Rom im Frühmittelalter. Papststiftungen im Spiegel des Liber Pontificalis von Gregor dem Dritten bis zu Leo dem Dritten*, Wiesbaden 2004.

Bendinelli 1922 G. Bendinelli, *Il monumento sepolcrale degli Aureli al Viale Manzoni in Roma (Monumenti Antichi dei Lincei, XXVIII)*, Roma 1922.

Benoci 2021 D. Benoci, *Il ruolo dei "fossores" nella vendita delle sepolture: aggiornamenti e riflessioni a partire dal dato epigrafico*, in *Titulum nostrum perlege. Miscellanea in onore di Danilo Mazzoleni*, Città del Vaticano 2021, pp. 86-101.

Benoci 2023 D. Benoci, *Le iscrizioni cristiane dell'Area I della catacomba di Callisto. Aggiornamenti e nuove acquisizioni*, Città del Vaticano 2023.

Bertonière 1985 G. Bertonière, *The Cult Center of the Martyr Hippolytus on the via Tiburtina*, Oxford 1985.

Biamonte 1992 G. Biamonte, *Dal segno pagano al simbolo cristiano*, in *Studi e Materiali di Storia delle Religioni 58*, 1992, 1, pp. 98-123.

Bianchi Bandinelli 1976 R. Bianchi Bandinelli, *Roma. L'arte romana al centro del potere*, Milano 1976.

Bianchi Bandinelli 1978 R. Bianchi Bandinelli, *Dall'Ellenismo al Medioevo*, Roma 1978.

Bianchi Bandinelli 1984 R. Bianchi Bandinelli, *I problemi dell'arte romana. La sua importanza*, in L. Franchi dell'Orto (ed.), *L'arte romana*, Roma 1984, pp. 87-95.

Bidez 1924 J. Bidez (ed.), *L'Empéreur Julien. Œuvres complètes, I, 2, Lettres et fragments*, Paris 1924.

Bisconti 1979 F. Bisconti, *Aspetti e significati del simbolo della fenice nella letteratura e nell'arte del Cristianesimo primitivo*, in *Vetera Christianorum 16*, 1979, pp. 21-40.

Bisconti 1980 F. Bisconti, *Contributo all'interpretazione dell'atteggiamento di orante*, in *Vetera Christianorum 17*, 1980, pp. 17-27.

Bisconti 1981 F. Bisconti, *Lastra inedita del cimitero di Priscilla*, in *Rivista di Archeologia Cristiana 57*, 1981, pp. 43-67.

Bisconti 1981a F. Bisconti, *Sull'unità del linguaggio biblico nella pittura cimiteriale romana*, in *Miscellanea S. Cipriani*, Brescia 1981, pp. 731-740.

Bisconti 1983-1984 F. Bisconti, s. v. *Fossore*, in *DPAC*, I, cc. 1389-1391.

Bisconti 1985 F. Bisconti, *L'ipogeo degli Aureli in viale Manzoni: Un esempio di sincresi privata*, in *Augustinianum 25*, 1985, pp. 889-903.

Bisconti 1987 F. Bisconti, *La rappresentazione dei defunti nelle incisioni sulle lastre funerarie paleocristiane aquileiesi e romane*, in *Antichità Altoadriatiche 30*, 1987, pp. 289-308.

Bisconti 1988 F. Bisconti, *Un fenomeno di continuità iconografica: Orfeo citaredo, Davide salmista, Cristo pastore, Adamo e gli animali*, in *Augustinianum 28*, 1988, pp. 429-436.

Bisconti 1989 F. Bisconti, *Letteratura patristica e iconografia paleocristiana*, in *Complementi interdisciplinari di Patrologia*, Roma 1989, pp. 367-412.

Bisconti 1989a F. Bisconti, *Un piccolo museo al Casale di S. Tarcisio nel comprensorio di S. Callisto*, in *Rivista di Archeologia Cristiana 65*, 1989, pp. 21-47.

Bisconti 1990 F. Bisconti, *Sulla concezione figurativa dell'"habitat" paradisiaco: a proposito di un affresco romano poco noto*, in *Rivista di Archeologia Cristiana 66*, 1990, pp. 25-80.

Bisconti 1992 F. Bisconti, *Altre note di iconografia paradisiaca*, in *Bessarione 9*, 1992, pp. 89-117.

Bisconti 1992a F. Bisconti, *Un singolare esempio di iconografia "attitudinale": Note su una pittura del cimitero "ad duas lauros"*, in *Memoriam Sanctorum Venerantes. Miscellanea in onore di V. Saxer*, Città del Vaticano 1992, pp. 21-48.

Bisconti 1993 F. Bisconti, *La catechesi di Pietro. Una scena controversa*, in *Esegesi e catechesi nei padri (secc. II-IV)*, Roma 1993, pp. 171-179.

Bisconti 1993a F. Bisconti, *Cristo e S. Paolo in un frammento di* *sarcofago della tricora orientale di S. Callisto*, in *Rivista di Archeologia Cristiana* 69, 1993, pp. 7-24.

Bisconti 1994 F. Bisconti, *Memorie classiche nelle decorazioni pittoriche delle catacombe romane. Continuità grafiche e variazioni semantiche*, in *Historiam Pictura Refert. Miscellanea in onore di p. Alejandro Recio Veganzones*, Città del Vaticano 1994, pp. 28-66.

Bisconti 1994a F. Bisconti, *Materiali epigrafici dal cimitero dei Ss. Pietro e Marcellino. Spunti e conferme per la cronologia della regione I*, in *Rivista di Archeologia Cristiana* 70, 1994, pp. 7-42.

Bisconti 1995 F. Bisconti, *Dentro e intorno all'iconografia martiriale romana: dal "vuoto figurativo" all'"immaginario devozionale"*, in *Martyrium* 1995, pp. 247-292.

Bisconti 1995a F. Bisconti, *Riflessi iconografici del pellegrinaggio nelle catacombe romane. Genesi e primi sviluppi dell'iconografia martiriale a Roma*, in *Akten des XII Internationalen Kongresses für Christliche Archäologie, Bonn, 22-28 September 1991*, 2, Città del Vaticano 1995, pp. 552-558.

Bisconti 1995b F. Bisconti, *Il restauro della cripta dei vescovi nelle catacombe napoletane di S. Gennaro*, in *Associazione Italiana per lo Studio e la Conservazione del Mosaico. Atti del II Colloquio, Roma, 5-7 dicembre 1994*, Bordighera 1995, pp. 311-320.

Bisconti 1995c F. Bisconti, *L'abbraccio tra Pietro e Paolo ed un affresco inedito del cimitero romano dell'ex vigna Chiaraviglio*, in *XLII Corso di Cultura sull'Arte Ravennate e Bizantina, Ravenna, 14-19 maggio 1995*, Ravenna 1995, pp. 71-93.

Bisconti 1996 F. Bisconti, *L'arte delle catacombe*, in AA.VV., *Dalla terra alle genti. La diffusione del cristianesimo nei primi secoli*, Milano 1996, pp. 94-106.

Bisconti 1996a F. Bisconti, *Genesi e primi sviluppi dell'arte cristiana: i luoghi, i modi, i temi*, in AA.VV., *Dalla terra alle genti. La diffusione del Cristianesimo nei primi secoli*, Milano 1996, pp. 71-93.

Bisconti 1996b F. Bisconti, *La Madonna di Priscilla: interventi di restauro ed ipotesi sulla dinamica decorativa*, in *Rivista di Archeologia Cristiana* 72, 1996, pp. 7-34.

Bisconti 1997 F. Bisconti, *L'apparato figurativo delle iscrizioni cristiane di Roma*, in Di Stefano Manzella 1997, pp. 173-179.

Bisconti 1997a F. Bisconti, *La "coronatio" di Pretestato. Storia delle manomissioni del passato e riflessioni sui recenti restauri*, in *Rivista di Archeologia Cristiana* 73, 1997, pp. 7-49.

Bisconti 1997b F. Bisconti, *Il lucernario di S. Cecilia. Recenti restauri e nuove acquisizioni nella cripta callistiana di S. Cecilia*, in *Rivista di Archeologia Cristiana* 73, 1997, pp. 307-339.

Bisconti 1998 F. Bisconti, *La pittura paleocristiana*, in *Romana pictura. La pittura romana dalle origini all'età bizantina*, Milano 1998, pp. 33-53.

Bisconti 1998a F. Bisconti, *La decorazione delle catacombe*, in Fiocchi Nicolai - Bisconti - Mazzoleni, 1998, pp. 71-144.

Bisconti 1998b F. Bisconti, *L'evoluzione delle strutture iconografiche alle soglie del VI secolo in Occidente. Il ruolo delle decorazioni pittoriche e musive nelle catacombe romane e napoletane*, in *Atti del XIII Congresso Internazionale di Archeologia Cristiana, Split-Poreč, 25 settembre - 1 ottobre 1994*, Città del Vaticano 1998, pp. 253-282.

Bisconti 1998c F. Bisconti, *Il cubicolo dell'Esodo nel cimitero dei Giordani. Ultime manifestazioni pittoriche nelle catacombe romane*, in *Domum Tuam Dilexi. Miscellanea in onore di Aldo Nestori*, Città del Vaticano 1998, pp. 81-108.

Bisconti 2000 F. Bisconti, *L'immaginario iconografico della devozione martiriale*, in L. Pani Ermini - P. Siniscalco (edd.), *La comunità cristiana di Roma, la sua vita e la sua cultura dalle origini all'alto medioevo*, Città del Vaticano 2000, pp. 363-383.

Bisconti 2000a F. Bisconti (ed.), *Temi di iconografia paleocristiana*, Città del Vaticano 2000.

Bisconti 2000b F. Bisconti, *Linguaggio figurativo e spazio funerario*, in L. Pani Ermini (ed.), *Christiana Loca. Lo spazio cristiano nella Roma del primo millennio*, Roma 2000, pp. 59-70.

Bisconti 2000c F. Bisconti, *Il messaggio delle immagini*, in S. Ensoli - E. La Rocca (edd.), *Aurea Roma. Dalla città pagana alla città cristiana*, Roma 2000, pp. 309-316.

Bisconti 2000d F. Bisconti, *Mestieri nelle catacombe romane. Appunti sul declino dell'iconografia del reale nei cimiteri cristiani di Roma*, Città del Vaticano 2000.

Bisconti 2000e F. Bisconti, *291. Colonna con la raffigurazione del martirio di Acilleus*, in S. Ensoli - E. La Rocca (edd.), *Aurea Roma. Dalla città pagana alla città cristiana*, Roma 2000, p. 595.

Bisconti 2000f F. Bisconti, *Pastori eccezionali. A proposito di due affreschi catacombali romani recentemente restaurati*, in *Rivista di archeologia cristiana* 76, 2000, pp. 181-216.

Bisconti 2000g F. Bisconti, *I sarcofagi: officine e produzione*, in L. Pani Ermini (ed.), *Christiana Loca. Lo spazio cristiano nella Roma del primo millennio*, Roma 2000, pp. 257-263.

Bisconti 2000h F. Bisconti, *Le pitture delle catacombe romane tra conservazione e documentazione*, in *Römische Katakombenmalereien im Spiegel des Photoarchivs Parker. Dokumentation von Zustand und Erhaltung 1864-1994*, Münster 2000, pp. 4-20.

Bisconti 2000-2001 F. Bisconti, *Nuovi affreschi dal cimitero dell'ex vigna Chiaraviglio*, in *Atti della Pontificia Accademia Romana di Archeologia. Rendiconti* 73, 2000-2001, pp. 3-42.

Bisconti 2001 F. Bisconti, *L'arcosolio mosaicato nelle catacombe di Domitilla: lineamenti iconografici*, in *Associazione Italiana per lo Studio e la Conservazione del Mosaico. Atti dell'VIII Colloquio, Firenze, 21-23 febbraio 2001*, Tivoli 2001, pp. 517-528.

Bisconti 2001-2002 F. Bisconti, *Vetri dorati e arte monumentale*, in *Atti della Pontificia Accademia Romana di Archeologia. Rendiconti* 74, 2001-2002, pp. 177-193.

Bisconti 2003 F. Bisconti, *Novità figurative dalle catacombe romane*, in *Atti del VII Congresso Nazionale di Archeologia Cristiana, Cassino, 20-24 settembre 1993*, Cassino 2003, pp. 425-438.

Bisconti 2003a F. Bisconti, *Il restauro dell'ipogeo di via Dino Compagni. Nuove idee per la lettura del programma decorativo del cubicolo A*, Città del Vaticano 2003.

Bisconti 2004 F. Bisconti, *Ipogeo degli Aureli: alcune riflessioni e qualche piccola scoperta*, in *Rivista di Archeologia Cristiana* 80, 2004, pp. 13-37.

Bisconti 2004a F. Bisconti, *I sarcofagi del paradiso*, in Bisconti - Brandenburg 2004, pp. 53-74.

Bisconti 2004b F. Bisconti, *Il programma decorativo dell'ipogeo di Trebio Giusto tra attitudine e autorappresentazione*, in Rea 2004, pp. 133-147.

Bisconti 2005 F. Bisconti, *L'arcosolio di Celerina in Pretestato.*

Fasi e significati della decorazione pittorica, in *Rivista di Archeologia Cristiana 81*, 2005, pp. 21-52.

Bisconti 2006 F. Bisconti, *La pittura delle catacombe e l'arte paleocristiana delle basiliche*, in *L'orizzonte tardoantico 2006*, pp. 207-214.

Bisconti 2006a F. Bisconti, *Prime decorazioni nelle catacombe romane. Prove di laboratorio, invenzioni e remakes*, in V. Fiocchi Nicolai – J. Guyon (edd.), *Origine delle catacombe romane. Atti della Giornata Tematica dei Seminari di Archeologia Cristiana, Roma 21 marzo 2005*, Città del Vaticano 2006, pp. 65-89.

Bisconti 2007 F. Bisconti, *Le lastre policrome del Museo Nazionale Romano: immagini di salvezza e guarigione*, in *Salute e guarigione nella Tarda Antichità*, Città del Vaticano 2007, pp. 93-106.

Bisconti 2007a F. Bisconti, *La cristianizzazione delle immagini in Italia tra Tarda Antichità e Altomedioevo*, in *Atti del IX Congresso Nazionale di Archeologia Cristiana, Agrigento, 20-25 novembre 2004*, Palermo 2007, pp. 151-161.

Bisconti 2008 F. Bisconti, *Nuovi paralipomeni di Giona. Il profeta e il re di Ninive in un coperchio di sarcofago del Museo Cristiano di Pretestato*, in *Rivista di Archeologia Cristiana 84*, 2008, pp. 15-32.

Bisconti 2009 F. Bisconti, *L1-L2, A1-A6, x-y, c-e. Relitti iconografici e nuovi tracciati figurativi delle origini della pittura catacombale romana*, in *Rivista di Archeologia Cristiana 85*, 2009, pp. 7-54.

Bisconti 2009a F. Bisconti, *Giuseppe Wilpert: iconografo, iconologo, storico dell'arte*, in Heid 2009, pp. 249-260.

Bisconti 2010 F. Bisconti, *Lavori nelle catacombe. Il lutto, Circe e San Paolo*, in *Rivista di Archeologia Cristiana 86*, 2010, pp. 25-52.

Bisconti 2010a F. Bisconti, *Il cubicolo degli apostoli a S. Tecla. Un complesso iconografico tra arte funeraria e decorazione monumentale*, in B. Mazzei (ed.), *Il cubicolo degli apostoli nelle catacombe romane di S. Tecla. Cronaca di una scoperta*, Città del Vaticano 2010, pp. 185-230.

Bisconti 2011 F. Bisconti (ed.), *L'ipogeo degli Aureli in viale Manzoni. Restauri, tutela, valorizzazione e aggiornamenti interpretativi*, Città del Vaticano 2011.

Bisconti 2011a F. Bisconti, *Le pitture delle catacombe romane. Restauri ed interpretazioni*, Todi 2011.

Bisconti 2011b F. Bisconti, *Primi passi di un'arte cristiana. I processi di definizione e l'evoluzione dei significati*, in *Antiquité Tardive 19*, 2011, pp. 35-46.

Bisconti 2013 F. Bisconti, *Simboli, stralci, scene complesse*, in Bisconti – Braconi 2013, pp. 11-20.

Bisconti 2013a F. Bisconti, *Lo sguardo della fanciulla. Ritratti e fisionomie nella pittura catacombale*, in *Rivista di Archeologia Cristiana 89*, 2013, pp. 53-84.

Bisconti 2014 F. Bisconti, *Affreschi estremi. La fine della pittura nelle catacombe romane*, in *Mitteilungen zur Christlichen Archäologie 20*, 2014, pp. 37-50.

Bisconti 2014a F. Bisconti, *Immagini cristiane della tarda antichità*, in F. Bisconti – O. Brandt (edd.), *Lezioni di archeologia cristiana*, Città del Vaticano 2014, pp. 501-583.

Bisconti 2015 F. Bisconti, *Napoli. Catacombe di S. Gennaro. Cripta dei vescovi. Restauri ultimi*, in *Rivista di Archeologia Cristiana 91*, 2015, pp. 7-34.

Bisconti 2015a F. Bisconti, *I volti degli aristocratici nella tarda antichità. Fisionomie e ritratti nelle catacombe romane e napoletane*, in C. Ebanista – M. Rotili (edd.), *Aristocrazie e società fra transizione romano-germanica e alto medioevo*, Atti del Convegno Internazionale di Studi, Cimitile-Santa Maria Capua Vetere, 14-15 giugno 2012, Cimitile 2015, pp. 27-46.

Bisconti 2016 F. Bisconti, *La lastra aquileiese del refrigerium: dal banchetto edonistico al pasto funebre*, in *Antichità Altoadriatiche 84*, 2016, pp. 351-365.

Bisconti 2017 F. Bisconti (a cura di), *Catacombe di Domitilla. Restauri nel tempo / Catacombs of Domitilla. Conservation in its Making*, Città del Vaticano 2017.

Bisconti 2017a F. Bisconti, *L'immagine di San Benedetto in un affresco recentemente restaurato nell'oratorio romano di S. Ermete*, in *Hortus Artium Medievalium 23*, 2017, pp. 178-184.

Bisconti 2017-2018 F. Bisconti, *Sarcofagi di S. Sebastiano al restauro: dalle rarità bibliche alle immagini teofaniche*, in *Atti della Pontificia Accademia Romana di Archeologia. Rendiconti 90*, 2017-2018, pp. 221-250.

Bisconti 2018 F. Bisconti, *Simboli e racconti. Cicli, narrazioni, abbreviazioni e sintesi nell'arte cristiana antica*, in *Studi in memoria di Fabiola Ardizzone, 4. Quaderni Digitali di Archeologia Postclassica 13*, 2018, pp. 49-70.

Bisconti 2018a F. Bisconti, *Padre Fasola e la Pontificia Commissione di Archeologia Sacra. Ricerca e tutela a confronto*, in *Rivista di Archeologia Cristiana 94*, 2018, pp. 69-97.

Bisconti 2019 F. Bisconti, *Fatti e misfatti nelle catacombe romane. Violazioni, asportazioni e restituzioni nel tempo*, in G. Calcani (ed.), *Forme della tutela. Atti dell'Incontro di Studio, Roma, 8-9 giugno 2018*, Roma 2019, pp. 189-204.

Bisconti 2019a F. Bisconti, *Tracce altomedievali nelle catacombe romane. Presenze funerarie e decorazioni pittoriche: il caso del lucernario di Santa Cecilia*, in C. Ebanista – M. Rotili (edd.), *Prima e dopo Alboino. Sulle tracce dei Longobardi. Atti del Convegno Internazionale di Studi, Cimitile-Santa Maria Capua Vetere, 14-15 giugno 2018*, San Vitaliano 2019, pp. 45-56.

Bisconti 2019b F. Bisconti, *Banchetti cristiani della Tarda Antichità: i riti e le immagini*, in R. Padovano (ed.), *Il cibo e le sue rappresentazioni*, Padova 2019, pp. 71-82.

Bisconti 2020 F. Bisconti, *Il pranzo del buon cristiano. Sfogliando il Paedagogus di Clemente Alessandrino*, in Bisconti – Ferri 2020, pp. 57-64.

Bisconti 2020a F. Bisconti, *I sarcofagi cristiani antichi. La produzione, la diffusione, la decorazione*, in G. Castiglia – Ph. Pergola (edd.), *Instrumentum Domesticum. Archeologia Cristiana, temi, metodologie e cultura materiale della tarda antichità e dell'alto medioevo*. Città del Vaticano 2020, pp. 259-307.

Bisconti 2020b F. Bisconti, *Traditio legis et similia. Il sarcofago di San Sebastiano e due altri piccoli rilievi frammentari appena restaurati*, in *Rivista di Archeologia Cristiana 96*, 2020, pp. 9-42.

Bisconti 2022 F. Bisconti, *Le officine dei sarcofagi paleocristiani nella Tarda Antichità: i luoghi e le tecniche*, in C. Ebanista – M. Rotili (edd.), *Spazio urbano e attività produttive fra tarda antichità e alto medioevo*, Atti del Convegno Internazionale di Studi, Cimitile-Nola, 17-18 settembre 2020, Bari 2022, pp. 7-24.

Bisconti 2022a F. Bisconti, *Orante. Il gesto, l'atteggiamento, la preghiera continua*, in E. M. Menotti – F. G. Betti (edd.), *L'Orante...nel tuo nome alzerò le mie mani...*, Catalogo della mostra,

Milano, Museo di Sant'Eustorgio, 12 ottobre 2022 – 15 gennaio 2023, Roma 2022, pp. 29-36.

Bisconti 2022b F. Bisconti, *Il pastore di Generosa. Il restauro dell'arcosolio dipinto nel coemeterium ad Sextum Philippi sulla via Portuense*, in Mitteilungen zur Christlichen Archäologie 28, 2022, pp. 9-26.

Bisconti – Braconi 2013 F. Bisconti – M. Braconi (edd.), *Incisioni figurate della Tarda Antichità*, Atti del Convegno di Studi, Roma, 22-23 marzo 2012, Città del Vaticano 2013.

Bisconti – Braconi 2015 F. Bisconti – M. Braconi (edd.), *Le catacombe di San Callisto: storia, contesti, scavi, restauri, scoperte. A proposito del cubicolo di Orfeo e del Museo della Torretta*, Todi 2015.

Bisconti – Brandenburg 2004 F. Bisconti – H. Brandenburg (edd.), *Sarcofagi tardoantichi, paleocristiani e altomedievali*, Atti della Giornata Tematica dei Seminari di Archeologia Cristiana, École Francaise de Rome 8 maggio 2002, Città del Vaticano 2004.

Bisconti – Cascianelli 2021 F. Bisconti – D. Cascianelli, *L'Ascensione a Chiaraviglio. Ancora sulle pitture del finarello*, in Rivista di Archeologia Cristiana 97/2, 2021, pp. 261-290.

Bisconti – Ferri 2018 F. Bisconti – G. Ferri, *La strada di Paolo. La via Ostiense dalle origini alla cristianizzazione*, Padova 2018.

Bisconti – Ferri 2020 F. Bisconti – G. Ferri (edd.), *Taccuino per Anna Maria Giuntella. Piccoli scritti di Archeologia Cristiana e Medievale*, Todi 2020.

Bisconti – Ferri 2021 F. Bisconti – G. Ferri, *Motivi geometrici e aniconici nella pittura delle catacombe romane: dai cosiddetti "stili pompeiani" alla linearità rosso-verde*, in F. Marazzi – M. Cuomo (edd.), *La pittura parietale aniconica e decorativa tra Tarda Antichità e Alto Medioevo*, Cerro al Volturno 2021, pp. 55-75.

Bisconti – Giuliani – Tommasi 1995 F. Bisconti – R. Giuliani – F. Tommasi, *Nuove indagini nella catacomba dei Ss. Pietro e Marcellino sulla via Labicana*, in Atti del XII Incontro di Studio organizzato dal Comitato per l'Archeologia Laziale (CNR), Roma 1995, pp. 293-302.

Bisconti – Mazzei 1999 F. Bisconti – B. Mazzei, *Il cubicolo di Sansone nell'ipogeo di via Dino Compagni alla luce dei recenti interventi di restauro*, in Mitteilungen zur Christlichen Archäologie 5, 1999, pp. 45-73.

Bisconti – Mazzoleni 1996 F. Bisconti – D. Mazzoleni, s. v. *Mosaico*, in Enciclopedia dell'Arte Antica Classica e Orientale, II supplemento, Roma 1996, pp. 821-827.

Bisconti – Nuzzo 2001 F. Bisconti – D. Nuzzo, *Scavi e restauri nella regione della "Velata" in Priscilla*, in Rivista di Archeologia Cristiana 73, 2001, pp. 7-95.

Blank 2023 A. Blank, *Die Grabinschrift des Aberkios. Ein Kommentar*, Regensburg 2023.

Bodel 2008 J. Bodel, *From Columbaria to Catacombs: Collective Burial in Pagan and Christian Rome*, in L. Brink, O. P. – D. Green (edd.), *Commemorating the Dead. Text and Artifacts in Context. Studies of Roman, Jewish and Christian Burials*, in Berlin-New York 2008, pp. 177-242.

Boldetti 1720 M. A. Boldetti, *Osservazioni sopra i cimiteri de' Santi Martiri e antichi cristiani di Roma*, Roma 1720.

Bonacasa Carra 2000 R. M. Bonacasa Carra, *Il ritratto nella pittura funeraria paleocristiana*, in S. Ensoli – E. La Rocca (edd.), *Aurea Roma. Dalla città pagana alla città cristiana*, Roma 2000, pp. 317-322.

Bonansea 2013 N. Bonansea, *Simbolo e narrazione. Linee di sviluppo formali e ideologiche dell'iconografia di Giona tra III e VI secolo*, Spoleto 2013.

Bonifazi 2012 C. Bonifazi, *Sepulchra Alexandriae: dagli ipogei ellenistici d'Egitto alle catacombe romane* in Ostraka. Rivista di Antichità 21, 2012, pp. 31-62.

Bordignon 1991-1992 C. Bordignon, *La tecnica pittorica negli affreschi delle catacombe romane*. Tesi di licenza presso il Pontificio Istituto di Archeologia Cristiana, AA. 1991-1992.

Bordignon 2000 C. Bordignon, *Caratteri e dinamica della tecnica pittorica nelle catacombe di Roma*, Caxias do Sul-Roma 2000.

Borg 2013 B. E. Borg, *Crisis and ambition. Tombs and burial customs in third-century CE Rome*, Oxford 2013.

Bosio 1632 A. Bosio, *Roma Sotterranea*, Roma 1632.

Bosio 1993 P. Bosio, *Frammenti di rilievo con scene agro-pastorali del comprensorio callistiano*, in Rivista di Archeologia Cristiana 69, 1993, pp. 25-30.

Bozzini 1975-1976 P. Bozzini, *Coperchi di sarcofago di Pretestato e di S. Callisto*, in Atti della Pontificia Accademia Romana di Archeologia. Rendiconti 48, 1975-1976, pp. 325-365.

Braconi 2009 M. Braconi, *Le cappelle dei sacramenti e Joseph Wilpert. I programmi decorativi dei cubicoli dell'Area I al vaglio della critica del passato*, in Rivista di Archeologia Cristiana 85, 2009, pp. 77-105.

Braconi 2011 M. Braconi, *Il cavaliere, il retore, la villa. Le architetture ultraterrene degli Aureli tra simbolo, rito e autorappresentazione*, in Bisconti 2011, pp. 135-163.

Braconi 2016 M. Braconi, *Forme e codici dell'autorappresentazione dei defunti nell'immaginario figurativo della pittura catacombale*, in Rivista di Archeologia Cristiana 92, 2016, pp. 35-83.

Braconi 2017 M. Braconi, *L'immaginario figurativo dei defunti nelle catacombe di Domitilla a Roma: sagome, bozzetti e ritratti / Figurative Imagery of the Deceased in the Catacombs of Domitilla in Rome: Silhouettes, Sketches and Portraits*, in Bisconti 2017, pp. 33-45.

Braconi 2018 M. Braconi, *Il cubicolo del docente nel cimitero Maggiore a Roma: dai primi scavi ai recenti restauri*, in Rivista di Archeologia Cristiana 94, 2018, pp. 293-329.

Braconi 2019 M. Braconi, *In venatibus, in conviviis. Riflessi iconografici della vita degli aristocratici tra arti minori e arti maggiori*, in F. Bisconti, M. Braconi, M. Sgarlata (edd.), *Arti minori e arti maggiori. Relazioni e interazioni tra tarda antichità e alto Medioevo*, Todi 2019, pp. 575-614.

Braconi 2019a M. Braconi, *I "sarcofagi ritrovati" del Museo della Torretta: quattro storie di furti e di recuperi dalle catacombe romane*, in G. Calcani (ed.), *Forme della tutela. Atti dell'Incontro di Studio, Roma, 8-9 giugno 2018*, Roma 2019, pp. 305-325.

Braconi 2020 M. Braconi, *Un ritratto dipinto di età onoriana dalla regione dei Fornai delle catacombe di Domitilla*, in Bisconti – Ferri 2020, pp. 65-80.

Braconi 2020a M. Braconi, *L'ipogeo dei Cacciatori sulla via Appia Antica: il monumento e l'apparato decorativo*, in Mitteilungen zur Christlichen Archäologie 26, 2020, pp. 32-52.

Braconi – Cascianelli – Ferri 2023 M. Braconi – D. Cascianelli – G. Ferri (edd.), *Semel pro semper. Trent'anni di ricerche della Pontificia Commissione di Archeologia Sacra nelle catacombe d'Italia. Atti dell'incontro di studio in memoria di Fabrizio Bisconti, Roma, 14 ottobre 2022, Città del Vaticano 2023.

Brancato 2015 N. G. Brancato, *Una componente trasversale nella società romana: gli alumni*, Roma 2015.

Brandenburg 1978 H. Brandenburg, *Überlegungen zum Ursprung der frühchristlichen Bildkunst*, in Atti del IX Congresso Internazionale di Archeologia Cristiana, Roma, 21-27 settembre 1975, Città del Vaticano 1978, pp. 3-28.

Brandenburg 1979 H. Brandenburg, *Roms frühchristliche Basiliken des 4. Jahrhunderts*, München 1979.

Brandenburg 1983 H. Brandenburg, s. v. *Archeologia Cristiana*, in DPAC, I, cc. 317-330.

Brandenburg 1984 H. Brandenburg, *Überlegungen zu Ursprung und Entstehung der Katakomben Roms*, in Vivarium. Festschrift Theodor Klauser zum 90. Geburtstag, Münster 1984, pp. 11-49.

Brandenburg 1994 H. Brandenburg, *Coemeterium. Der Wandel des Bestattungswesens als Zeichen des Kulturumbruchs der Spätantike*, in Laverna 5, 1994, pp. 206-232.

Brandenburg 2004 H. Brandenburg, *Le prime chiese di Roma (IV-VII secolo). L'inizio dell'architettura ecclesiastica occidentale*, Milano 2004.

Brandenburg 2006 H. Brandenburg, s. v. *Archeologia Cristiana*, in Nuovo DPAC, I, cc. 475-490.

Broccoli 1981 U. Broccoli, *Corpus della scultura altomedievale*, VII, La diocesi di Roma, V, Il suburbio, 1, Spoleto 1981.

Brown 1974 P. Brown, *Il mondo tardo antico. Da Marco Aurelio e Maometto*, Torino 1974.

Brown 1983 P. Brown, *Il culto dei santi. L'origine e la diffusione di una nuova religiosità*, Torino 1983.

Buonarroti 1716 F. Buonarroti, *Osservazioni sopra alcuni frammenti di vasi antichi di vetro ornati di figure trovati nei cimiteri di Roma*, Firenze 1716.

Caillaud 2011 A. Caillaud, *Criofori e pastore-filosofo nell'ipogeo degli Aureli*, in Bisconti 2011, pp. 213-221.

Caillaud 2015 A. Caillaud, *La figure du commanditaire dans l'art funéraire des catacombes de Rome (IIIe-VIe siècles)*, in S. Brodbeck - A.-O. Poilpré (edd.), La culture des commanditaires. L'œuvre et l'empreinte. Actes de la journée d'études organisée à Paris le 15 novembre 2013, Paris 2015, pp. 66-121.

Caldelli 1997 M. L. Caldelli, *Nota su "D(is) M(anibus)" e "D(is) M(anibus) s(acrum)" nelle iscrizioni cristiane di Roma*, in Di Stefano Manzella 1997, pp. 185-187.

Camerlenghi 2018 N. Camerlenghi, *St. Paul's Outside the Walls. A Roman Basilica from the Antiquity to the Modern Era*, Cambridge 2018.

Camiruaga et alii 1994 I. Camiruaga - M. A. De La Iglesia - E. Sainz - E. Subias, *La arquitectura del hipogeo de la via Latina en Roma*, Città del Vaticano 1994.

Canetri 2004 E. Canetri, *Nota sulla ricostruzione del sarcofago della traditio legis nel Museo di San Sebastiano a Roma*, in Bisconti - Brandenburg 2004, pp. 185-199.

Cantino Wataghin 1980 G. Cantino Wataghin, *Roma sotterranea. Appunti sulle origini dell'archeologia cristiana*, in Ricerche di Storia dell'Arte 10, 1980, pp. 5-14.

Cantino Wataghin 2001 G. Cantino Wataghin, *Biblia pauperum. A proposito dell'arte dei primi cristiani*, in Antiquité Tardive 9, 2001, pp. 259-274.

Cantino Wataghin 2024 G. Cantino Wataghin, *La lunga storia della disciplina*, in Atti del XII Congresso Nazionale di Archeologia Cristiana, Roma, 20-23 settembre 2022, Quingentole 2024, pp. 5-13.

Caprino 1974 C. Caprino, *Un nuovo contributo alla conoscenza dello Hermes che si allaccia il sandalo*, in Bollettino d'Arte 59, 1974, pp. 106-112.

Carletti 1977 C. Carletti, *Aspetti biometrici del matrimonio nelle iscrizioni cristiane di Roma*, in Augustinianum 17, 1977, pp. 39-51.

Carletti 1981 C. Carletti, *Pagani e cristiani nel sepolcreto della "piazzola" sotto la Basilica Apostolorum a Roma*, in Vetera Christianorum 18, 1981, pp. 287-307.

Carletti 1984-1985 C. Carletti, *I graffiti sull'affresco di S. Luca nel cimitero di Commodilla*, in Atti della Pontificia Accademia Romana di Archeologia. Rendiconti 57, 1984-85, pp. 129-143.

Carletti 1985 C. Carletti, *Linguaggio biblico e comunità a Roma nel III secolo: il contributo delle iscrizioni dell'"arenario" di Priscilla*, in Annali di Storia dell'Esegesi 2, 1985, pp. 201-207.

Carletti 1988 C. Carletti, *"Epigrafia cristiana" "epigrafia dei cristiani": alle origini della terza età dell'epigrafia*, in La terza età dell'epigrafia. Colloquio AIEGL - Borghesi '86, Faenza 1988, pp. 115-135.

Carletti 1989 C. Carletti, *Origine, committenza e fruizione delle scene bibliche nella produzione figurativa romana del III secolo*, in Vetera Christianorum 26, 1989, pp. 207-219.

Carletti 1992 C. Carletti, *Gli affreschi della cripta di Milziade nel cimitero di S. Callisto. Interventi di restauro*, in Rivista di Archeologia Cristiana 68, 1992, pp. 141-168.

Carletti 1994 C. Carletti, *Quod multi cupiunt et rari accipiunt. A proposito di una nuova iscrizione della catacomba dell'ex vigna Chiaraviglio*, in Historiam Pictura Refert. Miscellanea in onore di P. Alejandro Recio Veganzones O.F.M., Città del Vaticano 1994, pp. 111-126.

Carletti 1994a C. Carletti, *Nuove iscrizioni dalla catacomba della ex vigna Chiaraviglio sulla via Appia*, in Mélanges de l'École Française de Rome, Antiquité 106, 1994, pp. 29-41.

Carletti 1994b C. Carletti, *Storia e topografia della catacomba di Commodilla*, in Deckers - Mietke - Weiland 1987, pp. 3-27.

Carletti 1995 C. Carletti, *Viatores ad martyres. Testimonianze scritte altomedievali nelle catacombe romane*, in Epigrafia medievale greca e latina. Ideologia e funzione, Erice, 12-18 sett. 1991, Spoleto 1995, pp. 197-225.

Carletti 1997 C. Carletti, *Nascita e sviluppo del formulario epigrafico cristiano: prassi e ideologia*, in Di Stefano Manzella 1997, pp. 143-164.

Carletti 1997a C. Carletti, *Testimonianze scritte del pellegrinaggio altomedievale in Occidente, Roma e l'Italia*, in "Los muros tienen la palabra". Materiales para una istoria de los graffiti, Valencia 1997, pp. 73-102.

Carletti 1998 C. Carletti, *"Un mondo nuovo". Epigrafia funeraria dei cristiani a Roma in età postcostantiniana*, in Vetera Christianorum 35, 1998, pp. 39-67.

Carletti 1998a C. Carletti, *Un monogramma tardoantico nell'epigrafia funeraria dei cristiani*, in Domum Tuam Dilexi. Miscellanea in onore di Aldo Nestori, Città del Vaticano 1998, pp. 127-142.

Carletti 1999 C. Carletti, *ΙΧΘΥΣ ΖΩΝΤΩΝ. Chiose a ICVR II 4246*, in Vetera Christianorum 36, 1999, pp. 15-30.

Carletti 2000 C. Carletti, s. v. *Damaso I, santo*, in *Enciclopedia dei Papi*, I, Roma 2000, pp. 349-372.

Carletti 2001 C. Carletti, *L'arca di Noè: ovvero la chiesa di Callisto e l'uniformità della "morte scritta"*, in *Antiquité Tardive* 9, 2001, pp. 97-102.

Carletti 2002 C. Carletti, *"Domine Eutychi". Un culto 'ritrovato' nell'area cimiteriale di S. Sebastiano a Roma*, in *Vetera Christianorum* 39, 2002, pp. 35-60.

Carletti 2003-2004 C. Carletti, *Iscrizioni runiche peninsulari. A proposito di un nuovo ritrovamento urbano*, in *Atti della Pontificia Accademia Romana di Archeologia. Rendiconti* 76, 2003-2004, pp. 525-542.

Carletti 2006 C. Carletti, *'Preistoria' dell'epigrafia dei cristiani. Un mito storiografico ex maiorum auctoritate*, in Fiocchi Nicolai - Guyon 2006, pp. 91-119.

Carletti 2007 C. Carletti, *Il problema della cristianizzazione della prassi epigrafica in Italia in età precostantiniana*, in *Atti del IX Congresso Nazionale di Archeologia Cristiana, Agrigento, 20-25 novembre 2004*, Palermo 2007, pp. 55-72.

Carletti 2008 C. Carletti, *Epigrafia dei cristiani in Occidente dal III al VII secolo. Ideologia e prassi*, Bari 2008.

Carletti 2012 C. Carletti, *Scrivere sulla pietra tra tarda antichità e altomedioevo: tradizione e trasformazioni*, in *Scrivere e leggere nell'alto medioevo, Spoleto, 28 aprile - 4 maggio 2011*, Spoleto 2012, pp. 669-700.

Carletti - Fiocchi Nicolai 2010 C. Carletti - V. Fiocchi Nicolai, *Gli studi di archeologia, epigrafia ed antichità cristiane*, in *I duecento anni di attività della Pontificia Accademia Romana di Archeologia (1810-2010)*, Città del Vaticano 2010, pp. 321-345.

Caron 1989 P. G. Caron, *La proprietà ecclesiastica nel diritto del tardo impero*, in *Atti dell'Accademia Romanistica Costantiniana. IX Congresso Internazionale*, Perugia 1989, pp. 217-230.

Casalone 1962 C. Casalone, *Note sulle pitture dell'ipogeo di Trebio Giusto a Roma*, in *Cahiers Archéologiques* 11, 1962, pp. 53-64.

Cascianelli 2010 D. Cascianelli, *Le pitture della parete di ingresso della Cappella Greca di Priscilla: ipotesi e nuove riflessioni*, in *Rivista di Archeologia Cristiana* 86, 2010, pp. 265-296.

Cascianelli 2015 D. Cascianelli, *Orfeo citaredo incantator di animali. Il mito, l'iconografia, i significati, la fortuna*, in Bisconti - Braconi 2015, pp. 144-155.

Cascianelli 2020 D. Cascianelli, *Intorno al sarcofago Albani in San Sebastiano: questioni ed enigmi sul suo programma figurativo in vista di un progetto di restauro*, in *Rivista di Archeologia Cristiana* 96, 2020, pp. 67-90.

Cascianelli 2023 D. Cascianelli, *La tentata lapidazione di Cristo in un sarcofago di San Sebastiano a Roma. Nota sulla lapidatio nell'arte cristiana antica*, in *Iconographica* 22, 2023, pp. 9-18.

Cascianelli 2024 D. Cascianelli, *Il coemeterium Callisti sulla via Appia. Lineamenti essenziali*, in B. Mazzei (ed.), *Cantantibus organis. Il palinsesto decorativo della Cripta di Santa Cecilia nelle catacombe di S. Callisto*, Roma 2024, pp. 21-29.

Cascianelli - Ferri - Mazzei 2024 D. Cascianelli, G. Ferri, B. Mazzei, *Un "palinsesto" pittorico tra tarda antichità e alto medioevo. Nuovi dati dal restauro dei dipinti murali della "basilichetta" dei Santi Felice ed Adautto a Commodilla*, in *Rivista di Archeologia Cristiana* 100, 2024, pp. 5-55.

Casel 1932 O. Casel, *Älteste christliche Kunst und Christusmysterium*, in *Jahrbuch für Liturgiewissenschaft* 12, 1932, pp. 1-36.

Cavallaro 1972 M. A. Cavallaro, *Intorno ai rapporti tra cariche statali e cariche ecclesiastiche nel basso impero. Note storico-epigrafiche sul cubiculariato*, in *Athenaeum* 50, 1972, pp. 158-175.

Cavazzini 1994-1995 S. Cavazzini, *La componente cosmica nelle volte dei cubicoli delle catacombe romane. L'esempio del cimitero dei Ss. Pietro e Marcellino*. Tesi di licenza presso il Pontificio Istituto di Archeologia Cristiana, AA. 1994-1995.

CCL *Corpus Christianorum, Series Latina*, Turnhout 1953 ss.

Cecalupo 2020 C. Cecalupo, *Antonio Bosio, la Roma Sotterranea e i primi collezionisti di antichità cristiane*, I, Città del Vaticano 2020.

Cecchelli 1929 C. Cecchelli, *Origini romane dell'archeologia cristiana*, in *Roma. Rivista di studi e di vita romana* 7, 1929, pp. 105-112.

Cecchelli 1938 C. Cecchelli, *Il Cenacolo Filippino e l'archeologia cristiana*, Roma 1938.

Cecchelli 1944 C. Cecchelli, *Monumenti cristiano-eretici di Roma*, Roma 1944.

Chalkia 1991 E. Chalkia, *Le mense paleocristiane. Tipologia e funzioni delle mense secondarie nel culto paleocristiano*, Città del Vaticano 1991.

Chicoteau 1976 M. Chicoteau, *Glanures au viale Manzoni*, Brisbane 1976.

Cianfriglia - Filippini 1985 L. Cianfriglia - P. Filippini, *Via G. Ravizza: tomba ipogea*, in *Bullettino della Commissione Archeologica Comunale* 90, 1985, pp. 217-234.

Coarelli 1986 F. Coarelli, *L'Urbs e il suburbio*, in A. Giardina (ed.), *Società romana e impero tardoantico*, II, *Roma. Politica, economia, paesaggio urbano*, Roma-Bari 1986, pp. 3-58.

Colafrancesco 1997 P. Colafrancesco, *La lingua latina nelle iscrizioni del tardo-impero*, in Di Stefano Manzella 1997, pp. 113-120.

Colombás 1974-1975 G. M. Colombás, *El monacato primitivo*, 2 voll., Madrid 1974-1975.

Conde Guerri 1979 E. Conde Guerri, *Los "fossores" de Roma paleocristiana (Estudio iconografico, epigrafico y social)*, Città del Vaticano 1979.

Conde Guerri 1989 E. Conde Guerri, *Nuevas lapides de "fossores" en Roma*, in *Quaeritur Inventus Colitur. Miscellanea in onore di Padre Umberto Fasola B.*, Città del Vaticano 1989, pp. 149-160.

Corneli 2013 C. Corneli, *Studies of the painting of Rome's christian catacombs. On the trail of a portrait included in the wall of arcosolium*, in I. Foletti - A. Filipova (edd.), *The Face of the Dead and the Early Christian World*, Roma 2013, pp. 29-41.

Cornell - Matthews 1984 T. Cornell - G. Matthews, *Atlante del mondo romano*, Novara 1984.

Costantini 1997 M. L. Costantini, *La menzione di "servus" e "libertus" nelle iscriziomni tardo-Imperiali di Roma*, in Di Stefano Manzella 1997, pp. 181-183.

Cracolici 2013 S. Cracolici, *Rapsodie cristiane. La fortuna artistica della Fabiola di Wiseman*, in *Ricerche di storia dell'arte* 110-111, 2013, pp. 59-74.

CSEL *Corpus Scriptorum Ecclesiasticorum Latinorum*, Wien 1865 ss.

Cuscito 1994 G. Cuscito, *Giochi e spettacolo nel pensiero dei Pa-*

dri della Chiesa, in Antichità Altoadriatiche 41, 1994, pp. 107-128.

D'Angela 1985 C. D'Angela, *L'obolo a Caronte. Usi funerari medievali tra paganesimo e cristianesimo*, in Quaderni Medievali 15, 1985, pp. 82-91.

Dagens 1971 C. Dagens, *A propos du cubiculum de la "velatio"*, in Rivista di Archeologia Cristiana 47, 1971, pp. 119-129.

Dal Covolo 1989 E. Dal Covolo, *I Severi e il cristianesimo. Ricerche sull'ambiente storico-istituzionale delle origini cristiane tra il secondo e il terzo secolo*, Roma 1989.

Dassmann 1973 E. Dassmann, *Sündenvergebung durch Taufe, Busse und Martyrerfürbitte in den Zeugnissen frühchristlicher Frömmigkeit und Kunst*, Münster 1973.

Daniélou - Marrou 1970 J. Daniélou - H. I. Marrou, *Nuova storia della Chiesa*, I, *Dalle origini a S. Gregorio Magno*, Torino 1970.

de Maria 1991-1992 L. de Maria, *Contributo alla conoscenza del fenomeno del "trasporto dei corpi santi" nella Roma del Seicento: La collezione epigrafica del portico di Santa Maria in Trastevere. Tesi inedita presso la Scuola Nazionale di Archeologia. Università degli Studi di Roma "La Sapienza"*, Roma 1991-1992.

de Maria 2001 L. de Maria, *L'iscrizione musiva dell'Ipogeo degli Aureli in viale Manzoni. Restauri e nuove riflessioni*, in Associazione Italiana per lo Studio e la Conservazione del Mosaico. Atti dell'VIII Colloquio, Firenze, 21-23 febbraio 2001, Tivoli 2001, pp. 517-528.

de Maria 2006 L. de Maria, *Il mosaico con la storia di Giona sulle lastre di chiusura di un loculo del cimitero di Aproniano*, in L'orizzonte tardoantico 2006, p. 181.

de Maria 2011 L. de Maria, *L'iscrizione musiva nell'ipogeo degli Aureli in viale Manzoni: restauri e nuove riflessioni*, in Bisconti 2011, pp. 223-228.

De Rossi 1864 G. B. de Rossi, *Patena vitrea adorna di immagini bibliche scoperta in Colonia*, in Bullettino di Archeologia Cristiana 2, 1864, pp. 89-91.

De Rossi 1864-1877 G. B. de Rossi, *La Roma sotterranea cristiana*, I-III, Roma 1864-1877.

De Rossi 1874 G. B. de Rossi, *Scoperta della basilica di S. Petronilla col sepolcro dei martiri Nereo ed Achilleo nel cimitero di Domitilla*, in Bullettino di Archeologia Cristiana, ser. II, 5, 1874, pp. 5-35; 68-74.

De Rossi 1884-1885 G. B. de Rossi, *Scoperta d'una cripta storica nel cimitero di Massimo ad sanctam Felicitatem sulla via Salaria Nuova*, in Bullettino di Archeologia Cristiana, ser. IV, 3, 1884-1885, pp. 149-184.

De Rossi 1888 G. B. de Rossi, *Inscriptiones Christianae Urbis Romae septimo saeculo antiquiores*, II vol., Roma 1888.

De Rossi 1888-1889 G. B. de Rossi, *L'ipogeo degli Acilii Glabrioni nel cimitero di Priscilla*, in Bullettino di Archeologia Cristiana, ser. IV, 6, 1888-1889, pp. 15-66; 103-133.

De Rossi 1891 G. B. de Rossi, *L'Accademia di Pomponio Leto e le sue memorie scritte sulle pareti delle catacombe romane*, in Bullettino di Archeologia Cristiana, ser V, 1, 1891, pp. 81-94.

De Rossi 1994 *Giovanni Battista de Rossi e le catacombe romane. Mostra fotografica e documentaria in occasione del I Centenario della morte di Giovanni Battista de Rossi (1894-1994)*, Città del Vaticano 1994.

De Rossi et alii 2024 G. De Rossi - A. Possidoni - M. Ricciardi, *Cinquanta anni dopo: considerazioni e aggiornamenti sulla tipologia delle lucerne delle catacombe romane di Arnold Provoost*, in Atti del XII Congresso Nazionale di Archeologia Cristiana, Roma, 20-23 settembre 2022, Quingentole 2024, pp. 679-688.

De Rossi - Ferrua 1944 G. B. de Rossi, *Sulla questione del vaso di sangue. Memoria inedita con introduzione storica e appendici di documenti inediti per cura del P. Antonio Ferrua S. I.*, Città del Vaticano 1944.

De Bruyne 1959 L. De Bruyne, *Les lois de l'art paléochrétien comme instrument herméneutique*, in Rivista di Archeologia Cristiana 35, 1959, pp. 183-211.

De Bruyne 1968 L. De Bruyne, *L'importanza degli scavi lateranensi per la cronologia delle prime pitture catacombali*, in Rivista di Archeologia Cristiana 44, 1968, pp. 81-116.

De Bruyne 1969 L. De Bruyne, *La peinture cémétériale constantinienne*, in Akten des VII Internationalen Kongresses für Christliche Archäologie, Trier, 5-11 Sept. 1965, Berlin-Città del Vaticano 1969, pp. 29-159.

De Bruyne 1969-1970 L. De Bruyne, *Aristote ou Socrate? A propos d'une peinture de la via Latina*, in Atti della Pontificia Accademia Romana di Archeologia. Rendiconti 42, 1969-1970, pp. 173-183.

De Bruyne 1970 L. De Bruyne, *La cappella greca di Priscilla*, in Rivista di Archeologia Cristiana 46, 1970, pp. 291-330.

De Santis 1994 P. De Santis, *Elementi di corredo nei sepolcri delle catacombe romane: l'esempio della regione di Leone e della galleria Bb nella catacomba di Commodilla*, in Vetera Christianorum 31, 1994, pp. 23-51.

De Santis 2001 P. De Santis, *Glass vessels as grave goods and grave ornaments in the catacombs of Rome: some examples*, in Burial, Society and Context in the Roman World, Oxford 2000, pp. 238-243.

De Santis 2008 P. De Santis, s. v. *Riti funerari*, in Nuovo DPAC, cc. 4531-4554.

De Santis 2013 P. De Santis, *Memoria e commemorazione funeraria nelle lastre incise di committenza cristiana*, in Bisconti - Braconi 2013, pp. 381-404.

De Santis 2015 P. De Santis, *Riti e pratiche funerarie nel processo di costruzione di una memoria identitaria: esempi da Sardegna e Sicilia*, in Atti dell'XI Congresso Nazionale di Archeologia Cristiana, Cagliari-Sant'Antioco, 23-27 settembre 2014, Cagliari 2015, pp. 203-220.

De Santis 2020 P. De Santis, *Riti della commemorazione presso le tombe nel complesso cimiteriale di Lamapopoli a Canosa di Puglia*, in Bisconti - Ferri 2020, pp. 141-150.

De Santis 2023 P. De Santis, *Seppellire, ricordare, commemorare. Testimonianze di riti e pratiche funerarie nelle catacombe*, in Braconi - Cascianelli - Ferri 2023, pp. 207-223.

De Visscher 1951 F. De Visscher, *Le régime juridique des plus anciens cimetières chrétiens à Rome*, in Art Bulletin 69, 1951, pp. 39-54.

Deckers 1992 J. G. Deckers, *Wie genau ist eine Katakombe zu datieren?*, in Memoriam Sanctorum Venerantes. Miscellanea in onore di V. Saxer, Città del Vaticano 1992, pp. 217-238.

Deckers - Mietke - Weiland 1991 J. G. Deckers - G. Mietke - A. Weiland, *Die Katakombe "Anonima di Via Anapo". Repertorium der Malereien*, Città del Vaticano 1991.

Deckers - Mietke - Weiland 1994 J. G. Deckers - G. Mietke - A.

Weiland, *Die Katakombe "Commodilla". Repertorium der Malereien*, Città del Vaticano 1994.

Deckers – Seeliger – Mietke 1987 J. G. Deckers - H. R. Seeliger - G. Mietke, *Die Katakombe "Santi Marcellino e Pietro". Repertorium der Malereien*, Città del Vaticano 1987.

Deichmann 1970 F. W. Deichmann, *Märtyrerbasilika, Martyrion, Memoria und Altargrab*, in *Mitteilungen des Deutschen Archäologischen Instituts (Rom)* 77, 1970, pp. 144-169.

Deichmann 1993 F. W. Deichmann, *Archeologia Cristiana*, Roma 1993.

Deichmann – Tschira 1957 F. W. Deichmann - A. Tschira, *Das Mausoleum der Kaiserin Helena und die Basilika der Heiligen Marcellinus und Petrus an der Via Labicana vor Rom*, in *Jahrbuch des Deutschen Archäologischen Instituts* 72, 1957, pp. 44-110.

Denzey Lewis 2018 N. Denzey Lewis, *The Early Modern Invention of Late Antique Rome: How Historiography Helped Create the Crypte of the Popes*, in *Archiv für Religionsgeschichte* 20, 2018, pp. 91-109.

Di Berardino 1983 A. Di Berardino, s. v. *Clero*, in *DPAC*, I, cc. 716-721.

Di Stefano Manzella 1997 I. Di Stefano Manzella (ed.), *Le iscrizioni dei cristiani in Vaticano*, (Inscriptiones Sanctae Sedis, 2), Città del Vaticano 1997.

Dieci anni di restauro 2000 *Dieci anni di restauro nelle catacombe romane. Bilancio, esperienze e interventi conservativi delle pitture catacombali*, Città del Vaticano 2000.

Dorigo 1966 W. Dorigo, *Pittura tardoromana*, Milano 1966.

DPAC *Dizionario Patristico e di Antichità Cristiane*, voll. 3, Casale Monferrato 1983-1988.

Dresken-Weiland 2003 J. Dresken-Weiland, *Sarkophagbestattungen des 4.-6. Jhs. im Westen des Römischen Reiches*, Freiburg 2003.

Dresken-Weiland 2007 J. Dresken-Weiland, *Vorstellung von Tod und Jenseits in den frühchristlichen Grabinschriften der Oikumene*, in *Antiquité Tardive* 15, 2007, pp. 285-302.

Dresken-Weiland 2014 J. Dresken-Weiland, *Laien, Kleriker, Märtyrer und die unterirdischen Friedhofe Roms im 3. Jahrhundert*, in *Antiquité Tardive* 22, 2014, pp. 287-296.

Dresken-Weiland – Augerstorfer – Merkt 2012 J. Dresken-Weiland - A. Augerstorfer - A. Merkt, *Himmel, Paradies, Shalom. Tod und Jenseits in antiken christlichen und jüdischen Grabinschriften*, Regensburg 2012.

Duchesne 1907 L. Duchesne, *Histoire ancienne de l'Eglise*, II, Paris 1907.

Dulaey 1977 M. Dulaey, *L'entretien des cimetières romains du 5e au 7e siècle*, in *Cahiers Archéologiques* 26, 1977, pp. 7-18.

Duval 1988 Y. Duval, *Auprès des saints, corps et âme. L'inhumation "ad sanctos" dans la chrétienté d'Orient et d'Occident du IIIe au VIIe siècle*, Paris 1988.

Duval 1991 Y. Duval, *"Sanctorum sepulcris sociari"*, in *Les fonctions des saints dans le monde occidentale (IIIe–XIIIe siècle). Actes du colloque organisé par l'École Française de Rome avec le concours de l'Université de Rome "La Sapienza", Rome, 27-29 octobre 1988*, Rome 1991, pp. 333-351.

Duval 2000 Y. Duval, *Chrétiens d'Afrique à l'aube de la paix constantinienne. Les premiers échos de la grande persécution*, Paris 2000.

Eck 1996 W. Eck, *Tra epigrafia, prosopografia e archeologia. Scritti scelti, rielaborati ed aggiornati*, Roma 1996.

Engemann 1968-1969 J. Engemann, *Bemerkungen zu spätrömischen Gläsern mit Goldfolien-Dekor*, in *Jahrbuch für Antike und Christentum* 11-12, 1968-1969, pp. 7-25.

Engemann 1973 J. Engemann, *Untersuchungen zur Sepulkralsymbolik der späteren römischen Kaiserzeit*, Münster 1973.

Engemann 1983 J. Engemann, *Altes und neues zu Beispielen heidnischer und christlicher Katakombenbilder im spätantiken Rom*, in *Jahrbuch für Antike und Christentum* 26, 1983, pp. 128-151.

Engemann 1990 J. Engemann, s. v. *Hirt*, in *Reallexikon für Antike und Christentum* 116, 1990, cc. 577-607.

Ennabli 1976 A. Ennabli, *Lampes chrétiennes de Tunisie (Musées du Bardo et de Carthage)*, Paris 1976.

Faedo 1978 L. Faedo, *Per una classificazione preliminare dei vetri dorati tardoromani*, in *Annali della Scuola Normale Superiore di Pisa, Classe di Lettere e Filosofia* III, 8, 3, 1978, pp. 1025-1070.

Faedo 1985 L. Faedo, *Su alcuni vetri dorati della raccolta oliveriana di Pesaro. Contributi per l'esegesi iconografica e la cronologia*, in *Atti del VI Congresso Nazionale di Archeologia Cristiana, Pesaro-Ancona, 19-23 settembre 1983*, II, Ancona 1985, pp. 473-487.

Faedo 1995 L. Faedo, *Nuovi contributi sui vetri dorati tardoromani*, in *XLII Corso di Cultura sull'Arte Ravennate e Bizantina, Ravenna, 14-19 maggio 1995*, Ravenna 1995, pp. 311-336.

Falzone 2004 S. Falzone, *Scavi di Ostia XIV. Le pitture delle Insulae*, Roma 2004.

Falzone 2007 S. Falzone, *Ornata aedificia. Pitture parietali delle case ostiensi*, Roma 2007.

Farioli 1963 R. Farioli, *Pitture di epoca tarda nelle catacombe romane*, Ravenna 1963.

Fasola 1954-1955 U. M. Fasola, *Le recenti scoperte agiografiche nel Coemeterium Majus*, in *Atti della Pontificia Accademia Romana di Archeologia. Rendiconti* 28, 1954-55, pp. 75-89.

Fasola 1956 U. M. Fasola, *Topographische Argumente zur Datierung der "Madonna orans" im Coemeterium Majus*, in *Römische Quartalschrift für christliche Altertumskunde und für Kirchengeschichte* 51, 1956, pp. 137-147.

Fasola 1961 U. M. Fasola, *La regione delle cattedre nel Cimitero Maggiore*, in *Rivista di Archeologia Cristiana* 37, 1961, pp. 237-267.

Fasola 1965 U. M. Fasola, *La basilica dei SS. Nereo ed Achilleo e la catacomba di Domitilla*, in *Le chiese di Roma illustrate* 44, Roma 1965.

Fasola 1970 U. M. Fasola, *La basilica sotterranea di S. Tecla e le regioni cimiteriali vicine*, in *Rivista di Archeologia Cristiana* 46, 1970, pp. 193-288.

Fasola 1972 U. M. Fasola, *Le recenti scoperte nelle catacombe sotto Villa Savoia. Il "Coemeterium Iordanorum ad S. Alexandrum"*, in *Actas del VIII Congreso Internacional de Arqueologia Cristiana, Barcelona, 5-11 octubre 1969*, Città del Vaticano 1972, pp. 273-297.

Fasola 1974 U. M. Fasola, *La "regio IV" nel cimitero di s. Agnese sotto l'atrio della basilica costantiniana*, in *Rivista di Archeologia Cristiana* 50, 1974 pp. 175-205.

Fasola 1975-1976 U. M. Fasola, *Enrico Josi*, in *Atti della Pontificia*

Fasola 1976 U. M. Fasola, *Les catacombes entre la légende et l'histoire*, in *Dossiers de l'Archéologie 18*, 1976, pp. 54-62.

Fasola 1980 U. M. Fasola, *Indagini nel sopratterra della catacomba di S. Callisto*, in *Rivista di Archeologia Cristiana 56*, 1980, pp. 221-278.

Fasola 1982-1984 U. M. Fasola, *Scoperta di un probabile santuario di martiri in una regione post-costantiniana della catacomba "ad duas lauros"*, in *Atti della Pontificia Accademia Romana di Archeologia. Rendiconti 55-56*, 1982-1983/1983-1984, pp. 341-359.

Fasola 1983 U. M. Fasola, s. v. *Cimitero*, in *DPAC*, 1983, pp. 666-677.

Fasola 1985 U. M. Fasola, *Un tardo cimitero cristiano inserito in una necropoli pagana della via Appia*, in *Rivista di Archeologia Cristiana 61*, 1985, pp. 13-57.

Fasola 1986 U. M. Fasola, *Santuari sotterranei di Damaso nelle catacombe romane. I contributi di una recente ricerca*, in *Saecularia Damasiana*, in *Atti del Convegno Internazionale per il XVI centenario della morte di papa Damaso I (11/12/384- 10-12/12/1984)*, Città del Vaticano 1986, pp. 173-201.

Fasola 1987 U. M. Fasola, *Scoperte recenti nell'ultima catacomba visitata da Padre Bruzza. La sua attività in favore delle catacombe romane*, in *Atti del Convegno di Studi nel centenario della morte di Luigi Bruzza, 1883-1983, Vercelli, 6-7 ottobre 1984*, Vercelli 1987, pp. 209-230.

Fasola 1994 U. M. Fasola, s. v. *catacombe*, in *Enciclopedia dell'Arte Antica Classica e Orientale, II, supplemento 2*, 1994, cc. 49-57.

Fasola – Fiocchi Nicolai 1989 U. M. Fasola - V. Fiocchi Nicolai, *Le necropoli durante la formazione della città cristiana*, in *Actes du XIe Congrès International d'Archéologie Chrétienne, Lyon, Vienne, Grenoble, Genève et Aoste, 21-28 september 1986, II*, Città del Vaticano 1988, pp. 1153-1205.

Fasola – Testini 1978 U. M. Fasola - P. Testini, *I cimiteri cristiani*, in *Atti del IX Congresso Internazionale di Archeologia Cristiana, Roma, 21-27 settembre 1975*, Città del Vaticano 1978, pp. 103-139, 191-198.

Felle 1995 A. E. Felle, *Loci scritturistici nella produzione epigrafica romana*, in *Vetera Christianorum 32*, 1995, pp. 61-89.

Felle 1997 A. E. Felle, *Manifestazioni di bilinguismo nelle iscrizioni cristiane di Roma*, in *Preatti dell'XI Congresso Internazionale di Epigrafia Greca e Latina, Roma 18-24 settembre 1997*, Roma 1997, pp. 669-676.

Felle 2012 A. E. Felle, *Alle origini del fenomeno devozionale cristiano In Occidente: le insriptiones prietariae ad memoriam apostolorum*, in *Atti del X Congresso Nazionale di Archeologia Cristiana, Arcavacata di Rende (Cosenza), 15-18 settembre 2010*, Cosenza 2012, pp. 477-502.

Felle – Del Moro – Nuzzo 1994 A. E. Felle - M.P. Del Moro - D. Nuzzo, *Elementi di "corredo-arredo" delle tombe del cimitero di S. Ippolito sulla via Tiburtina*, in *Rivista di Archeologia Cristiana 70*, 1994, pp. 89-158.

Felle – Giuliani 2003 A. E. Felle - R. Giuliani, *Nuove indagini nella catacomba dell'ex vigna Chiaraviglio nel comprensorio callistiano dell'Appia Antica (1990-1991)*, in *Atti del VII Congresso Nazionale di Archeologia Cristiana, Cassino, 20-24 settembre 1993*, Cassino 2003, pp. 439-446.

Felletti Maj 1953 B. M. Felletti Maj, *Le pitture di una tomba della via Portuense*, in *Rivista dell'Istituto Nazionale di Archeologia e Storia dell'Arte 2*, 1953, pp. 3-39.

Ferrari 1957 G. Ferrari, *Early Roman Monasteries*, Città del Vaticano 1957.

Ferrary 1996 J.-L. Ferrary, *Onofrio Panvinio et les antiquités romaines*, Rome 1996.

Ferretto 1942 G. Ferretto, *Note storico-bibliografiche di archeologia cristiana*, Città del Vaticano 1942.

Ferri 2019 G. Ferri, *Note a margine del restauro della Cripta di Cornelio nel comprensorio callistiano. La documentazione delle pitture altomedievali nelle tavole cromolitografiche de La Roma Sotterranea cristiana*, in *Rivista di Archeologia Cristiana 95*, 2019, pp. 115-139.

Ferri 2020 G. Ferri, *Illuminati nella mente (Giustino, Apologia I, 61). Il cielo stellato negli edifici battesimali del primo Cristianesimo*, in Bisconti – Ferri 2020, pp. 175-184.

Ferri 2020-2021 G. Ferri, *"Una chiave in più". L'ipogeo cristiano presso il circo il Massenzio*, in *Atti della Pontificia Accademia Romana di Archeologia. Rendiconti 93*, 2020-2021, pp. 167-216.

Ferri 2023 G. Ferri, *"Un dio trovò la strada per l'impossibile". Brevi note iconografiche sul ciclo di Ercole nell'ipogeo di via Dino Compagni*, in F. Bisconti - M. Braconi - L. de Maria - M. D. Lo Faro - L. Spera (edd.), ζήσασα χρηστῶς καὶ σεμνῶς. *Scritti per Mariarita Sgarlata*, Todi 2023, pp. 237-253.

Ferri 2023a G. Ferri, *In femineo corpore virile pectus. La rappresentazione di Felicita e dei suoi sette figli nel cimitero di Massimo sulla via Salaria nova*, in Braconi – Cascianelli – Ferri 2023, pp. 73-94.

Ferrua 1938 A. Ferrua, *Le tre Rome Sotterranee*, in *La Civiltà Cattolica 89/3*, 1938, pp. 399-412.

Ferrua 1942 A. Ferrua, *Epigrammata Damasiana*, Città del Vaticano 1942.

Ferrua 1943 A. Ferrua, *Nuove osservazioni sull'epitaffio di Abercio*, in *Rivista di Archeologia Cristiana 20*, 1943, pp. 279-305.

Ferrua 1944 A. Ferrua, *"Novatiano beatissimo martyri"*, in *La Civiltà Cattolica 95/4*, 1944, pp. 232-239.

Ferrua 1949 A. Ferrua, s. v. *Bosio Antonio*, in *Enciclopedia Cattolica, II*, Città del Vaticano 1949, cc. 1943-1944.

Ferrua 1957 A. Ferrua, *Scoperta di una nuova regione della catacomba di Commodilla*, in *Rivista di Archeologia Cristiana 33*, 1957, pp. 7-43.

Ferrua 1958 A. Ferrua, *Il Cimitero dei nostri morti*, in *La Civiltà Cattolica 109/4*, 1958, pp. 273-285.

Ferrua 1958a A. Ferrua, *Scoperta di una nuova regione della catacomba di Commodilla (II parte)*, in *Rivista di Archeologia Cristiana 34*, 1958, pp. 5-56.

Ferrua 1960 A. Ferrua, *Una catacomba di diritto privato*, in *La Civiltà Cattolica 111/3*, 1960, pp. 473-480.

Ferrua 1960a A. Ferrua, *Le pitture della nuova catacomba di via Latina*, Città del Vaticano 1960.

Ferrua 1961 A. Ferrua, *"Qui filius diceris et pater inveniris". Mosaico novellamente scoperto nella catacomba di S. Domitilla*, in *Atti della Pontificia Accademia Romana di Archeologia. Rendiconti 33*, 1961, pp. 209-224.

Ferrua 1968 A. Ferrua, *I primordi della Commissione di Archeologia Sacra 1851-1852*, in *Archivio della Società Romana di Storia Patria 91*, 1968, pp. 251-278.

Ferrua 1970 A. Ferrua, *Problemi archeologici per l'insegnamento della Storia Ecclesiastica*, in *La Chiesa antica nei secoli II-V*, Milano 1970, pp. 207-221.

Ferrua 1971 A. Ferrua, *La catacomba di Vibia*, in *Rivista di Archeologia Cristiana 47*, 1971, pp. 7-62.

Ferrua 1978 A. Ferrua, *L'epigrafia cristiana prima di Costantino*, in *Atti del IX Congresso Internazionale di Archeologia Cristiana, Roma 21-27 settembre 1975*, Città del Vaticano 1978, pp. 583-613.

Ferrua 1985 A. Ferrua, *Note al Thesaurus Linguae Latinae. Addenda et corrigenda (A-D)*, Bari 1985.

Ferrua 1986 A. Ferrua, *Sigilli su calce nelle catacombe*, Città del Vaticano 1986.

Ferrua 1990 A. Ferrua, *San Sebastiano*, Bari 1990.

Ferrua 1991 A. Ferrua, *La polemica antiariana nei monumenti paleocristiani*, Città del Vaticano 1991.

Ferrua 1991a A. Ferrua, *Scritti vari di antichità cristiane*, Bari 1991.

Ferrua – Carletti 1985 A. Ferrua – C. Carletti, *Damaso e i martiri di Roma*, Città del Vaticano 1985.

Février 1959 P.-A. Février, *Études sur les catacombes romaines*, in *Cahiers Archéologiques 10*, 1959, pp. 1-26.

Février 1960 P.-A. Février, *Études sur les catacombes romaines (Deuxième article)*, in *Cahiers Archéologiques 11*, 1960, pp. 1-14.

Février 1977 P.-A. Février, *A propos du repas funéraire. Culte et sociabilité. "In Christo Deo pax et concordia sit convivio nostro"*, in *Cahiers Archéologiques 26*, 1977, pp. 29-45.

Février 1978 P.-A. Février, *Le culte des morts dans les communautés chrétiennes durant le IIIe siècle*, in *Atti del IX Congresso Internazionale di Archeologia Cristiana, Roma, 21-27 settembre 1975*, I, Città del Vaticano 1978, pp. 211-274.

Février 1983 P.-A. Février, *Une approche de la conversion des élites au IVe siècle: le décor de la mort*, in *Miscellanea Historiae Ecclesiasticae, VI, Congrés de Varsovie 1978*, Bruxelles 1983, pp. 22-45.

Février 1983a P.-A. Février, *Images et société (IIIe-IVe siècles)*, in *Crise et redressement dans les provinces européennes de l'Empire (milieu du IIIe- milieu du IVe siècle ap. J.-C.). Actes du colloque, Strasbourg, décembre 1981*, Strasbourg 1983, pp. 27-48.

Février 1985 P.-A. Février, *La morte cristiana: immagini e vissuto quotidiano*, in *Storia vissuta del popolo cristiano*, Torino 1985.

Février 1989 P.-A. Février, *A propos de la date des peintures des catacombes romaines*, in *Rivista di Archeologia Cristiana 65*, 1989, pp. 105-133.

Février 1992 P.-A. Février, *Un plaidoyer pour Damase. Les inscriptions des nécropoles romaines*, in *Institutions, société et vie politique dans l'Empire Romain au IVe siècle ap. J. C. Actes de la table ronde autour de l'oeuvre d'André Chastagnol, Paris, 20-21 janvier 1989*, Rome 1992, pp. 497-506.

Filacchione 2007 P. Filacchione, *Presenze invisibili. Considerazioni sulle assenze iconiche nelle cripte martiriali damasiane*, in *Studi sull'Oriente Cristiano 11*, 2007, pp. 67-77.

Filippi 1996 G. Filippi, in A. Donati (ed.), *Dalla terra alle genti. La diffusione del Cristianesimo nei primi secoli*, Milano 1996, nn. 24-25, pp. 182-184.

Filippini – Cianfriglia – Tomasi 1985 P. Filippini – L. Cianfriglia – C. Tomasi, *Via Portuense. Via G. Ravizza: tomba ipogea (circ. XV)*, in *Bullettino della Commissione Archeologica Comunale di Roma 90*, 1985, pp. 217-242.

Finocchiaro 1995 G. Finocchiaro, *La "Roma Sotterranea" e la Congregazione dell'Oratorio. Inediti e lacune del manoscritto vallicelliano G. 31*, in *Messer Filippo Neri, santo: l'apostolo di Roma*, Roma 1995, pp. 189-193.

Fiocchi Nicolai 1982 V. Fiocchi Nicolai, *L'ipogeo detto di Scarpone presso Porta S. Pancrazio*, in *Rivista di Archeologia Cristiana 58*, 1982, pp. 7-28.

Fiocchi Nicolai 1991 V. Fiocchi Nicolai, *Storia e topografia della catacomba anonima di via Anapo*, in Deckers – Mietke – Weiland 1991, pp. 3-23.

Fiocchi Nicolai 1994 V. Fiocchi Nicolai, *Evergetismo ecclesiastico e laico nelle iscrizioni paleocristiane del lazio*, in *Historiam Pictura Refert. Miscellanea in onore di Padre Alejandro Recio Veganzones*, Città del Vaticano 1994, pp. 237-252.

Fiocchi Nicolai 1995 V. Fiocchi Nicolai, *"Itinera ad sanctos". Testimonianze monumentali del passaggio dei pellegrini nei santuari del suburbio romano*, in *Akten des XII. Internationalen Kongresses für Christliche Archäologie, Bonn, 22.-28. September 1991*, Città del Vaticano 1995, pp. 763-775.

Fiocchi Nicolai 1995a V. Fiocchi Nicolai, *Una nuova basilica a deambulatorio nel comprensorio della catacomba di S. Callisto a Roma*, in *Akten des XII. Internationalen Kongresses für Christliche Archäologie, Bonn, 22.-28. September 1991*, II, Città del Vaticano 1995, pp. 776-786.

Fiocchi Nicolai 1997 V. Fiocchi Nicolai, *Strutture funerarie ed edifici di culto paleocristiani di Roma dal III al VI secolo*, in Di Stefano Manzella 1997, pp. 121-141.

Fiocchi Nicolai 1997a V. Fiocchi Nicolai, *La nuova basilica paleocristiana "circiforme" della via Ardeatina*, in *Via Appia. Sulle ruine della magnificenza antica*, Milano 1997, pp. 78-83.

Fiocchi Nicolai 1998 V. Fiocchi Nicolai, *Origine e sviluppo delle catacombe romane*, in Fiocchi Nicolai – Bisconti – Mazzoleni 1998, pp. 9-69.

Fiocchi Nicolai 1998a V. Fiocchi Nicolai, *Considerazioni sulla funzione del cosiddetto battistero di Ponziano sulla via Portuense*, in *Il Lazio tra antichità e medioevo. Studi in memoria di Jean Coste*, Roma 1998, pp. 307-316.

Fiocchi Nicolai 1998b V. Fiocchi Nicolai, *G. B. de Rossi e le catacombe romane (1894-1994)*, in *Acta XIII Congressus Internationalis Archaelogiae Christianae, Split-Poreč, 25.9.-1.10.1994*, Città del Vaticano-Split 1998, pp. 205-222.

Fiocchi Nicolai 1998c V. Fiocchi Nicolai, *Enrico Stevenson*, in *Rivista di Archeologia Cristiana 74*, 1998, pp. 7-13.

Fiocchi Nicolai 2000 V. Fiocchi Nicolai, *Gli spazi delle sepolture cristiane tra il III e il V secolo: genesi e dinamica di una scelta insediativa*, in L. Pani Ermini – P. Siniscalco (edd.) *La comunità cristiana di Roma, la sua vita e la sua cultura dalle origini all'alto Medioevo*, Città del Vaticano 2000, pp. 341-362.

Fiocchi Nicolai 2000a V. Fiocchi Nicolai, *Sacra martyrum loca circuire: percorsi di visita dei pellegrini nei santuari martiriali del suburbio romano*, in L. Pani Ermini (ed.) *Christiana Loca. Lo spazio cristiano nella Roma del primo millennio*, a cura di L. Pani Ermini, Roma 2000, pp. 221-230.

Fiocchi Nicolai 2000b V. Fiocchi Nicolai, *San Filippo Neri, le catacombe di S. Sebastiano e le origini dell'archeologia cristiana*, in *San Filippo Neri nella realtà romana del XVI secolo. Atti del*

Fiocchi Nicolai 2001 V. Fiocchi Nicolai, *Strutture funerarie ed edifici di culto paleocristiani di Roma dal III [ma IV nel titolo] al VI secolo*, Città del Vaticano 2001.

Fiocchi Nicolai 2001a V. Fiocchi Nicolai, *"Topografia cristiana" di Velitrae e territorio in età tardoantica: una messa a punto*, in *Augusto a Velletri. Atti del convegno di studio, Velletri, 16 dicembre 2000*, Velletri 2001, pp. 137-159.

Fiocchi Nicolai 2002 V. Fiocchi Nicolai, *Basilica Marci, Coemeterium Marci, Basilica Coemeterii Balbinae. A proposito della nuova basilica circiforme della via Ardeatina e della funzione funeraria delle chiese "a deambulatorio" del suburbio romano*, in F. Guidobaldi – A. Guiglia Guidobaldi (edd.), *Ecclesiae Urbis. Atti del Congresso Internazionale di Studi sulle Chiese di Roma (IV-X secolo), Roma, 4-10 settembre 2000*, Città del Vaticano 2002, pp. 1175-1201.

Fiocchi Nicolai 2003 V. Fiocchi Nicolai, *Elementi di trasformazione dello spazio funerario tra tarda antichità ed altomedioevo*, in *Uomo e spazio nell'alto medioevo, Spoleto, 4-8 aprile 2002*, Spoleto 2003, pp. 921-969.

Fiocchi Nicolai 2006 V. Fiocchi Nicolai, s. v. *Cubiculario*, in *DPAC*, I, cc. 1307-1308.

Fiocchi Nicolai 2009 V. Fiocchi Nicolai, *Vocazione funeraria della basilica di S. Paolo sulla via Ostiense (Roma)*, in *Rivista di Archeologia Cristiana* 85, 2009, pp. 313-354.

Fiocchi Nicolai 2012 V. Fiocchi Nicolai, *Considerazioni sullo stato degli studi delle chiese suburbane di Roma*, in *Hortus Artium Medievalium* 18, 2012, pp. 143-153.

Fiocchi Nicolai 2012a V. Fiocchi Nicolai, *Il sacco dei Goti e la fine delle catacombe: un mito storiografico?*, in A. Di Berardino – G. Pilara – L. Spera (edd.), *Roma e il sacco del 410: realtà, interpretazione, mito. Atti della Giornata di studio, Roma, 6 dicembre 2010*, Roma 2012, pp. 283-310.

Fiocchi Nicolai 2013 V. Fiocchi Nicolai, *Interventi monumentali dei vescovi nelle aree suburbane delle città dell'Occidente (III-VI secolo)*, in *Acta XV Congressus Internationalis Archaeologiae Christianae, Toleti, 8-12.9.2008*, Città del Vaticano 2013, pp. 213-234.

Fiocchi Nicolai 2013a V. Fiocchi Nicolai, *Corredi aurei da una tomba della basilica di papa Marco sulla via Ardeatina*, in *Costantino, 313 d. C., Roma, Colosseo, 11 aprile-15 settembre 2013*, Milano 2013, pp. 60-66.

Fiocchi Nicolai 2014 V. Fiocchi Nicolai, *Le catacombe romane*, in *Lezioni di archeologia cristiana*, Città del Vaticano 2014, pp. 273-360.

Fiocchi Nicolai 2016 V. Fiocchi Nicolai, *Le aree funerarie cristiane di età costantiniana e la nascita delle chiese con funzione sepolcrale*, in *Acta XVI Congressus Internationalis Archaeologiae Christianae, Romae, 22-28. 9. 2013*, Città del Vaticano 2016, pp. 619-668.

Fiocchi Nicolai 2018 V. Fiocchi Nicolai, *Padre Umberto M. Fasola studioso degli antichi cimiteri cristiani. A proposito delle origini delle catacombe e dei loro caratteri identitari*, in *Rivista di Archeologia Cristiana* 94, 2018, pp. 99-137.

Fiocchi Nicolai 2018a V. Fiocchi Nicolai, *The Catacombs*, in W. R. Caraher – T. W. Davis – D. K. Pettegrew (edd.), *The Oxford Handbook of Early Christian Archaeology*, Oxford 2018, pp. 67-88.

Fiocchi Nicolai 2021 V. Fiocchi Nicolai, *La sequenza insediativa*, in Fiocchi Nicolai – Spera 2021, pp. 15-94.

Fiocchi Nicolai 2023 V. Fiocchi Nicolai, *Una fronte d'altare dalla basilica anonima della Via Ardeatina a Roma. Osservazioni sulla identificazione della chiesa con il santuario dei Martiri Greci*, in *Topographia Christiana Universi Mundi. Scritti in onore di Philippe Pergola*, Città del Vaticano 2023, pp. 203-218.

Fiocchi Nicolai 2023a V. Fiocchi Nicolai, *Topografia dei cimiteri cristiani*, in C. Cecalupo – S. Heid (edd.), *Cento anni del Pontificio Istituto di Archeologia Cristiana*, Città del Vaticano 2023, pp. 14-21.

Fiocchi Nicolai 2024 V. Fiocchi Nicolai, *Santuari martiriali e aree funerarie a Roma all'epoca della guerra greco-gotica*, in H. Dey – F. Oppedisano (edd.) *L'eredità di Giustiniano. L'ultima guerra dell'Italia romana*, Roma-Bristol 2024, pp. 557-604.

Fiocchi Nicolai c. s. V. Fiocchi Nicolai, *Paul-Albert Février et la question de l'origine des catacombes (Cah. Arch. 1960)*, in M. Fixot – V. Blanc-Bijon (edd.), *Relire Paul-Albert Février. Actes de colloque, Aix-en- Provence, 7-9 avril 2022*, in corso di stampa.

Fiocchi Nicolai et alii 1992 V. Fiocchi Nicolai – R. Martorelli – G. Chiarucci – L. Spera – P. Di Marco – P. M. Barbini, *Scavi nella catacomba di S. Senatore ad Albano Laziale*, in *Rivista di Archeologia Cristiana* 68, 1992, pp. 7-140.

Fiocchi Nicolai et alii 1995-1996 V. Fiocchi Nicolai et alii, *La nuova basilica circiforme della via Ardeatina (con appendice di M. P. Del Moro, D. Nuzzo, L. Spera)*, in *Atti della Pontificia Accademia Romana di Archeologia. Rendiconti* 68, 1995-96, pp. 69-233.

Fiocchi Nicolai et alii 2000 V. Fiocchi Nicolai et alii, *L'ipogeo di "Roma Vecchia" al IV miglio della via Latina. Scavi e restauri 1996-1997*, in *Rivista di Archeologia Cristiana* 76, 2000, pp. 3-179.

Fiocchi Nicolai – Guyon 2006 V. Fiocchi Nicolai – J. Guyon (edd.), *Origine delle catacombe romane. Atti della giornata tematica dei Seminari di Archeologia Cristiana, Roma, 21 marzo 2005*, Città del Vaticano 2006.

Fiocchi Nicolai – Guyon 2006a V. Fiocchi Nicolai – J. Guyon, *Relire Styger: les origines de l'Area I du cimetière de Calliste et la crypte des papes*, in Fiocchi Nicolai – Guyon 2006, pp. 121-161.

Fiocchi Nicolai – Mastrorilli – Vella 2016 V. Fiocchi Nicolai – D. Mastrorilli – A. Vella, *Le campagne di scavo 2007-2012 nella basilica a deambulatorio della via Ardeatina (S. Marco). Note preliminari*, in *Acta XVI Congressus Internationalis Archaeologiae Christianae, Romae, 22-28. 9. 2013*, Città del Vaticano, 2016, pp. 2063-2090.

Fiocchi Nicolai – Ricciardi 2003 V. Fiocchi Nicolai – M. Ricciardi, *La catacomba di S. Vittoria a Monteleone Sabino (Trebula Mutuesca)*, Città del Vaticano 2003.

Fiocchi Nicolai – Spera 2021 V. Fiocchi Nicolai – L. Spera (edd.), *La basilica "circiforme" della via Ardeatina (Basilica Marci) a Roma. Campagne di scavo 1993-1996*, Roma 2021.

Fiocchi Nicolai – Vella 2016-2017 V. Fiocchi Nicolai – A. Vella, *Nuove ricerche nella basilica di papa Marco sulla via Ardeatina: la tomba "dei gioielli" e il riuso di un acquedotto romano*, in *Atti*

della Pontificia Accademia Romana di Archeologia. Rendiconti 89, 2016-2017, pp. 299-366.

Fornari 1932 F. Fornari, *Il rilievo del complesso monumentale di San Sebastiano sulla via Appia*, in *Rivista di Archeologia Cristiana* 9, 1932, pp. 201-213.

Franchi 2020 R. Franchi, *Prudenzio, Peristephanon 9 e 11: il potere dell'ekphrasis e il processo di cristianizzazione*, in *Adamantius* 26, 2020, pp. 229-243.

Fremersdorf 1962 F. Fremersdorf, *Die römischen Gläser mit aufgelegten Nuppen in Köln*, Köln 1962.

Fremiotti 1926 P. Fremiotti, *La Riforma Cattolica del secolo decimosesto e gli studi di Archeologia Cristiana*, Roma 1926.

Frend 1996 W. H. C. Frend, *The Archaeology of Early Christianity: A History*, London 1996.

Frey 1975² J. B. Frey, *Corpus Inscriptionum Iudaicarum*, vol. I, New York 1975².

Frutaz 1976 A. P. Frutaz, *Il complesso monumentale di Sant'Agnese*, Città del Vaticano 1976.

Garrucci 1864 R. Garrucci, *Vetri ornati di figure in oro trovati nei cimiteri cristiani di Roma*, Roma 1864.

GCS *Die griechischen christlichen Schriftsteller*, Leipzig-Berlin 1897 ss.

Geertman 1995 H. Geertman, *Cripta anulare 'ante litteram'. Forma, contesto e significato del monumento sepolcrale di San Lorenzo a Roma*, in *Martyrium 1995*, Leuven 1995, pp. 125-155.

Gerlini 1942 E. Gerlini, *Il casale del Collegio Germanico ai Parioli*, in *Roma. Rivista di studi e di vita romana* 20, 1942, pp. 335-337.

Gesta Episcoporum *Gesta Episcoporum Neapolitanorum*, Monumenta Germaniae Historica. Scriptores rerum Longobardicarum et Italicarum saec. VI-IX, Hannoverae 1878.

Ghedini 1990 F. Ghedini, *Raffigurazioni conviviali nei monumenti funerari romani*, in *Rivista di Archeologia* 14, 1990, pp. 35-62.

Ghetti - Ferrua - Josi - Kirschbaum 1951 B. M. Apollonj Ghetti - A. Ferrua - E. Josi - E. Kirschbaum, *Esplorazioni sotto la Confessione di San Pietro in Vaticano eseguite negli anni 1940-1949*, I-II, Città del Vaticano 1951.

Ghilardi 2002 M. Ghilardi, *Le catacombe di Roma tra la tarda antichità e l'alto medioevo*, in *Augustinianum* 42, 2002, pp. 205-236.

Ghilardi 2003 M. Ghilardi, *Subterranea Civitas. Quattro studi sulle catacombe romane dal medioevo all'età moderna*, Roma 2003.

Ghilardi 2006 M. Ghilardi, *Gli arsenali della Fede. Tre saggi su apologia e propaganda delle catacombe romane (da Gregorio XIII a Pio XI)*, Roma 2006.

Ghilardi 2008 M. Ghilardi, *Sanguine tumulus madet. Devozione al sangue dei martiri delle catacombe nella prima età moderna*, Roma 2008.

Ghilardi 2010 M. Ghilardi, *Quae signa erant illa, quibus putabant esse significativa Martyrii? Note sul riconoscimento ed autenticazione delle reliquie delle catacombe romane nella prima età moderna*, in *Mélanges de l'École française de Rome, Italie et Méditerranée modernes et contemporaines* 122-1, 2010, pp. 81-106.

Ghilardi 2019 M. Ghilardi, *Il Custode delle Reliquie e dei Cimiteri*, in *Studi Romani* 63, 2019, pp. 307-342.

Ghilardi 2019a M. Ghilardi, *Filomena e gli altri martiri. La devozione ai corpisanti in Irpinia in età moderna*, in J. A. Gaytan Luna (ed.), *Giuliano di Eclano e l'Hirpinia Christiana. Giuliano il biblista e l'agiografia irpina (secoli V-IX)*, Avellino 2019, pp. 399-423.

Ghilardi 2020 M. Ghilardi, *Saeculum Sanctorum. Catacombe, reliquie e devozione nella Roma del Seicento*, Città di Castello 2020.

Giovagnoli 2011 M. Giovagnoli, *L'apparato epigrafico dell'ipogeo degli Aureli*, in Bisconti 2011, pp. 229-232.

Giordani 1978 R. Giordani, *Probabili echi della crisi ariana in alcune figurazioni paleocristiane*, in *Rivista di Archeologia Cristiana* 54, 1978, pp. 229-263.

Giuliani 1994 R. Giuliani, *Il restauro dell'arcosolio di Veneranda nelle catacombe di Domitilla sulla via Ardeatina*, in *Rivista di Archeologia Cristiana* 70, 1994, pp. 61-87.

Giuliani 1996 R. Giuliani, *Il restauro del cubicolo detto "delle stagioni" nella catacomba dei Ss. Marcellino e Pietro sulla via Labicana*, in *Rivista di Archeologia Cristiana* 72, 1996, pp. 35-64.

Giuliani 1997 R. Giuliani, *Il mosaico nelle catacombe romane*, in *Riscoperta del mosaico* 1, 2, 1997, pp. 4-9.

Giuliani 1997a R. Giuliani, *Un arcosolio mosaicato nel secondo piano del cimitero di Priscilla. Il contributo delle analisi di fluorescenza da ultravioletti e da raggi x per la conoscenza di una decorazione musiva in avanzato stato di degrado*, in *Associazione Italiana per lo Studio e la Conservazione del Mosaico. Atti del IV Colloquio, Palermo, 9-13 dicembre 1996*, Ravenna, 1997, pp. 791-806.

Giuliani 1997b R. Giuliani, *Gli affreschi salvati*, in *Archeo* 143, 1997, pp. 52-56.

Giuliani 1998 R. Giuliani, *Un'interessante novità epigrafica dalla catacomba della ex Vigna Chiaraviglio sulla via Appia antica. Ancora sull'attività dei presbiteri Proclino e Urso a S. Sebastiano*, in *Domum Tuam Dilexi. Miscellanea in onore di Aldo Nestori*, Città del Vaticano 1998, pp. 375-397.

Giuliani 1998a R. Giuliani, *Il restauro del cubicolo detto "degli Atleti" nella catacomba dei Ss. Marcellino e Pietro sulla via Labicana*, in *Atti del XIII Congresso Internazionale di Archeologia Cristiana, Split-Poreč, 25 settembre - 1 ottobre 1994*, Città del Vaticano 1998, pp. 317-328.

Giuliani 2000 R. Giuliani, *Alzata frammentaria del sarcofago di Aelia Afanasia*, in S. Ensoli - E. La Rocca (edd.), *Aurea Roma. Dalla città pagana alla città cristiana*, Roma 2000, pp. 593-594.

Giuliani 2001 R. Giuliani, *Un arcosolio mosaicato nelle catacombe di Sant'Ermete sulla via Salaria vetus*, in *Associazione Italiana per lo Studio e la Conservazione del Mosaico, Atti dell'VII Colloquio, Pompei, 22-25 marzo 2000*, Ravenna 2001, pp. 153-166.

Giuliani 2003 R. Giuliani, *Scene di mestiere nelle catacombe. Il restauro del cubicolo dei Bottai nel cimitero di Priscilla*, in *Mitteilungen zur Christlichen Archäologie* 9, 2003, pp. 9-18.

Giuliani 2006 R. Giuliani, *I mosaici dell'arcosolio nel secondo piano del cimitero di Priscilla*, in *L'orizzonte tardoantico 2006*, pp. 184-187.

Giuliani 2006a R. Giuliani, *I mosaici dell'arcosolio nelle catacombe di Sant'Ermete sulla via Salaria vetus*, in *L'orizzonte tardoantico 2006*, pp. 182-183.

Giuliani 2007 R. Giuliani, *Dall'ipogeo alla catacomba. Novità dal* *restauro del cubicolo di Ampliato alle catacombe di Domitilla*, in *Atti del IX Congresso Nazionale di Archeologia Cristiana, Agrigento, 20-25 novembre 2004*, Palermo 2007, pp. 283-302.

Giuliani 2013 R. Giuliani, *Il complesso di Priscilla*, in F. Bisconti - R. Giuliani - B. Mazzei (edd.), *La catacomba di Priscilla. Il complesso, i restauri, il museo*, Todi (PG) 2013.

Giuliani 2015 R. Giuliani, *Le catacombe dei SS. Marcellino e Pietro*, Roma 2015.

Giuliani 2015a R. Giuliani, *Nuove acquisizioni dai recenti restauri delle catacombe dei SS. Marcellino e Pietro ad duas lauros*, in *Atti dell'XI Congresso Nazionale di Archeologia Cristiana, Cagliari-Sant'Antioco, 23-27 settembre 2014*, Cagliari 2015, pp. 861-866.

Giuliani 2017 R. Giuliani, *L'ipogeo dei Flavi*, in Bisconti 2017, pp. 49-53.

Giuliani 2017a R. Giuliani, *L'arcosolio di Veneranda*, in Bisconti 2017, pp. 83-88.

Giuliani 2021 R. Giuliani, *La tomba di S. Ermete nel cimitero omonimo sulla via Salaria Vetus al tempo di Damaso*, in *Titulum nostrum perlege. Miscellanea in onore di Danilo Mazzoleni*, Città del Vaticano 2021, pp. 444-465.

Giuliani et alii 2001 R. Giuliani et alii, *Nuove indagini nella catacomba dell'ex Vigna Chiaraviglio sulla via Appia Antica. Relazione delle campagne di scavo della regione F (1997/1998)*, in *Rivista di Archeologia Cristiana* 77, 2001, pp. 97-362.

Giuliani et alii 2003 R. Giuliani et alii, *Ancora sulla regione G della catacomba dell'ex Vigna Chiaraviglio (Via Appia): conferme e nuove acquisizioni dallo studio dei materiali*, in *Rivista di Archeologia Cristiana* 79, 2003, pp. 91-146.

Giuliani et alii 2009 R. Giuliani et alii, *Recenti indagini nell'Area Prima e nella Regio II delle catacombe di S. Callisto*, in *Rivista di Archeologia Cristiana* 85, 2009, pp. 125-234.

Giuliani et alii 2022 R. Giuliani - B. Mazzei - D. Mazzoleni - C. Salvetti (edd.), *Il secolo di Giovanni Battista de Rossi (1822-1894). La cultura archeologica dall'Italia all'Europa. Atti del Convegno per il bicentenario della nascita, Città del Vaticano-Roma, 23-24 febbraio 2022*, Città del Vaticano 2022.

Giuliani - Castex 2006-2007 R. Giuliani - D. Castex, *La scoperta di un nuovo santuario nella catacomba dei Ss. Marcellino e Pietro e lo scavo antropologico degli insiemi funerari annessi. Risultati preliminari di un'indagine multidisciplinare*, in *Atti della Pontificia Accademia Romana di Archeologia. Rendiconti* 79, 2006-2007, pp. 83-124.

Giuliani - Tommasi 1999 R. Giuliani - F. Tommasi, *Recenti indagini nella catacomba della ex vigna Chiaraviglio sulla via Appia antica*, in *Rivista di Archeologia Cristiana* 75, 1999, pp. 95-231.

Giuntella 1985 A. M. Giuntella, *Mense e riti funerari in Sardegna*, Taranto 1985.

Gli Ipogei di diritto privato c. s. *Gli ipogei di diritto privato nell'Italia tardoantica. Approccio interdisciplinare allo studio delle decorazioni pittoriche. Atti del Convegno Nazionale di Studi, Roma, 2-3 maggio 2024*, in corso di stampa.

Goffredo 1998 D. Goffredo, *Le cosiddette "scene di ingresso" nell'arte funeraria cristiana*, in *Rivista di Archeologia Cristiana* 74, 1998, pp. 197-236.

Goodson 2010 C. J. Goodson, *The Rome of Pope Paschal I. Papal Power, Urban Renovation, Church Rebuilding and Relic Translation*, Cambridge 2010, pp. 817-824.

Grabar 1966 A. Grabar, *Le premier art chrétien*, Paris 1966.

Grabar 1968 A. Grabar, *Christian Iconography. A Study of its origins*, London 1968.

Granelli 2006 A. Granelli, *Osservazioni sulla regione primitiva del cimitero di Calepodio*, in Fiocchi Nicolai - Guyon 2006 pp. 237-256.

Granelli 2007 A. Granelli, *Una analisi topografica della catacomba di Panfilo a Roma*, in *Atti del IX Congresso Nazionale di Archeologia Cristiana, Agrigento, 20-25 novembre 2004*, Palermo 2007, pp. 321-338.

Grassigli 2002 G.L. Grassigli, *L'ipogeo degli Aureli: tra trascendenza e identità pagana*, in I. Colpo - I. Favaretto - F. Ghedini (edd.), *Iconografia 2001. Studi sull'immagine, Atti del Convegno, Padova 30 maggio - 1 giugno 2001*, Roma 2002, pp. 405-416.

Graziani Abbiani 1969 M. Graziani Abbiani, *Lucerne fittili paleocristiane nell'Italia Settentrionale*, Bologna 1969.

Grossi - Di Berardino 1984 V. Grossi - A. Di Berardino, *La Chiesa antica: ecclesiologia e istituzioni*, Roma 1984.

Guarducci 1966 M. Guarducci, *La morte di Cleopatra nella catacomba della via Latina*, in *Atti della Pontificia Accademia Romana di Archeologia. Rendiconti* 38, 1966, pp. 259-281.

Guarducci 1978 M. Guarducci, *Epigrafia greca*, IV, Roma 1978.

Guidobaldi - Guiglia 1983 F. Guidobaldi - A. Guiglia, *Pavimenti marmorei di Roma dal IV al IX secolo*, Città del Vaticano 1983.

Guj 2000 M. Guj, *Una singolare scena di viaggio nel cubicolo di Leone nella catacomba di Commodilla*, in *Mitteilungen zur Christlichen Archäologie* 6, 2000, pp. 57-71.

Guyon 1974 J. Guyon, *La vente des tombes à travers l'épigraphie de la Rome chrétienne (IIIe-VIIe siècles): le rôle des fossores, mansionarii, praepositi et prêtres*, in *Mélanges de l'École Française de Rome, Antiquité* 86, 1974, pp. 549-596.

Guyon 1986 J. Guyon, *Dal praedium imperiale al santuario dei martiri. Il territorio "ad duas lauros"*, in *Società romana e impero tardoantico*, II, Roma-Bari 1986, pp. 299-332.

Guyon 1987 J. Guyon, *Le cimetière aux deux lauriers. Recherches sur les catacombes romaines*, Città del Vaticano 1987.

Guyon 1994 J. Guyon, *Peut-on vraiment dater une catacombe? Retour sur le cimitière "aux deux lauriers" ou catacombe des saints Marcellin et Pierre, sur la via Labicana à Rome*, in *Boreas* 14, 1994, pp. 89-103.

Guyon 1995 J. Guyon, *L'Église de Rome du IVe siècle à Sixte III (312-432)*, in *Histoire du christianisme des origines à nos jours*, II, *Naissance d'une chrétienté (250-430)*, Paris 1995, pp. 771-798.

Guyon 2005 J. Guyon, *À propos d'un ouvrage récent: retour sur le "dossier des origines" des catacombes chrétiennes de Rome*, in *Rivista di Archeologia Cristiana* 81, 2005, pp. 235-254.

Hamarneh 2007 B. Hamarneh, *La cristianizzazione degli spazi decorativi: il ruolo dell'ornato geometrico nella pittura cimiteriale romana*, in *Atti del IX Congresso Nazionale di Archeologia Cristiana, Agrigento, 20-25 novembre 2004*, Palermo 2007, pp. 195-216.

Harnack 1924 A. von Harnack, *Die Mission und Ausbreitung des Christentums in den ersten drei Jahrhunderten*, I-II, Leipzig 1924.

Heid 2008 S. Heid, *Anton de Waal und Paul Styger: eine glückliche Zusammenarbeit im Dienst der Christlichen Archäologie*, in

Römische Quartalschrift für christliche Altertumskunde und für Kirchengeschichte 103, 2008, pp. 55-81.

Heid 2009 S. Heid (ed.), *Giuseppe Wilpert archeologo cristiano. Atti del Convegno, Roma, 16-19 maggio 2007*, Città del Vaticano 2009.

Heid 2011 S. Heid, *Il culto dei martiri a Roma da Ignazio a Costantino (II-IV sec.)*, in *Marmoribus Vestita. Miscellanea in onore di Federico Guidobaldi*, Città del Vaticano 2011, pp. 711-736.

Heid - Dennert 2012 S. Heid - M. Dennert (edd.), *Personenlexikon zur Christliche Archäologie. Forscher end Persönlichkeiten vom 16. Bis zum 21. Jahrhundert*, I-II, Regensburg 2012.

Hesberg 1994 H. von Hesberg, *Monumenta. I sepolcri romani e la loro architettura*, Milano 1994.

Himmelmann 1973 N. Himmelmann, *Typologische Untersuchungen an römischen Sarkophagreliefs des 3. und 4. Jahrhunderts n. Chr.*, Mainz am Rhein 1973.

Himmelmann 1975 N. Himmelmann, *Das Hypogäum der Aurelier am viale Manzoni*, in *Akademie der Wissenschaften und der Literatur*, Mainz am Rhein 1975, pp. 7-26.

Himmelmann 1980 N. Himmelmann, *Über Hirten-Genre in der antiken Kunst*, Opladen 1980.

Hornus 1973-1974 H. M. Hornus, *Les inscriptions funéraires militaires chrétiennes anciennes*, in *Archiv für Papyrusforschung 22-23*, 1973-1974, pp. 223-228.

Howells 2015 D. T. Howells, *A Catalogue of the Late Antique Gold Glass in the British Museum*, London 2015.

ICUR A. Silvagni - A. Ferrua - D. Mazzoleni - C. Carletti, *Inscriptiones Christianae Urbis Romae septimo saeculo antiquiores, nova series*, voll. I-X, Roma - Città del Vaticano 1922-1992.

ILCV E. Diehl, *Inscriptiones Latinae Christianae Veteres*, I-III, Berolini 1925-1931.

Janssens 1981 J. Janssens, *Vita e morte del cristiano negli epitaffi di Roma anteriori al sec. VII*, Roma 1981.

Janssens 2016 J. Janssens, *Il significato cristologico dei monogrammi e simboli legati alla persona dell'imperatore Costantino*, in *Acta XVI Congressus Internationalis Archaeologiae Christianae, Roma, 22-28.9.2013*, Città del Vaticano 2016, pp. 1207-1213.

Jastrzebowska 1979 E. Jastrzebowska, *Les scènes de banquet dans les peintures et sculptures des IIIe et IVe siècles*, in *Recherches Augustiniennes 14*, 1979, pp. 3-90.

Josi 1924 E. Josi, *Il cimitero di Panfilo*, in *Rivista di Archeologia Cristiana 1*, 1924, pp. 15-119.

Josi 1926 E. Josi, *Il cimitero di Panfilo, parte II*, in *Rivista di Archeologia Cristiana 3*, 1926, pp. 51-211.

Josi 1954 E. Josi, s. v. *Ugonio Pompeo*, in *Enciclopedia Cattolica*, XII, Città del Vaticano 1954, cc. 715-716.

Jürgens 1972 H. Jürgens, *Pompa diaboli. Die lateinischen Kirchenväter und das Theater*, Stuttgart 1972.

Kajanto 1962 I. Kajanto, *On the problem of names of humility*, in *Arctos 3*, 1962, pp. 45-53.

Kajanto 1965 I. Kajanto, *The latin cognomina*, Helsinki 1965.

Kajanto 1966 I. Kajanto, *Supernomina*, Helsinki 1966.

Kajanto 1989 I. Kajanto, *Sopravvivenza di nomi teoforici nell'età cristiana*, in *Acta Archaeologica Academiae Scientiarum Hungaricae, 41*, 1989, pp. 159-168.

Kajanto 1997 I. Kajanto, *Roman Nomenclature during the Late Empire*, in Di Stefano Manzella 1997, pp. 103-111.

Kirschbaum 1957 E. Kirschbaum, *Die Gräber der Apostelfürsten*, Frankfurt am Main 1957.

Kitzinger 1963 E. Kitzinger, *The Hellenistic Heritage in Byzantine Art*, in *Dumbarton Oaks Papers 17*, 1963, pp. 63-79.

Kitzinger 1989 E. Kitzinger, *L'arte bizantina*, Milano 1989.

Klauser 1958 Th. Klauser, *Studien zur Entstehungsgeschichte der christlichen Kunst*, in *Jahrbuch für Antike und Christentum 1*, 1958, pp. 20-51.

Klein 1985 R. Klein, *Die frühe Kirche und die Sklaverei*, in *Römische Quartalschrift 80*, 1985, pp. 259-283.

Kotila 1992 H. Kotila, *Memoria mortuorum. Commemoration of the departed in Augustine*, Roma 1992.

Kollwitz 1969 J. Kollwitz, *Die Malerei der Konstantinischen Zeit*, in *Akten des VII. Internationalen Kongresses für Christliche Archäologie, Trier 5-11 Sept. 1965*, Berlin-Città del Vaticano 1969, pp. 29-158.

Kötzsche-Breitenbruch 1976 L. Kötzsche-Breitenbruch, *Die neue Katakombe an der Via Latina in Rom. Untersuchungen zur Ikonographie der alttestamentlichen Wandmalereien*, Münster 1976.

Krause 1995 J. U. Krause, *Witwen und Waisen im frühen Christentum*, Stuttgart 1995.

Krause 1996 J. U. Krause, *La prise en charge des veuves par l'Église de l'antiquité tardive*, in *La fin de la cité antique et le début de la cité médiévale de la fin du IIIe siècle à l'évènement de Charlemagne. Actes du Colloque, Nanterre, 1-3 avril 1993*, Bari 1996, pp. 115-126.

Krautheimer 1937-1980 R. Krautheimer, *Corpus Basilicarum Christianarum Romae. Le basiliche paleocristiane di Roma (sec. IV-IX)*, I-V, Città del Vaticano 1937-1980.

Krautheimer 1980-1982 R. Krautheimer, *Intorno alla fondazione di San Paolo fuori le mura*, in *Atti della Pontificia Accademia Romana di Archeologia. Rendiconti 53-54*, 1980-1981 / 1981-1982, pp. 207-220.

L'Heureux 1856 G. L'Heureux (Macario), *Hagioglypta sive picturae et sculpturae sacrae antiquiores, praesertim quaea Romae reperiuntur*, a cura di R. Garrucci, Lutetiae Parisiorum 1856.

La conservazione delle pitture 2002 R. Giuliani (ed.), *La conservazione delle pitture nelle catacombe romane. Acquisizioni e prospettive. Atti della giornata di studio, Roma, 3 marzo 2000*, Città del Vaticano 2002.

La Rocca 1988 C. La Rocca, *Morte e società. Studi recenti sulle necropoli altomedievali*, in *Quaderni Medievali 26*, 1988, pp. 236-245.

Langlois 1883-1889 E. Langlois, *Les registres de Nicolas IV. Recueil des bulles de ce pape*, Paris 1883-1889.

Latini 2011 A. Latini, *Quadro omerico*, in Bisconti 2011, pp. 173-192.

Latini 2013 A. Latini, *La storia di Giona incisa. Tipi e prototipi*, in Bisconti - Braconi 2013, pp. 201-230.

Lazzara 2011 A. Lazzara, *A margine della scena di banchetto*, in Bisconti 2011, pp. 165-172.

Leclercq 1950 H. Leclercq, s. v. *Rossi (J.-B. de)*, in *Dictionnaire d'Archéologie chrétienne et de Liturgie*, XV, 1, Paris 1950, cc. 93-99.

Lega 2012 C. Lega, *Il corredo epigrafico dei vetri dorati: novità e* *considerazioni*, in *Sylloge Epigraphica Barcinonensis* 10, 2012, pp. 263-286.

Liverani 2020-2021 P. Liverani, *Pietro e Paolo lumina mundi: l'iscrizione ICUR 3900 e la fondazione della Basilica Apostolorum*, in *Atti della Pontificia Accademia Romana di Archeologia. Rendiconti* 93, 2020-2021, pp. 217-231.

L'orizzonte tardoantico 2006 M. Andaloro (ed.), *L'orizzonte tardoantico e le nuove immagini: 312-468. La pittura medievale a Roma. Corpus 1*, Milano 2006.

LP *Le Liber Pontificalis. Texte, introduction et commentaire*, a cura di L. Duchesne, I-II, Paris 1886-1892; III, a cura di C. Vogel, Paris 1957.

Luiselli 1986 B. Luiselli, *In margine al problema della traslazione delle ossa di Pietro e Paolo*, in *Mélanges de l'École Française de Rome, Antiquité* 98, 1986, pp. 843-854.

Lumbroso 1889 G. Lumbroso, *Gli accademici nelle catacombe*, in *Archivio della R. Società Romana di Storia Patria* 12, 1889, pp. 215-239.

MacMullen 1989 R. MacMullen, *La diffusione del cristianesimo nell'Impero Romano. 100-400*, Roma-Bari 1989.

Maestri 1994 G. Maestri, *L'arcosolio dei vinai nella catacomba di Vibia: proposta di una nuova interpretazione delle pitture*, in *Historiam pictura refert. Miscellanea in onore di Padre Alejandro Recio Veganzones o.f.m.*, Città del Vaticano 1994, pp. 377-386.

Malbon 1990 E. S. Malbon, *The Iconography of the Sarcophagus of Junius Bassus: Neofitus iit ad Deum*, Princeton 1990.

Mansi 1766 J. D. Mansi, *Sacrorum Conciliorum Nova et Amplissima Collectio*, XII, Florentiae 1766.

Marangoni 1744 G. Marangoni, *Delle cose gentilesche e profane trasportate ad uso e a adornamento delle chiese*, Roma 1744.

Marani 2019 F. Marani, *La moneta nella tomba e la moneta fuori dalla tomba. Uno sguardo all'Italia tardoantica*, in *Journal of Archaeological Numismatics* 9, 2019, pp. 261-282.

Marchi 1844 G. Marchi, *Monumenti delle arti cristiane primitive nella metropoli del cristianesimo. Architettura*, Roma 1844.

Marcone 2002 A. Marcone, *Pagano e cristiano. Vita e mito di Costantino*, Roma-Bari 2002.

Marconi Cosentino - Ricciardi 1993 R. Marconi Cosentino - L. Ricciardi, *Catacomba di Commodilla. Lucerne e altri materiali delle gallerie 1, 8, 13*, Roma 1993.

Markthaler 1927 P. Markthaler, *Die dekorativen Konstruktionen der Katakombendecken*, in *Römische Quartalschrift für christliche Altertumskunde und für Kirchengeschichte* 35, 1927, pp. 53-112.

Marinone 2000 M. Marinone, *I riti funerari*, in L. Pani Ermini (ed.) *Christiana Loca. Lo spazio cristiano nella Roma del primo millennio*, Roma 2000, pp. 71-80.

Martinez-Fazio 1976 L. M. Martinez-Fazio, *La eucarestia, banquete y sacrificio en la iconografia paleocristiana*, in *Gregorianum* 57, 1976, pp. 459-521.

Martyrium 1995 *Martyrium in Multidisciplinary Perspective. Memorial Louis Reekmans*, Leuven 1995.

Marucchi 1914 O. Marucchi, *Monumenti del cimitero di Domitilla sulla via Ardeatina*, Roma *Sotterranea Cristiana, Nuova Serie*, I, 2, Roma 1914.

Marucchi 1910 O. Marucchi, *I monumenti del Museo Cristiano Pio Lateranense*, Milano 1910.

Marucchi 1921 O. Marucchi, *Un singolare gruppo di antiche pitture dell'ipogeo del viale Manzoni*, in *Nuovo Bollettino di Archeologia Cristiana* 27, 1921, pp. 83-93.

Marucchi 1933 O. Marucchi, *Le catacombe romane. Opera postuma*, Roma 1933.

Mazza 1989 M. Mazza, *Deposita Pietatis. Problemi dell'organizzazione economica in comunità cristiane tra II e III secolo*, in *Atti dell'Accademia Romanistica Costantiniana. IX Congresso Internazionale*, Perugia 1989, pp. 187-216.

Mazza 2006 M. Mazza, *Struttura sociale e organizzazione economica della comunità cristiana di Roma tra II e III secolo*, in Fiocchi Nicolai - Guyon 2006, pp. 15-28.

Mazzarino 1973 S. Mazzarino, *L'impero romano*, I-III, Roma-Bari 1973.

Mazzarino 1974 S. Mazzarino, *Antico, tardoantico, ed èra costantiniana*, I, Bari 1974.

Mazzei 1999 B. Mazzei, *Il cubicolo dell'annunciazione nelle catacombe di Priscilla*, in *Rivista di Archeologia Cristiana* 75, 1999, pp. 233-280.

Mazzei 2004 B. Mazzei, *Ipogeo degli Aureli: indagini analitiche, intervento conservativo e qualche nota sulla tecnica d'esecuzione*, in *Rivista di Archeologia Cristiana* 80, 2004, pp. 39-62.

Mazzei 2004a B. Mazzei, *A proposito del sarcofago di Bethesda delle catacombe di Pretestato*, in Bisconti - Brandenburg 2004, pp. 111-130.

Mazzei 2005 B. Mazzei, *La conservazione delle pitture delle catacombe romane: antichi espedienti e recenti esperienze*, in *Klimastabilisierung und bauphysikalische Konzepte: Wege zur Nachhaltigkeit bei der Pflege des Weltkulturerbes*, München 2005, pp. 65-78.

Mazzei 2006 B. Mazzei, *Le pitture della volta nel cubicolo "dei santi" nella catacomba dei santi Marcellino e Pietro*, in *L'orizzonte tardoantico 2006*, pp. 188-190.

Mazzei 2007 B. Mazzei, *Il cosiddetto cubicolo delle Stagioni in San Callisto. Restauri e novità iconografiche*, in *Atti del IX Congresso Nazionale di Archeologia Cristiana, Agrigento, 20-25 novembre 2004*, Palermo 2007, pp. 303-320.

Mazzei 2016 B. Mazzei, *Il cubicolo "dei fornai" nelle catacombe di Domitilla alla luce dei recenti restauri*, in *Atti del XVI Congresso Internazionale di Archeologia Cristiana, Roma 22-28 settembre 2013*, Città del Vaticano 2016, pp. 1927-1942.

Mazzei 2023 B. Mazzei, *Forme di autorappresentazione nella pittura delle catacombe. Il cubicolo dei "cinque santi" in S. Callisto*, in Braconi - Cascianelli - Ferri 2023, pp. 133-148.

Mazzei 2024 B. Mazzei (ed.), *Cantantibus organis. Il palinsesto decorativo della Cripta di S. Cecilia nelle catacombe di S. Callisto. Studi e restauro*, Roma 2024.

Mazzei - Di Gaetano 2019 B. Mazzei - S. Di Gaetano, *Il sarcofago di Lot in S. Sebastiano a Roma. Nuove osservazioni e spunti di riflessione scaturiti dal recente restauro*, in *Rivista di Archeologia Cristiana* 95, 2019, pp. 35-74.

Mazzoleni 1985 D. Mazzoleni, *Tre iscrizioni della catacomba di Priscilla*, in *Rivista di Archeologia Cristiana* 61, 1985, pp. 265-273.

Mazzoleni 1986 D. Mazzoleni, *Il lavoro nell'epigrafia cristiana*, in *Spiritualità del lavoro nella catechesi dei Padri del III-IV secolo. Convegno di studio e aggiornamento, Roma, 15-17 marzo 1985*, Roma 1986, pp. 263-271.

Mazzoleni 1989 D. Mazzoleni, *Patristica ed epigrafia*, in *Complementi interdisciplinari di Patrologia*, Roma 1989, pp. 319-365.

Mazzoleni 1989a D. Mazzoleni, *Iscrizioni inedite dalla catacomba di Panfilo*, in *Quaeritur Inventus Colitur, Miscellanea in onore del P. U. M. Fasola*, Città del Vaticano 1989, pp. 465-482.

Mazzoleni 1990-1991 D. Mazzoleni, *Novità epigrafiche dalla catacomba di Panfilo*, in *Atti della Pontificia Accademia Romana di Archeologia. Rendiconti 43*, 1990-91, pp. 95-113.

Mazzoleni 1993a D. Mazzoleni, *Riferimenti alla catechesi nelle iscrizioni cristiane del IV secolo*, in *Esegesi e Catechesi dei Padri (secc. II-IV), Atti del Convegno di Studio e aggiornamento, Roma 26-28 marzo 1992*, Roma 1993, pp. 163-170.

Mazzoleni 1994 D. Mazzoleni, *Le "Inscriptiones Christianae Urbis Romae septimo saeculo antiquiores" (ICUR): stato attuale e prospettive*, in *Rivista di Archeologia Cristiana 70*, 1994, pp. 313-320.

Mazzoleni 1997 D. Mazzoleni, *Origine e cronologia dei monogrammi riflessi nelle iscrizioni dei Musei Vaticani*, in Di Stefano Manzella 1997, pp. 173-179.

Mazzoleni 1999 D. Mazzoleni, *L'epigrafia cristiana al tempo dei Severi*, in E. Del Covolo-G. Rinaldi (edd.), *Atti del I Convegno Internazionale di Studi Severiani, Albano Laziale, 31 maggio-1 giugno 1996. Biblioteca di Scienze Religiose, 138*, Roma 1999, pp. 273-283.

Mazzoleni 1999a D. Mazzoleni et alii, *Le iscrizioni della catacomba di Calepodio*, in *Rivista di Archeologia Cristiana 75*, 1999, pp. 597-694.

Mazzoleni 2000 D. Mazzoleni, *Fossori e artigiani nella società cristiana*, in L. Pani Ermini (ed.), *Christiana loca. Lo spazio cristiano nella Roma del primo millennio*, Roma 2000, pp. 251-255.

Mazzoleni 2006 D. Mazzoleni (ed.), *Raffaele Fabretti archeologo ed erudito. Atti della Giornata di Studi, 24 maggio 2003*, Città del Vaticano 2006.

Mazzoleni 2012 D. Mazzoleni, *Riflessi della devozione verso i martiri nelle Iscrizioni dei secoli III-VII*, in *Atti del X Congresso Nazionale di Archeologia Cristiana, Università della Calabria, Aula Magna, 15-18 settembre 2010*, Rossano (Cosenza) 2012, pp. 503-516.

Mazzoleni 2013 D. Mazzoleni, *Gli appellativi dei vescovi nella documentazione epigrafica fino alla prima metà del VII secolo*, in *Acta XVI Congressus Internationalis Archaeologiae Christianae, Toleti, 8-12.9.2008. 2*, Città del Vaticano 2013, pp. 1585-1600.

Mazzoleni 2014 D. Mazzoleni, *Origini e sviluppo dell'epigrafia cristiana*, in F. Bisconti - O. Brandt (edd.), *Lezioni di Archeologia Cristiana*, Città del Vaticano 2014, pp. 445-499.

Mazzoleni 2020 D. Mazzoleni, *La produzione epigrafica: materiali e tecniche*, in G. Castiglia - Ph. Pergola (edd.), *Temi, metodologie e cultura materiale della tarda antichità e dell'alto medioevo*, Città del Vaticano 2020, pp. 301-314.

Mazzoleni 2023 D. Mazzoleni, *Alcune considerazioni in merito ai cosiddetti "nomi di umiliazione" nelle iscrizioni cristiane*, in *Topographia Christiana Universi Mundi, Studi in onore di Philippe Pergola*, Città del Vaticano 2023, pp. 535-546.

Mazzoleni 2023a D. Mazzoleni, *I pontefici romani nelle iscrizioni paleocristiane*, in *Archivum Historiae Pontificiae 55*, 2021 [ma 2023], pp. 331-348.

Mazzoleni et alii 1983 D. Mazzoleni et alii, *Dentisti nell'arte paleocristiana*, in *La Nuova Stampa Medica Italiana 3*, 1983, 5, pp. 155-162.

Mazzoleni - Bisconti 1992 D. Mazzoleni - F. Bisconti, *I martiri cristiani*, in *Archeo-Dossier 87*, 1992, pp. 52-97.

Meeks 1992 W. A. Meeks, *Il cristianesimo*, in *Storia di Roma*, II, *L'impero mediterraneo*, 3, *La cultura e l'Impero*, Torino 1992, pp. 283-319.

Meneghini - Santangeli Valenzani 1993 R. Meneghini - R. Santangeli Valenzani, *Sepolture intramuranee e paesaggio urbano a Roma tra V e VII secolo*, in *La storia economica di Roma nell'alto medioevo alla luce dei recenti scavi archeologici. Atti del Seminario, Roma, 2-3 aprile 1992*, Firenze 1993, pp. 89-111.

Meneghini - Santangeli Valenzani 1995 R. Meneghini - R. Santangeli Valenzani, *Sepolture intramuranee a Roma tra V e VII secolo d. C. Aggiornamenti e considerazioni*, in *Archeologia Medievale 22*, 1995, pp. 283-290.

Meneghini - Santangeli Valenzani 2004 R. Meneghini - R. Santangeli Valenzani, *Roma nell'altomedioevo. Topografia e urbanistica della città dal V al X secolo*, Roma 2004.

Mercati 1937 G. Mercati, *Opere minori*, II (1897-1906), Città del Vaticano 1937.

Mielsch 1978 H. Mielsch, *Zur stadtrömischen Malerei des 4. Jahrhunderts n. Chr.*, in *Mitteilungen des Deutschen Archäologischen Instituts, Röm. Abt. 85*, 1978, pp. 187-192.

Mielsch 2001 H. Mielsch, *Römische Wandmalerei*, Darmstadt 2001.

Minasi 1997 M. Minasi, *Le vicende conservative dell'affresco di Turtura nel cimitero di Commodilla*, in *Rivista di Archeologia Cristiana 73*, 1997, pp. 65-97.

Minasi 1998 M. Minasi, *Madonna col Bambino tra i santi Felice ed Adautto e la donatrice Turtura*, in *Romana pictura. La pittura romana dalle origini all'età bizantina*, Milano 1998, pp. 296-298.

Minasi 2005 M. Minasi, *L'affresco di Cristo tra Santi della catacomba di Generosa alla Magliana. Revisione critica e nuove ipotesi interpretative*, in *Rivista di Archeologia Cristiana 81*, 2005, pp. 53-98.

Minasi 2009 M. Minasi, *La tomba di Callisto: appunti sugli affreschi altomedievali della cripta del papa martire nella catacomba di Calepodio*, Città del Vaticano 2009.

Minasi 2012 M. Minasi, *Nuove acquisizioni dai restauri delle pitture altomedievali della catacomba romana di Ponziano*, in *Atti del X Congresso Nazionale di Archeologia Cristiana, Cosenza, 15-18 settembre 2010*, Arcavacata di Rende 2012, pp. 567-579.

Mollicone 2005 A. Mollicone (ed.), *Bibliografia del Padre Antonio Ferrua S.J.*, Città del Vaticano 2005.

Monachino 1968 V. Monachino (ed.), *L'antichità e l'alto medioevo*, in *La carità cristiana in Roma*, Bologna 1968, pp. 11-122.

Moormann 1998 E. Moormann, *La pittura romana fra costruzione architettonica e arte figurativa*, in *Romana pictura. La pittura romana dalle origini all'età bizantina*, Milano 1998, pp. 14-32.

Morey 1959 Ch. R. Morey, *The gold-glass collection of the Vatican Library*, Città del Vaticano 1959.

Murray 1981 S. Ch. Murray, *Rebirth and Afterlife. A Study of the Trasmutation of some pagan Imagery in Early Christian funerary Art*, Oxford 1981.

Nestori 1959 A. Nestori, *Un cimitero cristiano anonimo nella villa Doria Pamphilj a Roma*, in *Rivista di Archeologia Cristiana 35*, 1959, pp. 5-47.

Nestori 1969 A. Nestori, *Un ipogeo pagano fatto cristiano*, in *Akten des VII. Internationalen Kongresses für Christliche Archäologie, Trier, 5-11 Sept. 1965*, Berlin-Città del Vaticano 1969, pp. 637-642.

Nestori 1971 A. Nestori, *La catacomba di Calepodio al III miglio dell'Aurelia Vetus e i sepolcri dei papi Callisto I e Giulio I. (I parte)*, in *Rivista di Archeologia Cristiana* 47, 1971, pp. 169-278.

Nestori 1990 A. Nestori, *La basilica anonima della via Ardeatina*, Città del Vaticano 1990.

Nestori 1993 A. Nestori, *Repertorio topografico delle pitture delle catacombe romane*, Città del Vaticano 1993.

Nieddu 2003 A. M. Nieddu, *L'utilizzazione funeraria del suburbio romano nei secoli V e VI*, in *Suburbium. Il suburbio di Roma dalla crisi del sistema delle ville a Gregorio Magno*, Roma 2003, pp. 545-606.

Nieddu 2005-2006 A. M. Nieddu, *Una pittura "riscoperta" nella Platonia di San Sebastiano*, in *Atti della Pontificia Accademia di Archeologia. Rendiconti* 78, 2005-2006, pp. 275-320.

Nieddu 2009 A. M. Nieddu, *La Basilica Apostolorum sulla via Appia e l'area cimiteriale circostante*, Città del Vaticano 2009.

Nielsen 1987 H. S. Nielsen, *"Alumnus": a term of relation denoting quasi-adoption*, in *Classica et Medievalia* 38, 1987, pp. 141-188.

Nordberg 1963 H. Nordberg, *Éléments païens dans les tituli chrétiens de Rome*, in Zilliacus 1963, pp. 211-229.

Ntedika 1971 J. Ntedika, *L'évocation de l'au-delà dans la prière pour les morts. Étude de patristique et de liturgie latine (IVe-VIIIe s.)*, Louvain 1971.

Nuovo DPAC A. di Benardino (ed.) *Nuovo Dizionario Patristico e di Antichità Cristiane*, I-III, Genova-Milano 2006-2008

Nuzzo 1997 D. Nuzzo, *Provinciali a Roma nelle testimonianze dell'epigrafia sepolcrale tardoantica*, in *Preatti dell'XI Congresso Internazionale di Epigrafia Greca e Latina Roma, 18-24 settembre 1997*, Roma 1997, pp. 705-712.

Nuzzo 2000 D. Nuzzo, *Tipologia sepolcrale delle catacombe romane. I cimiteri ipogei delle vie Ostiense, Ardeatina e Appia*, Oxford 2000.

Nuzzo 2016 D. Nuzzo, *La conversione di Roma in età costantiniana attraverso l'archeologia funeraria*, in *Acta XVI Congressus Internationalis Archaeologiae Christianae, Romae, 22-28. 9. 2013*, Città del Vaticano, 2016, pp. 711-744.

Osborne 1985 J. Osborne, *The Roman Catacombs in the Middle Ages*, in *Papers of the British School at Rome* 53, 1985, pp. 278-328.

Painter 1988 K. Painter, *Frammenti di coppa*, in D. B. Harden (ed.) *Vetri dei Cesari*, Milano 1988, pp. 279-281.

Paleani 1993 M. T. Paleani, *Le lucerne paleocristiane. Monumenti, Musei e Gallerie Pontificie. Antiquarium Romanum*, Roma 1993.

Paleani - Liverani 1984 M. T. Paleani - A. R. Liverani, *Lucerne paleocristiane conservate nel Museo Oliveriano di Pesaro*, Roma 1984.

Palombi 2009 C. Palombi, *Nuovi studi sulla basilica di San Valentino sulla via Flaminia*, in *Rivista di Archeologia Crtistiana* 85, 2009, pp. 469-540.

Pani Ermini 1969 L. Pani Ermini, *L'ipogeo detto dei Flavi in Domitilla*, in *Rivista di Archeologia Cristiana* 45, 1969, pp. 119-174.

Pani Ermini 2000 L. Pani Ermini, *Dai complessi martiriali alle "civitates". Formazione e sviluppo dello "spazio cristiano"*, in L. Pani Ermini - P. Siniscalco (edd.) *La comunità cristiana di Roma. La sua vita e la sua cultura dalle origini all'alto medio evo*, Città del Vaticano 2000, pp. 397-419.

Pani Ermini 2001 L. Pani Ermini, *Forma Urbis: lo spazio urbano tra VI e IX secolo*, in *Roma nell'alto medioevo, Settimane di Studio del Centro Italiano di Studi sull'Alto Medioevo* 48, Spoleto 2001, 283-285.

Panvinio 1568 O. Panvinio, *De ritu sepeliendi mortuos apud veteres christianos, et eorundem coemeteriis liber*, Coloniae 1568.

Parise 1969 N. Parise, s. v. *Boldetti Marcantonio*, in *Dizionario Biografico degli italiani*, 11, Roma 1971, pp. 247-249.

Parise 1971 N. Parise, s. v. *Bosio Antonio*, *Dizionario Biografico degli italiani*, 11, Roma 1971, pp. 257-259.

Pasquato 1984 O. Pasquato, s. v. *Spettacoli*, in *DPAC*, 2, cc. 3281-3284.

Pavolini 1981 C. Pavolini, *Le lucerne dell'Italia romana. Merci, mercati e scambi nel Mediterraneo*, in *Società romana e produzione schiavistica*, II, Bari 1981, pp. 139-184; 278-288.

Perassi 2023 C. Perassi, *Le monete in sepoltura: oltre "l'obolo per Caronte" (nel tempo e nello spazio)*, in Ph. Pergola, S. Roascio, E. Dellù (edd.), *Sit tibi terra gravis. Sepolture anomale tra età medievale e moderna. Atti del Convegno Internazionale di Studi, Albenga (SV), 14-16 ottobre 2016*, Oxford 2023, pp. 385-418.

Pergola 1975 Ph. Pergola, *La région dite du Bon Pasteur dans le cimetière de Domitilla sur l'Ardeatina. Étude topographique de son origine*, in *Rivista di Archeologia Cristiana* 51, 1975, pp. 65-96.

Pergola 1978 Ph. Pergola, *La condamnation des Flaviens "chrétiens" sous Domitien: persécution religieuse ou répression à caractère politique?*, in *Mélanges de l'École Française de Rome, Antiquité* 90, 1978, pp. 407-423.

Pergola 1979 Ph. Pergola, *Il "praedium Domitillae" sulla via Ardeatina: analisi storico-topografica delle testimonianze pagane fino alla metà del III sec. d. C.*, in *Rivista di Archeologia Cristiana* 55, 1979, pp. 313-335.

Pergola 1983 Ph. Pergola, *La région dite des Flavii Aurelii dans la catacombe de Domitille: contribution à l'analyse de l'origine des grandes nécropoles souterraines de l'antiquité tardive à Rome*, in *Mélanges de l'École Française de Rome, Antiquité* 95, 1983, pp. 183-248.

Pergola 1985-1986 Ph. Pergola, *L'origine della regione detta dello "scalone del 1897" nella catacomba di Domitilla*, in *Atti della Pontificia Accademia Romana di Archeologia. Rendiconti* 58, 1985-1986, pp. 49-60.

Pergola 1986 Ph. Pergola, *Le catacombe romane: miti e realtà (a proposito del cimitero di Domitilla)*, in *Società romana e impero tardoantico*, II, Roma-Bari 1986, pp. 333-348.

Pergola 1986a Ph. Pergola, *Nereus et Achilleus martyres: l'intervention de Damase à Domitille (avec un appendice sur les résultats des fouilles récentes de la Basilique de Damase à Generosa)*, in *Saecularia Damasiana. Atti del convegno, Roma, 10-12 dicembre 1984*, Città del Vaticano 1986, pp. 203-224.

Pergola 1990 Ph. Pergola, *Mensores frumentarii christiani et annone à la fin de l'Antiquité. Relecture d'une cycle de peintures*, in *Rivista di Archeologia Cristiana* 66, 1990, pp. 167-184.

Pergola 1992 Ph. Pergola, *"Petronella martyr": une évergète de la* fin du IVe siècle?, in *Memoriam Sanctorum Venerantes. Miscellanea in onore di V. Saxer*, Città del Vaticano 1992, pp. 627-636.

Pergola 2011 A. Pergola, *Il quadrante delle interpretazioni*, in Bisconti 2011, pp. 81-124.

Pergola 2016 A. Pergola, *Le pitture del cubicolo delle colonne nella catacomba dei Ss. Marco e Marcelliano. Il rapporto con l'arte megalografica d'età costantinana*, in *Atti del XVI Congresso Internazionale di Archeologia Cristiana, Roma, 22-28 settembre 2013*, Città del Vaticano 2016, pp. 1953-1973.

Pergola - Barbini 1997 Ph. Pergola - P. M. Barbini, *Le catacombe romane. Storia e topografia*, Roma 1997.

Perraymond 1980-81 M. Perraymond, *Formule imprecatorie ('APAI) nelle iscrizioni funerarie paleocristiane*, in *Quaderni dell'Istituto di Lingua e Letteratura Latina* 1-2, 1980-1981, pp. 115-152.

Petrucci 1995 A. Petrucci, *Le scritture ultime*, Torino 1995.

PG *Patrologiae cursus completus. Accurante J.-P. Migne, Series Graeca*, Parisiis 1857 ss.

Picard 1992 J.-Ch. Picard, *Cristianizzazione e pratiche funerarie. Tarda antichità e alto medioevo (IV-VIII sec.)*, Torino 1992.

Pietri (L.) 1995 L. Pietri, *Les résistances: de la polémique païenne à la persécution de Dioclétien*, in *Histoire du Christianisme des origines à nos jours*, II, *Naissance d'une chrétienté (250-430)*, Paris 1995, pp. 155-185.

Pietri 1976 Ch. Pietri, *Roma christiana. Recherches sur l'Église de Rome, son organisation, sa politique, son idéologie de Miltiade à Sixte III (311-440)*, I-II, Rome 1976.

Pietri 1981 Ch. Pietri, *Donateurs et pieux établissements d'après le légendier romain (Ve-VIIe s.)*, in *Hagiographie, cultures et sociétés (IVe-XIIe siècles)*, Paris 1981, pp. 435-453.

Pietri 1993 Ch. Pietri, *La Roma cristiana*, in *Storia di Roma*, III, *L'età tardoantica*, 1, *Crisi e trasformazioni*, Torino 1993, pp. 697-721.

Pietri 1995 Ch. Pietri, *La conversion: propagande et réalités de la loi et de l'évergétisme*, in *Histoire du Christianisme des origines à nos jours*, II, *Naissance d'une chrétienté (250-430)*, Paris 1995, pp. 189-227.

Pillinger 1984 R. Pillinger, *Studien zu römischen Zwischengoldgläsern*, Wien 1984.

Pincherle 1984 A. Pincherle, *Vita di S. Agostino*, Bari 1984.

Piussi 2012 S. Piussi (ed.), *Giuseppe Marchi (1795-1860). Archeologo pioniere per il riscatto delle catacombe dalla Carnia a Roma*, Trieste 2012.

PL *Patrologiae cursus completus. Accurante J.-P. Migne, Series Latina*, Parisiis 1844 ss.

Pogliani 2006 P. Pogliani, *Il mosaico con la maiestas Domini, la resurrezione di Lazzaro e i tre fanciulli nella fornace nella catacomba di Domitilla*, in *L'orizzonte tardoantico* 2006, pp. 175-178.

Pohl 1962 G. Pohl, *Die frühchristliche Lampe vom Lorenzberg bei Epfach, Landkreis Schongau. Versuch einer Gliederung der Lampen vom mediterranen Typus*, in *Schriftenreihe zur Bayerischen Landesgeschichte 62*, München 1962, pp. 219-228.

Prandi 1949-1951 A. Prandi, *La cripta di S. Sebastiano*, in *Atti della Pontificia Accademia Romana di Archeologia. Rendiconti* 25-26, 1949-1950/1950-1951, pp. 139-152.

Prinzivalli 2010 E. Prinzivalli, *La lettera di Clemente ai Corinzi*, in E. Prinzivalli - M. Simonetti (edd.), *Seguendo Gesù. Testi cristiani delle origini*, I, , Borgaro Torinese 2010, pp. 76-175.

Proverbio 2011 C. Proverbio, *La tematica filosofica: un filo conduttore all'interno dell'ipogeo degli Aureli*, in Bisconti 2011, pp. 193-211.

Proverbio 2012 C. Proverbio, *Martiri e potenti: a proposito del cubicolo di Leone in Commodilla*, in *Atti del X Congresso Nazionale di Archeologia Cristiana, Università della Calabria, 15-18 settembre 2010*, Arcavacata di Rende 2012, pp. 425-436.

Provoost 1970 A. Provoost, *Les lampes à récipient allongé trouvées dans les catacombes romaines. Essai de classification typologique*, in *Bullettin de l'Institut Historique Belge de Rome* 41, 1970, pp. 17-55.

Purcell 1987 N. Purcell, *Tomb und Suburb*, in *Römische Gräberstrassen. Selbstdarstellung, Status, Standard. Kolloquium in München vom 28. bis 30. Oktober 1985*, München 1987, pp. 25-41.

R I F. W. Deichmann, G. Bovini, H. Brandenburg, *Repertorium der christlich-antiken Sarkophage. 1. Rom und Ostia*, Wiesbaden 1967.

R II J. Dresken-Weiland, *Repertorium der christlich-antiken Sarkophage. 2. Italien mit einem Nachtrag Rom und Ostia, Dalmatien, Museen der Welt*, Mainz am Rhein 1998.

R III B. Christern-Briesenick, *Repertorium der christlich-antiken Sarkophage. 3. Frankreich, Algerien, Tunisien*, Mainz am Rhein 2003.

R IV N. Büchsenschütz, *Repertorium der christlich-antiken Sarkophage. 4. Iberische Halbinsel und Marokko*, Mainz am Rhein 2018.

R V J. G. Deckers - G. Koch, *Repertorium der christlich-antiken Sarkophage. 5. Konstantinopel, Thracia, Syria, Palaestina, Arabia*, Mainz am Rhein 2018.

Ramieri 1978 A. M. Ramieri, *Gruppo di lucerne tardoantiche da S. Prisca*, in *Rivista di Archeologia Cristiana* 54, 1978, pp. 303-318.

Ramieri 1993 A. M. Ramieri, *Ritratti femminili nella catacomba di Priscilla*, in *Rivista di Archeologia Cristiana* 69, 1993, pp. 47-61.

Ramsay 1975 W. Ramsay, *The cities and bishoprics of Phrygia*, Oxford 1975².

Raoss 1967 M. Raoss, s. v. *Locus*, in E. De Ruggiero, *Dizionario Epigrafico di Antichità Romane*, IV, Roma 1964-67, pp. 1460-1829.

Rea 2004 R. Rea (ed.), *L'ipogeo di Trebio Giusto sulla via Latina. Scavi e restauri*, Città del Vaticano 2004.

Rébillard 1993 É. Rébillard, *Koimeterion et coemeterium: tombe, tombe sainte et nécropole*, in *Mélanges de l'École Française de Rome, Antiquité* 105, 1993, pp. 975-1001.

Rébillard 1996 É. Rébillard, *Les areae carthaginoises (Tertullien, Ad Scapulam 3, 1): cimetières communautaires ou enclos funéraires de chrétiens?*, in *Mélanges de l'École Française de Rome, Antiquité* 108, 1996, pp. 175-189.

Rébillard 1997 É. Rébillard, *L'Église de Rome et le développement des catacombes. À propos de l'origine des cimetières chrétiens*, in *Mélanges de l'École Française de Rome, Antiquité* 109, 1997, pp. 741-763.

Rébillard 2003 É. Rébillard, *Religion et sépulture. L'Église, les vivants et les morts dans l'antiquité tardive*, Paris 2003.

Rébillard 2009 É. Rébillard, *The Church, the Living, and the Dead*, in P. Rousseau – J. Raithel (edd.), *A Companion to Late Antiquity*, Singapore 2009, pp. 220-230.

Rébillard 2016 É. Rébillard, *Historiographie de l'origine des catacombes depuis De Rossi*, in S. Baciocchi – Ch. Duhamelle (edd.), *Reliques romaines. Invention et circulation des corps saints des catacombes à l'époque moderne*, Rome 2016, pp. 103-118.

Recio Veganzones 1968 A. Recio Veganzones, *La "Historica Descriptio Urbis Romae", obra manuscrita de Fr. Alfonso Chacon O. P. (1530-1599)*, Roma 1968.

Recio Veganzones 1974 A. Recio Veganzones, *Alfonso Chacon, primer estudioso del mosaico cristiano de Roma y algunos diseños chaconianos poco conocidos*, in *Rivista di Archeologia Cristiana* 50, 1974, 295-329.

Recio Veganzones 1978 A. Recio Veganzones, *Iconografia en estuco del pastor en les catacumbas de Roma*, in *Atti del IX Congresso Internazionale di Archeologia Cristiana, Roma, 21-27 settembre 1975*, Città del Vaticano 1978, pp. 425-440.

Recio Veganzones 1980 A. Recio Veganzones, *La cappella greca vista y diseñada entre los años 1783 y 1786 por Seroux D'Agincourt*, in *Rivista di Archeologia Cristiana* 56, 1980, pp. 49-84.

Reekmans 1964 L. Reekmans, *La tombe du pape Corneille et sa région cémétériale*, Città del Vaticano 1964.

Reekmans 1973 L. Reekmans, *La chronologie de la peinture paléochrétienne. Notes et réflexions*, in *Rivista di Archeologia Cristiana* 49, 1973, pp. 273-291.

Reekmans 1984 L. Reekmans, *Zur Problematik der römischen Katakombenforschung*, in *Boreas* 7, 1984, pp. 242-260.

Reekmans 1986 L. Reekmans, *Quelques observations sur la stratification sociale et la "tumulatio ad sanctos" dans les catacombes romaines*, in *L'inhumation privilégiée du IVe au VIIIe siècles en Occident. Actes du Colloque, tenu à Créteil, les 16-18 mars 1984*, Paris 1986, pp 245-249.

Reekmans 1986a L. Reekmans, *Spätrömische Hypogea*, in O. Feld, U. Peschlow (edd.) *Studien zur spätantiken und byzantinischen Kunst Friedrich Wilhelm Deichmann gewidmet*, Mainz 1986, pp. 11-37.

Reekmans 1988 L. Reekmans, *Le complexe cémétérial du pape Gaius dans la catacombe de Callixte*, Città del Vaticano-Leuven 1988.

Rizzone 2009 V. G. Rizzone, *La catacomba A e le iscrizioni di Treppiedi*, in G. Di Stefano (ed.), *La necropoli tardoromana di Treppiedi a Modica*, Palermo 2009, pp. 52-58.

Rocco 2006 A. Rocco, *La più antica regione della catacomba di Novaziano: problemi storici e topografici*, in Fiocchi Nicolai - Guyon 2006, pp. 215-236.

Rocco 2008 A. Rocco, *La tomba del martire Novaziano a Roma*, in *Vetera Christianorum* 45, 2008, pp. 323-341.

Rush 1941 A. C. Rush, *Death and Burial in Christian Antiquity*, Washington 1941.

Russo 1979 E. Russo, *L'affresco di Turtura nel cimitero di Commodilla, l'icona di S. Maria in Trastevere e le più antiche feste della Madonna a Roma*, in *Bullettino dell'Istituto Storico Italiano per il Medio Evo e Archivio Muratoriano* 88, 1979, pp. 35-85.

Saini - Ravignani 2004 P. Saini, D. Ravignani, *Il convento di Sant'Agnese: origini ed età medievale*, in M. Magnani Cianetti - C. Pavolini (edd.), *La basilica costantiniana di Sant'Agnese. Lavori archeologici e di restauro*, Milano 2004, pp. 54-63.

Saint-Roch 1981 P. Saint-Roch, *La région centrale du cimetière connu sous le nom de: "cimetière des Saints Marc et Marcellien et Damase"*, in *Rivista di Archeologia Cristiana* 57, 1981, pp. 209-251.

Saint-Roch 1983 P. Saint-Roch, *Enquête "sociologique" sur le cimetière dit "coemeterium Sanctorum Marci et Marcelliani Damasique"*, in *Rivista di Archeologia Cristiana* 59, 1983, pp. 411-423.

Saint-Roch 1986 P. Saint-Roch, *Un cubicule important dans le cimetière de Damase et des Saints Marc et Marcellien*, in Y. Duval - J.-C. Picard (edd.), *L'inhumation privilégiée du IVe au VIIIe siècle en Occident. Actes du colloque tenu à Créteil les 16-18 mars 1984*, Paris 1986, pp. 189-190.

Saint-Roch 1999 P. Saint-Roch, *Le cimetière de Basileus ou Coemeterium Sanctorum Marci et Marcelliani Damasique*, Città del Vaticano 1999.

Salamito 1995 J.-M. Salamito, *La christianisation et les nouvelles règles de la vie sociale*, in *Histoire du Christianisme des origines à nos jours, II, Naissance d'une chrétienté (250-430)*, Paris 1995, pp. 675-717.

Salvetti 1978 C. Salvetti, *Il catalogo degli oggetti minuti conservati presso la Pontificia Commissione di Archeologia Sacra*, in *Rivista di Archeologia Cristiana* 54, 1978, pp. 103-130.

Salvetti 1993 C. Salvetti, *Su alcuni frammenti di sarcofagi nella basilica di S. Silvestro a Priscilla*, in *Rivista di Archeologia Cristiana* 69, 1993, pp. 63-88.

Sanders 1971 G. Sanders, *Les épitaphes métriques latines païennes et chrétiennes. Identités et divergences*, in *Acts of the Fifth International Congress of Greek and Latin Epigraphy, Cambridge, 18th to 23nd September 1967*, Oxford 1971, pp. 455-459.

Sanders 1991 G. Sanders, *Lapides memores. Païens et chrétiens face à la mort: le témoignage de l'épigraphie funéraire latine*, Faenza 1991.

Santagata 1980 G. Santagata, *Su due discusse figurazioni conservate nel cimitero di S. Tecla*, in *Esercizi* 3, 1980, pp. 7-14.

Sapelli 2002 M. Sapelli, *La lastra policroma con scene cristologiche del Museo Nazionale Romano. Osservazioni su struttura e tecnica*, in G. Koch (ed.) *Akten des Symposiums "Frühchristliche Sarkophage", Marburg, 30.6.-4.7.1999*, Mainz 2002, pp. 187-206.

Sauer 1926 J. Sauer, *Wesen und Wollen der christlichen Kunst*, Freiburg i. Br. 1926.

Saviato 1999 C. Saviato, *L'alumnus nell'Italia romana. Appunti per una ricerca su base epigrafica*, in *Epigraphica* 69, 1999, pp. 288-292.

Saxer 1980 V. Saxer, *Morts, martyrs, reliques en Afrique chrétienne aux premiers siècles. Les témoignages de Tertullien, Cyprien et Augustin à la lumière de l'archéologie africaine*, Paris 1980.

Saxer 1983 V. Saxer, s. v. *Domitilla*, in *DPAC*, I, Casale Monferrato 1983, c. 1012.

Saxer 1983a V. Saxer, s. v. *Priscilla*, in *DPAC*, II, Casale Monferrato 1983, cc. 2904-2905.

Saxer 1984 V. Saxer, *Atti dei martiri dei primi tre secoli*, Padova 1984.

Saxer 1989 V. Saxer, *L'utilisation par la liturgie de l'espace urbain et suburbain: l'exemple de Rome dans l'Antiquité et le Haut Moyen Âge*, in *Actes du XIe Congrès International d'Archéologie*

Chrétienne, Lyon, Vienne, Grenoble, Genève et Aoste, 21-28 septembre 1986, II, Città del Vaticano 1989, pp. 917-1033.

SCh *Sources Chrétiennes*, Paris 1941 ss.

Schöllgen 1984 G. Schöllgen, *Ecclesia Sordida?*, Münster 1984.

Schuddeboom 1996 C. Schuddeboom, *Philips van Winghe (1560-1592) en het ontstaan van de christelijke archeologie*, Groningen 1996.

Schumacher 1977 W. N. Schumacher, *Hirt und Guter Hirt*, Rom-Freiburg-Wien 1977.

Serra 2005 S. Serra, s. v. *S. Laurentii basilica*, in *Lexicon Topographicum Urbis Romae. Suburbium 3*, Roma 2005, pp. 203-211.

Sgarlata 1991 M. Sglarlata, *Ricerche di demografia storica. Le iscrizioni tardo-imperiali di Siracusa*, Città del Vaticano 1991.

Simonetti 1989 M. Simonetti, *Roma cristiana tra II e III secolo*, in *Vetera Christianorum 26*, 1989, pp. 115-136.

Simonetti 1994 M. Simonetti, *Ortodossia ed eresia tra I e II secolo*, Soveria Mannelli 1994.

Simonetti 2000 M. Simonetti, *L'età antica*, in *Enciclopedia dei Papi*, I, Roma 2000, pp. 5-46.

Simonetti 2006 M. Simonetti, *Roma cristiana tra vescovi e presbiteri*, in Fiocchi Nicolai - Guyon 2006, pp. 29-40.

Solin 1982 H. Solin, *Die griechische Personennamen in Rom. Ein Namenbuch*, Berlin-New York 1982.

Sordi 1965 M. Sordi, *Il cristianesimo e Roma*, Bologna 1965.

Sordi 1984 M. Sordi, *I cristiani e l'Impero Romano*, Milano 1984.

Spagnoli 1993 E. Spagnoli, *Alcune riflessioni sulla circolazione monetaria in epoca tardoantica a Ostia (Pianabella) e a Porto*, in *La storia economica di Roma nell'Altomedioevo alla luce dei recenti scavi archeologici, Atti del Seminario, Roma, 2-3 aprile 1992*, Firenze 1993, pp. 256-267.

Spanu 2016 P. G. Spanu, *"Pultes et panem et merum" (aug. conf. VI, 2, 1): cibi e banchetti funerari tra tarda antichità e alto medioevo*, in *L'alimentazione nell'alto Medioevo: pratiche, simboli, ideologie. Atti della LXIII Settimana di Studio della Fondazione Centro Italiano di Studi sull'Alto Medioevo, Spoleto, 9-14 aprile 2015*, Spoleto 2015, pp. 849-904.

Spera 1992 L. Spera, *Un cubicolo monumentale nella catacomba di Pretestato*, in *Rivista di Archeologia Cristiana 68*, 1992, pp. 271-307.

Spera 1994 L. Spera, *Interventi di papa Damaso nei santuari delle catacombe romane: il ruolo della committenza privata*, in *Bessarione 11*, 1994, pp. 111-127.

Spera 1994a L. Spera, *Un'immagine di Cristo nel santuario di Ippolito sulla via Tiburtina: note su alcuni casi di frequentazione tarda dei complessi martiriali a Roma*, in *Bessarione 11*, 1994, pp. 39-51.

Spera 1995 L. Spera, *Decorazioni in marmo delle catacombe romane: osservazioni preliminari*, in *Atti del II Colloquio dell'Associazione Italiana per lo Studio e la Conservazione del Mosaico, Roma, 5-7 dicembre 1994*, Bordighera 1995, pp. 433-446.

Spera 1997 L. Spera, *Cantieri edilizi a Roma in età carolingia: gli interventi di papa Adriano I (772-795) nei santuari delle catacombe. Strategie e modalità di intervento*, in *Rivista di Archeologia Cristiana 73*, 1997, pp. 185-254.

Spera 1998 L. Spera, *Ad limina Apostolorum. Santuari e pellegrini a Roma tra la tarda antichità e l'alto medioevo*, in *La geografia della città di Roma e lo spazio del sacro*, Roma 1998, pp. 1-88.

Spera 1998a L. Spera, *Interventi papali nei santuari delle catacombe romane: osservazioni dalla "Roma Sotterranea" di G.B. de Rossi*, in *Atti del XIII Congresso Internazionale di Archeologia Cristiana, Split-Poreč, 25 settembre - 1 ottobre 1994*, Città del Vaticano 1998, pp. 303-320.

Spera 1999 L. Spera, *Il paesaggio suburbano di Roma dall'antichità al medioevo. Il comprensorio tra le vie Latina e Ardeatina dalle Mura Aureliane al III miglio*, Roma 1999.

Spera 2000 L. Spera, *Un sarcofago con temi agro-pastorali dallo scavo dell'arenario centrale della catacomba di Priscilla*, in *Rivista di Archeologia Cristiana 76*, 2000, pp. 327-368.

Spera 2003 L. Spera, *Scoperta di nuove testimonianze monumentali per lo studio dell'arenario centrale delle catacombe di Priscilla a Roma*, in *Dieci anni di archeologia cristiana in Italia. Atti del VI Congresso Nazionale di Archeologia Cristiana, Cassino, 20-24 settembre 1993*, Cassino 2003, pp. 455-468.

Spera 2004 Spera, *Il complesso di Pretestato sulla via Appia. Storia topografica e monumentale di un insediamento funerario paleocristiano nel suburbio di Roma*, Città del Vaticano 2004.

Spera 2005 L. Spera, *Riti funerari e "culto dei morti" nella tarda antichità: un quadro archeologico dai cimiteri paleocristiani di Roma*, in *Augustinianum 45*, 2005, pp. 5-34.

Spera 2006 L. Spera, *All'origine del cimitero di Pretestato: impianti funerari e fenomeni di riuso sepolcrale*, in Fiocchi Nicolai - Guyon 2006, pp. 185-214.

Spera 2007 L. Spera, *"Hic constituit supra memorias martyrum missas celebrare". Interventi papali su tombe di martiri per la celebrazione ad corpus tra tarda antichità e altomedioevo*, in *Martiri ed Eucaristia nella civiltà cristiana. Atti della Giornata di studio, Città del Vaticano- Collegio Teutonico, 27 ottobre 2005*, Città del Vaticano 2007, pp. 43-69.

Spera 2012 L. Spera, *I santuari di Roma dall'antichità all'altomedioevo: morfologie, caratteri dislocativi, riflessi della devozione*, in S. Boesch Gajano - T. Caliò - F. Scorza Barcellona - L. Spera (edd.), *Santuari d'Italia, Roma*, Roma 2012, pp. 33-58.

Spera 2013 L. Spera, *Il vescovo di Roma e la città: regioni ecclesiastiche, tituli e cimiteri. Ridefinizione di un problema amministrativo e territoriale*, in *Acta XV Congressus Internationalis Archaeologiae Christianae, Toleti, 8-12.9.2008*. Città del Vaticano 2013, pp. 163-186.

Spera 2022 L. Spera, *Il contributo di Giovanni Battista de Rossi alla topografia di Roma antica. Sul tema del seppellimento intra muros*, in Giuliani et alii 2022, pp. 407-424.

Spera 2024 L. Spera, *Roma*, in *Atti del XII Congresso Nazionale di Archeologia Cristiana, Roma, 20-23 settembre 2022*, Quingentole 2024, pp. 489-516.

Spera 2024a L. Spera, *Le lettere di Rodolfo Lanciani a Giovanni Battista de Rossi nei Codd. Vat. Lat. 14245-14295 della Biblioteca Apostolica Vaticana*, Roma-Bristol (USA) 2024.

Spigno 1975 L. Spigno, *Considerazioni sul manoscritto vallicelliano G.31 e la Roma Sotterranea di Antonio Bosio*, in *Rivista di Archeologia Cristiana 52*, 1975, pp. 281-311.

Spigno 1976 L. Spigno, *Della Roma Sotterranea del Bosio e della sua bibliografia*, in *Rivista di Archeologia Cristiana 51*, 1976, pp. 277-301.

Steingräber 1981 S. Steingräber, *Etrurien. Städte, Heiligtümer, Nekropolen*, München 1981.

Stommel 1954 E. Stommel, *Beiträge zur Ikonographie der Konstantinischen Sarkophagplastik*, Bonn 1954.

Stommel 1958 E. Stommel, *Zum Problem der frühchristlichen Jonasdarstellungen*, in Jahrbuch für Antike und Christentum 1, 1958, pp. 112-115.

Stuiber 1957 A. Stuiber, *Refrigerium interim*, Bonn 1957.

Stutzinger 1982 D. Stutzinger, *Die frühchristlichen Sarkophagreliefs aus Rom. Untersuchungen zur Formveränderung im 4. Jahrhundert n. Chr.*, Bonn 1982.

Styger 1925-1926 P. Styger, *L'origine del cimitero di S. Callisto sull'Appia*, in Atti della Pontificia Accademia Romana di Archeologia. Rendiconti 4, 1925-1926, pp. 91-153.

Styger 1933 P. Styger, *Die römischen Katakomben*, Berlin 1933.

Styger 1935 P. Styger, *Römische Märtyrergrüfte*, Berlin 1935.

Tagliatesta 2022 F. Tagliatesta, *Il perduto ritratto in tarsia di Ulpia Sirica dalla catacomba di Sant'Agnese sulla via Nomentana: un'ipotesi di ricostruzione dai documenti d'archivio*, in Musiva & sectilia 12, 2022, pp. 93-115.

Tagliatesta 2023 F. Tagliatesta, *L'impiego dell'opera musiva nelle catacombe romane tra espedienti tecnici e problemi di natura conservativa*, in Rivista di Archeologia Cristiana 99-2, 2023, pp. 327-368.

Tawfik 2013 M. Tawfik, *L'ipogeo degli Ottavi*, in Bullettino della Commissione Archeologica Comunale di Roma 114, 2013, pp. 25-46.

Testini 1963 P. Testini, *Osservazioni sull'iconografia del Cristo in trono fra gli apostoli. A proposito dell'affresco di un distrutto oratorio cristiano presso l'aggere severiano a Roma*, in Rivista dell'Istituto Nazionale di Archeologia e Storia dell'Arte 11-12, 1963, pp. 230-300.

Testini 1966 P. Testini, *Le catacombe e gli antichi cimiteri cristiani in Roma*, Bologna 1966.

Testini 1968 P. Testini, *Tardoantico e paleocristiano. Postilla per una positiva definizione della più antica iconografia cimiteriale cristiana*, in Tardoantico e Altomedioevo, Roma 1968, pp. 120-127.

Testini 1976 P. Testini, *Aspetti di vita matrimoniale in antiche iscrizioni funerarie cristiane*, in Lateranum 42, 1976, pp. 150-164.

Testini 1978 P. Testini, *Nuove osservazioni sul cubicolo di Ampliato a Domitilla*, in Atti del IX Congresso Internazionale di Archeologia Cristiana, Roma, 21-27 settembre 1975, Città del Vaticano 1978, pp. 143-157.

Todisco 1980 L. Todisco, *Modelli classici per le prime espressioni figurative del peccato originale*, in Annali della Facoltà di Lettere di Bari 23, 1980, pp. 12-21.

Tolotti 1953 F. Tolotti, *Memorie degli Apostoli in Catacumbas*, Città del Vaticano 1953.

Tolotti 1970 F. Tolotti, *Il cimitero di Priscilla. Studio di topografia e architettura*, Città del Vaticano 1970.

Tolotti 1977 F. Tolotti, *Ricerca dei luoghi venerati nella Spelunca Magna di Pretestato*, in Rivista di Archeologia Cristiana 53, 1977, pp. 7-102.

Tolotti 1978 F. Tolotti, *Le cimitière de Priscille. Synthèse d'une recherche*, in Revue d'Histoire Ecclésiastique 73, 1978, pp. 306-307.

Tolotti 1978a F. Tolotti, *Origine e sviluppo delle escavazioni nel cimitero di Pretestato*, in Atti del IX Congresso Internazionale di Archeologia Cristiana, Roma 21-27 settembre 1975, Città del Vaticano 1978, pp. 159-187.

Tolotti 1980 F. Tolotti, *Influenza delle opere idrauliche sull'origine delle catacombe*, in Rivista di Archeologia Cristiana 56, 1980, pp. 7-48.

Tolotti 1983 F. Tolotti, *Le confessioni succedutesi sul sepolcro di S. Paolo*, in Rivista di Archeologia Cristiana 59, 1983, pp. 87-149.

Tolotti 1985 F. Tolotti, *Contributo alla datazione della basilica dei SS. Nereo ed Achilleo sulla via Ardeatina*, in Rivista di Archeologia Cristiana 61, 1985, pp. 374-378.

Tolotti 1986 F. Tolotti, *Il problema dell'altare e della tomba del martire in alcune opere di papa Damaso*, in O. Feld, U. Peschlow (edd.), Studien zu spätantiken und byzantinischen Kunst Friedrich Wilhelm Deichmann gewidmet, Mainz 1986, pp. 51-71.

Toynbee 1993 J. M. C. Toynbee, *Morte e sepoltura nel mondo romano*, Roma 1993.

Tronzo 1986 W. Tronzo, *The Via Latina Catacomb. Imitation and Discontinuity in Fourth-Century Roman Painting*, London 1986.

Ugonio 1588 P. Ugonio, *Historia delle Stationi di Roma*, Roma 1588.

Utro 2001-2002 U. Utro, *Raffigurazioni agiografiche sui vetri dorati paleocristiani*, in Atti della Pontificia Accademia Romana di Archeologia. Rendiconti 74, 2001-2002, pp. 195-219.

Utro 2009 U. Utro, *I sarcofagi paleocristiani dal complesso di S. Paolo fuori le mura*, in U. Utro (ed.), San Paolo in Vaticano: la figura e la parola dell'apostolo delle genti nelle raccolte pontificie, Todi 2009, pp. 47-66.

Valentini - Zucchetti 1940-1942 R. Valentini - G. Zucchetti, *Codice topografico della città di Roma*, I-II, Roma 1940-1941.

Valeri 1900 A. Valeri, *Cenni biografici di Antonio Bosio*, Roma 1900.

Vattuone 2006 L. Vattuone, *I vetri "cristiani" in Vaticano*, in Atti del XIV Congresso Internazionale di Archeologia Cristiana, Vindobonae, 19-26 settembre 1999, Città del Vaticano 2006, pp. 749-765.

Vella 2010 A. Vella, *Il cimitero di S. Tecla sulla via Ostiense*, in B. Mazzei (ed.) Il cubicolo degli apostoli nelle catacombe romane di Santa Tecla. Cronaca di una scoperta, Città del Vaticano 2010, pp. 17-32.

Vella 2024 A. Vella, *Santa Tecla a Roma. Le origini del culto, l'ecclesia della via Ostiense e il cimitero al Ponticello di S. Paolo*, Città del Vaticano 2024.

Van Dael 1978 P. S. G. Van Dael, *De Dode: Een Hoofdfiguur in de oudchristelijke Kunst*, Amsterdam 1978.

Van Essen 1956-1958 C. C. Van Essen, *Studio cronologico delle pitture parietali di Ostia*, in Bollettino Comunale 76, 1956-1958, pp. 115-181.

Verrando 1990 G. N. Verrando, *La chiesa di S. Pancrazio e le sottostanti regioni cimiteriali*, in Archivio della Società Romana di Storia Patria 113, 1990, pp. 31-82.

Vismara 1986 C. Vismara, *I cimiteri ebraici di Roma*, in Società Romana e Impero Tardoantico, II, Bari 1986, pp. 351-392.

Vitale 1995 M. Vitale, *Mosaici pavimentali a Roma nel IV secolo: il caso dell'ipogeo di Villa Cellere*, in Associazione Italiana per lo Studio e la Conservazione del Mosaico. Atti del II Colloquio, Roma, 5-7 dicembre 1994, Bordighera 1995, pp. 395-402.

Vopel 1899 H. Vopel, *Die altchristlichen Goldgläser*, Freiburg i. B. 1899.

Vulpi 1994-1995 L. Vulpi, *Lezione di medicina-filosofia in una pittura della catacomba della via Latina*, in Annali della Facoltà di lettere e filosofia. Università degli studi di Bari 37-38, 1994-1995, pp. 225-235.

Weiland 1994 A. Weiland, *"Conposuit tumulum sanctorum limina adornans". Die Ausgestaltung des Grabes der Hl. Felix und Adauctus durch Papst Damasus in der Commodillakatakombe in Rom*, in Historiam Pictura Refert. Miscellanea in onore di P. Alejandro Recio Veganzones O.F.M., Città del Vaticano 1994, pp. 625-645.

Williams 1994 M. Williams, *The Organisation of Jewish Burials in Ancient Rome in the Light of Evidence from Palestine and the Diaspora*, in Zeitschrift für Papyrologie und Epigraphik 101, 1994, pp. 165-182.

Wilpert 1891 J. Wilpert, *Fractio panis. Die älteste Darstellung des eucharistischen Opfers in der Cappella Greca*, Freiburg i. B. 1891.

Wilpert 1903 J. Wilpert, *Le pitture delle catacombe romane*, Roma 1903.

Wilpert 1910 J. Wilpert, *La cripta dei papi e la cappella di Santa Cecilia nel cimitero di Callisto*, Roma 1910.

Wilpert 1916 J. Wilpert, *Die römischen Mosaiken und Malereien der kirchlichen Bauten vom IV. bis XIII. Jahrhundert*, Freiburg 1916.

Wilpert 1924 G. Wilpert, *Le pitture dell'ipogeo di Aurelio Felicissimo presso viale Manzoni in Roma*, in Memorie dell'Accademia Romana di Archeologia 1, 2, 1924, pp. 5-43.

Wilpert 1929-1936 J. Wilpert, *I sarcofagi cristiani antichi*, I-III, Roma 1929-1936.

Wilpert 1938 J. Wilpert, *La fede della Chiesa nascente secondo i monumenti dell'arte funeraria antica*, Città del Vaticano 1938.

Wipszycka 1972 E. Wipszycka, *Les ressources et les activités économiques des églises en Égypte*, Paris 1972.

Wirth 1934 F. Wirth, *Römische Wandmalerei vom Untergang Pompejis bis ans Ende des dritten Jahrhunderts*, Berlin 1934.

Wischmeyer 1980 W. Wischmeyer, *Die Aberkiosinschrift als Grabepigramm*, in Jahrbuch für Antike und Christentum 23, 1980, pp. 22-47.

Wurmbrand-Stuppach 1927 K. Wurmbrand-Stuppach, *Die Jägerkatakombe an der via Appia*, in Belvedere 3, 1927, pp. 289-294.

Yasin 2009 A. M. Yasin, *Saints and Churches Spaces in the Late Antique Mediterranean. Architecture, Cult, and Community*, Cambridge 2009.

Zanchi Roppo 1969 F. Zanchi Roppo, *Vetri paleocristiani a figure d'oro conservati in Italia*, Bologna 1969.

Zander 2020 P. Zander, *Il sarcofago "dei tre monogrammi" nelle grotte vaticane. Nuovi elementi per una datazione dell'antica basilica di San Pietro*, in Titulum nostrum perlege. Miscellanea in onore di Danilo Mazzoleni, Città del Vaticano 2020, pp. 1085-1109.

Zilliacus 1963 H. Zilliacus, *Sylloge Inscriptionum Christianarum Veterum Musei Vaticani*, 2 voll., Helsinki 1963.

Zimmer 1982 G. Zimmer, *Römische Berufsdarstellungen*, Berlin 1982.

Zimmermann 2002 N. Zimmermann, *Werkstattgruppen römischer Katakombenmalerei*, Münster 2002.

Zimmermann 2007 N. Zimmermann, *Verstorbene im Bild. Zur Intention römischer Katakombenmalerei*, in Jahrbuch für Antike und Christentum 50, 2007, pp. 154-179.

Zimmermann 2011 N. Zimmermann, *Zur Wiederentdeckung des Fossors Diogenes*, in Bullettino dei Monumenti Musei e Gallerie Pontificie 29, 2011, pp. 119-151.

Zimmermann 2012 N. Zimmermann, *Rilettura di pitture a Domitilla: tracce del santuario damasiano dei SS. Nereo e Achilleo?*, in H. Brandenburg – F. Guidobaldi (edd.), Scavi e scoperte nelle chiese di Roma. Atti della giornata tematica dei Seminari di Archeologia Cristiana, Roma, 13 marzo 2008, Città del Vaticano 2012, pp. 189-212.

Zimmermann 2018 N. Zimmermann, *L'area attigua alle tombe venerate dei SS. Nereo ed Achilleo nella catacomba di Domitilla: un caso classico di retro sanctos*, in Rivista di Archeologia Cristiana 94, 2018, pp. 421-452.

Zimmermann 2020 N. Zimmermann, *Vom Verstorbenen-Porträt zum Stifterbild. Zum Ende des Grabporträts in der Spätantike*, in V. Tsamakda – N. Zimmermann (edd.), Privatporträt. Die Darstellung realer Personen in der spätantiken und byzantinischen Kunst, Wien 2020, pp. 69-89.

Zimmermann et alii 2022 N. Zimmermann – L. V. Rutgers – E. Kodzoman – A. Vilella – M. W. Dee, *The Jewish Catacomb at the Vigna Randanini in Rome. A new Architectural and Archaeological Study*, in Mitteilungen des Deutschen Archäologischen Instituts, Römische Abteilung 128, 2022, pp. 360-431.

Provenienza delle illustrazioni

Tutte le illustrazioni e le piante provengono dagli archivi della Pontificia Commissione di Archeologia Sacra, ad eccezione delle immagini seguenti:

Fig. 1: *Le catacombe cristiane di Roma* 1997

Fig. 3: Fiocchi Nicolai 2014, Fiocchi Nicolai 2018, pp. 67-88

Fig. 4: Fiocchi Nicolai, Guyon 2006a

Fig. 6: Fiocchi Nicolai, Guyon 2006a

Fig. 7: Nestori 1971

Fig. 8: Tolotti 1970

Fig. 9: Pergola 1983

Fig. 10: Pergola 1975

Fig. 11: Tolotti 1978a

Fig. 12: Fiocchi Nicolai 2018

Fig. 13: Fiocchi Nicolai 2018

Fig. 20: Bendinelli 1922

Fig. 25: rielaborazione da Frutaz 1976

Fig. 29, 31: Guyon 1987

Fig. 30: Nestori 1959

Fig. 38: Marchi 1844

Fig. 40: De Rossi 1864-1867

Fig. 41: Guyon 1987

Fig. 42: rielaborazione da De Rossi 1864-1867

Fig. 52: De Rossi 1864-1867

Fig. 60: rielaborazione da Guyon 1987

Fig. 61: Spera 1998a

Fig. 62: rielaborazione da Guyon 1987

Fig. 70: rielaborazione da Fasola 1972

Fig. 77: Nestori 1990

Fig. 79, 80: Brandenburg 2004

Fig. 166: F. Mancinelli, *Catacombe e Basiliche*, Firenze 1980, 7, fig. 12.

Fig. 167: F. Mancinelli, *Catacombe e Basiliche*, Firenze 1980, 62, fig. 116.

Fig. 169: Giovanni Battista de Rossi, *La Roma sotteranea cristiana*, Vol. III, Roma 1877, Tav. I-III

Fig. 172: Foto Danilo Mazzoleni, con il permesso della Arciconfraternita S. Maria della Pietà

Fig. 176: H. Zilliacus, *Sylloge Inscriptionum Christianarum Veterum Musei Vaticani*, Helsinki 1963, p. 185, n. 226

Fig. 179: D. Mazzoleni, *Vita quotidiana degli antichi cristiani*, Archeo Dossier, Ist. Geografico De Agostini, Novara, giugno 1987, 17

Fig. 181: I. Di Stefano Manzella, *Le iscrizioni dei Cristiani in Vaticano*, Città del Vaticano 1997, figg. 3,11,15

Fig. 182: R. Friggeri et alii, *Terme di Diocleziano. La collezione epigrafica*, Electa, Milano 2012, 586

Fig. 185: I. Di Stefano Manzella, *Le iscrizioni dei Cristiani in Vaticano*, Città del Vaticano 1997, figg. 377

Fig. 186: Foto Autore

Fig. 192: Scheda de Rossi n. 82, Archivio PIAC

Fig. 193: L. Perret, *Catacombes de Rome: architecture, peintures murales, lampes, vases, pierres précieuses gravées, instruments, objets divers, fragments de vases en verre doré, inscriptions, figures et symboles gravés sur pierre*, Paris 1851, V,5, tav. 70 n. 5

Fig. 196: Perret, *Les catacombes*, tav. 29 n. 71

Fig. 197: *ICUR* II, tab. XXXIII a 5

Motivo della copertura: Catacomba di Domitilla – Cubicolo dei pistores
Frontespizio: Didascalia Tavola: Catacomba di S. Tecla – Volta del cubicolo degli apostoli

La Biblioteca Nazionale Tedesca elenca questa pubblicazione
nella Bibliografia Nazionale Tedesca; dati bibliografici dettagliati sono
disponibili su internet all'indirizzo https://dnb.de.

4ª edizione, completamente rivista 2025
© 2025 Verlag Schnell & Steiner GmbH, Leibnizstraße 13, 93055 Regensburg
Design di copertina: Julie August
Tipografia: typegerecht berlin
Stampa: optimal media GmbH, Berlin

ISBN 978-3-7954-3967-5

Tutti i diritti riservati. Nessuna parte di questo libro può essere riprodotta
con mezzi fotografici o elettronici senza l'espressa autorizzazione dell'editore

Per ulteriori informazioni sul programma dell'editore, visitate il sito:
www.schnell-und-steiner.de